蓟门法学

第九辑

主 编

刘大炜（中国政法大学法学院分党委书记兼副院长 教授）

陈维厚（中国政法大学法学院研究生工作办公室主任 副教授）

中国政法大学出版社

2020 · 北京

图书在版编目（CIP）数据

蓟门法学. 第九辑/刘大炜，陈维厚主编. —北京：中国政法大学出版社，2020. 8
ISBN 978-7-5620-9625-2

Ⅰ. ①蓟…　Ⅱ. ①刘…　②陈…　Ⅲ. ①法学—文集　Ⅳ. ①D90-53

中国版本图书馆CIP数据核字(2020)第154424号

书　名　蓟门法学（第九辑）
　　　　JIMEN FAXUE DIJIUJI
出版者　中国政法大学出版社
地　址　北京市海淀区西土城路 25 号
邮　箱　fadapress@163.com
网　址　http://www.cuplpress.com (网络实名：中国政法大学出版社)
电　话　010-58908466(第七编辑部) 010-58908334(邮购部)
承　印　北京朝阳印刷厂有限责任公司
开　本　720mm×960mm　1/16
印　张　28.25
字　数　440 千字
版　次　2020 年 8 月第 1 版
印　次　2020 年 8 月第 1 次印刷
定　价　98.00 元

序　言

时光荏苒，岁月如梭。距离2012年3月31日第一届“蓟门法学”研究生学术论文大赛正式启动，已过去近十年。八辑《蓟门法学》学术论文集，见证了我们不负韶华的激昂岁月，一批批法学院优秀学子也伴随着这一年一度的学术赛事逐渐成长。经过又一年的酝酿积蓄，法学院学子秉持“路漫漫其修远兮，吾将上下而求索”的信念，积极努力、笔耕不辍，经过评委老师的斟酌筛选，《蓟门法学》第九辑得以顺利集结出版，如期付梓。

第九辑《蓟门法学》学术论文集，共收录论文27篇，囊括法学理论、法律史学、宪法学、行政法学、法与经济学、军事法学、体育法学、卫生法学以及教育法学九个学科门类。与往年不同的是，今年的论文题材更为广泛、形式更为多样、内容也更为丰富。侧重于理论探讨、价值评价的论文有之；取材于现实实践、具体操作的论文亦有之；论文作者对工具分析、对比分析等多种论文写作方法的运用也轻车熟路、可圈可点。字里行间，可以感受到学子们对新知的强烈渴望，对疑惑的追根究底，对学术的坚定执着，这都是在一步步践行着先贤们的学术信条——独立之精神、自由之思想。虽然有些文章和观点还略显稚嫩，存在不足，却依旧可以使我们得到启发。

诚然，论文大赛的圆满成功，离不开许多人的支持和帮助。在此，我们由衷地感谢法学院全体老师和同学们的包容与信任，由衷地感谢在百忙之中抽出时间为大赛义务评审论文的各专业的评委老师，由衷地感谢积极投稿参加论文大赛的蓟门学子们。学院研究生会特别是学术部的同学在大赛过程中承担了大量的事务性工作，在此道一声“辛苦了”！

“桐花万里丹山路，雏凤清于老凤声。”相信我们会胼手胝足、砥砺前行，青出于蓝，而胜于蓝，相信我们会在学校的呵护下，健康成长！

《蓟门法学》编委会

二〇二〇年七月

目 录

第一部分 法学理论

第二部分 法律史学

第三部分 宪法学

第四部分 行政法学

第五部分　法与经济学

第六部分　军事法学

第七部分　体育法学

第八部分 卫生法学

第九部分 教育法学

第一部分

法学理论

权威与基于意志的理由

——对拉兹理由论权威观的反思批判

于　婷*

【摘　要】权威理论的核心问题是为权威凭借其意志施加道德义务寻找规范性基础，该问题的难点在于权威的意志与正确理由以及自主判断之间的冲突。拉兹认为，权威意志为受治者与实践理性保持一致提供工具性服务作用，如此冲突便能够得到化解。但是拉兹的工具性证成路径会使得权威的意志在实践推理中变得冗余。夏皮罗提出约束模式与仲裁模式权威观以克服拉兹权威理论中的缺陷，但反而使得权威的意志过度任意与专断。正当权威的规范性基础在于，理由形成对等关系时，权威通过创造基于意志的理由满足社群成员合作需要的能力。

【关键词】正当权威　意志　正确理由　对等关系　社会合作

作为一名刚入伍的新兵，当长官（假定拥有权威）发出“每天早上6点晨跑20公里”的指令时，你便突然负有了“每日晨跑20公里”的义务。如果某一日暴雨倾盆，你出于对身体健康的担心而缺席晨跑，这一本来无可指摘的选择却因为长官的指令会被评判为错误。在这个例子中，我们可以看到，长官的话似乎有一种规范性魔力，仅仅通过说“做φ”这一事实，你便负有

* 于婷，中国政法大学2018级法理学专业硕士。

了做φ的义务，并且该义务的产生与长官指令内容的对错无关，仅仅与长官如此说这个事实相关。

权威的规范性魔力在直觉上似乎很难有说服力。毕竟，义务是如此严肃的事情，以至于我们无法相信，他人的一句话如何能够“凭空”产生出义务？权威的规范性魔力是否只能是一种幻象？法哲学家们长久以来有关权威的讨论与争议都是围绕该问题展开的，他们试图为权威凭借其意志施加道德义务寻找规范性基础；本文将该问题称为“权威的证成难题”。回答该问题之所以艰难，是因为它不得不面临以下诘难：“一个人如何可能有义务服从另一个人的意志与判断？”[1]

毕竟，作为理性行动者，我们总是应当在审慎衡量利弊、作出道德判断之后再去采取行动，以尽量保证行动的正确性；而另一方面，权威的意志却具有任意、专断的特征，服从权威的意志不仅会让我们做错误的事情，还会使我们完全沦落为任由他人摆布的奴隶。该难题一直以来被视为对权威证成最有力的挑战。

拉兹的权威理论作为在政治哲学与法哲学领域极为重要的理论，为解决权威问题提供了较为系统的解决方案，本文的目标便是对拉兹的权威证成理论进行审视。第一部分，我将通过引入沃尔夫的权威与自主悖论，说明权威的难题在于说明将权威指令作为内容独立、断然性理由接受下来背后的道德理由是什么；第二部分，我将介绍拉兹提出的由三个规范性命题与独立性条件组成的理由论权威观，并说明该证成路径为何是失败的；第三部分，我将说明夏皮罗的以仲裁模式与约束模式为代表的意志论权威观并没有成功地解决拉兹权威理论的问题；第四部分，我将借助张美露的混合意志论为权威正当性证成提供尝试性的解决思路。

一、权威的可能性难题

（一）沃尔夫的权威与自主悖论

正如夏皮罗所指出的，沃尔夫的理论之所以值得讨论，是因为他对权威

[1] Joseph Raz, “The problem of Authority: Revisiting the Service Conception”, in *Between Authority and Interpretation: On the Theory of Law and Practical Reason*, Oxford University Press, 2009, p. 126.

本质分析的精细程度甚至超越了很多权威的辩护者。作为哲学无政府主义的代表，沃尔夫在其《为无政府主义辩护》一文中提出了权威与自主的悖论。在他看来，权威不具备向受治者施加道德义务的规范性权力，因为权威与道德自主在逻辑上就是不融贯的。

沃尔夫首先正确地指出，权威与赤裸裸的权力不同。权力是一种强迫服从的能力，而权威却是实施统治的道德权力，或者说是施加道德义务的规范性权力。此外，权威这一概念经常在正当权威和事实权威两个意义上使用。正当权威是一个规范性概念。当我们说 X 对 A 享有正当权威时，意味着 X 对 A 享有道德优势。而事实权威是一个描述性概念。当我们说 X 对 A 享有事实权威时，仅仅是在表明权威与受治者之间事实上存在的某种关系。而事实权威往往会被人们视为正当权威或者主张自己是正当权威。沃尔夫并不否认事实权威的存在，他所挑战的是正当权威的可能性。[1]

依据沃尔夫自主悖论的理论，权威拥有统治的权力在逻辑上等同于受治者负有服从权威指令的义务。服从权威指令意味着，某人实施指令所要求的行动仅仅是因为指令被权威所发布这一事实，与行动性质如何、是否符合受治者的利益与偏好无关。在该意义上，服从权威指令与“和权威指令所要求的行动保持一致”不同。例如，机长命令乘客在飞机遇险时利用降落伞着陆，乘客按照该命令去行动，但是他之所以如此行动，是因为意识到确实有好的理由支持该行动；他最终选择利用降落伞着陆是因为如此做是正当的，而非因为该命令是由机长发布的。在这个例子中，乘客只是选择了与命令的内容保持一致，而非服从命令。

在对权威的概念作出界定后，沃尔夫进一步对道德自主作出分析，他的道德自主理论来源于康德哲学。在康德哲学那里，道德责任是道德哲学的基本预设。人作为道德主体的特殊之处就在于能够为自己的行动负责。个人为自己的行动承担道德责任是出于以下两点理由：第一，人享有自由意志，具备选择如何行动的能力；第二，人具有理性能力，能够通过推理决定应当如何行动，努力地为作出正确决定获取知识、反思动机、预测动机、批判原则。总之，一个负责任的人不总是做正确的事情，但是他必须承担起努力确定何

---

[1] Wolff, R. P, *In defense of Anarchism*, University of California Press, 1970, p. 21.

为正确之事的义务[1]。

依据沃尔夫的自主悖论，道德自主是自由与责任的结合。[2]自主是一项独立的道德义务，自主能动者是慎思之人，他必须是对应当如何行动的最终判断者，他可以听取他人意见，但是他必须确信意见的内容是否合理，而非放弃自己的慎思盲从他人。因此，权威的本质要求我们交出个人判断，而自主却要求我们将自己视为行动的最终权威。自主能动者除了服从理性判断之外，不服从任何权威。显而易见，权威与道德自主在本质上便是冲突的。

沃尔夫的自主悖论在引来众多关注的同时也遭致许多批评，这些批评针对的主要是他的道德自主观，大致有以下三点：第一，道德自主并不能构成一项独立的道德义务，因为我们不能找出负有义务的对象；第二，如果作出每个道德决定都需要独立慎思，则会耗费不必要的时间与精力，甚至会由于认知缺陷而作出非常糟糕的行动决定；第三，沃尔夫似乎曲解了康德本人的道德自主观。康德的道德自主不仅强调反思权衡，而且还要与一定的道德原则相一致。而沃尔夫似乎只强调了前者。[3]本文认为，尽管这些批评具有一定的合理性，但是我们不能因此完全否定沃尔夫所洞察到的权威与自主之间的紧张关系。因此，本文试图借助夏皮罗对该悖论的修正更好地呈现权威与自主之间的冲突。

（二）权威指令与内容独立、断然性理由

依据夏皮罗的理论，借助规范性理由这一植根于实践推理中的概念，能够使得自主对权威证成提出的挑战更为合理。权威与自主的冲突本质上是有关何种考量因素能够成为行动理由的争议。权威试图为人们提供内容独立（content-independent）、断然性（peremptory）的行动理由（以下简称“CIP理由”），而自主能动者根本不承认CIP理由的存在，他们只认可内容依赖（content-dependent）、慎思性（deliberating）理由（以下简称“CDD理

---

〔1〕 Wolff, R. P, *In defense of Anarchism*, University of California Press, 1970, pp. 10-14.

〔2〕 Wolff, R. P, *In defense of Anarchism*, University of California Press, 1970, pp. 16-17.

〔3〕 有关对沃尔夫自主悖论的批评，*see* Scott J. Shapiro, “Authority”, in J. L Coleman and S. Shapiro (ed.), *The Oxford Handbook of Jurisprudence and Philosophy of Law*, Oxford University press, 2002. 国内学者的批评参见范立波：“权威，法律与实践理性”，载《法哲学与法社会学期刊》2007年第2期，第133~137页。

由”），并主张人们应当争取以此类理由作为行动指引。

夏皮罗的 CIP 理由来自哈特。依据理由与行动之间是否具有直接的内容联系，哈特将理由区分为内容独立性理由与内容依赖性理由。[1]当我们说权威指令构成做 φ 的内容独立性理由时，意味着权威指令作为行动理由，独立于 φ 的性质、特点，只与指令由权威发布这一事实相关；而当我们说 R 构成做 φ 的内容依赖性理由时，意味着 R 的内容必然与 φ 的性质有直接联系：φ 的某些特质有助于我们实现可欲或者有价值的结果。例如，如果我每日晨跑 20 公里仅仅是因为长官命令我如此做，那么我便将长官的命令视为内容独立性理由；如果我每日晨跑 20 公里是因为如此做有助于我的身体健康，那么身体健康便是内容依赖性理由。而断然性理由的核心特征是“切断慎思”，权威指令作为做 φ 的断然性理由，在受治者的实践推理中所发挥的作用是排除或切断个人独立地作理由权衡；命令做 φ 的权威指令一旦发布，受治者便被期待停止对 φ 的利弊作衡量。因此，我们可以对权威指令试图成为 CIP 理由的内涵作一个基本界定：

“命令做 φ 的权威指令成为做 φ 的理由 R 仅仅是因为该指令由权威发布，而非由于做 φ 能够独立地得到证成，并且权威指令作为理由 R 排除了受治者对 φ 利弊的权衡。”

但自主能动者根本不承认 CIP 理由的存在。他们只关心权威命令的行动是否有价值或者是否能够带来可欲的结果，而不会在意命令本身。只有在确信命令之行动受到好的内容依赖性理由支持，并进一步与其他理由权衡之后，他们才会按照命令去行动。对于自主能动者而言，没有服从命令可言。因为服从他人的命令就意味着按照他人的意志去行动，而非理由。因此，权威与自主的冲突就是关于理由空间的冲突（space of reasons）。[2]自主能动者之所以不认同 CIP 理由的存在，是因为这会为人们推脱责任提供辩护的借口，削弱道德主体的地位。因为将权威指令视为 CIP 理由的行动者既没有选择的空间，也没有运用自己的理性能力去判断行动的性质，失去了这两个要素，个

---

〔1〕 *See* H. L. A Hart, “Commands and Authoritative Reasons”, in his *Essays on Bentham: Studies in Jurisprudence and Political Theory*, Clarendon Press, 1982, pp. 253-255.

〔2〕 *See* Scott J. Shapiro, “Authority”, in J. L Coleman and S. Shapiro (ed.), *The Oxford Handbook of Jurisprudence and Philosophy of Law*, Oxford University Press, 2002, p. 390.

人便不能成为为自己行动负责的道德主体。

由此可见，要想为权威的正当性提供证成，就必须说明将权威指令当作CIP理由接受下来的道德理由。

二、拉兹的理由论权威观

在夏皮罗看来，在众多为正当权威辩护的法哲学家中，拉兹的服务型权威观为权威悖论提供了更为有趣、复杂巧妙的解决方案，他的开创性贡献在于将权威指令的工具价值与理性层级理论（hierarchical theory of rationality）相结合。[1]依据拉兹的理论，权威悖论的错误在于没有意识到权威指令可以作为一种优先性理由（pre-emption reasons，下文详述）而存在，它们不仅是行动所直接依据的理由，而且是排除、替代其他行动理由之理由。[2]权威指令作为优先性理由，能够帮助受治者更有可能按照不可击败的理由去行动，这与理性的要求恰恰是一致的。我将拉兹的此种证成路径称为“理由论权威观”。如果拉兹能够成功地论证优先性理由与权威指令工具价值的兼容性，那么他就可以为正当权威的规范性基础奠定坚实的理性基础。

（一）服务型权威观

在拉兹看来，权威的正当性存在于权威指令的工具价值中，只有当权威能够为受治者提供服务时，权威才是正当的。权威的服务是一种“中介式的服务”：作为中间层次的理由（reasons of intermediate level），权威指令旨在协调受治者与更深层的考量因素之间的关系，帮助人们更好地与深层的实践和道德原则保持一致。对该服务功能更为精确的表述是依赖性命题（Dependence Thesis，DT）与通常证成命题（Normal Justification Thesis，NJT）。

1. 依赖性命题

DT关心的是权威在行动时应当考虑哪些因素。依据该命题，所有权威指

〔1〕 *See* Scott J. Shapiro，“Authority”，in J. L Coleman and S. Shapiro（ed.），*The Oxford Handbook of Jurisprudence and Philosophy of Law*，Oxford University Press，2002，p. 438.

〔2〕 拉兹在早期的作品中会互换使用排他性理由（exclusionary reasons）与优先性理由，基本将两个概念相等同。但是在近期的作品中，拉兹指出，拒绝排他性理由概念的理论家可能会接受优先性理由这一概念，而他的权威理论只需要后者得到接受。为了避免引起更多的争议，本文这里只使用了优先性理由这一概念，并未再进一步引入拉兹对一阶理由与二阶理由的划分。See Kenneth Ehrenberg，“Raz's Service Conception of Authority”，in *Philosophy Compass* 2011，p. 891.

令都应当基于独立适用于受治者，并与受治者行动相关的理由。拉兹将此类理由称为依赖性理由（dependent reasons）。[1]正如拉兹所表明的，这一道德命题展示的是权威指令运行的理性化模式，现实中的权威在行动时并不必然会考虑依赖性理由。

依赖性理由这一概念是拉兹权威理论的根基所在，但他并没有对该概念作出一般性的阐释。但是就本文的论证目的而言，我们只需简要说明依赖性理由的四个特点就足够。首先，依赖性理由是先于权威指令存在、独立适用于受治者的理由。它在性质上属于一阶理由，受治者在实践推理过程中，依据其内容对理由的分量进行权衡，所以依赖性理由也是内容依赖的理由。其次，依赖性理由是操作性理由，只有和辅助理由一起构成完整理由才能最终决定应当如何行动。再次，依赖性理由是为我们应当如何行动提供规范性指引的理由。依赖性理由只能是事实，而非对事实的信念。因为，要想决定我们应当做什么，就必须发现世界是怎样的，而不是我们的想法是怎样的。[2]所以，依赖性理由并不必然是受治者所意识到或者认可的理由。[3]最后，受治者的依赖性理由并不能等同于个人利益。有时候，权威作出决定时所考虑的道德理由可能会要求受治者做出其并不欲求的牺牲。例如，在特定情形下，将军在发布命令时应当将保卫国家安全置于士兵个人的生命安危之上。

值得注意的是，在拉兹看来，DT 并不要求权威指令应当正确地反映依赖性理由。正如上文所提到的，权威的服务体现在对深层考量因素与具体决定之间进行协调，它的全部意义与目的就在于替代受治者自己的判断，如果要求权威指令必须正确地反映依赖性理由，受治者则不得不再次诉诸深层考量因素，依靠自己去判断权威指令是否正确。如此，权威的意义便丧失了。

2. 通常证成命题与独立性条件

NJT 的任务是为权威的正当性提供测试标准，它并非证成权威的唯一方式，却是首要（primary）、通常（normal）的方式。

确立一个人对另一个人拥有权威的通常方式是：如果推定的受治者接受

---

〔1〕 Joseph Raz, *The Morality of Freedom*, Oxford University Press, 1986, p. 47.

〔2〕 Joseph Raz, *Practical Reason and Norms*, Oxford University Press, 2002.

〔3〕 Joseph Raz, "The problem of Authority: Revisiting the Service Conception", in *Between Authority and Interpretation: On the Theory of Law and Practical Reason*, Oxford University Press, 2009, pp. 147-148.

推定的权威指令的权威性约束力并尽力去遵循（follow）它，而非尝试直接遵循（follow）适用于自身的依赖性理由，（反而）更有可能与依赖性理由（并非推定的权威指令）相一致（comply）。[1]

可以看到在NJT中，存在两种情形的对比。第一种情形是受治者直接对依赖性理由作权衡并按照权衡结果行动，第二种情形是受治者放弃理由权衡按照推定权威指令的命令去行动，如果后者能够使得受治者更有可能与正确的理由权衡结果相一致，那么受治者就应当接受权威指令的权威性约束力。因此，权威并非对个人实施理性行动能力的否定，它仅仅是一种装置或途径，可以帮助我们实现理性行动的目标。

为了证明权威能够实现这一目标，拉兹列举了权威相对于受治者的五种优势：权威更为睿智、权威的意志力更为坚定、权威是引导行动的最佳间接策略、权威能够节省时间与精力的消耗、权威处于更好的地位。[2]第一种是指权威具备一般受治者所缺乏的专业知识，能够更好地确定个人应当如何行动；第二种和第四种考虑的是受治者往往会由于意志力软弱、受到诱惑等而不能作出理性的决定，此外还会浪费许多不必要的精力与资源，而服从权威指令可以避免这些缺陷。第三种和第五种主要考虑的是合作情形，权威所具备的影响人们实际行动的事实权力（effective power）对于社会合作是一个必要因素。[3]

值得注意的是，NJT并不要求权威在每一个情形下发布的每一个指令都能受到理由权衡的支持，只要权威在某一领域发布的指令整体上与依赖性理由一致的概率比受治者自己作权衡的概率更高，受治者便应当接受该领域内所有指令的约束。例如，我需要分别在十种不同的情形下出售股票，如果我作出正确售卖决定的概率是20%（在两种情形中我可以作出正确决定），而股票专家的概率是60%（在六种情形下可以作出正确决定）；此时，尽管股票专家的指令在十种情形下并非全部正确，但是因为专家售卖决定的正确概率比我的更高，那么我就应当接受其权威的正当性，即接受全部十个指令的权威性约束力。不过，拉兹并没有明确论述有关“可能性”的判断标准。

---

[1] Joseph Raz, *The Morality of Freedom*, Oxford University Press, 1986, p. 53.

[2] Joseph Raz, *The Morality of Freedom*, Oxford University Press, 1986, p. 75.

[3] 参见范立波：“权威，法律与实践理性”，载《法哲学与法社会学期刊》2007年第2期。

正如上文所表明，就权威所发布的某一领域的全部指令而言，权威的证成是一种整体的证成。但是，就每个受治者而言，权威的证成是区分性（discriminating）证成。如上文所述，NJT 提供了权威正当性检测标准：遵循权威指令是否能够提升受治者与依赖性理由的一致性？由于不同受治者的依赖性理由有所差别，每面临一个不同的受治者，这一问题都需要重新提起。因此，权威发布的有关医药领域的指令可能对一名普通公务员具有正当性，但是对医药专家却不具备正当性；同理，权威在医药领域的指令可能对医药专家不具备正当性，但是在交通领域的指令却对其具备正当性。所以，拉兹的权威证成理论并非一种普遍的证成，而是一种零星的（piecemeal）证成，推定的统治者对某些人、在某些领域可能享有权威，但对另一些人、在另一些领域却不享有。正当权威能否成立，取决于按照权威指令行动能否在整体上提升受治者按照正确理由行动的可能性。

完整的权威证成理论不仅需要提供应当接受权威正当性的有效理由，还需要证明这些理由是不可击败的。很明显，NJT 只完成了第一步的论证任务。反对接受权威的一个强有力的理由是，人们总是内在地渴望按照自己设定的标准塑造自己的人生，在生活中的某些领域自主地作决定是一项非常重要的价值，拉兹承认这一反对理由使得权威的正当性很难得到证立。在后期的论述中，他进一步将该反对理由发展成独立性条件（Independence Condition，IC）作为对 NJT 的补充与限制。独立性条件主张，权威所发挥作用的领域是人们应当正确地作决定比自主地作决定更为重要的领域，例如，在交友、选择伴侣、培养孩子独立生存等事务上，自己作判断显然比服从权威更为重要。

NJT 和 DT 全面地展示了正当权威的本质与角色，共同构成了拉兹的服务型权威观。两个命题是互相加强的。一方面，如果证成权威正当性的通常方式是权威指令更有可能使得受治者与正确理由相一致，那么权威在行动时势必要反映依赖性理由；另一方面，如果接受了 DT，NJT 便会变得非常强，因为 NJT 的实现依赖于权威在发布指令时至少要在某种程度上成功地遵循了那些应当指引其行动的考量因素。

（二）优先性命题

满足 NJT 与 DT 的正当权威发布的指令在受治者的实践推理中应当被视为指引行动的规则，这意味着受治者应当排除其他支持或反对做 φ 的理由，而将权威指令视作首要动机性理由。这便是优先性命题（Pre-emption Thesis，下文简称PT），它的任务是阐明受治者应当如何对待正当权威指令：

"权威要求实施某一行动这一事实本身便是实施该行动的理由，该理由并非附加于在评估应当如何行动时所有其他相关理由之中，而是应当排除并替代它们中的某一些理由。"[1]

在拉兹最初有关优先性命题的描述中，他将正当权威指令视作排除、替代其所基于的依赖性理由，这一表述有些模糊，在之后的论述中，他作了两点澄清。[2] 首先，权威指令排除替代的是权威在发布指令时所考虑的依赖性理由。如果权威在作出决定时根本没有能力或者故意不去追踪（track）独立适用于受治者的依赖性理由，权威指令便不具备优先性效力。例如，拉兹所举的仲裁者的例子，如果仲裁者喝醉、受贿或者有新的证据，那么他的裁决便不具备约束力。其次，权威指令排除、替代的仅仅是不支持权威指令所要求之行动的理由。在拉兹看来，权威并不像哈特所说的那样，必然要切断人们对利弊的思考过程，它所关心的是人们的行动，而非思考或者意图。因此，权威只需要排除、替代与服从权威指令相冲突的理由。

依据拉兹，PT是从DT与NJT中必然推断而出的。首先，通过审视我们借助理由权衡去决定应当如何行动的实践推理过程，可以更清晰地理解由DT到PT的必然性。当决定是否要做φ时，我们往往会考虑所有支持做φ的依赖性理由，并将其与反对做φ的依赖性理由作权衡。依据DT，正当权威颁布的指令已经实际上反映了（部分）依赖性理由，如果此时再将权威指令视为附加于受治者理由权衡之中的一个额外理由，则会导致对某些依赖性理由的重复计算。因此，权威指令必须替代其所基于的依赖性理由。

其次，通过审视NJT对正当权威提出的任务，可以更好地理解由NJT到PT的必然性。依据NJT，如果权威正当，那么按照权威指令去行动则会比依据自己的理由权衡去行动更有可能与正确的理由权衡结果相一致，对于受治者来说，此时理性的做法应当是服从权威指令。然而，如果权威指令不替代依赖性理由，那么受治者在慎思依赖性理由的基础上按照自己的判断去行动

---

〔1〕 Joseph Raz, *The Morality of Freedom*, Oxford University Press, 1986, p. 46.

〔2〕 Joseph Raz, "The problem of Authority: Revisiting the Service Conception", in *Between Authority and Interpretation: On the Theory of Law and Practical Reason*, Oxford University Press, 2009, p. 140.

则成了合理的做法，如此，正当权威的服务功能便无法实现。所以，PT 是 NJT 成立的必然要求。

由此可见，权威指令的优先效力对于受治者而言从权威的服务中受益是不可或缺的：只有将权威指令视作优先性理由，受治者才更有可能与依赖性理由相一致。那么，如果权威指令并没有正确地反映理由权衡结果，它还具备优先性效力吗？拉兹给出的回答是肯定的。因为在拉兹看来，优先性命题成立的前提并不要求每一条权威指令都要正确，只要权威在某个领域内发布的指令整体上正确的概率比受治者自主作决定的概率更大，在该领域的所有权威指令便都应当被视为优先性理由。如果为了检验每一条指令是否正确，受治者则不得不回到深层的依赖性理由之中自主权衡，如此，权威指令作为优先性理由为受治者带来的益处则会消失。

不过值得注意的是，拉兹只明确表示，在权威犯了复杂的错误（great mistakes）时，其发布的指令依旧具备优先性效力，而犯明显错误（clear mistakes）的权威所发布的指令则可能会丧失优先性效力。复杂的错误是那些严重偏离理由权衡但却需要受治者经过权衡深层依赖性理由才能探测到的错误，而明显的错误是那些并未实质偏离理由权衡但不需要慎思便可轻易发现的错误。例如，在将一连串整数相加后，如果权威得出的结果是一个整数，那么为了确定权威是否犯了复杂的错误，我们便不得不把每个数都重新相加一次以对比结果；如果权威得出的是小数，那么毫无疑问权威犯的是一个明显的错误。接受复杂错误是符合理性的，因为这样做可以避免受治者因在每个情形中直接作利弊权衡而带来的风险与损失。

（三）对拉兹权威理论的批评：意志是必要的吗？

回到有关权威证成的难题：权威凭借其意志为受治者创设义务的规范性基础是什么？更具体而言，将权威指令当作 CIP 理由接受下来的道德理由是什么？依据拉兹的 NJT，如果将权威指令视作优先性理由能够使我们更有可能与理由权衡结果相一致，那么权威创设义务的规范性权力便可得到证成。所以，在拉兹看来，权威意志创设义务的正当性就在于意志能够反映正确的理由权衡结果。

但是拉兹的证成思路会面临以下挑战：假定 X 是由权威发布的指令，而 A 是由该指令要求的行动。如果 A 受到理由权衡结果支持，权威指令便不能成为做 A 的理由，因为即使没有权威指令，理性行动者也应当做 A。此时，权威的意志似乎成了实践推理中冗余的存在，因为决定我们应当如何行动的是那些早已独立于权威指令存在的理由，而非权威的意志。

如果这一反驳意见成立，拉兹的权威理论便会倒向无差异命题。无差异命题的核心主张是：权威的运行不应当对受治者应当如何行动造成任何差异，因为它应当指引他们去做本来就应当做的事情。依据无差异命题，权威指令根本没有为受治者提供他们原本没有的理由；权威的作用似乎只是作为辅助证据向人们提示或者暗示已有的、独立于权威指令存在的好的行动理由，从而指引人们按照这些理由来行动。

拉兹当然不会承认无差异命题，在他看来，PT 可以为这一主张提供支持性论证。依据 PT，即使权威指令排除、替代了原本应当发挥指引作用的规范性考量因素，它对于受治者也依旧具备约束力。此时，权威指令便对于受治者应当如何行动产生了影响：如果没有权威指令，受治者本应当按照那些被替代的规范性考量因素行动，但是权威指令颁布后排除、替代了与之相冲突的理由，受治者唯一理性的做法便是按照优先性理由行动。但是拉兹的回应是经不起推敲的。因为拉兹的 NJT 与 PT 之间存在紧张关系。按照他所提出的权威工具性证成路径，权威的正当性仅仅存在于为受治者与理性相一致的服务中，如果权威性指令在没有正确反映理由权衡结果时依旧能够具备优先性效力，它又该如何实现服务作用？

由此可见，依据拉兹的权威证成理论，为我们创设义务的并非权威的意志，而是独立于权威意志存在的依赖性理由。我们之所以做 φ，是因为 φ 的内容、性质能够使我们更有可能实现不可击败的理由，而非仅仅因为权威命令说“做 φ”。这一证成路径忽视了意志对于权威概念的核心作用，因为判断某条指令是否是权威性的标准就在于该指令的效力是否与由权威发布这一事实相关。因此，拉兹工具性证成路径的失败启发我们，一个成功的权威证成理论必须说明权威意志对于行动理由的特殊贡献。

三、夏皮罗的意志论权威观

（一）约束模式权威观

依据拉兹的理论，正当权威的规范性基础在于权威指令的工具性价值：

权威指令通过发挥优先性理由的效力使得受治者更有可能按照正确的理由来行动。但是在夏皮罗看来，拉兹的理由论权威观忽略了权威意志的一面：仅仅将权威指令视作优先性理由并不足以保证受治者最终按照正确的理由来行动，在某些情形下，受治者需要的是他人意志对自己行动的控制。为了解决这一缺陷，他提出了约束模式（constraint model）来重新阐述权威的工具性价值。

试想以下情形：Larry 身材肥胖，他清楚地知道此时正确的选择是去健身房锻炼，但是一想到健身所需要耗费的精力以及过去失败的经历，他便不能坚定地选择去健身房锻炼身体。于是为了保证自己能够成功地实现减肥目标，他聘请了一名健身教练 Sonny，假定 Sonny 的任务是命令 Larry 每天坚持去健身房。按照拉兹的理论，此时 Sonny 命令的正当性在于，Larry 遵从其命令行动比自己直接进行理由权衡更有可能与正确理由相一致；当 Larry 接受命令的正当性时，他应当将命令视为优先性理由，排除、替代 Larry 待在家里的理由。但是将 Sonny 的命令当作优先性理由并不能帮助这个例子中的 Larry。无论 Sonny 的命令是否替代一阶理由，Larry 的理由权衡都是指向一个方向的，Larry 明确地意识到，支持去健身房的理由明显地胜过待在家里的理由。很明显，Larry 并非不知道正确的选择是什么，而是缺乏按照正确理由行动的能力。因此，拉兹的理由论权威观不能解释 Sonny 命令的规范性基础。

为了解决拉兹权威理论的这一问题，夏皮罗提出约束模式重新解释权威指令的工具价值内涵。依据夏皮罗的主张，当且仅当权威性指令有能力影响不服从的可行性时，它们才具有工具价值。[1] 从受治者的视角来看，夏皮罗的限制模式可以理解为现在的自我与将来的自我之间的互动。当现在的自我承诺将自己交由权威的统治时，实际上是在对将来的自我作出约束，现在的自我告诉将来的自我：无论权威发布何种内容的指令，你都必须按照他的要求去行动。在这场互动中，行动者通过自己的行动为将来的自我创设了服从权威的义务，将来的自我被禁止以与权威的意志相反的方式行动。

因此，当从权威指令中获益的受治者在承诺服从权威指令时，他们是在试图约束未来的自己按照权威指令的要求去行动，无论权威指令的内容是什么。受治者服从权威的承诺一旦成功，他们便不能再违背权威的意志去行动。

---

〔1〕 *See* Scott J. Shapiro, "Authority", in J. L Coleman and S. Shapiro (ed.), *The Oxford Handbook of Jurisprudence and Philosophy of Law*, Oxford University Press, 2002, p. 415.

按照约束模式，权威指令一旦被发布，接受服从的受治者便不再慎思将来是否服从，而是仅仅努力弄清楚采取什么行动才算作对规则的落实。申言之，在夏皮罗看来，权威之所以拥有规范性权力，是因为权威的意志有能力控制他人的行动。

（二）对约束模式的评介

首先，夏皮罗的约束模式能够解释 Sonny 命令的工具价值。如上文的例子中，Larry 的问题不在于不清楚正确的行动方案是什么，而是缺少按照正确理由行动的能力。而依据约束模式，Sonny 的命令可以通过切断其按照诱惑行动的能力，保证他按照正确的理由去行动。Sonny 的命令一旦被发布，Larry 待在家里的行动方案便变得不可行，去健身房成为唯一可行的方案。如此，Sonny 的命令才能真正起到服务 Larry 的作用。其次，约束模式似乎也能解决权威意志在实践推理中的冗余问题。假定权威指令所要求的行动 A 受到理由权衡的支持，此时权威指令依旧与实践推理相关。因为，依据约束模式，权威指令的工具作用在于影响选项的可行性。即使权威指令发布之前，行动者已经选择了做 A，但是如果他愿意的话，他可以自由选择不做 A。而权威指令一旦发布，做 A 便成了唯一可行的方案，因此权威指令确实在实践推理中发挥了作用。〔1〕

但约束模式的关键问题是，如果权威指令要求的行动 A 不受到理由权衡的支持，受治者服从权威指令是理性的吗？在夏皮罗看来，答案是肯定的。因为依据约束模式，当受治者承诺将自己未来的判断交由权威时，服从权威指令便成了唯一可行的方案，因此也是最佳的方案。但是夏皮罗的回应不免有些草率。如果权威所要求的行动不受到理由权衡的支持，它何以成为最佳的行动方案？毕竟，受治者最初服从权威的承诺本来目的是约束未来的自己严格地按照正确理由去行动。因此，约束模式权威观也不能最佳地阐释权威指令的工具性价值，它反而会使得权威的意志任意、专断地控制他人的行动。

（三）仲裁模式权威观

或许是认识到了约束模式并不能有力地阐释权威的工具性价值，夏皮罗

---

〔1〕 *See* Scott J. Shapiro, "Authority", in J. L Coleman and S. Shapiro (ed.), *The Oxford Handbook of Jurisprudence and Philosophy of Law*, Oxford University Press, 2002, p. 419.

提出了仲裁模式（arbitration model）为权威的正当性提供一种新的证成路径。依据该模式，权威的功能不再是在受治者与理由之间做媒介，而是为敌对双方的争议做仲裁，为双方提供一种解决冲突的方式。在这一意义上，权威服务的成功不在于其所发布的权威指令内容是否正确，而在于它是否有能力解决实际或潜在的冲突。

夏皮罗指出了仲裁模式与拉兹中介模式（mediation model）的三点区别。首先，如上文所述，两种模式下的权威服务功能不同。其次，两种模式下，权威的服务功能与权威的正当性之间的关系不同。依据中介模式，当且仅当权威履行调解的服务功能时，权威才能够正当化。而在仲裁模式下，权威成功地解决纠纷并不必然能够证成权威，权威的正当化基础在于特定群体对仲裁程序的合理接受。最后，两种模式的最终正当化基础不同。中介模式下，权威的最终正当化基础在于依赖性理由，服从正当权威指令比不服从能够更好地与依赖性理由相一致；而仲裁模式下，服从正当权威的指令反而可能会与依赖性理由相背离，权威指令对受治者的约束力来自各方都能接受的仲裁程序具有良好的品质。[1]

在夏皮罗看来，拉兹的中介模式（mediation model）之所以失败，是因为工具性证成路径忽略了民主意志的内在价值。依据拉兹的观点，一个政体所享有的权威比另一个政体更加正当，是因为其所发布的指令“更好”。但是统治的正当性并非排他地来源于“输出”，而是主要来源于“输入”，即主要取决于政体是否受到民众的支持。而仲裁模式则给予了民主意志充分的证成角色。依据该模式，某个政体拥有正当权威是因为其发布的指令经历了由民众参与并接受的民主程序。

依据夏皮罗的观点，民主程序（纠纷解决程序的一个子集）代表着分权安排（power-sharing arrangement），当该分权安排满足社会必要性、授权性、公正性这三个特征时，权威向受治者施加服从道德义务的规范性权力才能得到证成。如果受治者拒绝服从经由该民主程序产生的权威指令，无论该权威指令是否与受治者的依赖性理由相一致，他都是“单方面地、因此非理性地调整了社会合作的条件与方向”，因此，夏皮罗证成权威的正当性需要完成两

[1] See Scott J. Shapiro, “Authority”, in J. L Coleman and S. Shapiro (ed.), *The Oxford Handbook of Jurisprudence and Philosophy of Law*, Oxford University Press, 2002, pp. 432-433.

个任务：（1）说明满足三个特征的民主程序具有何种内在价值；（2）说明受治者为何负有服从该程序结果的道德义务。

首先，民主程序对于社会合作是必要的。如果没有纠纷解决程序，由于价值理念的巨大差异，社会不同成员在个人事务与公共事务的争斗中往往会导致两败俱伤，威胁共同体的生存。其次，民主制度是一种授权性制度。在民主权威的统治下，公民不再是单纯被动地接受权威的决定，而是被赋予权利从而积极地参与到决策过程中。通过民主选举与自由论辩，公民能够影响社会合作的条件与集体事业的方向，说服与自己意见向左的敌对方。因此，民主程序允许不同的公民将自己的利益、意愿输入到纠纷解决机制中，为公民锻炼自己的自主能力创造了机会。最后，民主程序是一种公正的纠纷解决程序，因为每个公民拥有平等的选举权与意见表达机会。民主程序的这三个特点正是对其内在价值的最好表达：如果没有民主程序，社群成员的分歧无法得到公正的解决，公民将缺少平等的机会锻炼自主能力。〔1〕

在夏皮罗看来，公民从民主程序中获得了益处，则必然要负有服从该程序决策结果的道德义务。对于任何一个理性的公民，他们不能从该程序获得好处的同时，拒绝承担任何负担；一个漠视经由民主程序产生权威指令的公民，实际上是对其同胞的“独裁”，他们的不服从行为剥夺了大多数公民的三种重要利益：（1）剥夺了大多数人有权期待的结果；（2）剥夺了大多数人对自己生活控制的权利；（3）剥夺了大多数人在公平分权机制中作为平等参与者应得的尊重。

（四）对仲裁模式的评介

夏皮罗的仲裁模式看起来解决了拉兹权威理论所造成的意志冗余问题：服从权威的正当性并非取决于权威指令内容的正当性，而是取决于权威指令是否受到民主意志的支持。而在某种意义上，民主意志本质上就是权威的意志，因为民众通过平等地参与民主程序形成的决策其实就是权威的最终决定。

然而，如果权威的正当化仅仅依赖于民主程序，并不足以约束权威意志的任意与专断。试想以下情境：某个人口数为 100 的小型国家实行民主制度，

---

〔1〕 *See* Scott J. Shapiro, “Authority”, in J. L Coleman and S. Shapiro (ed.), *The Oxford Handbook of Jurisprudence and Philosophy of Law*, Oxford University Press, 2002, pp. 435-437.

每一位公民都享有平等的投票权，能够平等地参与民主决策。假定该国计划侵略邻国以获得石油资源，需要制定一部有关征兵的草案。该国的每一位公民都参与了征兵草案的决策过程，最后80%的白人高票通过征兵法案：由其余20%的黑人负责上前线。按照夏皮罗的仲裁模式，该法案受到民主意志支持这一事实就可以产生服从权威的义务。但是很明显，该法案的内容是严重偏离理性的正确要求的。

本文将夏皮罗的约束模式与仲裁模式称为意志论权威观。这两种模式的共同点在于，重视权威的意志本身在为受治者服务中所发挥的作用，但是它们共同的风险在于，会导致权威的意志能够任意地产生“理由”，无法为权威的正当性提供规范性基础。

四、张美露的混合意志论

拉兹权威理论的困境在于没有说明权威的意志在促进受治者与正确理由相一致的进程中发挥了何种作用，夏皮罗的权威理论困境在于使得权威的意志能够随意创造“理由”。两者的共同点在于，都预设了价值关系的二分法：依据独立适用于受治者的依赖性理由，最终有且仅有一个正确的行动方案能够与依赖性理由的权衡结果相一致，其他的行动方案都是错误的。也就是说，在理由权衡中，最终总会有一个不可击败的理由胜出，理性的做法就是按照这一决定性的理由去行动。

但是二分法在有些情形下并不适用。例如，依据受治者的某些依赖性理由（教育、医疗保障等），立法机构有理由去制定一部有关纳税的法案。但是支持按月收税的理由与支持按季度收税的理由都很充分，两相权衡之后并不会有一个决定性的理由支持其中一种方案。此时显而易见，并非有且仅有一个正确的行动方案能够实现与依赖性理由相一致。所以价值关系的二分法并不是必然的。本文试图通过借助张美露的价值四分法与混合意志论为权威理论的困境提供一个解决思路。

（一）价值关系的四分法

张美露提出了价值关系的四分法：在“更好”“更差”“一样好”之外，

还存在第四种价值关系——“对等”（*on a par*）。[1] 在张美露看来，两个事物的价值比较关系可以用评价差异（evaluative difference）来描述。当两个选项可比较时，它们之间就存在评价差异（包括零差异）；当两个选项不可比较时，它们之间就不存在任何评价差异。现在假定选项A与选项B，它们之间可能形成的比较关系如下：（1）如果A在某一方面比B更好（更差），那么它们之间存在的评价差异则偏向于或支持A（B），理性的做法是选择A（B）；（2）如果A在某一方面与B一样好，那么它们之间的评价差异为零，并且差异既不偏向A也不偏向B，此时通过抛硬币便可随机选择A或B；（3）如果A在某一方面与B形成对等关系，它们之间存在评价差异，但是该差异并不偏向任一选项。

依据张美露的观点，当两个选项A和B之间的对等关系，其实就是支持A的理由与支持B的理由形成对等关系时，她将此称为“理由用尽”（reasons run out）。当理由用尽时，我们还有可能作出理性的选择吗？之所以面临这样的难题，是因为对等关系与“更好”“更差”“一样好”之间存在本质的区别，与后者相匹配的理性行动并不能适用于前者：（1）形成对等关系的A与B之间的评价差异没有任何偏向，所以我们并不具备决定性的理由选择A或B；（2）形成对等关系的A与B之间的评价差异并非为零，无论选择A或B都会对我们的规范性处境产生巨大的影响，所以通过抛硬币这样的方式作任意选择是不符合理性的。为了回应该难题，张美露区分了两种类型的理由：被给予的理由（given reasons）与基于意志的理由（will-based reasons）。接下来本文将进一步阐明这两种理由的区别，并且为基于意志的理由如何能够化解权威理论困境提供一个初步的说明。

（二）权威与基于意志的理由

实践理由的规范性来源是什么？或者说，是什么使得某个考量因素获得了实践理由的规范性约束力？针对这一问题，有三种传统的回答。理由外在论认为，理由的规范性来源于外在的规范性事实或者有关价值的规范性事实；理由内在论认为，理由的规范性来源于我们内部的某种非意志性的被动状态，

---

[1] 有关对等关系的详细论述，*see* Ruth Chang, “Parity: An Intuitive Case”, *Ratio*, special issue, 2016, pp395-411. “The Possibility of Parity”, *Ethics*, July 2002, pp. 659-88; “Hard Choices”, *APA Journal of Philosophy*, 2017, pp. 586-620.

例如欲望；意志论认为，理由的规范性来源于我们内部的能动性（agency），或者说理性意志（rational will）。张美露将前两类理由称为被给予的理由，而后一类被称为基于意志的理由。而她所发展的混合意志论（Hybrid Voluntarism）既承认被给予的理由，也承认基于意志的理由。按照该理论，当被给予的理由未用尽时，理性行动者应当遵循被给予的理由去行动；当被给予的理由用尽时，理性行动者获得了用自己的意志创造理由的规范性权力。也就是说，当被给予的理由形成对等关系时，基于意志的理由可以出场决定我们在通盘考量后应当如何行动。〔1〕

那么基于意志的理由如何能够化解权威理论的困境呢？回到本文最初提到的权威证成难题：权威凭借意志创造义务的规范性基础是什么？如果权威指令要求的行动 A 受到理由权衡结果的支持，那么无论权威指令是否存在，我们都应当做 A；如果权威指令要求的行动 A 未受到理由权衡结果的支持，那么服从权威就是非理性的。两难困境有一个基本预设：通盘考量后，经过理由权衡后有一个唯一正确的理由胜出，我们只需要按照该正确理由行动即可，并不需要正当权威。只有当这一预设总是无例外地成立时，权威才无法正当化。

但是，依据张美露的价值关系四分法，这一预设并不总是成立。通盘考量后，被给予的理由可能会形成对等关系，并不会有唯一正确的理由胜出。我们可以回到纳税的例子来说明这一点。在通盘考量纳税的依赖性理由（或者操作性理由）与辅助性理由之后，支持按季度纳税与按月纳税的理由形成对等关系，换言之，并没有决定性的胜出理由支持其中一种方案。此时或许恰恰是权威意志发挥作用的领域。权威通过颁布指令选择“按季度纳税”，受治者便负有义务按季度缴税。此时权威的意志确实对于受治者应当如何行动产生了实践差异，如果没有权威，受治者不会负有按季度纳税的义务。同时，受治者服从“按季度纳税”的权威指令也并不会与依赖性理由相违背，因为两种方案都是符合依赖性理由的方案。

这里可能存在的质疑是，既然两种方案都能够实现依赖性理由，为何不

〔1〕 *See* Ruth Chang, “Hard Choices”, *APA Journal of Philosophy*, 2017（92）, pp. 617-620；有关混合意志论的详细论述，*see* “Grounding Practical Normativity：Going Hybrid”, *Philosophical Studies*, 2013（1）, pp. 163-187.

能由受治者自由选择而是交由权威去决断呢？所以，本文认为，权威意志的创设义务的条件除了对等关系的成立，还需要另外一个条件：受治者需要由权威为其指定一种特定的行动方案，此种需要往往源于公共领域的社会合作问题。社会合作问题是指，在一系列选项中，只有当社会中的大多数人有充分的理由去实施大多数人会选择的选项，社群成员的利益才能得到实现；但是有时候大多数人会去选择哪一个选项并不明显。例如，人们并不关心车辆应当向左行驶还是向右行驶，他们也无法判断大多数人会选择向哪个方向行驶，但是他们需要一个协调一致的行动方案供他们去遵循，而这正是权威所应承担的任务。

结　论

本文试图借助混合意志论为正当权威的规范性基础提供解决思路。当且仅当满足以下两个条件时，一个人对另一个人才享有正当权威：（1）通盘考量依赖性理由与辅助性理由之后，至少存在两个处于对等关系的行动方案；（2）出于社会合作利益的需要，社群成员需要确定唯一一个行动方案，而权威的正当性就在于通过创设基于意志的理由以满足社群成员的合作需要。

论法律解释方法的性质和适用规则

任文佑*

【摘　要】对于法律解释方法的诸多理论进行梳理发现，目前关于法律解释方法的理解工具对于法律解释方法的具体功能和性质认识并不统一，使用的理论工具也不能为法律解释方法提供具体的适用规则。对于法律解释方法的理解必须兼顾语言使用规则和法律解释方法自身的规范属性，法律解释方法本质上是特定共同体检验法律论证的有效性的重要标准。法律解释方法的适用不是位阶关系，而是以文义解释为主干、诸多解释方法为辅助的法律解释规则群组的存在，这个体系需要逻辑规则的辅助，需要和诸多学科体系紧密结合，适应社会发展的需要。

【关键词】法律解释方法　法律论辩　位阶关系　衡量法则

引　言

近年来司法改革过程中对于法律说理的要求越来越高，2018 年最高人民法院颁布的《关于加强和规范裁判文书释法说理的指导意见》对于司法机关释法说理提出了更为具体的要求。该文件将法律含义的阐释分为“法律适用无争议且法律含义不需要阐明”与“法律适用有争议且法律含义需要阐明”

---

* 任文佑，中国政法大学 2019 级法理学专业硕士。

两种类型。[1]对于后者的阐释，自然需要涉及法律解释问题。这也要求理论界对于法律解释能够提出更为有效的理论为司法实践提供参考。

目前理论界对于法律解释方法的认识存在一定的分歧，这突出体现在法律解释方法的适用方式的抽象位阶方面的分歧。从目前理论界观点来看，对于法律解释方法的抽象位阶的理解普遍认为其不存在并存的关系，[2]其中具体的关系却较少论及，或者将其置于个案诠释的框架下理解法律解释方法，或者将其作为一种"相对的"位阶关系予以考察。[3]对于法律解释方法的上述认识为具体的法律实践的论证并不足以提供确定的方法论指引，其中最为关键的因素在于如何确定相对位阶关系的变化的具体情形，如果不能确定具体的标准，法律解释方法对于具体司法实践的指导作用就会打折扣。

法律的适用需要以法律解释方法作为指导，否则法律的理解和适用就会过于主观，对于法律适用的理解就会沦为对于人们内心世界的考察。[4]不同的法律解释方法会有不同的目的，不同的适用范围。对于法律解释方法具体适用规则的考察，离不开对于法律解释方法本质属性的分析和考察。本文研究的具体思路就是，通过对于法律解释方法本质属性的研究和考察，理清法律解释方法具体的适用范围。在法律解释方法具体的范围的框架下，本文希望抽象出一般的法律解释方法适用规则，尤其是对于上述所谓"相对的"情况进行类型化考察。

一、对于法律解释方法相关理论的考察

萨维尼对于法律解释方法的考察开始了法律界对于法律解释方法的研究和讨论。萨维尼在其《当代罗马法体系》第一卷中对于法律解释方法作了阐释。萨维尼解释法学的基本立场是客观主义哲学，将解释作为正确理解法律的语言；萨维尼要求法律解释者"站在立法者的角度思考制定法表现出来的意图"；[5]萨维尼将解释行为和解释要素进行区分，在他的体系之中，解释行

〔1〕 参见法发〔2018〕10号。

〔2〕 王夏昊，吴国邦："论法律解释方法抽象位阶的作用及其逻辑结构"，载《烟台大学学报（哲学社会科学版）》2018年第5期。

〔3〕［德］卡尔·拉伦茨：《法学方法论》，陈爱娥译，商务印书馆2003年版，第220页。

〔4〕［德］罗伯特·阿列克西：《法律论证理论》，舒国滢译，商务印书馆2019年版，第196页。

〔5〕［德］冯·萨维尼：《当代罗马法体系》（第一卷），朱虎译，中国法制出版社2010年版，第166页。转引自：美福东："萨维尼法律解释范式的再思考"，载《法律方法》2010年第10卷。

为更多的是一种“重复立法者的工作，并且站在他们的角度重新思考和重现制定法的过程”；[1]萨维尼在解释要素方面的研究则为后世法律解释方法的研究提供了方向，也提供了问题的立足点。在萨维尼的思想之中，法律解释要素主要涉及文义、逻辑、历史、体系四个方面，但是萨维尼在具体的适用方面给后人留下了发挥的空间，他没有将上述不同的要素以一种相对稳定的方式进行排列，确定其中的抽象位阶，组成相对稳定的解释范式。恩吉施对此予以否定的评价，认为“解释的任务是使法律者把法律概念的内容和范围想象为具体”；[2]阿列克西在其《法律论证理论》之中认为“概念既没有进行系统地讨论，也没有精确地加以定义”。[3]

综合考察萨维尼的相关思想，萨维尼之所以对于具体的法律解释方法的适用规则没有给出明确的范式，应当源于他对于法律解释方法的理解。萨维尼将法律解释方法作为法官在具体操作中的一种技术性手段，需要法官在个案中进行衡量和具体分析。在这种思考语境中，即便可能存在某种顺序，也无非是一种概率事件，而不是基于某种抽象原则进行分析推演后的必然结果。这一分析也可见诸萨维尼在《科学定义入门》之中对于规则解释的理解。在这本书里面，萨维尼将规则的解释作为裁判者对于语言（自然语言、生活语言、专业技术语言）某种技术性确定。[4]

拉伦茨对于法律解释的理解同萨维尼相比，存在差异，但也有类似的地方。两位法学家都将法律解释作为一种法学活动，所不同的是，拉伦茨对法律解释的理解更为宽泛，他将法律解释放在法庭辩论的框架下去理解，而不是萨维尼所分析的法官的裁判活动。拉伦茨论述了发生学论证的困难，从中可以窥见其法学解释的过程。所谓“发生学困难”源于“发生学解释”的过程中对于立法者意图的分析，分析立法者意图是十分困难的，如何能够确定解释出来的意思就符合成百名议员在议会中的含义呢？而且，一旦法庭中对

〔1〕［德］冯·萨维尼：《当代罗马法体系》（第一卷），朱虎译，中国法制出版社 2010 年版，第 166 页。转引自：美福东：“萨维尼法律解释范式的再思考”，载《法律方法》2010 年第 10 卷。

〔2〕［德］卡尔·恩吉施：《法律思维导论》，郑永流译，法律出版社 2004 年版，第 79 页。

〔3〕［德］罗伯特·阿列克西：《法律论证理论》，舒国滢译，商务印书馆 2019 年版，第 58~59 页。

〔4〕陈刚：“萨维尼实质诉讼法理论及其现实意义”，载《法律科学（西北政法大学学报）》2016 年第 6 期。

此予以反驳究竟如何证立？〔1〕拉伦茨在法律解释方面和萨维尼的另外一个区别就是在解释最终的确定性上。萨维尼基于客观主义的解释理念，要求法律解释应当具有绝对的确定性，但是拉伦茨则将事实判断和经验判断都列入法律解释的框架之中，这样，法律解释就进入“经验论证”〔2〕的情境之中。就具体的解释方法而言，拉伦茨和萨维尼之间存在一定的差异，萨维尼将法律解释作为阻遏社会上存在诸如正义、平等等价值进入法律的重要大门，或者理解为闸门；〔3〕拉伦茨则在法律解释之中主动融入上述诸多价值，这一点尤其体现在其论述的所谓“客观—目的解释”。拉伦茨的客观—目的解释之中的客观目的更多是基于“在现行法秩序框架内客观所要求”，〔4〕其实更多基于的是共同体框架内的各种具体的目的。这样一来，拉伦茨框架内的法律解释方法就必须考量共同体所追求的各种目的。

比较拉伦茨和萨维尼的思想，两者理解法律解释的角度也是不同的。拉伦茨将法律解释作为“对象交流的过程”，这个过程中需要考虑的是“终局的案件事实”和“应予适用的规范内容”之间尽可能的精确化。〔5〕虽然这一过程也可以体现在法官裁判案件的思维过程中，但是，这一过程也同样可以存在于法庭论辩过程之中。将“法律解释”放在“法律适用”框架中理解其实放大了法律解释的适用范围。在这种框架体系之中，拉伦茨将法律解释方法更多称为一种“各有其重要性的指导要点”。〔6〕

阿列克西将法律解释方法放置在其整体的论证理论框架内进行理解。在其《法律论证理论》一书中，法律解释方法被作为“外部证成”的组成部分。在阿列克西的体系当中，法律解释方法还被论证为“经验证成”的一部分，同经验的论述之间存在紧密的联系。阿列克西将这些法律解释方法作为一种形式论证的范式，作为一种“纯粹的视角或提问方向”，作为一种“命题陈述形式”在逻辑展开过程中凸显了“法律论证结构”的特色。阿列克西认为，这些法律论证标准是作为法律理性论证的重要标准。

---

〔1〕［德］卡尔·拉伦茨：《法学方法论》，陈爱娥译，商务印书馆 2003 年版，第 197~200 页。

〔2〕［德］罗伯特·阿列克西：《法律论证理论》，舒国滢译，商务印书馆 2019 年版，第 293 页。

〔3〕朱虎：萨维尼的法学方法论述评”，载《环球法律评论》2010 年第 1 期。

〔4〕［德］罗伯特·阿列克西：《法律论证理论》，舒国滢译，商务印书馆 2019 年版，第 295 页。

〔5〕［德］卡尔·拉伦茨：《法学方法论》，陈爱娥译，商务印书馆 2003 年版，第 193 页。

〔6〕［德］卡尔·拉伦茨：《法学方法论》，陈爱娥译，商务印书馆 2003 年版，第 219 页。

建立在普遍实践论辩框架下的阿列克西显然将法律论证方法作为检验论证理性化的重要标准。在这种思想的指引下，阿列克西显然需要将“法律解释方法”更加规范化。事实上，他确实根据不同法律解释方法的不同职能确定“法律解释方法”的基本位阶。但是，他同时指出，这样的分层理论之间也存在许多细节问题无法解释，对于其中的“有合理理由说明”的问题需要交给“参与法律论辩的人”自行决定。[1]

哈特理解法律解释方法的框架与前述的法学家的思考方法存在一定的差异。哈特对于法律解释方法的关注程度很低，他是从语言使用的角度分析法律解释方法。哈特对于法律解释方法的理解是与其对于规则的理解联系在一起的。在《法律的概念》一书中，哈特对于德沃金的“诠释理论”给予了批判，在他看来，德沃金这种区分其实是“希望削弱法律实证主义的主张”。[2] 哈特对于法律解释方法的理解没有赋予其更多的程序性意义，更多是立足于规则的语言表述本身进行分析，其中最为关键的元素是与其体系中的“一般化规则”紧密联系在一起的。在哈特的思想体系中，“法律解释”具有一定的不确定性，如何将这种理论给予一般化的描述，他将其与判例和法律的空缺结构结合在一起，形成所谓的“语言弹性的诉求”。[3]

综合上述诸多研究，可以得出这样阶段性的结论，在对于法律解释的认识角度上，上述诸多理论都与规则自身的适用有关，或者从规则裁判的角度予以分析，或者从规则在程序论辩中的程序予以分析，或者从规则的语言学视角予以分析。上述对于法律解释方法的把握和对于抽象位阶的分析其实都实质性地展示出“确定法律解释抽象位阶”这一命题的困难或者不可能。

就国内学者近些年的研究分析，对于法律解释方法的分析也都指出法律解释方法位阶的困难，所不同的是，对于“法律解释困难之处”的认识思路是不同的。一种认识角度是从所谓“疑难案件”之中的“价值衡量”角度进行分析，认为“疑难案件的判决结果并不是来源于法律内部……这种对于法

---

〔1〕［德］罗伯特·阿列克西：《法律论证理论》，舒国滢译，商务印书馆2019年版，第303～304页。

〔2〕［英］哈特：《法律的概念》，许家鑫、李冠宜译，法律出版社2011年版，第238～239页。

〔3〕［英］哈特：《法律的概念》，许家鑫、李冠宜译，法律出版社2011年版，第238～239页。

律效果的预测的思维方式决定了法律解释”。[1]另一种认识思路则来源于对于法律解释内部的逻辑思考和理解，在综合分析多种认识思路后认为，目前在法律解释内部很难存在一种固定的位阶关系。[2]这两种思路在认识法律解释的性质方面存在差异，所以，这两种思路对于法律解释方法的位阶问题也存在截然相反的认识。前者认为“法律解释学很难具有方法论上的意义”，[3]后者则是希望明确“法律解释方法的具体适用位阶”。[4]

综合上述分析，萨维尼以后，法学界对于法律解释方法理解路径相对多元，基本包括法体系内部和法体系之外理解两个逻辑视角。从法体系内部的考量来看，或者从论证工具的视角予以分析，或者从语言使用的视角予以分析，或者从法律论辩的视角予以分析。从法体系外部的考量来看，较为极端的是彻底否认法律解释方法的有效性，也有相对缓和的路径，用可接受性原则塑造法律解释方法。上述诸多研究对于法律解释方法具体的适用规则解释相对模糊，主要源于诸多理论工具对于法律解释方法的功能分析和理解不能达成一致。如果希望建构法律解释方法的适用规则，则需要从法律解释方法的性质和功能角度出发加以分析。

二、理解法律解释方法的具体框架

如果希望建构出法律解释方法的一般适用规则，首先应当对于法律解释方法有正确的认识。究竟用怎样的认识工具，在一个怎样的框架内认识法律解释方法呢？从上述学说的整理来看，首先可以对较为极端彻底否认法律解释方法的思想予以评价。法律解释方法无论是从法律体系内部的视角还是法律之外的视角来看，都有其存在的意义和价值，所不同的无非具体的法律解释方法如何适用和塑造的问题。法律解释方法不仅仅需要从法律规则的语言属性角度予以阐释，更与法律的安定性之价值与法治的理想之间有着紧密的联系。[5]疑难案件的存在，或者疑难案件中价值判断的存在，是一种法学方

---

〔1〕 参见桑本谦：“法律解释的困境”，载《法学研究》2004年第5期；苏力：“解释的难题：对几种法律文本解释方法的追问”，载《中国社会科学》1997年第4期。

〔2〕 王泽鉴：《法律思维与民法实例》，中国政法大学出版社2001年版，第240页。

〔3〕 桑本谦：“法律解释的困境”，载《法学研究》2004年第5期。

〔4〕 王泽鉴：《法律思维与民法实例》，中国政法大学出版社2001年版，第240页。

〔5〕 杨仁寿：《法学方法论》，中国政法大学出版社2013年版，第135页。

法的争议，[1]不能否认基本的法律价值或者法律适用的基本范式。

法律解释方法有存在的必然性，那么关键在于以怎样的视角分析这种必然性。从实证的角度来看，目前对于“法无解释不得适用”这样的观点已经成为实务界共识性的观点。从我国最高人民法院的司法解释的演进来看，司法解释中间蕴含的思维逻辑已经逐渐“从抽象的指引向规范的指导转变”，在兼顾实用性的同时探索更为有效规范的解释路径。[2]这种转变除了展示法律解释方法在司法实践的独特意义，否定了上文中法律解释虚无化对待的观点之外，也展示法律解释方法在我国的不同面向：对于抽象的法律的一般化解释以及在个案裁判中提供指引和规则。从指导实践的角度进行分析，对于法律解释方法的认识范式必须能够兼顾上述两个面向。

法律解释的对象首先需要确定，从研究的角度来看，法律解释存在法律解释的对象系法律解释方法适用的客体对象，系法律解释方法作用的着力点。根据目前的定义分析，有将法律解释的适用对象认为是“法律规定”者，[3]有将法律解释的适用对象认为是“实在法规范”，[4]也有将法律解释的适用对象认为是“法律规范”。[5]上述几种观点其实涉及法的范围和法的表现形式两个方面。但是无论是上述哪种形式，法律解释方法的作用方式都是语言本身。语言使用规则是法律解释方法最为重要的思考框架。

除了语言适用规则是否还有其他更为深层次的框架？从语言适用规则出发，阿列克西将法律解释方法放在“法律论辩”的框架下进行分析。从阿列克西关于法律论辩的分析来看，这一定义更多考虑到法律的论辩程序之中，法律解释方法除了作为一种法律框架内的语言适用规则，更为重要的作用是修正和检验法律解释的客观标准。[6]拉伦茨虽然在法律解释方法中融入众多似乎“不稳定”的因素，但是没有脱离这种宏观的框架。[7]综合分析上述理

---

〔1〕孙海波：“‘后果考量’与‘法条主义’的较量——穿行于法律方法的噩梦与美梦之间”，载《法制与社会发展》2015年第2期。

〔2〕王筑红：“法律解释方法应用的实证研究”，载《法律适用》2018年第23期。

〔3〕杨仁寿：《法学方法论》，中国政法大学出版社2013年版，第135页。

〔4〕［德］罗伯特·阿列克西：《法律论证理论》，舒国滢译，商务印书馆2019年版，第303页。

〔5〕［德］卡尔·拉伦茨：《法学方法论》，陈爱娥译，商务印书馆2003年版，第199页。

〔6〕王志勇：“法律解释、论证与客观性——阿列克西法律解释理论初探”，载《法律方法》2015年第2期。

〔7〕吴春雷、张文婧：“司法三段论的性质与认知结构之再认识”，载《河北法学》2013年第4期。

论，法律解释方法是法律论证说理过程中的重要和关键的因素和标准，这一标准不仅是个案面向的论证和说理，而且与目前我国司法改革中的解释和说理之间有着紧密的联系。[1]

理解法律解释方法，同样需要两个面向，一个面向是法律解释方法的外在表现形式，也就是语言适用规则；另外一个面向则是法律解释方法存在的主要土壤，也就是在法律论证的框架内理解。这两个面向本身也是相对宏观的命题，需要进一步选择理论工具。对于语言适用规则的工具的选择，从目前研究而言，自从维特根斯坦提出“语言游戏”之后，针对法律语言的研究多以此作为研究的出发点。阿列克西将上述理论分析之后总结为四种规则，[2]包括语言使用的描述性和说明性区分。语言游戏（包括其中的法律论辩）是受到规则支配（当然也包括法律解释方法的规则）。除了维特根斯坦对于语言的哲学考察之外，奥斯汀和哈特也针对法律语言现象进行了考察，奥斯汀在《法理学的范围》一书中区别“准确意义上适用”“隐喻意义上适用”“类比意义上适用”等多种用法。这些用法是从人类日常生活中的不同场景加以区分，分析背后的法律含义。[3]哈特则综合考察法体系不同语言的适用，分析这些语言是在怎样地调整社会，进而建立不同规则的多样组合。[4]

对于法律论证的理论，目前可以借鉴的理论工具相对较多，例如，哈贝马斯基于真理共识论框架下对于法律论证理论基于某种介绍，基于行为和论辩两种区分，[5]他将法律解释方法作为论辩框架内的一种规则或者方法进行论述。佩雷尔曼基于其对于“普范听众”的理解和分析建构起法律解释方法的理解。[6]埃尔朗根学派则基于其“建构方法”和“规范体系”两种理论对于法律论证理论进行建构，将法律解释方法更多限定在“理性原则”的框架

---

〔1〕 参见雷磊：“从‘看得见的正义’到‘说得出的正义’——基于最高人民法院《关于加强和规范裁判文书释法说理的指导意见》的解读与反思”，载《法学》2019年第1期。这篇文章认为，司法裁判的关键在于法律推理和论证的过程，追求依法裁判和个案正义的统一。

〔2〕 ［德］罗伯特·阿列克西：《法律论证理论》，舒国滢译，商务印书馆2019年版，第64页。

〔3〕 ［英］约翰·奥斯汀：《法理学的范围》，刘星译，北京大学出版社2002年版，第17~19页。

〔4〕 ［英］哈特：《法律的概念》，许家鑫、李冠宜译，法律出版社2011年版，第25~45页。

〔5〕 龚群、李晓冬：“诠释学与交往行为理论的内在关联——从加达默尔的‘理解’到哈贝马斯的‘相互理解’”，载《复旦学报（哲学社会科学版）》2020年第1期。

〔6〕 雷磊：“新修辞学理论的基本立场——以佩雷尔曼的‘普泛听众’概念为中心”，载《政法论丛》2013年第2期。

内进行考察。[1]在下文的分析和考察中，这些理论对本文对于法律解释方法的分析和建构都提供了很好的思路。

三、对于法律解释方法的性质的认识

借助于上述诸多理论工具，究竟以一种怎样的角度对法律解释方法进行分析和建构呢？法律解释方法的性质的认识应当与法律解释方法的功能之间建立起紧密的联系。基于上述关于“语言学”以及“法律论证理论”两个角度的分析，对于法律解释方法的适用应当从上述两个维度分别展开，最终将上述维度综合建构。

首先从维特根斯坦的“语言游戏”的角度切入，维特根斯坦“语言游戏”理论中需要有规则的概念对于“语言游戏”进行限制和切入。对于维特根斯坦体系中的“规则”的理解，阿列克西认为，这样的规则存在与“生活范式”之间存在紧密的联系，这样的规则需要共同体成员共同地遵守，而且这样的“规则”必须能够和世界生活的具体实践形成紧密的联系，共同建构一个可以最终确定的体系。[2]在奥斯汀的思维体系当中，“语用行为”的概念是其关于语言理论建构的重要概念。奥斯汀建构的体系中的“语用行为”系“规约性行为”的下位概念，是为整个语言体系奠定规则基础的行为。

上述两套理论其实是将法律解释方法运用于规则行为的体系之中，展示法律解释方法对于法律规则体系的影响。法律解释方法具有较强的规范性，在目前的研究中也多有涉及。对于法律解释方法的规范性质的认识，有理论从“构成性规范”和“调整性规范”的区分出发，认为法律解释活动具有构成性规范的性质，[3]即将法律解释活动作为“调整或者限定法官或者法律适用者解释法的渊源文本的行为或者活动，是限定和确定法官或者法律适用者解释程序的规范”。[4]这样的理论与上述语言论证的路径之间虽然存在一定的区别，但是这些理论都认为法律解释方法具有一定的规范性，是特定的共同体需要遵守的规则。从这个角度出发，法律解释方法本身具有规范的属性，

---

〔1〕［德］罗伯特·阿列克西：《法律论证理论》，舒国滢译，商务印书馆 2019 年版，第 180 页。

〔2〕［德］罗伯特·阿列克西：《法律论证理论》，舒国滢译，商务印书馆 2019 年版，第 63 页。

〔3〕王夏昊：“论法律解释方法的规范性质及功能”，载《现代法学》2017 年第 6 期。

〔4〕王夏昊：“论法律解释方法的规范性质及功能”，载《现代法学》2017 年第 6 期。

是法律适用的正确性以及普遍性的重要标准，是特定共同体得以组合的重要标准。

将法律解释方法作为规范性质来认识，就与上述第二个理论模型建立了联系，也就是法律论证的角度之中法律解释方法的地位问题。从目前的研究分析来看，在哈贝马斯的“真理共识论”的框架之中，规范性命题的证成是其命题关注的重点，如何能够确定命题本身的真值性，如何能够区分出“有效的论述”和“无效的论述”，如何能够在这些理论框架之中确定一个相对稳定标准完成“事实命题”向“规范性命题”之间的转换，〔1〕这些理论成为哈贝马斯“真理共识论”关注的焦点问题。将哈贝马斯的理论具体到“法律论辩”的框架之中，法律解释方法其实就是从一般性命题向具体案件的裁判过渡的关键，依据相对合理规范的法律解释规范，可以区分出法律论证的有效性，从而能够实现法律论证的真值性。

哈贝马斯理论当中对于“可领会性”的论述与法律解释方法对于法律“可理解性”的要求具有一定的相似性。在哈贝马斯的理论体系之中，可领会要求能够保证构成要素的真实性，“其实为构成要素的正确性或者合适性要求，以及讲话言谈主题的真诚性要求”。〔2〕这样的理论如果放置在相对受限的司法场域，法律解释方法其实充当法律规范理解和适用的重要媒介，这是重要的规则。法律解释方法的重要任务在于对法律解释的结论再次证立，使之“能够直接用于非实在法规范的证立以及大量其他法律语句的证立”。〔3〕这样的功能决定了法律解释方法在法律证立过程中的特殊地位，法律解释方法不仅仅是法律证立过程中的一种类似法律技术的方法，而且是充当某种规则准则性标准。

对于法律论证的准则性标准的问题，埃尔朗根学派根据“普遍实践论辩”的思路确立了两种论辩的规则，分别定义为“理性原则”和“道德原则”。所谓理性原则，在埃尔朗根学派的体系中，包含三个层面的沟通，分别是共同的语句使用，讨论的真诚性或者严肃性，语句的互通性等。〔4〕上述这些论

〔1〕［德］罗伯特·阿列克西：《法律论证理论》，舒国滢译，商务印书馆2019年版，第135页。

〔2〕［德］罗伯特·阿列克西：《法律论证理论》，舒国滢译，商务印书馆2019年版，第135页。

〔3〕［德］罗伯特·阿列克西：《法律论证理论》，舒国滢译，商务印书馆2019年版，第287页。

〔4〕［德］罗伯特·阿列克西：《法律论证理论》，舒国滢译，商务印书馆2019年版，第180页。

辩理论进入到规范的法律论辩的理论过程中可以视为对于法律解释方法的内在限制。法律解释方法作为法律体系内部的重要标准和准则，为法律人在法律论辩过程中提供真实严肃的论辩环境，为法律人进行法律论辩提供标准的素材和客体。

上述两种分析其实主要是从“普遍实践论辩”到“法律论辩”之间的过渡和类比。但是，这种过渡和类比不应当跳跃，过分的跳跃其实对于论证本身是没有什么价值和意义的。“普遍实践论辩”和“法律论辩”之间究竟应当是怎样的关系呢？阿列克西认为，法律论辩其实是为了进一步弥补“普遍实践论辩”在特殊的语境环境下的不足而创立的，“普遍实践论辩的局限就为法律规则的必要性提供了证立的根据”。[1]这样的思考其实预示了这样的结论：法律论辩蕴含着比普遍实践论辩更为丰富的元素，这些元素往往是通过法律规则展示。法律解释方法与法律规则之间有着紧密的联系。法律解释方法发挥着“法律论辩”与“普遍实践论辩”之间衔接的重要媒介作用。

上述分析是从法律解释方法在法体系内部的意义和作用进行考察，如果从法体系外部分析法律解释方法，法律解释方法是否会虚无化呢？佩雷尔曼从价值判断和规范性概念本身出发，建构论证过程中不同于逻辑体系的论证思路。佩雷尔曼的“论证”和“推证”的区分以及对于“听众”概念的分析对于其论证理论的建构有着重要的意义。在佩雷尔曼的体系中，法律解释方法更多倾向于其“推证”部分。虽然佩雷尔曼的理论当中“推论”部分涉及逻辑推演，但是由于“普范听众”理论的存在和影响，其逻辑的推演标准不是原始的逻辑体系框架下可以理解的，而是需要结合法学以外的众多标准进行认证。如果按照这样的分析逻辑，法律解释方法似乎并没有立足的意义和价值。但是，佩雷尔曼对于可普遍化原则的论证对于法律解释方法并没有完全排斥，佩雷尔曼的可普遍化原则其实是一种认同要求，要求某个规范能够与既定的历史和社会立足点联系，能够得到利益相关群体的认同。法律解释方法如果能够实际发挥作用，同样需要得到相关主体的认同，可认同性应当是法律解释方法的重要特征。从这个角度来看，法律解释方法应当是开放性的特征，能够与法律自身的变迁以及历史社会的变迁之间建立起紧密的联系。

[1]［德］罗伯特·阿列克西：《法律论证理论》，舒国滢译，商务印书馆2019年版，第257页。

法律解释方法的外部分析是否一定会导致法律解释方法地位受挫，这个问题应当是否定的。从目前的研究体系来看，批判和否认法律解释方法主要从法官的自由裁量权〔1〕、疑难案件的解决〔2〕、后果主义的社会考量〔3〕等角度展开。从上述分析来看，尤其是沿用佩雷尔曼的理论来看，法官的自由裁量权也应当建立在法律论证理论框架之内进行解释，法官的自由裁量权自然不能脱离法律规范的框架随意使用，这样的要求其实已经否认了相关证立是不能成立的。关于疑难案件的思考，究竟疑难案件是否会彻底脱离规范分析的范畴？一般研究认为，疑难案件往往是社会效果考量的问题，但是，疑难案件在法哲学范畴内部也是有一定的立足之地的。〔4〕对于后果主义的社会考量，如果能够将后果主义考量纳入一般法学方法论的范畴之内，那么单纯的社会学考量就是不成立的。有研究将后果考量区分为后果主义和后果论证，前者很难作为独立的法学方法论，后者则可以融入一般法学方法论的范畴之中。〔5〕

综合上述分析，法律解释方法具有规范的性质，本质上是法律论证真值性检验的重要标准。法律解释方法不仅仅是法律论证过程中存在于法律体系内部的重要标准，从法律体系外部分析来看，法律解释方法也是法律可普遍化的重要标准。法律解释方法的上述特征都不是封闭性的，而是在历史社会的动态发展过程中不断变化的，对于法律体系的运行有着重要的意义。

四、对于法律解释方法适用规则的思考

确定法律解释方法具体的适用规则，是否需要确定具体的适用位阶？从目前的研究来看，构建法律解释方法的具体位阶是比较困难的。王泽鉴先生

---

〔1〕 彭启福、钟俊："论法院自由裁量权的规范——基于法律解释方法的分析"，载《烟台大学学报（哲学社会科学版）》2015 年第 2 期。

〔2〕 陈坤："疑难案件、司法判决与实质权衡"，载《法律科学（西北政法大学学报）》2012 年第 1 期。这篇文章从疑难案件的角度出发，要求法律论证能够将法外因素融入法律体系内部加以考察。

〔3〕 廖永安、王聪："法院如何执行公共政策：一种实用主义与程序理性有机结合的裁判进路——以'电梯内劝阻吸烟案'为切入点"，载《政治与法律》2019 年第 12 期。文章从法院执行公共政策的角度予以分析，认为司法机关应当能够以社会政策为中心，对于具体的社会后果进行引导。

〔4〕 孙海波："'后果考量'与'法条主义'的较量——穿行于法律方法的噩梦与美梦之间"，载《法制与社会发展》2015 年第 2 期。

〔5〕 雷磊："反思司法裁判中的后果考量"，载《法学家》2019 年第 4 期。

认为："不认为各种法律解释方法之间存在固定的位阶关系……每一种解释方法各具功能，但是亦受限制，并非绝对"。[1]拉伦茨认为："依此不能确定个别标准重要性。"[2]从这两种观点来看，对于法律解释方法适用规则建构的困难源于法律解释方法功能的单一性和案件的复杂性之间的矛盾。这种矛盾使得单一的法律解释方法不能够胜任。但是，功能的单一性其实更加说明法律解释方法组合规则的重要性，因此，上述研究与其说是否认法律解释规则适用规则建构的可能性，不如说是强调了法律解释规则建构的重要性。

从组合适用法律解释方法的角度来看，存在两种组合的方式，一种是将众多法律解释方法简单地相加，这种方法颇有叠床架屋的嫌疑，恐怕很难充分发挥法律解释方法的适用功效；另外一种方法是选择性地适用，即通过不同的法律解释方法可能得出不同的结论，通过一定的适用规则可以选择出最为合适的法律解释结果。关于后者，有研究者给予关注和认可，认为这种模式应当是法律解释方法的基本适用规则，[3]但是，这种解释方法虽然以"试错"的方式增加了法律解释方法适用的准确性，却削弱了法律解释方法作为法律证立科学性标准的准则性程度。正如本文分析的那样，法律解释方法其实具有规范性，是检验法律证立真值性和有效性的重要准则，如果简单地采用"试错"的方式给予分析，其实也不能确定法律解释方法的准则性。

是否要延续以文义解释有效的方法，然后用原则的适用思路塑造法律解释的适用方法呢？[4]这种思路虽然提供了相对稳定的适用规则，并且按照原则的模式给予这种适用规则以开放性，但是，这种适用方法却不能成为法律证成真值性的准则。原则具有开放性，它的适用很大程度上来源于个案的衡量和权重的区分，这种具有开放性的论证思路其实已经注定了他不能绝对地成为论证真值性的标准。诸如正义、平等等原则，虽然会对于个案中的司法裁判产生影响，并且可以针对个案裁判提供一定的准则基础，但是，由于在具体的适用过程中，"司法者需要对于法律原则进行提炼、分析、抽象、发

---

〔1〕王泽鉴：《法律思维与民法实例》，中国政法大学出版社2001年版，第240页。

〔2〕［德］卡尔·拉伦茨：《法学方法论》，陈爱娥译，商务印书馆2003年版，第221页。

〔3〕倪业群："刑法文义解释方法的位阶及其运用"，载《广西师范大学学报（哲学社会科学版）》2006年第2期。

〔4〕任国松："法律解释方法的适用规则"，载《晋中学院学报》2011年第2期。

现，原则的滥用或者适用不足都是可能存在的”。〔1〕在法律论证过程中，法律解释方法必须能够更加稳定，否则不能真正发挥论证标准的价值。

上述的思路要求针对法律解释的适用方法给予抽象分析，总结出其中的部分规则作为指导。阿列克西在其《法律论证理论》中将这些规则分别总结为饱和规则、衡量规则、论证负担规则等内容。〔2〕上述这些规则不仅仅确定了文义解释和立法者意图解释的优先性，同时用饱和规则和衡量规则对于法律解释方法适用的范围和开放性给予最终的确定。这些规则在个案适用中具有可操作性，为法律适用提供了思路和方法。根据本文关于法律解释方法中性质的分析，这样总结的规则虽然从法律解释方法的规范性出发是毫无问题的，但是没有兼顾法律规则的语言性，本文需要对法律解释的语言性作进一步细致的分析。

从规则的语言表达的角度出发，文义解释的方法无疑是与规则语言表达最为密切的解释方法。文义解释从规则语言表达本身出发，对于法律解释予以阐释，如果探究和兼顾法律解释方法的语言功能，必须从文义解释的角度出发予以分析。法律的文义解释困难之处在于，对于一般纯正的法律概念，适用简单的推演即可以解释。但是，目前的法律体系已经相当复杂，涉及诸如“情节轻微”这样程度性的法律词汇，涉及诸如“高管的忠诚义务”这类具有较强社会属性的词汇，这些往往不是法律本身的推演能够理解的，于是，在简单的文义解释的框架内，有必要再次思考其他解释方法，从而使得法律解释方法不是简单的位阶关系，而是你中有我、我中有你的包含关系。从语言本身的面向来看，建立起位阶关系的努力是很难存在的。

如果不能够保证建立稳定的位阶关系，对于法律解释方法的规范性又应当如何理解呢？从饱和性论证的角度分析，如果某种论证能够将纯粹的主张作为进一步讨论的前提（当然，这种前提可能具有经验前提，也可能具有规范前提）并且可以继续论证，最终可以达到饱和的要求，那么这样的论证其实就可以消除论证困境。尽管这样是否可以消除困境尚且存在疑问，〔3〕但是

〔1〕 庞凌：“法律原则的识别和适用”，载《法学》2004年第10期。

〔2〕［德］罗伯特·阿列克西：《法律论证理论》，舒国滢译，商务印书馆2019年版，第362～364页。

〔3〕 王洪：“逻辑能解法律论证之困吗？”，载《政法论坛》2019年第5期。

这种思路其实证明了一点，即便不能建立具体的位阶关系，但通过逻辑外的知识论证也可以成为弥补法律论证困难的重要标准和工具。

综合上述分析，法律解释方法的适用需要法体系之外的论证元素作为辅助，在具体的法律适用过程中，法律解释方法不是一种纯粹的位阶关系，应当是一种相互包容的关系，一般以文义解释为基本框架，在文义解释推演的过程中需要其他解释方法作为辅助性论证。当众多解释方法达到“饱和性”要求之后，法律论证的使命也就完成了。

结　论

法律解释方法在整个法体系之中必须承担“语言规则”的使命，是特定共同体必须遵守的语言使用规则。同时，由于法律论证的需要，法律解释方法也必须承担实质论证的使命和要求。法律解释方法可作为论证真值性以及有效性的检验标准。在具体的适用过程中，法律解释方法不是单纯的位阶关系，往往以文义解释作为论证的基本框架，诸多解释方法作为论证的重要支撑，形成法律解释方法的组合，结合逻辑规则作为检验标准，实现法律的充分有效论证。法律解释方法需要与历史社会的发展状况紧密相连，不断适应社会发展的需要。

第二部分

法律史学

多元司法：明清时期非正式诉讼制度兴起的法律社会史考察

王　进*

【摘　要】 非正式诉讼制度是指国家以外的民间实体对社会上特定纠纷作出裁判所依据的程序规范。在中国古代社会中基于血缘、地缘、业缘等不同的社会关系，分别形成了家族司法、乡约裁判和会馆裁决三类主要的非正式诉讼制度。这三类非正式诉讼制度于明清时期完全成熟，并与国家正式诉讼制度形成了一套并行不悖的纠纷解决模式。此外，通过法律社会史的考察能够发现，家国一体的社会结构、长期存在的熟人社会体系和正式诉讼制度运行上的不畅，成了明清时期非正式诉讼制度得以广泛适用的重要原因。同时这三类非正式诉讼制度也通过其在各自社会关系领域中的稳定运行，有效地调整了明清时期的基层社会关系，稳定了当时的社会秩序，也弥补了国家司法在民事纠纷解决中的弱势与不足。

【关键词】 非正式诉讼制度　家族司法　乡约　会馆

一、问题的提出

在现代社会的语义下，“司法”一词通常会与国家机关产生必然的联系，它是指国家特定的公权力机关及其有关人员依照法定职权和法定程序，具体

* 王进，中国政法大学 2019 级法律史专业博士。

运用法律处理案件的专门活动。如果我们将司法的概念稍作扩大，将其定义为孟德斯鸠所言的“惩罚犯罪、裁决关于私人争讼的一种权力”，[1]并结合古代社会情景，可以发现中国古代社会中具有这种权力的实体绝非仅有国家，还包括了宗族、乡间组织、行帮会馆乃至宗教组织。同样印度和西方古代社会中也存在着帕特尔司法、男爵司法、领地司法等非国家（私人）司法领域。[2]因此，笔者将这种由多元社会主体掌握对犯罪、争诉的裁决权的“类司法”形态称为古代社会中的“多元司法”。然而，无论何种形态的司法要想实现其裁判效果都离不开诉讼过程的依托。因此，多元司法形态也必然会导致多元的诉讼程序的出现。中国古代社会就长期存在着这样多元的诉讼程序。如果将多元的诉讼程序中由国家负责解释并制定程序规则的一元称为正式诉讼制度的话，那么由非国家的民间实体（宗族、乡党、行会）制定程序规则的另一元则可以视作非正式诉讼制度。因此，要想真实地还原中国传统诉讼历史，还需以二维的视角加以审视。

二、明清时期民间社会中存在的主要非正式诉讼制度

由于中国古代的民间社会最早表现为一个个以血缘关系为纽带的宗法小农家庭，因此家法首先于隋唐时期正式以成文法形态出现在民间社会；而唐末和宋元时期的两次人口大迁徙和民族融合，使得同姓而居的乡里社会，开始演变为异姓杂居的乡村社会，于是成文的乡约于北宋时期正式登上历史舞台；到了明清时期，商业的发展吸引了大量同乡人赴城市共同营商并组成了会馆组织，于是成文的会馆规程也应运而生。因此，在时序上，明清时期民间法的种类最为丰富、内容最为成熟。民间社会为了更好地适用这些民间法以解决纠纷，于是出现了以相应的民间法为规则依据的非正式诉讼制度。在明清时期，这些非正式诉讼制度主要表现为：血缘社会中的家族司法、地缘社会中的乡约裁判和业缘社会中的会馆裁决。

（一）血缘社会中的非正式诉讼：明清时期家族司法的广泛适用

中国古代社会中长期存在并不断演化的精细的宗法家族制度决定了家族

---

〔1〕［法］孟德斯鸠：《论法的精神》（上册），张雁深译，商务印书馆1961年版，第160页。

〔2〕李培锋：“英国领地统治中的多元司法与法律”，载《学术论坛》2002年第2期。

(宗族）法和家族司法制度在民间纠纷解决中扮演着国家正式诉讼制度所无法取代的重要角色。家族法与家族司法制度虽然在内涵与外延上许有重合，但其并非同一概念。家族法主要是指家族内部由祖先遗留或族人共同制定的规范族人日常生活行为的具有成文法效力的规训。〔1〕按其内容的不同大致可以分为：训诫类、禁戒类和规约类。家族司法则是指在以族长为代表的家族内部的类司法人员依据祖训家规等家族法对家族成员违反族规的行为进行判罚的活动。〔2〕由此可见，家族法是家族司法的文本依据，家族司法则是对家族法内容的执罚方式。因此家族司法至少不早于家法族规的出现。根据费成康先生在《中国的家法族规》一书中的观点，我国现存最早的家法族规应为唐末江州的《义门陈氏家法》。延至宋元时期，随着祭祀先祖权的开发、祠堂的建立以及置办祭田习俗的推广，家（宗）族制度在这一时期得到进一步的重建和壮大，同时较之前代也出现了更为繁多的家法族规。这一时期的家法族规虽然不及明清时期的精细，但已经出现了具有强制执行性质的惩戒和执罚规定，还辅之规定了相应的审理组织、场地和司法人员。〔3〕发展至明清时期，随着全国各地宗族组织逐渐形成规模，家族法得以广泛地为各家族所制定，加之官方提倡和民间地方自治意识的发展，家族司法的发展趋于成熟，直至清代达到全盛。相较于前代，明清时期的家族司法形成了更为系统的族内诉讼程序。各地的家族司法中形成了以“家”为惩戒基点，以“房”为初级诉讼组织，以“族”为最终诉讼机构的三位一体的诉讼程序模式。〔4〕

首先，对于家庭内部成员违反尊卑的行为，必先受到家法的处罚，由家长作为执罚主体。安徽《俞氏宗谱·家规》对于尊长执罚权就有明确的记载：“子孙受长上苛责，不论是非，但当俯首默受，毋得分理。”〔5〕尊长对于子女犯禁行为的惩处通常以自行管束为主，一般毋需以提起“鸣告”的方式进行。然而对于宗族内部不同家庭之间的民事纠纷和轻微刑事案件，族人则需先告

〔1〕 费成康：《中国的家法族规》，上海社会科学院出版社 2016 年版，第 12 页。

〔2〕 李交发：“论古代中国家族司法”，载《法商研究》2002 年第 4 期。

〔3〕 例如唐代江州的《义门陈氏家法》规定：“立刑杖厅一所，凡弟侄有过，必加刑责，等差列后”；“不遵家法，不从长计议家长令妄作是非，逐诸赌博斗争伤损者，各决杖一十五下”。

〔4〕 在中国古代的宗族制度中，族是同一始祖之下所有成员组成；房是同宗之下的血脉分支，以五服亲属为主；家是宗族社会的最小血缘单位，不构成一级管理机构。

〔5〕（清）俞显：《俞氏宗谱·家规》，清雍正十年刻本。

讼于本房，原则上不得越级投告于族。但房一级仅处理民事纠纷和轻微的刑事案件，对于影响重大的纠纷案件则由族内监督机构或案件当事人直接投告族长。可见明清时期各地的家族司法中已经出现了明确的区别大、小案的级别管辖制度。江西《豫章黄城魏氏宗谱·宗式》规定："如犯大事，必须通鸣族众绅衿。至于小事，先当经本房至亲、房长剖决。如本房房长决断不开，然后通投可也。"〔1〕此外族长虽然对于族内的民事纠纷和轻微刑事案件有独立裁决权，但是对于族内成员不服裁断、犯禁族人屡教不改以及疑难或重大的刑事案件则需要由族内送官惩处。如清代《光绪常熟席氏世谱》规定：对于家族之人中有不安本分，流入败类者，以"家法处治"，如果属"怙恶"者，则"送官究治"。由此，家族司法与国家司法之间既有了相互分工，又紧密地衔接成一体，以二元治理的方式，共同解决家族内部的纠纷。

其次，明清时期的家族司法活动针对族内纠纷和犯禁行为已经形成了包括鸣告、开庭、公审、裁断、不服再诉等明确的公开审理程序。如清代光绪年间安徽合肥的《邢氏宗谱》中规定："犯族中有事，必具呈禀于户长（起诉），户长协同宗正批示：某日讯审（审期）。原被两造及词证先至祠伺候（原被告及证人出庭）。至日原告设公案笔砚，户长同宗正上座，各房长左右座（公审及审理人员）。两造对质（庭审辩论），静听户长宗正剖决，或罚或责，各宜禀遵，违者公究（执行）。"〔2〕

再次，明清时期家长、房长、族长对于族内违禁行为的裁判惩罚方式也更为多样，惩罚力度也极大加强。在宋代家族司法中对于违禁行为的惩罚轻则叱责、中则笞杖、重则削籍出族。发展至明清时期，家族司法中除了训斥、革胙、罚银、出族等名誉和财产惩罚外，还出现了身体刑——枷号、鞭板、礅锁等和生命刑——赐死、沉潭、缢杀等严厉的执罚方式。如明代的《家规集略》对于女子奸淫的行为，就作出了"闭于牛房，听其自死"的规定。〔3〕

综上所述，家族司法的运用在明清社会中业已达到了成熟阶段。这不仅

---

〔1〕（清）魏学江：《豫章黄城魏氏宗谱》（卷11），清乾隆四十五年钞本。

〔2〕邢应东：《邢氏宗谱》（卷1），民国十一年钞本。

〔3〕《家规集略》载："一女子有作非为犯淫狎者，与之刀绳，闭于牛驴房，听其自死。"参见（明）曹端：《曹端集》，王秉伦点校，中华书局2003年版，第193页。

表现在各家族法在文本规定中明确要求各类民事纠纷和轻微刑事案件必须“先得家法处断”，〔1〕还体现在国家对于家族司法效力的肯定和推广。〔2〕因此，家族司法发展至明清时期，已经成了社会纠纷解决的重要形式，同时在司法层面上形成了与国家司法并行不悖的非正式诉讼制度。

（二）地缘社会中的非正式诉讼：明清时期乡约制度中的司法职能

乡约制度是指乡民基于一定的地缘关系，为某种共同目的而设立的生活规则及组织。〔3〕该制度的运行模式则表现为乡约组织利用共同的乡约规则教化乡民、管理乡务、解决纠纷。从其发展脉络上看，乡约源于周礼读法之典，起于北宋，盛于明清。在明清之前，以《吕氏乡约》为代表的宋代乡约就已经出现于约中公推“约正”以行赏善惩恶之事，〔4〕但其纠纷解决模式仍以民间教化为主，还不具备完整的类诉讼程序和近似司法的职能。至明清时期，统治阶级为了加强基层乡村管理，需要相应的基层组织承担起解决民间纠纷的任务。而乡约原本就是一个以教化为主的基层社会组织，赋予其司法职能，符合“以刑弼教，非以刑为教”的儒家统治思想，能够起到户崇礼让、人识廉耻、讼因以息的效果。〔5〕因此，明清时期的乡约除了原先单纯的教化型或御敌型以外，还出现以《南赣乡约》为代表的具有综合基层治理职能的乡约。这类乡约除了宣讲教化、管理乡务之外，还被赋予了重要的解纷职能。《南赣乡约》第5条就规定：“凡有危疑难处之事，皆须约长会同约之人与之裁处区

〔1〕 如《酩洲吴氏家典》规定：“族中若发事，不是人命之重，不得告官，先鸣族长，审断是非。”参见卞利主编：《明清徽州族规家法选编》，黄山书社2014年版，第144页。

〔2〕 如孔子后裔在制定家族法时得到朱元璋的支持，“族长主持家事，教育后世子孙，理当遵守”。清朝时期，孔氏家族立家族法时得到乾隆帝的支持，并提出“族内贤愚，族长督纠，管理族人，依法惩治”。

〔3〕 张中秋：“乡约的诸属性及其文化原理认识”，载《南京大学学报》2004年第5期。

〔4〕 例如《吕氏乡约》规定：“约正一人或二人，众推正直不阿者为之，专主平决赏罚当否。”“犯义之过，其罚五百。不修之过及犯约之过，其罚一百。凡轻过规之而听，及能自举者止，书于籍，皆免罚。若再犯者，不免。其规之不听，听而复为，及过之大者，皆即罚之。其不义已甚，非士论所容者，及累犯重罚而不悛者，特聚众议。若决不可容，则皆绝之。”参见陈俊民：《蓝田吕氏遗著辑校》，中华书局1993年版，第96页。

〔5〕 例如雍正二年的官修典籍《圣谕广训》中强调：“圣谕敦孝友务和睦，士农工商各勤职业旧染污。俗咸共一新闻有户婚争断，一切小忿和互相诠释或闻之乡耆，从公剖辩。侵犯者归止，失误者谢过，心平气和以杜争竞。其或有暧昧，不明踪，无指证，止可敷陈礼法，正言调解，毋得轻发阴私以开衅隙，毋得擅行绝罚以滋武断。”参见（清）周振鹤：《圣谕广训集解与研究》，顾美华点校，上海书店出版社2006年版，第312页。

画，必当于理济于事而后已；不得坐视推托，陷入于恶，罪坐约长约正诸人。”[1]

明清时期的乡约组织在解决乡间纠纷时，除了采用为大家所熟知的调处方式外，还会采取由约正等乡绅阶层核心人物直接裁判等非正式的诉讼方式解决纠纷。在以《南赣乡约》为代表的明清乡约针对此类裁判方式也规定了详细的诉讼程序。首先，在受案范围方面，明代叶春及所撰的《惠安证书·乡约篇》记载了明代乡约组织可受理的19类纠纷，这些纠纷类型多为涉及户婚、田土、农业生产等乡间民事纠纷和部分轻微的刑事案件。对于命盗等重大刑事案件则要求赴官陈告。[2]其次，在纠纷审理方式方面，明清时期许多乡约规则中都记载了解纷纠过的方式。例如《南赣乡约》对于约内乡民违禁行为的审理先得设纠过位，并陈纠过簿（即公开书面审理）；再由约史就纠过位（类似于提起公诉）、由约正遍质于众（即听证或质证）；约内众人无异后则作出判定并当场教诲。这种将过错纠纷听证于约内众人的审判方式可以说是初具陪审团的雏形，在纠问制诉讼盛行的传统社会中无疑具有超前的进步性。[3]最后，在制裁执罚措施方面，乡约对于约内人违禁的行为的惩罚力度远轻于家族司法对于族人犯禁的惩罚。早在《吕氏乡约》中就规定了开除约籍、当众申诫、罚金和书籍（记过）的处罚。而后朱子在《答吕伯恭》的书信中认为农家贫富不均，有的无金可罚，为了“贫富可通行”，主张在《增损吕氏乡约》中删除罚金的规定，更注意发挥约众的主观能动性，更进一步突出了乡约的道德自律。[4]这一修改延续到明清时期，并在王阳明的倡导下形

---

〔1〕（明）王守仁：《王阳明全集》，红旗出版社1999年版，第228~232页。

〔2〕《惠安证书·乡约篇》载：“（乡约）以十有九章听民诉：一曰田土；二曰户婚；三曰斗殴；四曰争占；五曰失火；六曰窃盗；七曰骂詈；八曰钱债；九曰赌博；十曰擅食园林瓜果；十有一曰私宰耕牛；十有二曰弃毁器物稼穑；十有三有曰畜产咬杀人；十有四曰卑幼私擅用财；十有五曰亵渎神明；十有六曰子孙违反教令；十有七曰师巫邪术；十有八曰六畜践食禾稼；十有九曰均分水利。”参见叶春及：《惠安证书》，福建人民出版社1987年版，第328页。

〔3〕对于这一审理方式，《南赣乡约》中具体表述为：约史就纠过位，扬言曰：“闻某有某过，未敢以为然，姑书之，以俟后图，如何？”约正遍质于众曰：“如何？”众皆曰：“约史必有见。”约正乃揖过者出就纠过位，北向立，约史复遍谓众曰：“某所闻止是，请各言所闻！”众有闻即言，无则曰：“约史所闻是矣！”于是约长副正皆出纠过位，东西立，约史书簿毕，约长谓过者曰：“虽然，姑无行罚，惟速改！”过者跪请曰：“某敢不服罪！”参见（明）王守仁：《王阳明全集》，红旗出版社1999年版，第235~238页。

〔4〕杨建宏：“吕氏乡约与宋代民间社会控制”，载《湖南师范大学社会科学学报》2005年第5期。

成了由轻至重的乡约惩罚力度。从“阴与之言”到“纠而书之”再到“汇报于官，设为劝惩之法”最后到“纠送官府、明正其罪”。〔1〕

综上所述，明清时期的乡约制度在纠纷解决中已经形成了一套与国家正式诉讼制度并行且相互渗透的非正式诉讼模式。虽然许多学者认为明清时期的乡约制度具有浓厚的官府操控色彩，主要的乡约规范也往往笼罩在国家的权威认可之下。〔2〕但我们不可否认的是，比起官方的正式诉讼制度，乡约裁判这种非正式的诉讼制度无论是在人员组成、受案范围、审理程序还是在惩罚方式上都具有扎根乡村社会的独特构造。

（三）业缘社会中的非正式诉讼：明清时期会馆裁决的方兴未艾

行会是封建社会商人或手工业者在商品经济发展到一定程度的情况下，为限制不当竞争，规定生产或业务范围，解决业主困难和保护同行利益，由同业或相关行业联合组成的封建社会城市中的同业组织。〔3〕它是中国古代城市生活中维持业缘关系的载体。早期“行会”主要作为官府的依附，其自治形态并不明显。〔4〕发展至明代，随着城市商业的发展、资本主义的萌芽和人口流动的增多，行会组织逐渐演变为由同业人员自发组织建立的行业会馆或公所，〔5〕并逐步摆脱官府的控制，成为城市中同业人员的自治组织。会馆的章程由同业人员共同商定，组织机构则由全体成员公举产生，其初步具备了现代行业自治的色彩。至清朝末年，这些行业会馆则发展成为近代为公众所熟知的“商会”。事实上，无论是早期的会馆还是晚期的商会，都对明清时期商业市场秩序的整合起到了极为重要的作用。〔6〕它们通过宣扬思想教化和制

---

〔1〕 王雅克：“王阳明〈南赣乡约〉的基层社会治理思想研究”，载《贵州社会科学》2016 年第 6 期。

〔2〕 王日根：“论明清乡约属性与职能的变迁”，载《厦门大学学报》2003 年第 2 期。

〔3〕 《辞海》（中），上海辞书出版社 1979 年版，第 1822 页。

〔4〕 朱淑瑶：“略论唐代行会的形成——兼谈唐代行会与欧洲中世纪行会的区别”，载《广西师范学院学报》1983 年第 2 期。

〔5〕 需要另外指出的是，明清的会馆类别繁多，除了具有商业性质的行业会馆之外，还有基于地缘关系或服务性质的士绅会馆、移民会馆、文人试馆、殡葬会馆等。由于基于业缘关系形成的行业会馆在古代商业纠纷解决中占有重要的地位，并形成了独特的非正式诉讼模式，因此本文仅聚焦行业会馆。

〔6〕 李刚等：“论明清工商会馆在整合市场秩序中的作用——以山陕会馆为例”，载《西北大学学报（哲学社会科学版）》2002 年第 2 期。

定行规业律的方式来预防不当竞争、避免商业纠纷或参与城市工商业管理。此外明清时期的会馆组织还对本会馆成员之间的纠纷具有协商性的调处权和合意性的裁决权，并且该裁决权具有固定的裁判组织、明确的审理程序和独特的制裁措施。

明清时期的会馆组织裁决主要以本会馆所制定的章程为文本依据，针对本地区同业人员之间的商业经济纠纷进行裁判。正所谓“同业中以小愤而攘莫大之祸者，比比皆是，故会馆董事必施强制之手段，方中息其争端也。”〔1〕在会馆裁决中，除了由“会首”等全体人员公举的核心人物作为纠纷解决的裁判者外，有些会馆组织还设立专门负责调处、裁决纠纷的人员。例如，清代台湾的泉郊会馆章程规定：“延师协办公务，主断街衢口角是非，应择品行端方，闻众公举，年满一易，签首不得徇私自便请留。”此处所称的“延师”就是指延请讼师之类的职业法律人或熟悉法律与诉讼的人来专门处理会馆内部纠纷。到了清末商会出现以后，裁判组织的人员组成更加专业和规范化。在《商会简明章程》的指引下，以评议处、理案处为代表的专司商事纠纷解决的机构在各地的商会中建成。以苏州商会理案处为例，苏州商会理案处的理案员被称为理案会董。苏州商会 1907 年的会董一共是 26 人，而理案会董就选举了 13 人，安排这么多人专事理案，足以说明商会对处理商事纠纷的重视。〔2〕

在审理程序方面，通常遵循不告不理的原则，一方当事人向会馆组织提出纠纷鸣告后，先由行头解决，一方不服，可再由会馆会首裁决，再不服，才“送官究办”。至清末商会时期，各地商会借鉴了西方的商业仲裁模式，为理案会董处理会内商业纠纷制定了详细的理案程序。例如苏州商务总会理案章程以及天津商务总会为了能为商事纠纷解决提供明确的指引，特在评议处办公专条中对争诉两造双方的权利与义务和有关审理程序作出了细致的规定。可见，清末商会已经开始尝试以规则化、公开化的裁判模式来解决商事纠纷。〔3〕

---

〔1〕 彭泽益：《中国工商行会史料集》（上卷），中华书局 1995 年版，第 109 页。

〔2〕 马敏等主编：《苏州商会档案史丛编》（第 1 辑），华中师范大学出版社 1991 年版，第 41 页。

〔3〕 王红梅：“清末商会商事纠纷调处的规范化”，载《盐城工学院学报（社会科学版）》2009 年第 1 期。

在制裁措施方面，与注重道德教化的乡约惩罚不同，明清时期的会馆裁决主要以罚金刑的方式制裁违禁商户，并且会馆在裁决中还会根据所犯问题的性质和严重程度而确定数额不等的罚金。〔1〕除了直接处以财产性的惩罚外，明清的会馆组织还流行一种极具传统中国特色的惩罚方式，即采取罚酒席、罚戏的方式来实现对违禁商户的制裁。〔2〕这种看似滑稽的惩罚方式，在古代社会中却产生了一箭双雕的效果，它除了能在财产方面对被执行人加以惩罚之外，还以公开的方式让被执行人进行赔礼道歉，使其违规行为人尽皆知（名誉处罚），在对违规人的信用公开作出负面评价的同时，还能够警示其他同业人员勿重蹈覆辙。

综上可见，明清时期会馆组织对于业缘社会中商事纠纷的裁决是中国古代多元化纠纷解决中的重要方式。并且会馆裁决所具有的独立、完整且独特的类诉讼程序，使其成为中国古代社会中又一与官方正式诉讼相并行的非正式诉讼制度，也可以视作现代商事仲裁制度的前身和雏形。

三、明清时期非正式诉讼机制兴起的社会成因分析

非正式诉讼制度不单是一个民间法适用的问题，其背后还蕴涵着深刻的经济、社会和观念因素的变迁，融合了国家的法律实践和下层社会的实际感受。资本主义萌芽、民间社会活动的进一步丰富、民间“细故”纠纷增多等都是非诉讼制度在宋代以后开始逐步兴起并被广泛适用的重要原因。而传统家国一体的社会结构和熟人社会体系又为非正式诉讼制度奠定了根本的社会基础。此外在非正式诉讼制度产生与兴起的演化中，一直凸显着一个看似相悖的主题，即“无讼”的法律文化传统与日益兴盛的民间非正式诉讼运作。这个看似相异的内容背后，其实蕴涵着一个同质性的追求，即维护社会伦理道德秩序，最大程度地实现社会之和谐。要探讨这种同质性，必须考察非正

〔1〕 例如刊刻于光绪三十四年的《严禁奸商漆油掺假碑》中规定：“漆油掺水作假，查出每百斤罚钱二串，违者禀官究治。油坊打油，及打客榨和水作假，油坊知情不禁，查出轻则酌罚，重则禀官惩治。漆油有假，查出归值年首士在公所熬化。生漆用油和水及药功作假，查出禀官惩治。生漆照古秤每斤加四两为定，如有作假者，查出每百斤罚钱八串，违则禀究。”

〔2〕 例如刊刻于道光七年的《上海县西帮商行集议规条碑》中对于违反“银串照市划一，不许申上就下，致有两相退俄唇舌。倘不照议，查出，罚船号经手者，神戏各一台”，对于“贪酐失察”严重失职导致税收出现漏缺者，则给予“罚银三十两充公，并罚神戏一台，以昭炯戒”。

式诉讼制度形成的社会文化基础。

（一）家国一体的社会结构为非正式诉讼制度的产生创造了条件

受西方近代的社会学理论强调“国家”与“社会”的二元性，重视公共领域与私人领域之间界分的学说影响，[1]不少中国学者在论述中国古代社会结构时也自然性地接受了“社会与国家的二元理论模式”，从而得出了中国古代社会结构是国家与社会二元矛盾分离的结论。[2]然而，通过观察中国古代国家的产生和演变脉络，我们可以发现，与西方的从身份到契约的文明发展方式不同，中国商周时期国家的出现并没有动摇以血缘关系为基础和纽带的氏族贵族的家族统治，而是在很大程度上保留并依赖血缘组织并演变为独特的宗法家族制度。[3]这种亲缘的政治和政治的亲缘化，造成一种家国不分、公私不立的社会结构形态。[4]至春秋战国时代，中国社会经历了极大的变革，一种新的封建文明开始出现，但早期家国不分的传统仍以一种新的非同姓血缘的君父一体制延续下来。[5]在这种体制下，家（社会）与国家仍被排在一个同质的序列当中，并且“忠”“孝”成为勾连二者和治理国家的基本原则。[6]因此，与前述国家与社会二元分离的格局不同，中国古代的社会结构长期在宗法家族制度的影响下，形成了家族本位与国家本位共存的社会结构。正如梁漱溟先生在《中国文化要义》一书中所指出的：与西洋建立于阶级社会基础上的国家相比，中国实在不像是一个国家。在这里，因为缺乏阶级对立。以至国家与社会界限不清，国家消融于社会，社会与国家相融。社会与国家，不像在西方历史上那样分别对立。这一点，反映于政治上，便是消极无为主义的流行。历代政治皆以“不扰民”为其最大信条，以“政简刑清”为其最

---

[1] 例如《布莱克维尔政治思想百科全书》中就曾写道：“主权在政治实体内的公众与私人之间确定一个明显的界限，它也在此一政治实体与彼一政治实体之间限定了各自范围。”此外，美国法社会学家昂格尔在其《现代社会中的法律》一书中写道：“当法律开始由政府所制定和强制实施的明确规则所构成后，国家与社会已经分离了。”

[2] 陈明：“从殷周之变到周秦之变——论中国古代社会基本结构的形成”，载《社会学研究》1993年第2期。

[3] 张光直：《中国青铜时代》，三联书店出版社1990年版，第115页。

[4] 梁治平：《清代习惯法》，广西师范大学出版社2015年版，第6~7页。

[5] 杨景凡等：《孔子法律思想》，群众出版社1984年版，第106页。

[6] 张中秋：《中西法律文化比较研究》，法律出版社2018年版，第45~46页。

高的理想。[1]

这种家国一体意境下的社会结构在影响着中国古代政治理念的同时，也深刻影响着中国古代的法律制度。具体表现为中国古代官方正式法律文件主要关切的是那些违反“忠”“孝”理念、破坏家国一体本位的行为。而对于那些与宗法家国关系无碍的“细故”纠纷，官方在法律关照上又回到了“消极无为主义”。然而官方的放纵并不意味着民间纠纷的埋没，因此各种宗族组织在官方统辖之外独立地发展起来，并形成了固定的组织形态、明确的追求目标、成文或不成文的民间习惯和民间法。发展至明清时期，随着人口流动的进一步加大，城市资本主义的萌芽，民间组织不再限于以血缘关系为纽带的宗族组织，以地缘关系为纽带的乡约组织、以业缘关系为纽带的行会组织也开始壮大，民间法的种类也随之更加丰富。虽然明清时期，国家开始插手宗族法规、乡约规则、会馆规约的制定和批准，但这并不意味着“民间法”是国家的授权。因为无论是宗族乡村还是行业会馆，都是在国家治理之外成长起来的，并且自我创造并施行了独立于国家诉讼的裁决权。[2]

独特的家国一体的社会结构不仅孕育了大量的民间法，同时也为非正式诉讼机制的产生创造了条件。因为法律制度的实施一方面在于制定者的主动推进，另一方面则通过诉讼司法程序于裁判中落实，民间法作为法社会学意义上的法律，其实施过程自然也不例外。中国古代各社会群体中的民间法的制定者为了推动群体规约的落实，必然也会制定相应的类诉讼制度，即本文所称的非正式诉讼机制。此外如前文所述，明清时期的各类民间规约已不再是简单的教化型规范，而是出现了大量的禁止性规定和惩罚性后果。而惩罚性后果的执罚也需要必要的诉讼程序作为支撑。因此，中国古代社会中民间法的产生必然伴随着民间司法和非正式诉讼制度的出现。明清时期的民间法种类和内容最为丰富和成熟，自然也使得这一时期的民间司法和非正式诉讼制度最为活跃。

综上可见，家国一体的社会结构导致了官方在民事立法理念上“不为也”的偏颇，同时也激发了多元化的民间法的产生，而多元化民间法的应用也直接导致了民间司法和非正式诉讼机制的出现，从而形成了一条：家国一体的

[1] 梁漱溟：《中国文化要义》，上海人民出版社 2005 年版，第 162 页。

[2] 梁治平：《清代习惯法》，广西师范大学出版社 2015 年版，第 29 页。

社会结构—多元化的法律治理—多元化的诉讼机制的演变轨迹。

（二）熟人社会体系为非正式诉讼机制的扎根生存提供了土壤

中国基层社会有两大基本特性，即乡土性和地方性。〔1〕即使是在城市中基于业缘关系所成立的会馆组织早期也是由来自同乡的熟悉人所共同组成，〔2〕后期吸纳其他的同业者，也是为了在同业竞争和管理中形成相互照顾的熟人社会体系。在这般由道德、礼俗和经验共同交织形成的社会秩序中，各主体之间虽然不可避免地会产生各类细故纠纷，但多数纠纷却最终又常常消解于熟人社会这个大共同体中。因此较于纠纷解决程序上的客观公正，各“熟人”间更为重视血缘、地缘或业缘社会内部秩序的稳定与和谐。然而，在传统社会中，当面进行针锋相对的正式官司诉讼往往意味着双方和谐关系的破裂。故而无论是在血缘、地缘还是业缘群体中，各成员都希望既能化解纠纷又能保持熟人关系中的相互体面。而相较于向官府打官司（正式诉讼），各群体之间所流行的非正式诉讼机制更能降低情感成本。因为比起非黑即白的正式司法裁判，民间的非正式诉讼模式更体现为一种和解和说服性质的仲裁。〔3〕因此，在熟人社会体系中，各群体内部的非正式诉讼机制为纠纷双方节约了足够的情感成本，自然也受到民间社会的欢迎。因此各地的家族法中都作出了家族司法前置解决纠纷的规定。在不少地区甚至以罚则方式禁止私自投官。江西《豫章黄城魏氏宗谱》中就明确规定：“不得经往府县诳告滋蔓，如不经投族而妄告官府者，先罚银一两入祠，方依理公断。”〔4〕

另外，在熟人社会中，各成员之间大多秉承着“多一事，不如少一事”的心态。而一起纠纷能显性地出现在熟人社会的视野之中，往往经历了长期的矛盾累积和复杂的恶化过程，有较多的社会关系和人情世故黏附其中。故而在解决纠纷的过程中，如果不溯及以往，还原纠纷的全部过程，很可能导致事实的不公和民众内心的不满，从而影响社会秩序的稳定。然而无论现代还是古代的正式诉讼制度都是一种仅针对当事人所提请的诉讼标的作出的当

〔1〕 费孝通：《乡土中国》，北京大学出版社 1998 年版，第 6~9 页。

〔2〕 正如傅衣凌所提出的：“早期（会馆）并不那么单纯只代表工商业者的利益，而更多地代表着地缘和乡缘的联系。”参见傅衣凌：“明清封建各阶级的社会构成”，载《中国社会经济史研究》1982 年第 1 期。

〔3〕 ［日］高见泽磨：《现代中国的纠纷与法》，何勤华译，法律出版社 2003 年版，第 15 页。

〔4〕 （清）魏学江：《豫章黄城魏氏宗谱》（卷 11），清乾隆四十五年钞本。

下判决，其讲究的是就事论事，对事实与纠纷作出非此即彼的是非判断，往往容易忽视诉讼标的背后的社会性和其他非诉讼相关的因素，纠纷解决方式具有“片段性”。[1]然而，相比起正式诉讼制度中“片段式”的审理方式，民间群体中的非正式诉讼机制似乎更能在熟人社会的纠纷解决中接近正义。因为民间的非正式诉讼机制“起诉”门槛低，也不存在“不得繁词带论二事”以及“一名不得听两状”等禁止性规定。普通民众可以将其纠纷的全部内容和缘由在非正式诉讼机制中完整阐述。正如清代官员徐栋所指出的：“乡党耳目之下必得其情，州县案牍之间未必尽得其情，使用在民所处，较在官判断更允矣。”[2]

综上可见，明清时期的民间非正式诉讼机制之所以能够兴起，是因为其契合了中国古代熟人社会中对于群体和谐目标的追求。反之，中国古代长期存在着的熟人社会体系也为民间非正式诉讼机制提供了扎根、生存、发展的肥沃土壤。

（三）正式诉讼制度不畅为非正式诉讼制度的发展让渡了空间

根据近年来法史学界对于各地诉讼档案的考察发现，明清时期直接诉至官府的民间纠纷数量十分庞大。[3]日本学者夫马进甚至认为明清时期中国已经进入了“诉讼社会”。[4]明清时期中国是否真的进入“诉讼社会”，笔者不敢断言，但可以肯定的是明清时期的民间纠纷已然愈来愈多地以诉讼的方式暴露出来。而对于民间日益增长的纠纷解决需求，明清时期官方的正式诉讼机制似乎显得十分力不从心。例如，根据各省巡抚在嘉庆十二年（1807年）的奏报，当时积压案件总数超过1000件的省府衙门有4个，分别是湖南（3228件）、福建（2977件）、广东（2107件）和江西（1610件）。[5]这还不包括未受理的案件和发回乡村组织自行调处的案件。明清时期的官方正式诉讼机制在审理繁多的民间纠纷时遭遇不畅与官员司法素养低下、官方编制人

---

〔1〕郭星华：“当代中国纠纷解决机制的转型”，载《中国人民大学学报》2016年第5期。

〔2〕（清）徐栋：《牧令书》，辽宁大学出版社1990年版，第1563页。

〔3〕尤陈俊：“‘厌讼’幻象之下的‘健讼’实相？重思明清中国的诉讼与社会”，载《中外法学》2012年第4期。

〔4〕［日］滋贺秀三主编：《明清时期的民事审判与民间契约》，王亚新等译，法律出版社1998年版，第411页。

〔5〕赵晓华：“晚清的积案问题”，载《清史研究》2000年第1期。

数稀缺等原因都不无关系，但究其整个社会文化层面的根本原因，我们还是不得不提及古代中国诉讼文化中的“无讼”理念。

在“无讼”这一问题上，当前一些学者通过对部分诉讼档案的考察，认为明清时期部分地区的健诉风气可以推翻过往将“无讼”视为中国传统法律文化价值取向的观点。[1]但是，传统中国的“无讼”“息讼”理念从来都不是在民间自发形成的，它是由士绅阶层所提出，国家所倡导的官方传统，是传统儒家文化和国家意志对“和谐”的追求在司法层面的反映。以地主、士绅阶层作为核心的古代中国，这一阶层的司法文化理念自然可以被视作传统中国的主流法文化传统。而特定时代的部分地区所出现的健诉现象只能被视作传统官方表达与民间实践的背离。即使到了这种背离现象最为严重的清代，官方统治者仍然坚持“无讼”理念。康熙皇帝就曾公开宣称：“若庶民不畏官府衙门且信公道易伸，则讼事必剧增。若讼者得利争端必倍加。届时，即以民之半数为官，也无以断余半之讼案。”[2]虽然此种背离现象不足以改变官方的“无讼”追求，但却直接促进了非正式诉讼机制这一民间司法的发展。这一方面是因为，国家对于“无讼”理念的坚持和追求，使得正式诉讼机制天然性地排斥和轻视户婚、田土、借贷等民间“细故”纠纷，甚至不惜设置种种制度阻挠其进入正式诉讼程序（如明代规定未经里老调处不得告官，以及“放告日”制度），从而使得大量的民间纠纷无法通过正式诉讼渠道得以通畅解决，这就使得民众不得不求助于群体内部的非正式诉讼机制。另一方面，长期被正式诉讼制度和国家司法层面所排斥的细故纠纷，却被宗族、乡约、会馆等民间群体视作关系百姓切身利益和群体和睦的大事、要事。正所谓“自百姓视之，则利害切己，故并不细”。正是因为这样，民众才有着对纠纷解决的执着。因此，在细故纠纷解决中官方的无讼理念与民间实践的背离，在使得正式诉讼机制运营不畅的同时，也为非正式诉讼机制的发展创造了条件。

此外，明清时期社会中高昂的诉讼成本也在客观上阻碍了民间细故纠纷通过国家正式诉讼制度解决的可能。明清时期，民众在诉讼中承担着高昂的

---

〔1〕 范愉：“诉讼社会与无讼社会的辨析和启示——纠纷解决机制中的国家与社会”，载《法学家》2013年第1期。

〔2〕［法］勒内·达维德：《当代主要法律体系》，漆竹生译，上海译文出版社1984年版，第487页。

司法经济成本。据清代汪辉祖的考察，18世纪的民事诉讼费用往往“一讼则费钱三千文，不二年必至鬻田”。[1]到了晚清时期，一场诉讼下来所需费用则相当于一个农业雇工一年的工资（两千至五千铜钱）。[2]并且这些诉讼费用还不包括明清时期衙门诉讼中常见的“陋规”“常例”的费用。故而明清时期社会中流行着“堂上一点朱，民间千点血”的谚语。[3]另外，明清时期百姓向官府提起诉讼还需要承担旷时废业的非预期性成本。虽然为了保证农业生产，至汉以降的历代政府都设立了“放告日”制度，规定农忙期间不受理民事词讼。但由于乡村远离城市衙门，而在纠问制模式下两造双方和其他证人都必须到庭，常常使得争诉双方不得不长期停留县城耽误生产，造成额外的非预期性成本。因此，明清社会中也流行着“一日官司，十日不完，县三月，府半年，道里的官司不种田”等讽刺性谚语。[4]由此可见，高昂的诉讼成本已然极大降低了国家正式诉讼在解决民事纠纷中的“性价比”，也足以使百姓惧讼。而相对于国家正式诉讼而言，民间的非正式诉讼却具有接近百姓生活、诉讼成本低廉甚至免费、诉讼程序快捷等天然的优势，这就为明清时期非正式诉讼制度广泛地参与民间解决纠纷提供了极大的可能。

四、余论：非正式诉讼制度的社会价值

如前文所述，在家国一体的社会结构和熟人社会体系的基础上，在正式诉讼制度运行不畅的催化下，中国传统社会中的非正式诉讼制度在明清时期达到了广泛运用的兴盛状态。各类非正式诉讼制度在其所属的社会关系场域中与国家司法相配合发挥着调处矛盾、裁决纠纷、完善社会基层治理的重要作用。以血缘关系为纽带的家族司法强调尊重族内尊长在家族诉讼中的司法权威，肯定尊长对卑幼的严厉执罚权。以地缘关系为纽带的乡约裁判则是在

---

〔1〕 乡民有田十亩，夫耕妇织可给数口。一讼之累，费钱三千文，便须假子钱以济，不二年必至鬻田。参见田涛等：《官箴书集成》（第五册），黄山书社1997年版，第125页。

〔2〕 黄宗智：《清代的法律、社会与文化：民法的表达与实践》，上海书店出版社2007年版，第148页。

〔3〕 （清）周振鹤：《圣谕广训集解与研究》，顾美华点校，上海书店出版社2006年版，第411页。

〔4〕 丁世良、赵放：《中国地方志民俗资料汇编》（华北卷），北京图书馆出版社1989年版，第94页。

乡治的基础上，以维护乡村共同的和谐生产、生活为目标。因而相比起以尊长权威为核心的独断家族司法，乡约制度表现出了由众人合议的更为民主的诉讼裁判方式和更为和缓的教化式的执罚形式。以业缘关系为纽带的行会裁决则更为强调人际经济交往中的诚信原则和市场秩序的和谐运作，并较之其他非正式诉讼制度体现出了更为自治化和程序化的类似近代商业仲裁的诉讼模式。虽然这三类非正式诉讼制度各有其不同的特点，但它们在调整基层社会关系、维护社会秩序以及弥补国家司法社会教化不足等方面具有相同的社会价值。

另外，明清时期的三类主要非正式诉讼制度都可以通过配合国家司法的方式，实现化解社会矛盾、稳定社会关系、维护官方统治的社会价值。例如古代基层社会赋税的征收就很好地体现了国家司法与民间司法的相互配合。封建社会的主要经济来源在于农民和城市工商业者，虽然历代王朝都有对逃避赋税、徭役的行为进行刑事打击，但由于税赋苛重，农户和工商业者对于缴纳税赋往往抱以消极甚至武力抵抗的态度，对社会秩序的稳定造成了一定的威胁。〔1〕相较于权威性的国家司法打击，民间法和民间非正式诉讼制度往往在配合官府完成赋役中发挥着更为能动的社会教化作用。例如明清时期的家族组织、乡约组织和城市行会组织一边在家法族规、乡约规则和行会章程中教化约内人员按时缴纳国赋，同时又以家族司法、乡约裁判和会馆裁决等民间司法的方式对拒纳钱粮的族人加以训诫、惩罚。〔2〕当穷尽民间司法的方式仍无法达到完赋役的效果时，民间组织则会通过送官惩治的方式，寻求国家刑罚力量的帮助。〔3〕这种将温情的伦理说教与严厉的民间司法惩戒相结合，

---

〔1〕 如明代万历年间派出太监为税监矿监，于各地密设税卡，重征叠税，乱指矿脉，横征敛，以致酿成连绵不断的城市民变。参见（清）谷应泰：《明史记事本末》，中华书局1977年版，第894页。

〔2〕 如山阴《吴氏家法》规定："完纳钱粮，成家首务，必须预为经划。依期完纳，如有持顽拖欠者，许该里举鸣祠中，即行分别责罚，以示惩戒，决不轻纵，迫致累扰。"又如明代的《乡约总叙》中规定："今后税粮不许恃顽愆期，亦不许粮里巧立名色，逼窜贫民。又有买田未经收粮，贻累田主输纳者，其恶尤甚于拖粮，所当戒之。"再如乾隆三十五年（1770年）北京河东烟行所立碑记规定："前有行规，人多侵犯。今郭局同立官秤一杆，准斤拾陆两。凡五路烟包进京，皆按斤数交纳税银，每百斤过税银肆钱陆分。轻重各循规格，不可额外多加斤两。苟不确遵，即系犯法，官罚银不算。会馆公议，每罚银壹钱，法不容私。恐众不听，勒碑示久远，永志不朽。"

〔3〕 如南海《霍氏家训》中规定："玩慢粮赋，家长告于祠堂，初犯责司会计者，再犯则司货，再犯司货者送官惩治。"

并以国家司法救济为兜底保障的完成赋役方式，能够较好地解决农村社会抗拒赋役的行为，缓和农民和国家之间在赋役问题上的紧张关系，维护不同社会关系领域民间秩序的稳定。除了赋役纠纷以外，其他基层社会中的民事纠纷和轻微刑事案件也大多是通过这样一种三联协动的模式来达到基层社会的有效治理和基层秩序的持续稳定。因此，在中国传统社会中，虽然基层政权组织无法全面掌控各类社会纠纷，但民间非正式诉讼制度却发挥着化解矛盾、维护官方统治的重要类司法作用。

清代州县陋规及其治理初探

唐　逸*

【摘　要】中国古代，陋规问题由来已久且一直存在，对历朝统治都造成了威胁。清朝作为封建社会最后一个中央集权王朝，陋规问题格外突出。本文以清代州县陋规为切入点，探讨了州县陋规的含义、主要表现形式及有关陋规的规制措施。清代不同时期，皇帝对州县陋规的态度各有不同，顺、康二朝对陋规的态度是默许；雍正则力图抑制陋规泛滥，全力推行火耗归公政策；雍正之后的皇帝对改革陋规已是有心无力。即便治理州县陋规的脚步从未停下，但因为陋规存在的历史必然性与治理措施不够彻底等因素，至清代晚期，州县陋规已是积重难返。

【关键词】清代　州县陋规　表现形式　治理

一、州县陋规的含义及主要表现形式

自秦实行郡县制始，直至清代，州县皆为中国古代最基层的行政单元。虽然清代因地域、民族及宗教等因素，基层政区较为复杂，有府、直隶厅、直隶州、属州、属厅、县六种，但因为直隶州和直隶厅受省布政司直接领导，地位与府相同，故本文仅以普通州县为研究对象。

（一）州县陋规的含义

“陋规”现象由来已久，一般认为其与古代官僚制度相伴而生。根据《汉

* 唐逸，中国政法大学2018级法律史专业硕士。

语大词典》所载，南宋《请禁传馈疏》中最早可见此词："国计不知，民瘼不恤，敝敝焉往事馈献之陋规，以取悦同僚，求容于大吏""历来相沿不良成例"。[1]陋规现象同样广泛存在于清代官场，韦庆远教授曾指出"陋规问题，是清代吏治一大纰政，因其深入渗透于京内外各级衙门官僚和吏、役之间，可以说，无处不在，故亦为当时官场的一大突出的现象"。[2]

现今学界对于陋规的定义大多从其本意、产生途径及用途出发，例如魏光奇先生曾指出："清代地方官场上的所谓'陋规'有二义：其一，州县官浮收入已，以及长随家人、各方书吏和差役从自己的法外收入中按比例缴给州县官的银钱；其二，州县官按'潜规则'馈送各级上宪的银钱。"[3]周保明先生则从陋规的两个主要产生方式——接受馈送和索取的角度对其进行了界定，他认为不同级的官府与同级官府内部存在的馈送与索取行为是陋规的主要产生方式。[4]

而依据层级可将陋规大致分为部费陋规、州县陋规、漕运陋规、盐政陋规四类，其中州县陋规顾名思义便是发生在州县一级的陋规。有关州县陋规的定义，李映发教授认为州县陋规"就是州县官凭借各自的权力向下作各种需索，目的在于向所属的上级机关和人员贡献金钱与礼物；或者为自己及其部属谋取非法利益"。[5]此番定义指出了州县陋规的存在根基、产生路径及最终用途，但笔者认为，李映发教授将收取州县陋规定性为"谋取非法利益"这一点有待商榷。瞿同祖先生在《清代地方政府》中说道：陋规，顾名思义，即是一种丑陋的规矩。[6]足以成为"规矩"，可见行为虽然丑陋但却是众人约定俗成而为之，这样广泛存在的"规矩"必然有其客观社会基础，若是将其简单定性为"非法利益"难免有失偏颇。因此笔者结合陋规的定义及州县官府运作情况认为，州县陋规确是州县官或其僚属利用国家权力或优势地位

---

〔1〕 罗竹风主编：《汉语大词典》，汉语大词典出版社 1997 年版，第 6913 页。

〔2〕 韦庆远："论清代官场的陋规"，载《明清史新析》，中国社会科学出版社 1995 年版，第 242~286 页。

〔3〕 魏光奇：《有法与无法——清代的州县制度及其运作》，商务印书馆 2010 年版，第 318~319 页。

〔4〕 周保明：《清代地方吏役制度研究》，上海书店出版社 2009 年版，第 504 页。

〔5〕 李映发："清代州县陋规"，载《历史档案》1995 年第 2 期。

〔6〕［美］瞿同祖：《清代地方政府》，范忠信、晏锋译，法律出版社 2003 年版，第 39 页。

向下索取的利益，亦是百姓或下级官员主动对上级官员的馈送，其中既包括州县官对上级官僚的馈送也包括百姓对州县官及僚属的馈送。

（二）州县陋规的主要表现形式

《清代地方政府》一书的开篇就提到了陋规问题，瞿同祖先生简单地列举了一个州县官要维持政府运作所需要的花费。〔1〕例如，州县官的私人及公务费用、养家费用、其岗职所需的繁重费用以及为途经其地的上司提供的吃住花销及馈送礼品等。〔2〕书中指出的仅是多种州县陋规形式中的一小部分，受《清代地方政府》一书的启发，笔者欲借鉴瞿先生在书中的体例安排，从州县官、书吏、衙役、长随、幕友五个主体出发，来探讨州县陋规的具体表现形式。

1. 州县官与陋规

欲明晰州县官与陋规间的关系，首先需厘清清代基层州县官员的薪俸状况。清入关后，官员的薪俸标准沿袭明朝，而明朝又是典型的低俸制，官员们的薪俸水平十分微薄，故清初官员薪俸普遍较低，甚至难以满足家庭日常开销。据《清文献通考》记载："顺治元年，正五品岁给俸银四十二两五钱，从五品岁给俸银三十七两六钱，正六品岁给俸银三十五两四钱，从六品岁给俸银二十九两，正七品岁给俸银二十七两四钱，从七品岁给俸银二十五两八钱。"〔3〕

州县官们依靠如此微薄的薪俸，不仅要养家糊口，还要维持衙门的基本行政运转。本来衙门的行政办公费用应当由中央负担，但清入关后没多久，顺治与康熙两任皇帝便渐次裁革了衙门的办公费用。据《钦定皇朝文献通考》载："顺治四年，定在外文职按品支俸外，复给薪银蔬菜烛炭银，心红纸张银，案衣什物银四项，自督抚至佐贰杂职各有等差，岁为常额，嗣于顺治九年裁案衣什物银，十三年裁薪银，康熙九年裁心红纸张银。"〔4〕这些办公经费被裁之后再未恢复，直接成为州县官的负担。

除此之外，州县官还需要承担幕友、长随等的薪资。幕友、长随是受雇于州县官，辅助州县官处理衙门事务的"编外人员"。他们的存在十分必要，

---

〔1〕［美］瞿同祖：《清代地方政府》，范忠信、晏锋译，法律出版社2003年版，第40页。

〔2〕［美］瞿同祖：《清代地方政府》，范忠信、晏锋译，法律出版社2003年版，第45页。

〔3〕《钦定皇朝文献通考》卷九十《职官考》。

〔4〕《钦定皇朝文献通考》卷九十《职官考》。

毕竟仅依靠州县官一人处理基层衙门大量繁复而琐碎的事务是不可行的。但是幕友、长随等僚属是不属于“朝廷工作人员”范畴的，因此雇佣幕友、长随们的费用需要州县官们自行承担，其中幕友的薪俸十分高昂，超出州县官的定俸是常有之事。瞿同祖先生曾推算过每多一个幕友，州县官就会多支出一到三千两。[1]除了负担行政办公费用与僚属的薪金以外，州县官们逢年过节还需要向上级官员们馈送节礼，当上司途径其地时需要招待，等等，这些都是不小的花销。

而除前述以外，州县官们更大的开销便是“摊捐”。“摊捐”系将原属于州县官的养廉银强行克扣，用来筹措那些无法正项支出的公务经费。可以说，“摊捐”是造成州县官入不敷出的重要原因，州县官们苦“摊捐”已久矣。清代诸多名吏皆属文指出过因摊捐而造成州县官们经济状况捉襟见肘，例如徐赓陛便说过：“州县额俸已入参罚，养廉已入摊捐。”[2]周镐亦曾说过：“今州县廉俸，多者千两，少者五六百两……况以捐款派之，一年之间，为数无定，区区州县岂有点金术也?”[3]显然，州县官们依靠朝廷薪俸是完全不能支撑这些开销的，而陋规收入大大填补了这一空白。

州县官的陋规来源多种多样，有些是向百姓索取而来，有些是向下级僚属索取而来。但这些都不是最主要的方式，最主要、相对一致的来源是“火耗”费用。火耗是一种向百姓征收的额外税，为将百姓上缴的碎银铸成中央统一标准，过程中产生的损耗即由“火耗”弥补，其正式被纳入国家征税系统是在明朝后期张居正推行“一条鞭法”制度之时。《清朝文献通考》卷四《田赋考四》云：“……火耗加于钱粮之外，火耗之名，自明以来始有之。盖由本色变而折银，其取之于民也，多寡不一，其解之于部也，成色有定，此销镕之际，不无折耗。而州县催征之时，不得不稍取盈以补其折耗之数，亦犹粮米之有耗米也。”[4]因为朝廷对于“火耗”没有统一的征收标准，故各地方官都尽可能地多征收火耗，以填补地方的财政不足。顺治年间，礼科给事中季开生奏称：“天下火耗之重，每银一两有加至五六钱者”，[5]钱陈群在

---

〔1〕［美］瞿同祖：《清代地方政府》，范忠信、晏锋译，法律出版社 2003 年版，第 47 页。

〔2〕徐赓陛：《不自慊斋漫存》卷五《覆本府条陈积弊》。

〔3〕周镐：《上制军条陈利弊书》。

〔4〕《钦定皇朝文献通考》卷四《田赋考四》。

〔5〕《世祖章皇帝实录》卷八十五。

《条陈耗羡疏》中亦云："税清耗重，数倍于正额者有之。"[1]据此不难看出，清初火耗征收已十分苛重，这样一笔收入极大地缓解了地方财政的紧张态势，是州县官们陋规收入的主要来源。

火耗费用对于州县官们来说至关重要，可以说火耗费用几乎涵盖了州县官们日常公私的一切花销。这其中主要可分为两类，一是行政办公费用，例如器具费、衙署兴修费用、衙役工食银、心红纸张银等；二是州县官向上级官员的馈送，例如节庆贺礼、上司的铺设供奉等，大致与上文中说到的州县官的花销吻合。

2. 书吏与陋规

书吏是州县官的四种辅助人员之一，他们大都来自本地，相较于外地上任的州县官而言，他们更加了解地方情况。而书吏的雇佣与名额皆由朝廷管理，不同的县衙名额不同，少则几个，多则近30个。

但显然，朝廷允许的少量书吏根本无法应付基层县衙中的巨量公文案牍，雇佣额外书吏来处理繁务已在所难免。但问题随之而来，书吏的薪金问题该如何解决？据一些官箴笔记记载，各类衙门中的书吏都是没有薪水的，不仅如此，他们甚至还需要自己准备办公用具——毛笔、墨汁和纸张等。[2]实则，清朝初期，朝廷还是以"饭食银"的名义支付给书吏们薪金的，据《滇南矿厂图略》载："……滇省派驻坪店委员每月给月费银十两，纸笔杂费银二两，书记一名饭食银二两，巡役四名每名工食银一两五钱……"[3]但到后来，薪金就逐渐减少，据直隶省《赋役全书》记载，顺治九年（1652年）进行了一次重大减薪：各房书吏减为四两八千，金库书吏减为六两，官仓书吏也是六两。等到康熙皇帝即位，各类书吏薪金全部取消。

既然书吏们得不到报酬，那么他们靠什么来生活呢？答案显而易见，陋规几乎成了他们主要的生活来源。书吏们的陋规费多种多样，而多数陋规费来自两造当事人，有百姓"主动"上交的，但大多都是索取的。《清代地方政府》中提到，在一个诉讼案件被州县官正式开堂审案之前，原告首先要交"挂号费"和递交诉状费；接着，原告为了得到州县官作出的有关案件受理与

---

〔1〕何本方："清代户部诸关耗羡归公的改革"，载《南开史学》1984年第2期。

〔2〕《经世文编》卷二十一、卷二十四。

〔3〕《滇南矿厂图略》。

否的批示，要交“买批费”；在州县官们对诉状写批语时，书吏会向原告索取催促批语的酬金；此外，书吏们开列涉案人员名单也需要收费，开传票也需要收费；而原被告都会被收取“到案费”或者“带案费”以及在州县官升堂问案时书吏衙役们的出庭费，等等。如果是涉及人命的刑事案件，被告人还需要给衙役书吏们提供“命案检验费”，包括伙食费、差旅费以及与审讯相关的文具费、灯油蜡烛费等。李荣忠先生对四川巴县档案进行考察后亦得出结论：“……巴县词讼一年当不下一万件，规费高达十万余两，书吏与差役各得五万余两。”〔1〕

上述各类费用仅是书吏们在司法领域里收受的陋规，除此之外，书吏们也极易在赋税征收过程中获得陋规费用，在这里就不一一表述了。综合来看，书吏们虽然得不到固定的薪金，但是多如牛毛的陋规收入可以满足他们的日常开销，可见，书吏可以算是一个“肥缺”。

3. 衙役与陋规

衙役系州县政府的组成人员之一，与书吏一样，他们大多是当地人，与书吏不同的是，他们充当信差、门卫、警卫等角色。衙役的种类有十数种，门子、皂隶、马夫、禁卒、轿夫、库卒等不胜枚举，但即使这般，衙役的数量仍无法应对繁多的事务。事实上，几乎每个州县都会额外多雇衙役，后来，清政府干脆也就认可这样一种行为。乾隆皇帝即位后，颁布了一道诏书：“如果规定名额不能满足需要时，地方官可以增雇额外衙役。”〔2〕

衙役的经济待遇也非常低，但相较于书吏而言，还是好一些的——一般衙役的年薪大多在六两银子左右，虽然各地有所不同，但大抵不会太高。各类衙役之中，比较特殊的是马快，他们的年薪相对来说会高一些，从十一两到十六两不等，但是他们必须自备马料。这样的薪酬大概是什么水平呢？如傅维鳞（1646 年进士）所指出的那样，一名衙役的年薪仅为七两二钱，最多不会超过十二两。他每天仅有二文或三文钱收入，这点钱仅可供他和妻子每天吃一顿饭。〔3〕

如书吏一般，陋规收入便成了衙役们赖以生存的基础。衙役们的陋规大

〔1〕 李荣忠：“清代巴县衙门书吏与差役”，载《历史档案》1989 年第 1 期。

〔2〕《清实录·高宗》卷二十　。

〔3〕《经世文编》卷二十四。

多是从两造当事人那里榨取的，例如，当衙役为一桩杀人案的现场勘查做准备时，他们会向任何嫌疑人索要苦力、马匹、饭食及其他勘查费用。被拘捕或者被传唤的人要向衙役交“鞋袜钱”、酒钱、饭钱、车船费等。

衙役们在征收赋税时也有机会收受陋规，“抬垫”即是例子。当有百姓不能及时缴纳赋税时，衙役会帮他们垫付但是需要付息，以四川巴县为例，抬垫的利息一般是月息三分，抬垫的人家有近200户，故这是一笔不菲的收入。[1]

4. 长随与陋规

长随虽然也是州县政府的组成人员，但较书吏、衙役而言，他们的性质较为特殊，系州县官的私人仆役，用现代的话来说，他们是州县官的助理，不仅服务于州县官的私人生活，更会全方位参与州县衙门的行政管理。他们既监视进出衙门的人员，也是书吏衙役与州县官联系的媒介；他们负责接收传来的公文，也监督审判的准备工作，参加审讯；在赋税征收的过程中，他们会催收赋税，押解税款，监督漕粮的征收和上缴，等等。这些种种的工作都为长随们收受陋规提供了机会。

长随作为州县官的私人仆役，他们的薪金自然是由州县官支付，但州县官能支付给长随们的报酬少之又少。名吏汪辉祖说过，如果某个长随只是被一般性地雇佣而没有特别地派遣，那么他就不能享受任何的“外快”。[2]与前文所述的书吏、衙役一样，长随也会从诉讼案件的当事人那里索要费用，有许多的陋规是由长随、书吏和衙役一同分享的，例如前面提到的“挂号费”、递交诉状费、传唤被费、证人到堂费等。

但是也有一些陋规是长随因其特殊地位而独享的，其中最典型的要数“门包”了。“门包”是指欲见州县官或者想要给州县官送礼的人需先交给门丁们的一笔费用。而这笔费用是非常可观的，毕竟每天想要见州县官的人太多了，即使是书吏或衙役想要见州县官，也需要向长随送“门包”。

5. 幕友与陋规

幕友是州县政府运转的重要一环，他们并不是常设机构而是受雇于州县官的“专家”。同时他们也是州县衙门人员中唯一没有陋规收入的群体，原因在于幕友的工作专业度非常高，相应地他们的薪俸也十分高昂，时常会比雇

---

〔1〕李荣忠：“清代巴县衙门书吏与差役”，载《历史档案》1989年第1期。

〔2〕《学治臆说》（上）。

佣他们的州县官薪俸水平还高。以刑名幕友为例，他的薪水是最高的，因为他的工作最具有技术含量，在1750年代，一个刑名幕友的年收入可以达到二百六十两，到了清朝后期，幕友的收入水平又有了大幅度的提高，在1780年代已升至每年八百两白银。[1]这样的薪酬水平对比上文提到的书吏和衙役的薪酬水平来看，足够幕友养家糊口，故幕友是无法获得陋规收入的。

二、有关州县陋规的改革

清代历任皇帝均深知陋规之害，但对其态度却略有不同，其中属雍正帝革除陋规之心最为坚定，故本文拟以雍正朝为分界线，探讨清代统治者对于州县陋规的态度及相关的改革措施，以期窥探州县陋规在清代的发展之态势。

（一）雍正朝之前

顺治元年（1644年），皇帝颁令："官吏征收钱粮，私加火耗者，以赃论。"[2]第二年，顺治颁发大赦诏书中又提到："其从前各省直巡按，委理刑官察盘，委府州县访捕，皆是科索纸赎，搜取赃罚，名为除害，实以害民，今一切禁绝。"[3]"一切禁绝"四个字显示出了清代初期皇帝革除陋规的决心。实际上，也确有官员因贪污罪名而被革职或处分。但那时满人刚入关不久，一应制度皆不齐备，故对州县陋规的控制力亦远远不够。

行至康熙年间，统治秩序逐渐稳定，法律典章业已齐备，州县陋规被纳入规制范畴。康熙九年（1670年）议准："官员因事夤缘，馈送礼物，发觉之日，与者受者皆革职。如馈送虽未收受，不行出首，后经发觉者，将不行出首之官，罚俸一年。"八年之后覆准："府州县等官，并无公事，谒见上司，有意逢迎，并赴省拜寿行贺，夤缘通贿馈送银钱等物者，均照馈送礼物例处分。"[4]由此可见康熙帝对于上下级之间收受礼物的陋规行为严令禁止，轻者予以行政处分，重者按律例定罪。

但实际上，由于清朝前期征战不断，统治秩序不稳，清政府又沿袭明代的低俸制，致使州县官不得不收取陋规以满足基本需求。清陆陇其曾言："自

---

〔1〕［美］瞿同祖：《清代地方政府》，范忠信、晏锋译，法律出版社2003年，第186页。

〔2〕（清）王庆云：《石渠余纪》卷三《纪耗羡归公》。

〔3〕《清世祖实录》卷一七。

〔4〕《清会典事例》卷九六《吏部处分例·馈送嘱托》。

兵兴之际，司农告匮，将存留款项尽行裁减，由是州县掣肘，贪墨无忌，私派公行，不可禁止，百弊之源皆起于此。”[1]事实也证明，康熙朝后期对于陋规的治理已逐渐宽缓，不仅是因为州县陋规难以禁绝，亦因为康熙帝对于陋规渐渐包容接受。有例为证，康熙四十三年（1704 年），江宁织造曹寅曾向皇帝进言江苏省督、抚、司、道各衙门的规礼高达三万四千五百余两，然康熙批示：“此一款去不得，必深得罪于督抚，银数无多，何苦积害。”[2]从中便可看出康熙对于下级官员向上级官员送规礼的现象有所了解，但他认为规礼数额不多，在他能够接受的范围内，若革除规礼必会得罪督抚，这样做得不偿失。此外，康熙亦曾言：“所谓廉吏者，亦非一文不取之谓。若纤毫无所资给，则居官日用及家人胥役，何以为生？如州县官只取一分火耗，此外不取，便称好官。其实系贪黜无忌者，自当参处。若一概从苛纠摘，则属吏不胜参矣。”[3]上述两例体现了康熙对于收受州县陋规默许的态度，这成为州县陋规生存的温床，并渐渐地成为朝野上下心照不宣的惯例。

（二）雍正朝时期

公元 1722 年，康熙去世，留给雍正的是一个国库空虚、吏治腐败的清朝。雍正是一位锐意进取的君主，他即位后励精图治大力推行改革，首要对象便是陋规。对于陋规，雍正采取的主要措施是推行“火耗归公”政策。

何为“火耗”，前文业已阐明，雍正朝以前，火耗是州县陋规最主要、最典型的来源，因为朝廷对火耗的征收额度没有明确规定，由此给了许多官员可乘之机，火耗征收逐年加重，难以禁绝，至康熙末年已然泛滥成灾。实际上，有关“火耗归公”的讨论早已有之，顺治元年，即有官员向皇帝进言“只征正额并火耗”，但彼时因遭到摄政王多尔衮强烈反对而未能成行。行至康熙年间，讨论仍未停歇，年羹尧曾进言推行“火耗归公”，奈何康熙认为：“此事大有关系，断不可行”。[4]待雍正即位后，当月即谕总理事务王大臣：“皇考洞鉴其故，每将税务交与地方官管理，各省已居其半。嗣后税务、悉交地方官监收。岁额之外所有羡余。该抚奏闻起解，应赏给者再行赏给，尔等

〔1〕（清）陆陇其：《三鱼堂外纪》卷一《时务条陈六款》。

〔2〕《康熙朝汉文朱批奏折汇编》（第 1 册），档案出版社 1991 年版，第 134 页。

〔3〕（清）蒋良琪：《东华录》卷二十三。

〔4〕（清）蒋良琪：《东华录》卷二十四。

会同户部工部议奏。”[1]

此谕出后不久，湖广总督杨宗仁便向雍正进言：“从前凡有公事，无一不令州县分捐，实皆派累百姓，臣通长计算，但令州县于所得加一耗羡内，节省二分，解交藩司，以充一切公事之费，此外丝毫不许派捐。”[2]终于，“火耗归公”的设想登上了雍正朝的历史舞台。与乃父不同的是，雍正对杨宗仁的建议极为欣赏：“所言全是，一无瑕疵，免之。”[3]之后，首先落地实行火耗归公政策的是山西巡抚诺民，他首先估算了一下山西省每年的火耗银数额：“除正项钱粮外，火耗银每两有交一钱及一钱以下者，亦有交一钱二三分至一钱七八分不等，甚至亦有交二钱者，此俱系百姓经照本地原额核减者，故即令照此数缴纳。估料全年应征之二百八十余万正项钱粮，照此参差收取火耗银，可共得五十万两左右。”接着又分算了省内的各笔花销：“各衙门心红纸张、笔墨、书办工食钱粮、解运布政司库银之工价银、堤塘递送本报之雇工银等项共需银六万四千余两外，尚应余银二十三万五千余两。”[4]最后确定实施办法：“将通省一岁所得火耗提存司库，以二十万两留补无着亏空，余分给各官养廉。”[5]雍正帝对诺民的方案持肯定态度：“诺民莅任后……凡地方公务所需，亦皆取给于此，上不误公，下不累民，此实通权达变之良策也。”[6]自此之后，其余省份也相继开始实行火耗归公政策。

“火耗归公”政策被设想多年，历经反复讨论，但都未能最终施行，最后终于在雍正朝真正落地，其中自然离不开雍正的大力支持，但起决定作用的是“火耗”归公后的用途。按照诺民的做法，火耗归公后的用途主要分两块，一是填补亏空，二是官员养廉。这两点迎合了雍正改革陋规的真正目的即充盈国库，澄清吏治，所以“火耗归公”政策才得以顺利落地。当然，朝野上下反对之声亦未曾停歇，政策本身也存在缺陷，例如养廉银在州县官负担幕友、长随等的薪金及上下接应之应酬等繁费之后，所剩无多等。[7]但无可否

---

〔1〕《清世宗实录》卷二。

〔2〕（清）蒋良琪:《东华录》卷二十五。

〔3〕（清）蒋良琪:《东华录》卷二十五。

〔4〕《清史稿·诺民传》。

〔5〕《清史稿·诺民传》。

〔6〕《清世宗实录》卷六十一。

〔7〕《清史稿》卷一二 《食货二》。

认的是，“火耗归公”政策实行数年之后，国库日渐丰盈，吏治亦逐渐清明，陋规在一段时间内走上正轨，但也仅限于一段时间。雍正去世后，地方财政仍然非常紧张，陋规收受卷土重来甚至较之前有过之而无不及。

除了推行“火耗归公”政策以外，为了革除陋规，雍正还下令修订律法，在“官吏受财”律下增加条例：“凡上司经过，属员呈送下程，及供应夫马车辆一切陋规，俱行革除。如属员仍有供应，上司仍有勒索者，俱革职提问。若督抚不行题参，照例议处。其上司随役家人私自索取，本官不知情者，照例议处。如知情故纵，罪坐本官，照求索所部财物律治罪。其随役家人，照在官求索无禄人减一等律治罪，并许被索之属员据实详揭。若属员因需索滥行供应，及上司因不迎送供应，别寻他事中伤属员者，将属员及各上司，照例分别议处。”〔1〕实干与律法双管齐下，但实际上，雍正对彻底革除陋规也隐隐担忧：“官吏人等尚有阳奉阴违者，又恐日久法弛，将来接任之员，或有仍袭从前之陋习者。”〔2〕

总体来说，雍正在改革陋规方面取得了显著成效，但并没有从根本上革除陋规，只是将陋规摆到明面上，使其清晰化、规范化。这与他改革陋规的初心有关，雍正即位时朝野上下贪官污吏甚多，百姓苛税亦重，苦不堪言；相反地，国库十分空虚，为了澄清吏治充盈国库，雍正决定从陋规入手。总的来看，雍正对于陋规的态度是不求彻底革除但求规范管理，可以说，自改革伊始他便清楚陋规之为根深蒂固，彻底革除难以实现。这为后来埋下了隐患，陋规屡革屡增，大小官吏贪婪之风愈演愈烈。

（三）雍正朝之后

乾隆即位后，在陋规问题上继续采用“火耗归公”政策，并于乾隆五年（1740年）订立了《耗羡章程》。然则，随着时间推移，改革力度日渐减弱，各种陋规重新开始泛滥，且有愈演愈烈之象：“乾隆初……未几，遂有折扣之法，每石折耗数升，渐增至五折、六折，余米竟收到二斗五升，小民病之。”〔3〕而乾隆本人亦不愿革除某些他认为的“必要”陋规，例如书吏收取的陋规。有例为证，乾隆十年（1745年），陕西布政使慧中上书建议皇帝革除书吏陋规

〔1〕田涛、郑秦点校：《大清律例》，法律出版社1999年版，第497~498页。

〔2〕《清世宗实录》卷一一三。

〔3〕赵尔巽等撰：《清史稿》卷一百二十五《食货志》，中华书局1977年版，第3539页。

以纸笔饭食银代之："至陕藩书役，向无工食，随事需索陋规，按照部科书办例，酌量给予纸笔饭食"，乾隆却认为："此等弊，只可去其太甚者。书役之弊岂能尽革?"[1]由此可以看出乾隆对于陋规的态度是"去其太甚者"，合理限度内的陋规他是支持保留的。但问题仍然存在，乾隆并未对收取陋规的合理限度作出明确规定，这将必然导致陋规征收愈来愈重。加之乾隆本人晚年消极怠政，追求享乐，这直接导致乾隆朝后期贪官大行其道，朝野内阿谀奉承之风盛行，下级官员为了迎合上级，陋规征收更加泛滥，就如尹壮图所言："无如近年以来，风气日趋浮华，人心习成狡诈，属员以夤缘为能，上司以逢迎为喜，踵事增华，夸多斗靡，百弊从生，科敛竟溢于陋规之外。"[2]

之后的嘉、道两朝，陋规存废问题未有定论，嘉庆与道光的态度亦有所不同，但总体倾向皆是逐渐宽缓。尹壮图曾于嘉庆四年（1799年）奏请皇帝选派廉洁重臣前往各省悉行裁革陋规，嘉庆却不赞同，他认为："……（陋规）皆系积习相沿，由来已久，只可将来次第整顿，不能概行革除……"若强行革除只会"未受其益，先受其害，流弊有不可胜言者。"[3]

嘉庆去世后，道光即位。不同于其父的是，道光意欲改革陋规，原因很简单：养廉银已不能够负担州县开销，州县官们"一经履任，公事业集，难为无米之炊，势不得不取给陋规"，故打算"将所属陋规，逐一清查，应存者存，应革者苇"，以达到"明定章程，立以限制，使无所借口乎"的效果。[4]英和站在道光这一边，上书奏请将"各省陋规酌定其数为公用，有于数外多取者重罚之"。[5]但是此主张遭到了多位大臣的坚决反对，包括礼部尚书汪廷珍、两江总督孙玉廷、广东巡抚康绍镛等在内的诸多大臣皆言不可骤裁陋规，担心一旦骤裁会增新弊，又滋长混乱，不利于社会稳定。其中最有说服力的理由便是适度的陋规已为当地百姓所接受，他们所不能接受的是州县官滥收陋规又不理民事不恤民情："百姓之不相安者，非不相安于州县之取陋规，实不相安于州县之取陋规而不恤民情不理民事，更不相安于不恤民情不理民事

[1]《清高宗实录》卷三十六。

[2] 姚元之：《竹叶亭杂记》卷二，中华书局1982年版，第53页。

[3]《清仁宗实录》卷四二。

[4]《清宣宗实录》卷四。

[5] 陈其元：《庸闲斋笔记》卷四《道光朝州县陋规之纷议》，江苏广陵古籍刻印社1984年版，第21册第207页。

之州县，而于陋规之外仍任意贪婪也”。[1]这一理由得到了诸多大臣的支持和赞同，即使在群臣反对的情况下，道光也只能妥协，陋规的合法地位因此得到确立，虽然日后争议之声不减，但陋规自此再未被裁减。

三、总结与反思

前文中，笔者探讨了州县陋规的主要表现形式及清代历朝对陋规采取的治理措施。州县陋规由来已久，亦不是仅存在于清朝，如前所述其最早出现于南宋，也许在此之前亦有“陋规”之流只是不作此称呼罢了。陋规长期存在的原因非常复杂，本文在此不再详细展开讨论，仅反思一点：为何清代州县陋规屡禁不绝？欲厘清这个问题，首先要回答另一个问题，即为什么“火耗归公”的做法在短时间内取得了成效呢？原因在于雍正推行“火耗归公”政策的目的有二，其一是为了规范陋规，惩治腐败，更深层目的是通过规范陋规来达到澄清吏治，弥补亏空的效果，本质上是稳定统治，因此改革陋规不是将陋规完全革除，而是将此前名目繁多的各类“暗规”变成“明规”，防止各级官员滥收私收；同时归公之耗羡由中央用来填补亏空，负担地方的行政办公支出及官员养廉之费用。此法从陋规本身及其背后的存在原因两个方面对陋规进行规制，因此才效果显著。

“火耗归公”政策最后未能坚持下来，其中不乏后任皇帝对于革除陋规态度暧昧、不够坚定等因素，但笔者认为更深层次的原因应该是州县陋规的存在有其历史必然性，它确实填补了州县政府及官员的部分支出空白，而这部分支出空白是“火耗归公”也弥补不了的。正因此，州县陋规的革除才困难重重且反复不断。

州县陋规的历史必然性体现在两个方面。一是古代中国是典型的农业国家，小农经济发达，即使到了清代，工商业、手工业逐渐发展起来，但国家经济的主体支撑仍然是农业。农业对于自然环境的巨大依赖性决定了古代社会财政的脆弱。若是风调雨顺的丰收之年，那么国库会丰盈不少，百姓也能够安居乐业；若是不幸遇上了天灾，例如旱灾、洪灾、蝗灾等，那么可能百姓辛苦一年的庄稼都会颗粒无收，由此下至百姓上至中央都会财政紧缩。不

---

[1] 第一历史档案馆藏：《朱批奏折》，嘉庆二十五年十月初八日，康绍镛奏。

仅如此，中央还要赈济受灾百姓，尽力帮助他们渡过难关，恢复生产，这些都需要充盈的国库作支撑。所以即便在古代，治理一个偌大的国家，也需要雄厚的经济力量支持，可惜的是，古代社会不具备这样的能力或者说经济力量很弱，因此，许多原本应当由国家财政负担的开销需要地方官吏们自己想办法解决。在这种背景下，陋规一直久禁不绝也就不足为奇了。二是除却古代社会经济力量薄弱这一点以外，古代中国的中央集权制亦是陋规久禁不绝的重要原因。自秦至清，我国古代一直是中央集权的大一统国家，幅员辽阔，人口众多。为治理国家，各地方都要定期向中央缴纳赋税。随着中央集权的不断加强，国力确实越来越昌盛，国库亦逐渐充盈，但与此同时带来的是地方财政自主权的逐渐弱化。以火耗为例，火耗归公后是中央对经费的严格把控，地方欲动用或支出归公后的火耗费用皆需由皇帝批准，非常困难，这也是“火耗归公”政策最终没能坚持下来的重要原因，而陋规则填补了这部分中央财政不负担或需要灵活支出的空白。综合上述两个原因，笔者认为陋规的存在有其历史必然性。

最后，研究清代的州县陋规问题也引发了笔者的一些思考。清代州县陋规的一大特点便是杂、多、繁。由前文所述“州县陋规的主要表现形式”可知，州县陋规的名目数不胜数，十分庞杂；不仅如此，各地陋规的标准亦不相同，由此给了许多官吏收取陋规的可乘之机。以史为鉴，现今社会的税费名目应当尽可能地确定、统一、明晰，这样才能保证国家经济保持健康向上的发展态势，同时避免少数工作人员有额外收费的机会，防止腐败。

另一思考便是基层政府的人员配置问题，如前文所述，我国古代一直地域辽阔，人口众多且增长稳定。州县作为最小一级的行政单位，承担着非常重要且繁重的治理责任，但与繁重任务不相匹配的是每州县仅有极少的官吏是划归在正式“编制”之内的，换言之，有大量官吏需要州县官额外雇佣，且费用亦由州县官个人承担。这显然是非常不合理的，由此陋规便产生了。当今社会，我们仍要警惕这类情况的发生，“人事协调”是防范人浮于事或腐败行为产生的重要方法，同时也应该重视公务员的待遇情况，尤其是基层公务员，他们与人民群众联系最密切，工作非常辛苦，提高他们的工资待遇有助于防范腐败的发生，促使其更好地为人民服务。

第三部分

宪法学

重大疫情应对中宪法团结理念观照

乞雨宁*

【摘　要】 与一些外来语词不同，团结作为本土宪法理念，在我国拥有天然的文化土壤。研究团结理念在中西场域中的差异，能为分析不同国家面对重大疫情的选择提供视角，也能由此来理解具有中国特色的宪法团结理念内部构成环境。团结在我国宪法中得到持续且全面的重视，在重大疫情的应对中，我国通过坚持“一个中心”（围绕在党的周围）、“一个目标”（共同的价值取向）、“一致行动”（从上到下的制度设计）实践着宪法中的团结理念。未来要进一步重视宪法的团结功能，为宪法团结理念的实施完善相关制度、塑造包容的社会文化环境。

【关键词】 团结　宪法理念　跨语际　包容

2020年初，新冠肺炎疫情波及全球若干国家，不同国家对疫情有不同的应对措施，这从一个侧面折射了团结理念在不同场域中的区别。团结不是被生硬提出的空洞口号，而是跨越中西方地域界限、穿越历史时间跨度的永恒哲学命题。宪法中蕴含的团结理念在我国的疫情防控中扮演了重要角色。宪法制度在中国是舶来品，我国宪法的产生与发展更多受西方影响，而宪法中贯彻的团结理念却具有鲜明的本土特色，由此可以从这个角度提供一种打开中国宪法的路径与方式。

---

* 乞雨宁，中国政法大学2019级宪法学与行政法学专业硕士。

一、为何中国宪法有团结理念——从中西场域分析

宪法中法治、民主、自由等理念的引入代表着中国走向现代化的尝试和奋争。与这些理念不同，“团结”并不是国人从西方学来的，也没有跨语际翻译的误解。在近现代的救亡图存中，团结没有与文化传统相冲突，因为其蕴含在文化传统之中。集体协作可以更有力地支持农业氏族生存，神话“大禹治水”便体现了团结精神，治水不是仅靠大禹一人神力，而是靠众神共同努力。〔1〕“团结”与“Solidarity”似乎在表面上拥有同样的语义，但究其深层的理念结构，还是有很多区别的。在西方，有学者通过对英语、法语、德语、意大利语和西班牙语中“团结”的语义研究，发现“团结”自法国大革命以来已牢固地植根于这五种语言之中，但各自的语义领域仍然多种多样。〔2〕若严格审视，团结的社会框架条件、要求和后果仍然相当模糊。〔3〕

欧洲“团结”理念一直是一个动态调整过程，而我国的团结观相对固定。在西方，团结经常以不同的名词或术语出现，从一开始的债法概念，〔4〕到宗教教义，〔5〕再到大革命时期的革命口号，〔6〕逐渐演变成一种政治理想和基本原则，横跨法学、神学与政治，又逐渐发展至社会与道德领域，才为人们所普遍接受。迪尔凯姆认为，团结不是一种规范化或是固定化术语，团结是一个社会联系的过程，这个过程不是线性的，也没有一个明确的端点可以

〔1〕 如禹过大海要靠鳖、鳄鱼替他架桥，越翠岭时有神龙供他乘坐，九曲的黄河是老龙王替他开辟的，等等。参见苏昌培：《团结学》，社会科学文献出版社 1992 年版，第 23 页。

〔2〕 Wolfgang Schmale，“European solidarity：a semantic history”，*European Review of History：Revue européenne d'histoire*，Vol. 24，No. 6，pp. 854-873.

〔3〕 Florian Greiner，“Introduction：writing the contemporary history of European solidarity”，*European Review of History：Revue européenne d'histoire*，Vol. 24，No. 6，pp. 837-853.

〔4〕 在古罗马法中“团结”作为一个重要法理概念出现，主要指家庭成员支付共同债务的连带责任（solidum）。“连带”精神通过对共同责任体系的设计，促成了个人与整体（初期是家庭）之间的联结，达到团结整合的状态。

〔5〕 基督教文化认为所有人都是上帝的孩子，是兄弟姐妹，要团结友爱。参见梁漱溟：《中国文化要义》，上海人民出版社 2005 年版，第 43~58 页。

〔6〕 “博爱”（Fraternity）的本义是指兄弟情谊。面对博爱观念，团结转变为全新而又自足的观念。法国大革命对“团结”一词的影响是巨大的。在此以前，团结的用法仅指一种特定的责任形式，大革命时期，团结从一个法学概念转化为政治理论，并从此越来越多地被应用于政治、社会和道德领域，成为之后两个世纪世俗化的社会理想。这一时期团结的范围从亲友扩展到了外来人。

标记。[1]我国的“团结”理念初始并不直接用“团结”这个语词来代表，“团结”作为组合词最早指唐宋民兵组织，后增加“组织，联合”的动词含义。[2]团结作为一种民族精神一直被普遍接受。周公认为“和实生物，同则不继”，[3]孔儒学派进一步发展了“和”思想，逐渐成为统治者的政治理论。“和”思想中蕴含着丰富的团结意识，可分为两个层面：第一，指一种和谐团结的政治秩序与社会关系，这是对团结形态的理解；第二，指人与人交往的行为准则，如“和而不同”要求在尊重与包容多元的同时保持团结，[4]“推己及人”要求设身处地为他人着想，强调理解与共感。同时，义利观从社会价值出发评价个人价值，个体具有极强的责任意识，“修齐治平”是价值观外化的内容，由此衍生对社会整体命运的忧患意识，[5]意识主体没有等级的区别。[6]可能在不同时期社会团结形态强弱有变，但团结始终以一种相对固定的意识形态存在于人们的认知中。

中西场域下，团结的对象范围不同。有学者将西方团结的变化描述为从“朋友之间的团结”向“陌生人之间的团结”的转变。[7]西方团结的范围如掷石入水后水面上产生的波纹——由中心向四周，由近及远、由小及大地进行扩展，从罗马时期限于“亲友”[8]“城邦公民”，到同一宗教信仰范围内，再到同一社会中，团结的对象始终是有条件的。而中国的团结观借助“天下观”[9]与

---

〔1〕 参见［法］埃米尔·涂尔干：《社会分工论》，渠东译，生活·读书·新知三联书店2000年版，第33~186页。

〔2〕 例如苏轼《乞增修弓箭社条约状》：“自澶渊讲和以来，百姓自相团结为弓箭社。”

〔3〕 《国语·郑语》。

〔4〕 童世骏：“正义基础上的团结、妥协和宽容——哈贝马斯视野中的‘和而不同’”，载《马克思主义与现实》2005年第3期。

〔5〕 例如，“先天下之忧而忧，后天下之乐而乐”。

〔6〕 例如，“位卑未敢忘忧国”“天下兴亡，匹夫有责”。

〔7〕 Hauke Brunkhorst, *Solidarität*, Suhrkamp Press, 2002. 转引自 Florian Greiner, “Introduction: writing the contemporary history of European solidarity”, *European Review of History: Revue européenne d'histoire*, Vol. 24, No. 6, pp. 837-853.

〔8〕 古罗马时期，团结作为“亲友友谊”，是落实在具体事项上的，具有特殊性和等级范围。

〔9〕 在团结对象的范围上，“天下观”以无限的地理空间包容了所有的相关者，超越了地理区域与民族宗教，代表了一种开放包容、有序和谐的政治秩序。在同一文化机体之中，只有亲疏远近、等级秩序来进行内部解构。

稳定长期的“大一统”政治体制[1]，从早期就是以文化共同体为团结基点，团结就像一张无限伸展着的大幕，罩在遥远的天空。我国团结理念的对象范围比西方更宽泛、更没有条件限制。

不论是西方还是我国，团结理念似乎都有一些工具属性。西方学者认为团结是解决排斥问题的方法。[2]在目前，西方学界对团结的讨论主要与难民问题、国际互助问题、欧洲团结问题有关，将团结视为解决现实社会问题的手段。在我国，团结的社会价值与政治价值一直体现得很明显，在远古时代可以提高生产效率，封建时代可以巩固统治基础，[3]在近代可以应对民族战争危机。近代团结出现了短暂的缺位，主要因为当时正处于团结转型的中间状态，乡土团结已经解体，而国家范围的团结尚未完成。[4]在急剧变动的年代，支撑旧团结的秩序被瓦解，向新团结的转变并不顺利，国人身处矛盾激化的社会痛苦反思，积蓄着变革的力量。1903 年《大公报》刊载社称：“地球虽大，实合无量数之小分子，而成每一小分子各具一种团结力，乃得成为一大团体”。孙中山高度重视国人的团结，他疾呼“外人断不能瓜分我中国，只怕中国人自己瓜分起来，那就不可救了”。[5]这一阶段，团结由被动转为主动，由被迫进行的救亡探索转变为自发的团结抗战。

在现代，团结也有为实现国家富强维持稳定环境的考量。马克思与恩格斯克服了古典自由主义者因普遍主义立场而忽视人与共同体间历史文化联系等局限性，发展国际工人阶级团结理论。[6]《共产党宣言》号召联合全世界无

---

〔1〕 长期以来“大一统”的政治制度，也强化了对团结的自觉心理认同，进而发展为共同的社会理想。

〔2〕 参见 Nathan Gibbs, “Solidarity: From Civic Friendship to a Global Legal Community by Hauke Brunkhorst”, *Modern Law Review*, Vol. 70, No. 1, pp. 170-174.

〔3〕 首先是直观动机，团结对社会力量的聚集作用可以帮助人们完成更有难度的工作，获得显而易见的效果，如《荀子·王制篇第九》曰：“……和则一，一则多力，多力则强，强则胜物。”此外，还有统治阶级的政治动机。团结与国家的治理密切相关，关系到一个朝代的兴衰，也是一种增强军事力量的手段，孙子在分析战争胜负的条件时，首先就指出：“道者，令民与上同意也。”（《孙子兵法·计篇》）强调打仗时上下同心，团结一致的重要性。

〔4〕 参见高丙中：“社团合作与中国公民社会的有机团结”，载《中国社会科学》2006 年第 3 期。

〔5〕《孙中山文集》，团结出版社 1997 年版，第 24 页。

〔6〕 参见童世骏：“对社会主义与自由主义之争的新考察——当代西方左翼思想家的社会主义观”，载《毛泽东邓小平理论研究》2004 年第 1 期。

产者，[1]认为团结是“国际的一个基本原则”。[2]团结的本质就是矛盾双方同一性的显现。[3]党和国家主要领导人都高度注重团结，结合国情发展实践马克思主义团结观。毛泽东同志高度肯定团结的重要性，“现在中国就因为是团结的，所以才能抗战”；[4]认为团结要坚持以马克思列宁主义为基础的正确路线，要保持头脑清醒，不能盲目团结；[5]提出达到团结的方法是对旧团结基础的打破并斗争达到新团结，[6]提出了“团结——批评——团结”[7]的基本公式；将团结的目标设定为“独立民主和平统一富强的新中国”；[8]同时探讨了国际团结，“要团结全世界一切可以团结的力量……还要团结所有爱好和平的国家和人民”。[9]邓小平同志同样高度重视团结，多次指出，“团结问题是非常重要的”，[10]“没有团结什么问题都不能解决”，[11]对团结的要求是“必须贯彻执行党的民主集中制的原则”，[12]他多次阐明只有“安定团结的政治条件”才能“安下心来搞建设”，[13]强调团结与稳定之间的关系。江泽民同志将已有的团结基础视为“巨大的精神财富和物质力量”，[14]强调珍惜、维护、加强团结，提出“团结就是大局，团结就是力量”，[15]希望团结的范围扩大，“团结的人越多越好，团结的面越宽越好”。[16]胡锦涛同志强调“加强团结，顾全大局”，[17]认为团结基础是“建立在建设有中国特色社会主义共同理想

〔1〕参见《马克思恩格斯全集》（第四十三卷），人民出版社 1982 年版，第 484 页。
〔2〕《马克思恩格斯全集》（第十八卷），人民出版社 1964 年版，第 180 页。
〔3〕撒承贤：“论团结”，载《宁夏大学学报（哲学社会科学版）》1998 年第 1 期。
〔4〕《毛泽东民族工作文选》，中央文献出版社 2014 年版，第 10 页。
〔5〕《毛泽东著作专题摘编》（下），中央文献出版社 2003 年版，第 2000 页。
〔6〕《毛泽东文集》（第七卷），人民出版社 1999 年版，第 373 页。
〔7〕《毛泽东文集》（第七卷），人民出版社 1999 年版，第 210 页。
〔8〕《毛泽东文集》（第五卷），人民出版社 1996 年版，第 348 页。
〔9〕《毛泽东著作专题摘编》（下），中央文献出版社 2003 年版，第 2167 页。
〔10〕《邓小平军事文集》（第一卷），中央文献出版社 2004 年版，第 55 页。
〔11〕《邓小平文集（一九四九～一九七四年）》（上卷），人民出版社 2014 年版，第 161 页。
〔12〕《邓小平论党的建设》，人民出版社 1990 年版，第 14 页。
〔13〕《邓小平文选》（第二卷），人民出版社 1994 年版，第 251 页。
〔14〕《江泽民论加强和改进执政党建设（专题摘编）》，中央文献出版社 2004 年版，第 253 页。
〔15〕《江泽民文选》（第二卷），人民出版社 2006 年版，第 48 页。
〔16〕《江泽民文选》（第二卷），人民出版社 2006 年版，第 415 页。
〔17〕《胡锦涛文选》（第二卷），人民出版社 2016 年版，第 658 页。

基础上的”。[1]习近平总书记强调团结对象的广泛范围和团结对民族复兴的意义，他对团结的要求是“团结一切可以团结的力量”，团结目标是实现中华民族伟大复兴，[2]认为可以利用“团结——批评——团结”的基本公式正确处理新形势下的人民内部矛盾，[3]认为“向心力和凝聚力”是国家振兴、地区发展的根本条件，进一步提高各级政府服务质量需要维护团结。

从整体上看，团结的工具属性在我国要远远弱于西方。与其说是“工具性”，不如说是我国在很早就意识到了团结理念的价值功能，同时，寻求富强是中国近代的主旋律，其中也萦绕着“救亡”的强音。“富强”像一根红线，贯穿近代文化的全部。[4]团结也成为寻求富强时可以运用的，有内部资源也有外来根据的思想。西方往往是面对具体社会问题，在其他理念无法很好地解决时，转而尝试利用团结研究解决方法。

团结作为一种思想资源，在中西的思想体系中的重要性完全不同，这可能和两个文化体系中的价值取向密切相关。对西方个人本位的价值观而言，团结意味着要讨论个人对社会的责任义务。我国历来以团体为本位，如孔子的“泛爱众”思想，这与西方文化的为我观念截然相反，当谈论到团结理念时，以团体利益为重的观念体系会更容易接受与团结相伴的个人责任。这可能解释了为何团结理念在西方历史上是断续的，偶尔缺位。比起法国大革命中另外两个理念——“自由”和“平等”，“团结（博爱）”的受关注度并不高。即使是专门归纳历史概念的综合词典[5]也没有提到“团结”这个词。[6]而团结理念在我国一直存在，直至如今。

团结作为道德中的超文化事实，不同文化也会对其产生一些惊喜的遇见。如泰勒、伽达默尔对和谐的追求与孔子颇似。伽达默尔认为可以通过加强自由联合、鼓励对话和倾听来实现人类的团结，他将寻求共同的基础视为讨论的

---

〔1〕《胡锦涛文选》（第一卷），人民出版社 2016 年版，第 405 页。

〔2〕《中国共产党第十九次全国代表大会文件汇编》，人民出版社 2017 年版，第 56 页。

〔3〕习近平：《之江新语》，浙江人民出版社 2007 年版，第 237~238 页。

〔4〕王人博：《宪政的中国之道》，山东人民出版社 2003 年版，第 84 页。

〔5〕Geschichtliche Grundbegriffe 是在柯塞勒克（Reinhart Koselleck）主持下于 1972~1997 年出版的词典，包括八卷书。

〔6〕参见 Florian Greiner，“Introduction：writing the contemporary history of European solidarity”，*European Review of History：Revue européenne d'histoire*，Vol. 24，No. 6，pp. 837-853.

第一步。[1]而包含团结含义的“和”思想的提出也与社会转型有关，可以与迪尔凯姆对不同社会状态下的团结转型理论[2]相联系。罗蒂认为，需要把“陌生人想象为和我们处境类似、休戚与共的人……提升感应相通的敏感度”[3]来达到人类团结，这与中方的“将心比心”[4]也很类似。

与团结相关的很多本源性的问题都曾被不同社会在不同情况下提出，只是在各种复杂因素的作用下，在中西方走上了不同的发展道路。作为与自由、平等并列的现代社会基本价值，团结在中西场域中的这些区别其实根本上与我国的集体主义价值观和西方个人主义价值观有关。团结作为民族精神的一部分，在我国的历史发展中扮演着重要的角色，我国《宪法》中一些与国外不同的理念，其实是由内部构成条件决定的，我国在《宪法》中深入贯彻团结理念就具有独特的历史缘由与社会基础。

二、2018 年《宪法修正案》中的团结理念

有学者基于“八二宪法”文本，从宪法序言的团结精神、宪法条文的团结意象、宪法中对“我们”的范围划定与精心的“他者”建构、团结的终极指向等方面来全方位地解释了我国现行宪法中的“团结”，深刻阐述了中国宪法的精神也就是团结精神的文本基础与现实逻辑。[5]基于此，可从 2018 年《宪法修正案》文本入手，将对宪法团结理念的研究继续拓展至“当下”，以作补充。

《宪法修正案》第 32 条，修改了宪法序言第 7 自然段，除了突出强调现代化的国家建设目标，还强调了未来目标是“实现中华民族伟大复兴”，将目标从中华民族这个大集体角度进行描述，而不是为了达到个人或某方面的优越，这也意味着未来目标是集体层面的“团结”，需要整个中华民族“团结”

---

〔1〕 参见［美］R. E. 帕尔默：“伽达默尔哲学的七个关键术语”，载《安徽师范大学学报（人文社会科学版）》2002 年第 5 期。

〔2〕 迪尔凯姆注意到了社会的变型，他将团结区分为传统社会的机械团结与现代社会的有机团结。参见［法］埃米尔·涂尔干：《社会分工论》，渠东译，生活·读书·新知三联书店 2000 年版，第 33~186 页。

〔3〕［美］理查德·罗蒂：《偶然、反讽与团结》，徐文瑞译，商务印书馆 2003 年版，第 7 页。

〔4〕《朱子语类·大学三》。

〔5〕 参见张劲：“团结宪章——宪法的中国意义”，载《政法论坛》2014 年第 1 期。

起来一起实现；《宪法修正案》第 33 条，在宪法序言第 10 自然段形成“团结”的爱国统一战线历程中加入了“改革过程”，延长“团结”的时间跨度至当下，同时，进一步扩大“我们”的范围，《宪法修正案》第 33 条将爱国统一战线的范围进一步扩展到“致力于中华民族伟大复兴的爱国者”；《宪法修正案》第 35 条，于宪法序言第 12 自然段中加入“推动构建人类命运共同体”，团结的对象拓展到了全人类的范围，“人类命运共同体”作为一个新概念在宪法中首次出现，意义就在于一旦共同体被成功地想象并得以较普遍地传播，它又可以反过来在个体的心目中勾勒出一种整体物，强化个体之间的亲密感，[1]可见此次修正案继续延展了团结的空间与范围；《宪法修正案》第 34 条，将宪法序言第 11 自然段中对社会主义民族关系的现状描述和未来要求，在“平等、团结、互助”的基础上加入了“和谐”，如上文所述，“和”思想中本身便蕴含着丰富的团结意识，是团结的另一种展现方式，修正案进一步提高了对民族团结的要求；《宪法修正案》第 36 条，在宪法第 1 条第 2 款后增写：“中国共产党领导是中国特色社会主义最本质的特征”，进一步强调团结的最终指向，即党的领导；《宪法修正案》第 39 条，在宪法第 24 条第 2 款中增加了“国家倡导社会主义核心价值观”的要求，核心价值观即国家公民应共同认同的主流价值取向，是对精神文明方面团结建设的加强。

不论在现行宪法的颁布“当时”，还是在进行了宪法修正的“当下”，我国《宪法》都始终高度重视“团结”，持续性地通过宪法文本对“团结”理念进行全面强调，这不仅因为团结是宪法的基本精神，是宪法的中国特色，更因为团结理念在国家局势稳定、文明建设等方面具有重要功能。

三、重大疫情的应对中的宪法团结理念

（一）宪法团结理念可构建重大疫情中的良性社会循环

重大疫情可以加强团结。有学者通过纵向历史分析发现，“团结”的提及频率遵循或取决于历史上的某些危机时刻，如革命、战争或经济危机。[2]对

---

〔1〕 参见李义天：《共同体与政治团结》，社会科学文献出版社 2011 年版，第 12 页。

〔2〕 参见 Wolfgang Schmale，“European solidarity：a semantic history”，*European Review of History：Revue européenne d'histoire*，Vol. 24，No. 6，pp. 854-873.

5·12大地震的民意调查结果也表明抗震救援工作提升了国人凝聚力。[1]虽然不是团结的本意，但一场危机，尤其是公众危机，会特别加强一个国家的团结。人人都被关联到了危机之中，拥有共同的团结感受，采取一致的团结行为。危机在某种程度上会扮演团结中的“他者”，外在的威胁可以加强凝聚力，从共同的利益基础角度来强化个体间的共同性。重大疫情对每一个人的身体健康造成威胁，进而可能还威胁了人们其他利益，共同利益遭受威胁使得人们在疫情防控中自发地团结一致。另一方面，对重大疫情共同的情感体验将加强人们的彼此认同，从而加强团结。有学者将其解释为移情效应，人们不仅分享有关他们共同利益事件的共同知识，而且实际分享了拥有这些利益所涉及的情感体验。[2]面对重大疫情，人们会出现紧张、焦虑等情绪，这些情绪打破了个人与群体之间的交流界限，从情感上强化了彼此认同。

团结有助于应对重大疫情。有质疑认为在公共卫生的理由中援引团结理念需谨慎，因为对团结的意义尚无共识。[3]不过如拜耶慈所讲，团结始终是一种“政治资源”，可以灵活地应用于个别的当代背景，并取决于历史背景。[4]团结曾在我国的历次重大灾难应对中发挥过强大的动员和凝聚作用。面对这次疫情，国内外都响起了对团结的呼声，如国外刊文称（重大疫情）这一紧急情况在我们这个时代是前所未有的，需要大家团结起来。[5]《人民日报》发表题为“团结合作是最有力的武器”的文章，号召面对重大传染性疾病国际社会应加强团结。[6]

---

〔1〕 章忠民、张亚钤：“国家凝聚力的构成及其矛盾张力探源”，载《马克思主义研究》2012年第1期。

〔2〕 Ashley E. Taylor, “Solidarity: Obligations and Expressions”, *Journal of Political Philosophy*, Vol. 23, No. 2, pp. 128–145.

〔3〕 Simon Derpmann, “Union’s Inspiration: Universal Health Care and the Essential Partiality of Solidarity”, *Bioethics*, Vol. 32, No. 9, pp. 569–576.

〔4〕 Kurt Bayertz, “Staat und Solidarität”, *Politik und Ethik*, 1996, pp. 305–329. 转引自 Florian Greiner, “Introduction: writing the contemporary history of European solidarity”, *European Review of History: Revue européenne d’histoire*, Vol. 24, No. 6, pp. 837–853.

〔5〕 Maeve O’Connell et al. “Midwives in a pandemic: A call for solidarity and compassion”, *Women and Birth*, Vol. 33, No. 3, pp. 205–206.

〔6〕 杨煌：“团结合作是最有力的武器”，载《人民日报》2020年5月6日，第4版。

迪尔凯姆认为，法律是联系个人与社会的纽带，“它能够将一群乌合之众变成一个具有凝聚力的团体”。〔1〕作为位于最高位阶的根本法，宪法对社会中的个体具有更强的联结作用。有学者认为，“社会团结凝聚力”是宪法的“本质性能力”。〔2〕在现代社会，宪法应对的是“我们”中的个体或外来的“他者”瓦解冲击社会团结的问题，宪法的凝聚力可以集中调动资源、整合社会的注意力，以维护社会的固有团结。法律是维持社会结构机制的一部分，法律体系、社会结构必须相互参照才能被充分理解。〔3〕我国的宪法文本中为何通篇强调团结，需要到社会结构中寻找答案；而面对重大疫情，为何全国上下迅速形成了强有力的社会团结，也可到宪法中寻找依缘。可以说，是社会中的“团结”理念基础以及对民族集体复兴目标的现实追求，促使我国宪法始终依循着团结的路径；而宪法从对“我们”与“他者”的建构，对社会核心价值的精神文明建设，对明确坚持中国共产党领导等方面为整个社会建构起了团结的骨与肉。在应对重大疫情期间，宪法团结理念构建起了良性的社会循环，重大疫情在共同利益受损、共同情感体验生成方面强化了团结，强化后社会各个预设的“团结部件”开始产生效应，共同助力，最终整个国家的成员都参与到重大疫情的防控系统中。在应对重大疫情时，要对团结加以规制，避免无序的、严重危害个体自由的“团结”。这都需要团结作为一个重要的宪法理念，在应对疫情时的社会系统中发挥作用。

（二）宪法团结理念在重大疫情中的具体应对

坚持“一个中心”，即团结在党的周围。毛泽东同志将党的团结称作“无价之宝”，他将其分为两个方面：“一种是党内团结，一种是党与人民的团结，这些就是战胜艰难环境的无价之宝。”〔4〕在应对重大疫情的过程中，宪法团结理念也从这两个方面来指明了全国上下团结的中心——团结在以习近平同志为领导核心的党中央周围。胡适在对“九一八事变”进行回忆与反思时，曾总结民族自救运动面对的重大困难是社会没有重心，清朝帝室、中兴将相、

〔1〕［法］埃米尔·涂尔干：《社会分工论》，渠东译，生活·读书·新知三联书店 2000 年版，第 356 页。

〔2〕江国华：“论宪法能力”，载《法律科学（西北政法大学学报）》2010 年第 2 期。

〔3〕参见［英］A. R. 拉德克利夫-布朗：《原始社会结构与功能》，丁国勇译，江西教育出版社 2014 年版，第 180 页。

〔4〕《毛泽东建党学说论》（下），人民出版社 2003 年版，第 713 页。

维新领袖等都不能承担起社会重心的任务，必须人造一个新的社会重心，形成一个政治权威，他认为人造一个新社会重心的首要条件是“必不是任何个人，而是一个大的团结”。〔1〕相比于这些曾在我国近代历史舞台上登场的团体，中国共产党不论是性质、纲领、宗旨、组织制度等，都完全满足了胡适对社会重心的六点要求。〔2〕《宪法》序言部分洋洋洒洒1800余字，充分认可了中国共产党在社会主义事业中居于领导地位的历史事实，并从理论上支持继续坚持党的领导。《宪法》序言部分要求“中国各族人民将继续在中国共产党领导下”，完成实现中华民族伟大复兴的集体目标，《宪法》第1条将中国共产党的领导在法律上予以固定。如果说依古汉语的团结含义〔3〕，“团”“结”拼接在一起指聚集联结成一个圆形，那么《宪法》则在圆形的正中央点上了一个心——中国共产党。一个国家的团结中心得以明确，向心力指向了党。党承担起了“团结圆心”的责任，始终重视对国家凝聚力建设的探索，坚持党的领导（自身不断建设与学习）、坚持群众路线（全心全意为人民服务）、坚持统一战线（团结一切可以团结的力量）。〔4〕在应对重大疫情的过程中，由党中央统一领导全国的疫情防控工作。在2020年2月3日召开的中共中央政治局常委会会议上，习近平总书记指出“各级党委和政府必须坚决服从党中央统一指挥、统一协调、统一调度”，强调“各地区各部门必须增强大局意识和全局观念”。〔5〕在这场疫情防控阻击战中，全国上下坚决服从党中央的统一指挥、统一协调与统一调度。应对疫情的国家团结是以党的领导为中心的团结。全国人民团结在党的周围是党的社会凝聚力的体现，除此之外，还需加强党的内聚力，即保证党内团结的实现。没有领导核心的集体是无法

〔1〕《胡适论学近著》（第1集），山东人民出版社1998年版，第363~369页。

〔2〕胡适在《惨痛的回忆与反省》一文中认为，用人功建立的“社会重心”必须具备的条件是：第一，必不是任何个人，而是一个大的团结。第二，必不是一个阶级，而是拥有各种社会阶级的同情的团体。第三，必须能吸收容纳国中的优秀人才。第四，必须有一个能号召全国多数人民的感情与意志的大目标：他的目标必须是全国的福利。第五，必须有事功上的成绩使人民信任。第六，必须有制度化的组织使他可以有持续性。参见《胡适论学近著》（第1集），山东人民出版社1998年版，第363~369页。

〔3〕“团”，《说文》解释为本意为“圆”，古文中也作动词表示“聚集”。现在“团”字多重语义中的“会和在一起”之意，便是由此引申。“结”，《说文》解释为“全也”，同时也指结成之物。

〔4〕章忠民、张亚铃：“国家凝聚力的构成及其矛盾张力探源”，载《马克思主义研究》2012年第1期。

〔5〕“疫情防控要坚持全国一盘棋”，载《人民日报》2020年2月5日，第1版。

正常发挥团结作用的，党内团结强调要有一个坚强的领导核心。对重大疫情的防控阻击战是在以习近平同志为核心的党中央坚强领导下进行的，总揽全局、协调各方，全党上下协调一致，团结由此形成了强大合力以应对重大危机。

坚持“一个目标”，即有共同的价值取向。疫情对全世界产生了影响，有国外学者也在观察各国政府、社会对疫情的反应后，反思西方社会的一些政治思想。[1]在我国，《宪法》序言明确列举了国家建设的指导思想，《宪法》第24条也从价值观的角度明确了倡导的价值取向。《宪法》规定的社会核心价值观和指导思想，在社会中形成了一种共同认可的集体主义价值取向。在重大疫情防控中，社会团结是有共同目标的团结，即全国上下一起战胜疫情，目标不是仅保证自己的身体健康，而是全体公民的健康；也不是仅确保自己所处地区的安全，最终目标是实现全国的病例“清零”。对目标的认同，将认同性凝聚力转变为巨大的群体动力。[2]共同目标驱动着各地向疫情严重地区提供物资保障、医疗支援、精神支持，驱动着人们自觉采取防护措施。对共同目标的认同使国家共同体的团结有了明确的路径，团结力有了一致的目标指向。

坚持“一致行动”，即宪法为团结提供制度保障。《宪法》规定了国家的基本制度，不仅构筑起了整个国家的运行框架，更是对团结制度提供了保障。以中央与地方的关系为例，《宪法》第3条规定了地方要遵循中央的统一领导以及对地方发挥积极主动性的要求。发挥地方积极主动性须坚持坚定维护党中央权威和集中统一领导这一原则。地方要在中央统一领导下发挥积极主动性，以中央为团结的中心，坚持全国一盘棋。在应对重大疫情时，中央与地方的团结充分展现了制度优越性，在中央与地方的关联互动中，有效地进行着疫情防控政令的上传下达与上行下效，在中央的宏观调控、统筹规划下，各地区间相互扶持，资源共享，共同应对重大疫情防控阻击战，“战疫”过程显示出中央与地方团结的强大力量。除了对中央和地方关系的规定以外，《宪法》中规定的人民代表大会制度，共产党领导的多党合作和政治协商制度等，

---

〔1〕 C. J. Polychroniou, Chomsky and Pollin, “To Heal From COVID-19, We Must Imagine a Different World”, *Truthout*, April 10, 2020.

〔2〕 参见章忠民、张亚铃：“国家凝聚力的构成及其矛盾张力探源”，载《马克思主义研究》2012年第1期。

都为团结打造了制度上的实现平台。

四、对宪法团结理念应对重大疫情的省视

加强对宪法团结功能的重视。在应对重大疫情的过程中，团结理念的重要性被凸显出来。宪法本身就具有团结的社会功能，有学者将宪法的团结功能分为阶级团结功能、民族团结功能和公民团结功能。[1]这些团结功能在重大疫情的应对过程中一起发挥作用，激发了整个国家应对危机时的团结。伽达默尔认为对团结有所信仰以及拥护的个人才是团结的依赖。[2]团结强调的是一个大集体，但集体由个人组成，个人的组成源于对团结的信仰。对社会团结的塑造包括以共同性信念安顿个体心灵。[3]我们要重视宪法的社会团结功能，首先要重视宪法在精神上的团结功能，宪法具有导向力，它规定了一个国家乃至整个民族的共同理想，构设了国家共同生活范式，同时还要承担引领社会实现共同理想的责任。[4]宪法构建起共同的民族理想，这个理想需要人们依循团结的路径才能最终实现，在精神领域促进团结。

重视宪法团结理念，就要为宪法的实施提供良好环境，让宪法的理念得以在社会中发挥最大功效。要在社会营造尊重和学习宪法的氛围。党在执政过程中要以宪法为依据，全面贯彻宪法的规定和基本价值观，用宪法及其基本理论解决执政过程中的各种问题。[5]强化公民对基本制度的认同，对基本制度的认同实质上也是对宪法的认同。只有当公众相信制度是公正的时候，才能形成公众对制度的信赖，才可以因此有效地将制度内化为社会成员的价值尺度和行为准则，使公众准备并愿意履行他们在这些社会安排中所应承担的责任与义务。[6]同时，除基本制度外，还要完善团结的其他制度基础，如加

---

〔1〕 李伟迪："论我国宪法的社会团结功能"，载《怀化学院学报》2014 年第 6 期。

〔2〕 参见［德］H. G. 伽达默尔："友谊与团结"，载《安徽师范大学学报（人文社会科学版）》2002 年第 5 期。

〔3〕 参见王建民："转型社会中的个体化与社会团结——中国语境下的个体化议题"，载《思想战线》2013 年第 3 期。

〔4〕 参见江国华："论宪法能力"，载《法律科学（西北政法大学学报）》2010 年第 2 期。

〔5〕 周叶中："关于中国共产党运用宪法思维执政的思考"，载《中共中央党校学报》2007 年第 5 期。

〔6〕 胡建："和谐社会视阈下的政治认同建设探析"，载《西南民族大学学报（人文社会科学版）》2012 年第 2 期。

强公共性的塑造，在私域与公域达到平衡，《宪法》第2条第3款规定了人民对社会事务的管理权利，要加强公众对公共活动的参与程度，通过个体公共性的提高加强团结，以至在紧急状态下，依然能够保障公众参与疫情防控公共事务，使团结理念最终向具体的团结行为转化。

要为团结提供文化基础。需要正确理解团结、塑造团结，团结不是集体声音泯灭个体声音，否则会对弱势群体形成实质不公平，易产生以集体暴力违背宪法保障每一位公民权利的初衷的后果。要从宽容的角度理解宪法中的团结理念，团结与宽容息息相关，哈贝马斯强调“团结”“妥协”“宽容”与“正义”的联系。〔1〕这也是现代版的“和而不同”，是构建宪法中提及的“人类命运共同体”的需要。尤其在重大疫情应对期间，更应加强人与人之间的相互认同，加强对话。应抛弃充满“控制”和“征服”的“对象性逻辑”，加强人与人之间的“团结”和“联合”。〔2〕罗蒂认为如果我们把道德进步的希望交给情感，我们实际上正在把他们交给谦卑的东西。〔3〕对不理智的情绪要加以控制，耐心倾听、平等对话、尝试理解与理性说服的过程是对不同意见的包容，也是一种团结。团结的要求是扩大“我们”的范围，把“他者”变为“我们”，增强团结共同体的力量，而不是随意且盲目地指摘任何个体，将其从共同体中孤立出来，贴上对立的标签后视为需要警惕的对象。在宪法团结理念在应对疫情发挥作用时，需警惕团结过度单向化，要避免极端演化的团结侵犯宪法保障的公民基本权利。团结与自由、民主等理念是相互促成而非排斥关系。宪法作为国家的根本法，其框架包含国家范围内的所有公民，每个人都能在宪法中找到自己的位置。宪法的包容力是宪法的文明存在标志，也是宪法的基本因素。〔4〕要理解宪法与团结理念本身蕴含的包容属性，提倡建立兼容并包、和谐共生的团结社会。

---

〔1〕 童世骏：“正义基础上的团结、妥协和宽容——哈贝马斯视野中的‘和而不同’”，载《马克思主义与现实》2005年第3期。

〔2〕 贺来：“社会团结与社会统一性的哲学论证——对当代哲学中一个重大课题的考察”，载《天津社会科学》2007年第5期。

〔3〕 ［美］罗蒂：《真理与进步》，杨玉成译，华夏出版社2003年版，第155页。

〔4〕 参见江国华：“论宪法能力”，载《法律科学（西北政法大学学报）》2010年第2期。

结 语

宪法团结理念在重大疫情的防控应对中发挥了重大作用。中国宪法团结理念的由来以及国内外的防控举措差异，都与团结理念在中西场域下不同的发展历史有关。我国宪法持续全面地贯彻团结理念，团结也因此得以在重大疫情防控中为社会构建起良性循环。团结理念通过坚持宪法中规定的“一个中心”（围绕在党的周围）、“一个目标”（共同的价值取向）、“一致行动”（从上到下的制度设计）维持着紧急状态下的社会稳定秩序。因此，应加强对宪法团结理念的重视，打造宪法团结理念实施的良好环境，形成包容的社会文化。回望历史，团结在几次民族危机中都发挥了至关重要的作用，抗日战争全面爆发前夕，蒋百里在《国防论》扉页上写有一句鼓舞人心的话：“万语千言，只是告诉大家一句话，中国是有办法的！”以史为鉴，可以说面对此次重大疫情，中国的一大办法就是对宪法团结理念的坚持与落实。

言论自由的保护及边界

翁明杰*

【摘　要】从宪法规范国家与公民之间关系的调整范围和“言论自由”条文所处规范文本的位置来看，《宪法》规定的“言论自由”中的言论应当属于“公言论”。“公言论”既规定于宪法文本之中，而且自身还具有追求真理和发展民主的功能，所以我国宪法对其采取高强度的保护，不允许国家权力肆意侵入公民基本权利的范围。当然，任何自由权利都有边界，界定宪法保护“言论范围”的边界在保护言论自由中也至关重要。实践判断中，应当采取言论保护的“外部理论”——尽可能扩大言论自由保护中“言论”的范围，接着运用“明显而即刻危险原则”对言论是否对国家利益、社会公共利益造成损害进行实质性判断，得出言论是否超出言论自由保护范围的结论。

【关键词】言论自由　“公言论”　高强度保护　“明显而即刻危险原则”

引　言

2020年1月，我国湖北武汉地区暴发新冠肺炎疫情，随后疫情迅速在全国范围内传播。这既是一场对政府应急状态下治理能力的大考，也是一场对全民族凝聚力和向心力的大考。在全民“抗疫之战”焦灼紧张之时，湖北省

* 翁明杰，中国政法大学2019级宪法学与行政法学专业硕士。

作家方方（笔名）[1]在互联网上连载了60篇记录“疫情中武汉”的日记。这份日记在网上几经传播后引起舆论的轩然大波，直至今日仍有诸多人对其口诛笔伐。《环球时报》总编辑胡锡进在谈论“方方日记”现象时表示：“在武汉最困难的时候，‘方方日记’戳到了集体心理的痛处……个人的小焦虑和公众的大焦虑在‘方方日记’这里形成了共振。今后这样的共振焦点将逐渐脱离新冠肺炎、封城这些话题，也移出武汉这个地点。”[2]胡锡进编辑批评方方在全国倾力支援武汉后，不写抗击疫情的积极面和综合效果，日记整体上充满悲剧色彩。“方方日记被授权在国外出版，容易被境外势力利用于攻击我国的政治体制；日记陈述的情绪太消极，与主流价值相背离；文章内容多以报道说或医生朋友说，缺乏实际经历叙述；不具真实性，日记背离主流，对漏洞放大并煽情……”[3]这些都是方方在全国范围内被口诛笔伐的原因，甚至有人冠之以“卖国贼”的头衔。方方在网络上发表日记、授权将日记在域外出版的行为从其个人角度而言，只是在行使《中华人民共和国宪法》（以下简称《宪法》）上的言论自由。“言论自由”在《宪法》上受多大范围的保护？私人民事生活中“侮辱诽谤”是否也在《宪法》言论自由的保护范围之内？这些问题都将在下文予以回应。

一、言论自由中的“言论”是“公言论”还是“私言论”？

《辞海》对“言论”的定义是“言论、谈论……也指发表的议论或意见”。但是在《现代汉语词典》中却将“言论”解释为“关于政治和一般公共事务的议论”。《现代汉语词典》中“言论”的内涵与《辞海》相比，前者的“言论”内涵仅包括“关于政治和一般公共事务”的议论。在《宪法》语境下，言论的定义到底应该采取《辞海》的定义还是《现代汉语词典》的解释，在宪法学理论界也产生了较大争议。有学者主张，宪法语境中的言论自

〔1〕方方，本名汪芳，曾任湖北省作家协会主席，中国作协全委会委员，一级作家。在新冠肺炎疫情期间在网络连载“方方日记”，主要内容是对政府在疫情初期应对不力的批判，后又将日记翻译成多种语言在海外出版。

〔2〕“胡锡进评‘方方日记’现象”，载环球日报网，https://baijiahao.baidu.com/s?id=1661587958574018344&wfr=spider&for=pc，最后访问时间：2020年5月7日。

〔3〕国昌评论：“方方日记到底写了什么，让大家口诛笔伐?”，https://baijiahao.baidu.com/s?id=1664346605411360389&wfr=spider&for=pc，最后访问时间：2020年5月7日。

由是“政治自由”〔1〕，对应的是《现代汉语词典》中关于言论的内涵；也有学者主张言论自由是“个体自由”，言论自由的内容几乎可以涉及社会生活的一切领域。〔2〕给《宪法》规范文本中的“言论”确定内涵外延，主要是对司法实践中暴露出来的问题进行回应。当涉及民事关系中的名誉权纠纷时，被告通常以宪法赋予的“言论自由”作为自己无过错的依据。“言论自由条款已经在一定程度上影响了法院的司法判断。”〔3〕言论在司法实践中的混同使用，处理结果未必能够体现《宪法》第35条规定的“言论自由”的真正意涵，这实质上是当下对言论在宪法语境下的实际内涵、性质存在根本性的误解。

（一）“公言论”与“私言论”界定

美国学者亚历山大·米克尔约翰的言论划分法似能为现实问题的研究提供新的进路。米克尔约翰将言论分为“公言论”和“私言论”，二者的主要差别就在于言论的内容是否与参与公共事务、参与自治过程有关。〔4〕同时二者在宪法上的待遇不同：前者受美国第一修正案的保护——即使国会也不能立法予以规制；后者受美国第五修正案的保护——经由正当程序可以施加限制。〔5〕可见“公言论”受到宪法的保护力度远大于“私言论”，而这本质差异是两种言论性质上的差异——个体自由与政治自由的区别。简单来说，“公言论”是指发生于公民对国家治理、政治事务等公共事务发表的言论，双方主体为公民个人与国家；“私言论”是指普通公民、法人等私主体之间的言论表达，其表达的内容多样化，涉及个人喜好、个人隐私等内容。该划分方法能对一般的案例作出清晰的区分，即公民对他人名誉的侵害，因为发生于民事主体之间，内容既不涉及公共事务，也不是在参与公共事务中发表的言论，

〔1〕主张“政治自由说”的学者有焦洪昌教授、韩大元教授、林来梵教授、童之伟教授等。参见焦洪昌：《宪法学》，北京大学出版社2015年版，第387~388页；韩大元：《宪法学基础理论》，中国政法大学出版社2008年版，第26页；林来梵：《宪法学讲义》，清华大学出版社2018年版，第393页。

〔2〕主张“广义说”的学者有秦前红、王希仁等，参见王希仁：“论言论自由”，载《宁夏社会科学》1987年第1期。

〔3〕秦前红、王雨亭：“论我国宪法言论自由条款在司法判断中的运用——基于295份名誉权纠纷判决书的分析”，载《苏州大学学报》2020年第1期，第50页。

〔4〕参见［美］亚历山大·米克尔约翰：《表达自由的法律限度》，侯健译，贵州人民出版社2003年版，第82页。

〔5〕参见姜峰：“言论的两种类型及其边界”，载《清华法学》2016年第1期，第50~51页。

所以属于“私言论”。

（二）“言论自由”中的“言论”何种性质？——“公言论”

我国《宪法》第35条规定，中华人民共和国公民有言论、出版、集会、结社、游行、示威的自由。其中的“言论”，到底属于“公言论”还是“私言论”，或是两者兼而有之？笔者认为应当属于“公言论”，理由有二。

1. 宪法的调整范围——规范国家与公民之间的关系

“宪法是规范国家与社会关系的根本法。”[1]传统的宪法理论认为，国家基于人也是为了人而存在，并不是人为了国家而存在，因此宪法中规定基本权利的保障主要是为了保障公民权利不受来自国家权力的侵犯。由此可见，宪法规定的法律关系是国家与个人之间，而非私人之间。“公言论”和“私言论”的区分除了从言论内容上划分，还有就是从双方主体进行划分。所以从宪法“保障公民权利不受国家权力侵犯”的功能来看，宪法上的“言论自由”这一基本权利的规定应当属于“公言论”。近年来，“宪法私法化”“宪法第三人效力”等学说在理论界兴起，有学者提出的“宪法调整对象呈扩大化趋势”“宪法基本权利条款能对私人行为产生效力”等观点都成为讨论的热点。本文认为，私人之间的法律关系可以通过私法规范进行处理，而宪法的效力限定于公权领域，对私权纠纷不必要也不能侵入其中。

2. 宪法文本的教义学解释

从《宪法》第二章“公民的基本权利和义务”来看，本章规定的公民权利虽然不都是政治权利，但是对权利进行分类，学界习惯将“言论自由”和“选举权与被选举权”等政治权利放于同一节中，认为《宪法》上的言论自由属于“政治自由”，是对国家公共事务的言论。[2]学理解释是专家学者对法律规范所作的阐明，不具有法律上的强制力。对“言论自由”的定性还可以使其回归宪法文本本身。言论自由规定于《宪法》第35条，该条除了规定言论自由外，还规定集会自由、结社自由、游行示威自由。这些自由属于宪法上的政治权利毋庸置疑，即是公民参与公共事务的自由。宪法将“言论自由”和集会等政治自由设置在同一条文中，言论自由应当被推定为政治权利。

---

〔1〕 陈征：《国家权力与公民权利的宪法界限》，清华大学出版社2015年版，前言部分。

〔2〕 参见焦洪昌：《宪法学》，北京大学出版社2015年版，第387～394页。该部分列举了宪法上的政治权利，焦洪昌教授认为言论自由属于其中的一类。

因此言论自由是公民参与政治生活中享有的自由，其表达的“言论”也应当属于“公言论”。

通过对宪法调整对象的阐明，然后从宪法文本本身的条文出发，我们可以推出《宪法》中的“言论”属于“公言论”“言论自由”是政治语境下的“言论自由”的结论。这样区分的目的并非是将“公言论”和“私言论”完全隔离，而是缓解前文提到的司法实践中的矛盾现象。“凯撒的归凯撒，上帝的归上帝”，私人之间的言论既然不属于《宪法》中“言论自由”的保护对象，那么司法机关在处理相关纠纷时自然不能以此为说理的理由。对《宪法》中的“言论自由”进行定性，除了为司法实践指明方向，同时也为论证《宪法》上“言论自由”受到多大程度的保护，能够多大程度防止国家权力的干预和侵犯奠定基础。

二、“言论自由”高强度保护证成

上文论证了《宪法》中“言论自由”在性质上属于“政治自由”，“言论”属于“公言论”，那么此种“公言论”是否受到宪法的保护以及受到多大程度的保护？本文认为应当受到高强度的严格保护，主要基于“公言论”的理想功能、现实功能和宪法规范明确要求保护三方面的考量。

（一）追求真理——“言论自由”的理想功能

有人认为国民理性水平不足，难以甄别错误的言论，容易受到错误言论的误导或者荼毒，因此国家需要压制言论自由或者设置“过滤网”，确保国民获取的言论都是正确的。国家权力直接介入管控言论自由的方式，其实是对国民理智的不信任，乃至是对其智商的侮辱。英国著名哲学家约翰·斯图亚特·密尔承继了弥尔顿的观点，提出了具有个人基本权利性质的言论自由理论。〔1〕密尔认为，真理越辩越明，只有让不同意见彼此争执冲突，彼此互补，才可能使各自存在的部分真理有机会发展成完全的真理。〔2〕这个观点的提出受到“言论内容不必然正确，何以获得真理”观点的反驳。言论内容的准确性和完整性受到了言论发表主体自身知识体系、人生阅历等方面的局限，但

〔1〕陈征：《国家权力与公民权利的宪法界限》，清华大学出版社 2015 年版，第 140 页。

〔2〕参见［英］约翰·斯图亚特·密尔：《论自由》，于庆生译，中国法制出版社 2009 年版，第 78 页及以下。

是发现真理的过程就是去伪存真的过程。在追寻真理过程中，双方针对对立观点展开争辩，在争辩过程中也逐渐发现自己言论的内在观点、内在逻辑的不足，并以此为基础不断完善自己的观点，从而推动真理的发现和进步。真理论甚至被认为是“支持言论自由”受宪法保护最有力的论据。〔1〕

（二）发展民主——“言论自由”的现实功能

言论自由是民主政治不可分离的一部分，是它的基本特征之一。〔2〕与民主相对的是专制，专制统治认为人民是国家的附庸。统治者畏于太多的言论自由会对自己统治造成威胁，于是全面推行愚民政策——“民可使由之，不可使知之”。专制统治下禁止评论政治、批评政府，社会民众根本没有言论自由可言。而民主观念认为政府是人民的公仆，是为人民的福祉而存在，由人民选举产生，向人民负责，人民作为授权人监督批评政府也符合当初缔结社会契约的本意。〔3〕言论自由使民众参与社会事务的积极性得到提高，同时反过来督促政府机关在作出行政行为时要保持谨慎态度，避免出现政府部门滥用职权、不履行职责的现象。对言论自由的保护力度不足——发表政府不喜欢甚至厌恶的言论后直接被政府处罚，容易出现“寒蝉效应”现象，导致政府与民众之间的沟通途径被切断，民主也难以进一步推进。因此，“言论自由”在民主社会中发挥的现实功能即为推进民主的发展。

（三）公民权利的宪法地位——限制国家权力侵入

宪法中的基本权利要求首要限制国家权力，因此基本权利首先具有保障个体自由不受国家权力侵犯的防御权功能。“言论自由”作为《宪法》中的一项基本权利，国家必须充分发挥保障公民基本权利的职责。国家基于人也是为了人而存在，并不是人为了国家而存在，这是宪政最基本的思想。〔4〕将言论自由写入宪法，既是对言论自由的追求真理和发展民主功能的确认，也是为脆弱的“公言论”提供宪法支撑。在法律层面规定公民的权利，表明

---

〔1〕 William P. Marshall, In Defense of the Search For Truth as a First Amendment Justification, 30 *Georgia Law Review* 1 (1995). 转引自姜峰：“言论的两种类型及其边界”，载《清华法学》2016年第1期，第43页。

〔2〕 甄树青：《论表达自由》，社会科学文献出版社2000年版，第116页。

〔3〕 参见王锋：《表达自由及其界限》，社会科学文献出版社2006版，第58页。

〔4〕 陈征：《国家权力与公民权利的宪法界限》，清华大学出版社2015年版，第1页。

“非依法律不得限制”，但在宪法层面规定人民自由权利则说明即使是立法机关也不得限制人民自由权利，这是宪法保障与普通法律保障的力度差异。既然现行法律将“言论自由”列于《宪法》“公民的基本权利和义务”一章中，那么国家发挥保障职责、禁止国家权力肆意侵入言论自由之中也应当是《宪法》文本规定的应有之义。

言论自由的充分实现既能推进社会民主的发展，也能让政府在接收到民众的批评时进行反思，之后力图建立为人民而存在的政府。基于“公言论”在公权力面前显现出的脆弱的特点，直接在《宪法》文本中规定“言论自由”，体现出严格限制国家权力的肆意侵入，对其采取高强度保护的意旨。

三、“言论自由”保护的界限

“言论自由”作为宪法文本中的一项基本权利，宪法对其采取高强度的保护，当然这并不代表言论自由就可以肆意施展，毫无边界。正如美国著名法学家博登海默所言：“如果我们从正义的角度出发，决定承认对自由权利的要求乃是植根于人的自然倾向之中的，那么即便如此，我们也不能把这种权利看作是一种绝对的和无限制的权利。任何自由都容易为肆无忌惮的个人和群体所滥用，因此为了社会福利，自由就必须受到某些限制，而这就是自由社会的经验。”〔1〕我国《宪法》第 51 条规定：“中华人民共和国公民在行使自由和权利的时候，不得损害国家的、社会的、集体的利益和其他公民的合法的自由和权利。”作为宪法文本对“言论自由”边界的规定条款，采用列举式方式明确公民在行使自由的边界，主要包括：言论不得侵犯国家的利益、不得侵犯社会集体的公共利益和其他公民合法的自由和权利。前文已经论证言论自由在宪法语境下应当予以高强度保护。但实践中，对“言论自由”是否需要法律规制，尚未形成一个共用的标准。下面尝试从宪法文本出发，结合相关宪政理论，给出一套实践中判断“言论自由”是否需要法律规制的标准。

（一）“外部理论”的有效运用

对言论自由保护范围与限制在学界上主要有两种主张，一种是“内部理

〔1〕［美］博登海默：《法理学——法律哲学与法律方法》，邓正来译，中国政法大学出版社 1999 年版，第 281 页。

论”，一种是“外部理论”。“内部理论”主张权利自始都有其“固定范围”，基本权利的保护范围并非漫无边界。“外部理论”则主张对基本权利不应当先验地、人为地、过早地将一些本可能属于基本权利内涵的事项武断地排除。[1]著名宪法学学者张翔主张对言论自由的保护范围应当采取“外部理论”。[2]“内部理论”和“外部理论”最大的差别在于二者的利益范围是否具有固定性。我国宪法对言论自由采取高强度的保护，是为了更全面、更充分地保障公民权利不受国家权力的侵犯，以降低国家权力滥用的机会。采用“外部理论”可能会使挑衅性言论、煽动性言论纳入言论自由的保护范围，但是可以将该言论放入后一步“是否超越保护界限”的判断，此法仍然可以将产生严重后果的挑衅性语言、煽动性语言排除在言论自由的保护范围之外。因此，对言论自由的保护在保护范围上应当确立起适用“外部理论”的原则。

（二）国家利益、社会利益的损害判断——“明显而即刻危险原则”

将“公言论”最大限度地纳入言论自由的保护范围后，评价机关应当对该言论是否会对国家利益和社会利益造成损害作出实质性判断。本文尝试借鉴美国大法官霍姆斯提出的“明显而即刻危险原则”进行判断。“明显而即刻危险原则”作为言论自由规制界限的基本原则最初是在“1919 年申克诉合众国”一案中，由美国联邦最高法院大法官霍姆斯提出。该原则规定当言论对现实秩序造成危险时，国家就不能继续保护该言论。[3]我国的立法上体现了该原则，如《中华人民共和国网络安全法》规定了个人和组织发表言论时不得有危害国家安全、利益的情形。[4]

当然，对是否超越言论自由保护边界的判断标准还有“实际恶意原则”。

---

〔1〕关于内部理论和外部理念的差异比较，参见张翔：“公共利益限制基本权利的逻辑”，载《法学论坛》2005 年第 1 期，第 24~27 页；张翔：“基本权利冲突的规范结构与解决模式”，载《法商研》2006 年版第 4 期，第 96~97 页。

〔2〕参见张翔：“公共利益限制基本权利的逻辑”，载《法学论坛》2005 年第 1 期，第 24~27 页。

〔3〕参见邱小平：《表达自由——美国宪法第一修正案研究》，北京大学出版社 2006 年版，第 22 页。

〔4〕《中华人民共和国网络安全法》第 12 条规定：“任何个人和组织使用网络应当遵守宪法法律，遵守公共秩序，尊重社会公德，不得危害网络安全，不得利用网络从事危害国家安全、荣誉和利益，煽动颠覆国家政权、推翻社会主义制度，煽动分裂国家、破坏国家统一，宣扬恐怖主义、极端主义，宣扬民族仇恨、民族歧视，传播暴力、淫秽色情信息，编造、传播虚假信息扰乱经济秩序和社会秩序，以及侵害他人名誉、隐私、知识产权和其他合法权益等活动。”

该原则是在“1964年《纽约时报》与沙利文”一案时确立的，“实际恶意原则”是指明知所表达或所刊发的言论是虚假的或者根本不在乎真假与否，其目的纯粹是诽谤公职人员的公务行为。[1]“实际恶意原则”从行为人的主观想法进行判断，难以在实践中广泛适用，而“明显而即刻危险原则”是从行为产生的客观后果进行判断，更具实际操作性。

本文认为“明显而即刻危险原则”可以在实践中推广适用，主要出于两方面考虑：一方面在于我国宪法对言论自由高强度保护的立法本意，如果将公众发表的言论仅以可能产生损害就排除在言论保护范围之外，那么对言论自由的保护力度将大大削弱，同宪法文本的高强度保护之意背道而驰。另一方面从运用该原则的可操作性来看，有关部门对言论内容是否超越保护界限进行判断时，有两个可供具体执行的操作标准——“明显”且“即刻”，便于操作。如个人在网络上散布危害国家安全、破坏民族团结的言论，还形成了“小组织”，或者勾结境外分裂势力，在国内宣传分裂言论。就超越言论自由的边界而言，可通过“明显而即刻危险原则”将这些言论排除在“言论自由”的保护范围之外，严重且构成刑事犯罪的，还要承担相应的刑事责任。

综上，实践中判断“言论自由”是否需要法律规制时，归根结底是国家是否需要运用公权力对私权利进行规制的判断。对言论自由的保障程度正是衡量一个国家宪政水平的重要标志。[2]在言论自由问题上，国家即使作为，也只能保障言论自由的正常秩序。[3]言论自由的保护范围过大，可能会出现凭空捏造、恶意诋毁政府部门的言论，以致损毁政府公信力。政府公信力总是随着政府面对社会问题时的处理效果发生变化，而公信力高低也直接影响着政府在提供公共服务时民众的接受程度。因此在当前经济飞速发展的形势下，国家应当不断提高自身对不同声音的容忍度和接纳度。

结　语

“言论自由从诞生之日起即肩负着反抗独裁专断、保护公民政治参与不受

〔1〕 参见邱小平：《表达自由——美国宪法第一修正案研究》，北京出版社2006年版，第44页。

〔2〕 参见胡锦光、韩大元：《中国宪法》，法律出版社2007年版，第237页。

〔3〕 陈征：《国家权力与公民权利的宪法界限》，清华大学出版社2015年版，第172页。

无辜迫害、促进决策合理性的重任。”[1]国家对言论自由的宽严态度很大程度上反映了国家与公民之间的松紧关系。从一个政府的长远发展来看，解决言论问题的方式不应当是压制言论，而应当放开言论，让民众能够充分地发表自己的意见，以提高民智，提高政府自身对批评意见的容忍度和接受度。伏尔泰曾说过“我不同意你的观点，但是我誓死捍卫你说话的权利”。政府应当保障民众的智识在交流互动中得到提升，政府在找错与改错中不断提高自身服务能力，促进社会进一步改革完善。

---

〔1〕 柯卫、汪振庭：“论网络自由法律规制的界限”，载《广东行政学院学报》2019年第4期，第60页。

第四部分

行政法学

规范性文件附带审查对象确定标准的实践检视与完善

徐　浩[*]

【摘　要】 审查对象的确定事关整个审查程序能否顺利进行。通过对制度确立以来的审判实践和理论观点的剖析可以发现，审查对象认定过程中存在法院主观懈怠审查积极性不足、缺乏明确统一的认定标准等问题。在坚持制度"附带性"原则基础之上，反思理论不足与实践缺漏，确立"两步走"认定思路，首先依法确定可予附带审查的规范范围及特点，明确部分争点内涵，使得争议规范进入法院视野；其次厘清"依据"认定标准，合理界定"关联性"内容，以此启动并推进附带审查机制顺畅有序运行。

【关键词】 规范性文件　附带审查程序　依据认定

引　言

2014年《中华人民共和国行政诉讼法》（以下简称《行政诉讼法》）修改时新增"规范性文件一并审查"机制，以满足实践需求、回应学界呼声。制度确立以来，行政法学界和实务界对此着墨颇多，根据前期梳理可以发现，讨论多是集中于规范性文件司法审查标准的确定问题，而对于如何确定审查对象的讨论则寥若晨星，司法机关的态度也模糊不清。形成此种局面的原因大致可分为两类：一是该问题已无较大争议，实践运行与理论认识达致统一；二是单纯为关注度有限，对此问题的有关研究尚需开展。

---

* 徐浩，中国政法大学2018级宪法学与行政法学专业硕士。

作为附带审查程序的前提性环节，审查对象的确定事关整个程序能否顺利启动。并且，审查对象的确定，对于有效控制行政机关泛滥的“规范制定权”、审查行政行为合法性以及维护公众合法利益都大有裨益。但对此问题的细节研究呈现着实践需要、理论供给不足的现状，机制运行中存在着司法机关怠于审查、审查对象范围界定不清、与被诉行政行为“依据”关系认定标准不统一等问题。因此，如何清晰准确界定附带审查的对象，成为摆在学界和实务人士面前的一道难题。本文拟从问题出发，通过对裁判文书的阅读分析，探究裁判背后所隐藏的审判思路，总结实践运行有益经验及缺漏；再通过分析各省市关于规范性文件管理的规定内容，梳理总结出对象识别的一般标准；由此结合理论争鸣，回归制度设立初衷，科学认定“依据”内涵，以实现行政行为监督、公民合法权益保护和社会有效治理的多赢局面。

一、附带审查对象确定的价值指引与规范内涵

制度的功能定位是实践运行和学理研究的指引。如何看待“规范性文件附带审查制度”〔1〕的功能定位不仅事关整个机制的顺畅运行，更直接关涉本文后续讨论的立场确定及有序展开。并且，确定审查对象应该解决哪些问题，有哪些原则性的要求都是本文研究的核心内容。

（一）制度价值的立法考察

在制度确立之前，对于规范性文件的监督除传统的立法和行政系统内部监督外，司法机关的审查监督缺乏法律上的明确依据，即使实践中伴随着司法解释的引导。从 2000 年之前将其作为证据对待，忽视对其的监督，到“2000 年司法解释”〔2〕明确在裁判文书中引用合法有效的其他规范性文件，再到“2004 年纪要”〔3〕明确可在裁判文书中对规范作出合法性评价的进一步

〔1〕《最高人民法院关于适用〈中华人民共和国行政诉讼法〉的解释》中以“规范性文件的一并审查”来命名此制度；根据检索，而后学界研究多以“规范性文件附带审查”来指代新设制度，并且最高人民法院在 2018 年公布该制度的典型案例时也以“行政诉讼附带审查规范性文件”作为制度名称，故全篇研究采纳“规范性文件附带审查”作为此制度的称谓。

〔2〕《最高人民法院关于执行〈中华人民共和国行政诉讼法〉若干问题的解释》（已失效）第 62 条第 2 款规定：“人民法院审理行政案件，可以在裁判文书中引用合法有效的规章及其他规范性文件。”

〔3〕参见《关于审理行政案件适用法律规范问题的座谈会纪要》第一部分“关于行政案件的审判依据”。

跃进，然后“2009年规定”[1]对于之前观点的纠偏，回归“2000年司法解释”的立场，直至2014年制度的确立，明确可对规范性文件进行附带性审查。法院系统一直在试图建立对规范性文件的审查机制，以达至尊重并监督行政权行使和保护相对人权益之间的平衡。

由于缺乏明确统一的管理规定及完善的监督机制，行政主体拥有几乎不受限制的规范制定权，甚至产生行政机关为规避司法审查而以抽象行政行为的形式掩盖作出具体行政行为之实的情形。而附带审查制度的确立正是对司法机关不懈努力的肯定性回应，也是对立法监督和行政内部监督缺陷的弥补，更是推进行政领域法治建设的必要举措。

对于附带审查制度的价值定位，有的学者认为：附带审查的目的在于解决系争规范能否作为认定被诉行政行为合法性与否的依据问题。[2]也有的学者认为：“附带审查价值功能的双重形态，不仅是要求法院在判定系争规范合法与否的基础上解决被诉行政行为的合法性问题，继而实现争议的实质性化解，而且要求法院通过司法建议的方式向制定机关或上级机关提出处理建议，以期从根源上防止因规范性文件不合法而导致的行政行为失序情形的出现。”[3]我国行政诉讼制度在目的功能上兼具主客观诉讼的特征，除解决行政争议、维护相对人合法权益外，还起到规范行政机关行为的作用。[4]通过对《行政诉讼法》第53条、第64条和相关司法解释内容的规范分析，可以发现在附带审查制度设计上同样充分体现着我国行政诉讼的功能目的。相较于本法中的其他制度规定，本文认为该制度在设计初衷上可能更倾向于主观诉讼的架构模式。[5]

（二）审查对象确定讨论的规范阐释

作为附带审查程序的启动要件，在保证被诉行政行为符合受案范围之外，

---

[1]《最高人民法院关于裁判文书引用法律、法规等规范性文件的规定》第6条规定：“对于本规定第3条、第4条、第5条规定之外的规范性文件，根据审理案件的需要，经审查认定为合法有效的，可以作为裁判说理的依据。”

[2] 参见周乐军、周佑勇：“规范性文件作为行政行为‘依据’的识别基准——以《行政诉讼法》第53条为中心”，载《江苏社会科学》2019年第4期。

[3] 耿玉娟：“规范性文件附带审查规则的程序设计”，载《法学评论》2017年第5期。

[4]《行政诉讼法》第1条规定：“为保证人民法院公正、及时审理行政案件，解决行政争议，保护公民、法人和其他组织的合法权益，监督行政机关依法行使职权，根据宪法，制定本法。”

[5] 制度设计目的首先在于解决行政争议、维护行政相对人的合法权益，兼而监督规范行政主体的规范制定权。

即“附带性”的基础条件得到满足，从立法条文来看，审查对象的确定需要符合两个条件：一是属于国务院部门和地方人民政府及其部门制定的规范性文件的范围；二是该规范与被诉行政行为之间存在“依据”关系。[1]这也被有的学者归纳为“属性要件”和“依据性要件”。[2]作为制度的法律依据，理论讨论和实践运行都必须与之相符。因此，审查对象确定的讨论也就转化为两个分支问题：一是需要界定系争规范满足哪些条件才属于可被附带审查的范畴；二是系争规范与被诉行政行为之间的“依据”关系如何认定。

作为程序的入口，审查对象的确定已成为法院协调行政权与司法权的关系、掌控案件数量的“控制阀”。制度价值的准确定位、研究问题的分解与确定成为后文检视附带审查制度实践运行及理论争鸣的“方向标”，也为反思过后完善建议的提出提供明确的目标导向。

二、附带审查对象认定的裁判考察

理论源于实践，对机制运行实践的梳理和反思，既是附带审查机制的内在要求，也是促进机制完善健全的不竭动力。司法实践能够为推动附带审查机制的完善提供丰富的研究素材和有力保障，沿着司法裁判的思路总结审判经验，以此开展理论研究避免言之无物。

（一）研究样本的选取

自制度确立以来，审判实践中涌现出了大量案例。官方曾于2018年发布典型案例时披露过案件数量，2016年1月到2018年10月，全国一审行政案件收案中规范性文件附带审查约为3880件。[3]基于研究样本的科学性与全面性要求，作者分别在“中国裁判文书网”“北大法宝司法案例库”“元典智库”

---

〔1〕《行政诉讼法》第53条第1款规定：“公民、法人或者其他组织认为行政行为所依据的国务院部门和地方人民政府及其部门制定的规范性文件不合法，在对行政行为提起诉讼时，可以一并请求对该规范性文件进行审查。”

〔2〕“《中华人民共和国行政诉讼法》第53条所规定的要件在严格的意义上应属于‘请求要件’，鉴于公民、法人或者其他组织的‘请求’与法院‘启动’规范性文件的附带审查在语义上的相关性和程序上的对等性，这些‘请求要件’其实也就是法院启动规范性文件附带审查的‘启动要件’。”参见陈运生：“规范性文件附带审查的启动要件——基于1738份裁判文书样本的实证考察”，载《法学》2019年第11期。

〔3〕王娜：“最高法发布行政诉讼附带审查规范性文件案例”，载中国法院网，https://www.chinacourt.org/article/detail/2018/10/id/3551915.shtml，最后访问时间：2020年5月3日。

“无讼案例”中以“规范性文件附带审查”“《行政诉讼法》第53条”为关键词，并选择“行政案由”进行案例索引，文书时间跨度为自制度生效即2015年5月1日到2020年2月29日，[1]通过对裁判文书内容的初步阅读并综合考虑研究主题、审判法院及法院级别等因素，除去具有相同或类似裁判观点的文书，最终确定包括“毛爱梅案”[2]与“方才女案”[3]两起典型案例在内的一共24篇裁判文书作为分析样本。

（二）司法裁判思路的梳理

为给各级人民法院提供审判指导、提高全民法治观念和规范行政机关规范制定权，同时也是考察制度阶段性运行成效，最高人民法院曾于2018年发布了9起附带审查机制运行的典型案例，其中与本文研究主题直接相关的为“毛爱梅案”与“方才女案”。秉承“一个典型案例胜过一沓文件”的研究思路，在对其他样本案例进行分析之前，很有必要对典型案例背后隐含的最高司法机关的态度进行深入了解。

在“毛爱梅案”中，法院认为原告请求一并审查的文件并非被诉强拆行为的法律依据而是规定相关补助的政策，故决定不予审查。案件的意义在于重申附带审查制度中审查对象的“附带性”，即系争规范只有是作为被诉行政行为的依据才可能成为附带审查的对象。[4]虽然重申“附带性”，但法院在裁判文书中并没有深入论述怎样去认定被诉请审查的就是被诉行政行为的“依据”。除“依据”认定可体现“附带性”特征外，更能体现此特征的是如果被诉行政行为不符合受案范围，即附带审查的“大前提”不存在，则附带审查也无存在的必要。相较于“毛爱梅案”中，法院并未深入论证“依据”的认定标准，“方才女案”则体现法院对此问题的深入思考。在“方才女案”中，法院认为：“原告有权请求一并审查的‘依据’规范不仅包括处理决定所明确引用的规范性文件，也包括行政机关取得职权、认定事实、选择程序、解释法律、进行裁量时实质上作为依据却未进行明确引用的规范。”[5]

---

[1] 四种案例库中检索结果分别为187篇、382篇、239篇和332篇，最后访问时间均为2020年4月13日。

[2] 参见浙江省衢州市柯城区人民法院（2016）浙0802行初19号行政判决书。

[3] 参见浙江省杭州市中级人民法院（2015）浙杭行终字第254号行政判决书。

[4] 参见浙江省衢州市柯城区人民法院（2016）浙0802行初19号行政判决书。

[5] 参见浙江省杭州市中级人民法院（2015）浙杭行终字第254号行政判决书。

目光回到研究对象认定需要解决的两个问题上，可以发现，两个典型案例都在论述强调“依据”认定对于附带审查机制启动的必要性，而忽视另一必要条件，即系争规范是否属于可予附带审查的范畴。除典型案例之外，样本案例中展现的结果也多为附带审查机制未启动。通过对案例内容的初步梳理，根据未启动原因的不同可将案例分类如下，当然最为关键的还是围绕“规范性文件”（见表1）和“依据”（见表2）的认定而展开。[1]案件结果只是一种表现形式，更为重要的是我们需要探究程序未启动背后所隐藏的种种因素，由此检视并完善整个附带审查机制特别是针对如何准确判定审查对象这一难题。

表1　“规范性文件”的司法认定

未启动理由	案件名称	裁判理由或典型意义
系争规范不属于可审查规范范围	“慕文生行政征收案”[2]	系争规范属于内部工作文件
	“德森能源开发公司案”[3]	系争批复是具体行政行为
	“刘卫东政府信息公开上诉案”[4]	系争文件是以问答形式就政府信息公开工作中的某些具体事项进行指导，不属于规范性文件
	“重庆秦皇建材有限公司不服规划罚款处罚案”[5]	系争规范属于政府规章
	“田荣振拆迁行政许可案”[6]	被诉请审查的规范是就个案咨询工作的回函，内容不具有普遍约束力。
	“杨建国案”[7]	系争规范属于政府规章
	“李荣昌其他行政赔偿案”[8]	被请求审查的文件不属于可审查范围，为党的文件

〔1〕为便于识别与整理，本文24例样本案例的名称均以“原告或上诉人名称+案由”或“原告或上诉人名称+案”的形式命名。

〔2〕参见最高人民法院（2016）最高法行申4402号行政裁定书。

〔3〕参见广西壮族自治区高级人民法院（2019）桂行终948号行政判决书。

〔4〕参见山东省高级人民法院（2017）鲁行终891号行政判决书。

〔5〕参见重庆市第二中级人民法院（2015）渝二中法行终字第00197号行政判决书。

〔6〕参见北京市第三中级人民法院（2018）京03行终840号行政判决书。

〔7〕参见天津市高级人民法院（2019）津行终411号行政判决书。

〔8〕参见山西省晋城市中级人民法院（2016）晋05行赔终1号行政判决书。

表 2 “依据”的认定思路

未启动理由	案件名称	裁判理由或典型意义
系争规范与被诉行政行为之间的“依据”关系不存在或不紧密	“朱浩其他案”〔1〕	依据的判断可以从以下几点展开：①系争规范是否在被诉行为的载体中被明确标明是决定的法律适用依据。②行政机关在答辩或应诉中明确表示该文件并非被诉行政行为的法律适用依据，经审查理由成立的。③由法院结合案件实际情况综合审查认定
	“安徽华源医药公司案”〔2〕	系争规范与被诉行政行为之间存在依附性，即行为就是直接根据该规范作出的
	“孙福武其他案”〔3〕	被告在办理案件过程中虽然参考系争的规范文件，但并非其作出终止调查决定的依据
	“王淑蓉治安行政处罚案”〔4〕	系争规范虽是举证时由被告提交，但并非被诉行政行为的依据，只是作为参考意见
	“刘卫东政府信息公开上诉案”〔5〕	被请求审查的规范只是为被告行为提供格式依据

〔1〕 参见上海市第三中级人民法院（2016）沪 03 行终 147 号行政判决书。

〔2〕 参见北京知识产权法院（2015）京知行初字第 177 号行政判决书。

〔3〕 参见北京市第三中级人民法院（2020）京 03 行终 147 号行政判决书。

〔4〕 参见四川省雅安市中级人民法院（2016）川 18 行终 93 号行政判决书。

〔5〕 参见山东省高级人民法院（2017）鲁行终 891 号行政判决书。

续表

未启动理由	案件名称	裁判理由或典型意义
系争规范与被诉行政行为之间的“依据”关系不存在或不紧密	“东莞市恒联货运服务公司征收纠纷案”〔1〕	被诉行政行为只是参考系争规范，且在决定书中未引用
	“刘军伟房屋拆迁管理案”〔2〕	系争文件内容与被诉行政行为不相关
	“徐勇胜请求给付法定职责案”〔3〕	被诉行政行为是根据其他行政机关行为而作出，并非根据系争规范文件
	“五指山金圣房地产公司案”〔4〕	被告行为作出时并未注明适用系争规范
	“谢春艳不服行政处理行为上诉案”〔5〕	系争规范属于教育部门而非被告的行为依据
	“张小静其他案”〔6〕	被告虽引用系争规范但行为与规范之间并不必然产生依据关系

除上述两个表格体现的不符合“规范性文件”与“依据”两个核心条件之外，程序未启动的原因还可以包括：①审查请求时间不符合条件，如“余云和其他案”〔7〕中审查诉求是在二审期间提出。②被诉行政行为不属于受案范围或非由被告作出，如“雍明诲计划生育行政管理案”〔8〕。另外，不少案例中法院甚至忽略对系争规范是否属于可附带审查的规范范围的讨论，默认被诉请审查的规范是被诉行政行为的依据，转而直接对系争文件进行合法性

〔1〕参见广东省东莞市中级人民法院（2015）东中法行终字第242号行政判决书。

〔2〕参见河南省新密市人民法院（2015）新密行初字第64号行政判决书。

〔3〕参见江苏省高级人民法院（2016）苏行申1551号行政裁定书。

〔4〕参见海南省第一中级人民法院（2015）海南一中行初字第194号行政判决书。

〔5〕参见江苏省泰州市中级人民法院（2015）泰中行终字第00096号行政判决书。

〔6〕参见北京市第四中级人民法院（2016）京04行初827号行政判决书。

〔7〕参见四川省高级人民法院（2018）川行终412号行政判决书。

〔8〕参见广西壮族自治区桂林市象山区人民法院（2015）象行初字第35号行政裁定书。

审查或认定合法有效，如“石江华、黎承中土地行政征收案”[1]“孙世明烟草专卖行政处罚案”[2]“杨春萍社会保险待遇纠纷案”[3]。

（三）司法裁判思路的总结与反思

从上述裁判文书内容来看，除去本文暂不讨论的被诉行政行为不符合受案范围情形外，在附带审查程序的启动问题上，司法机关拒绝的理由不外乎包括系争规范不属于可予以审查的规范范畴、被诉行为与系争规范之间的依据关系不存在、附带审查请求提起时间不符合规定等类型，这种总结也得到其他学者实证研究结论的印证。[4] 并且，在部分案件中，法院清晰地列明附带审查程序运行的步骤，如在“谢春艳不服行政处理行为上诉案”中，法院首先确认被诉请审查的文件属于可予以附带审查的范围，但并非被诉行政行为的适用依据，被告的答复行为是以教育部门的审查为基础，而被诉的文件属于教育部门的行为依据而非财政部门的行为依据。[5]在“张小静其他案”中，法院也是采取此种思路，先认定被诉请文件属于可审查的规范性文件范围，而后讨论系争规范与被诉行为之间的依据关系。[6]因此，要想实现附带审查程序的顺利启动，必须具备两个基本条件：一是系争规范属于可以附带审查的范围；二是系争规范和被诉行政行为两者之间存有依据关系。

具体而言，对于第一个问题，多数裁判都是从反面进行否定论证，例如被诉请审查的文件不对外产生法律效果、被诉请审查的规范属于行政法规或规章、被诉请审查的规范属于党的文件，总之都是围绕《行政诉讼法》第 53 条对于“规范性文件”具体内涵的界定而展开。对于第二个即依据的认定问题，法院总体倾向于从被诉行政行为的表现载体去分析，认定“依据”关系的存在必须是行政机关在决定作出时直接引用，如果没有直接引用作为依据，

---

[1] 参见安徽省高级人民法院（2019）皖行终 1183 号行政判决书。

[2] 参见安徽省芜湖市弋江区人民法院（2015）弋行初字第 00018 号行政裁定书。

[3] 参见宁夏回族自治区吴忠市利通区人民法院（2015）吴利行初字第 15 号行政判决书。

[4] “在法院未启动规范性文件附带审查的理由中，被诉请审查的规范性文件与被诉行政行为缺乏关联性，即法院认为行政机关未根据涉诉规范性文件作出行政行为，或涉诉规范性文件并非被诉行政行为作出的直接依据，占比 32%；被诉请审查的规范性文件不属于可一并审查的规范性文件范畴的占比 21%。”参见江国华、易清清：“行政规范性文件附带审查的实证分析——以 947 份裁判文书为样本”，载《法制现代化研究》2019 年第 5 期。

[5] 参见江苏省泰州市中级人民法院（2015）泰中行终字第 00096 号行政判决书。

[6] 参见北京市第四中级人民法院（2016）京 04 行初 827 号行政判决书。

即便是事实上系争规范和被诉行政行为之间存在依据关系抑或只是参照，则法院通常也持否定态度。[1]有的案件中，行政机关即便在行政决定文书中加以引用，但是在举证或庭审时说明并非行为的法律依据，法院经过综合考量后也会作出“不予认定依据关系存在”的裁判。[2]更有甚者，法院在依据认定问题上往往是轻描淡写，在简单列举行政行为和规范内容后直接认定两者之间不存在依据关系或者干脆跨过这一步，直接审查系争规范的合法性。

在法律充分赋权的情况下，法院设定“明确援引”“直接引用”等要求，趋于放弃自身的识别义务，使得“依据”的判断呈现愈发严格苛刻与限缩的趋势，并成为附带审查司法过程中的重要阻碍因素。[3]并且，法院在依据认定过程中所拥有的较为宽泛的裁量权，也成为其控制附带审查案件数量的阀门。因此，无论是从克服司法机关主动性不足的角度，还是从明晰相关争议内涵、推动附带审查机制顺畅运行、维护相对人合法权益、兼而监督行政机关的规范制定权角度，总结可予以审查的规范性文件特征、完善系争规范与被诉行政行为依据关系认定的标准都十分必要且亟待展开。

三、附带审查对象确定标准的完善

理论源于实践，又反哺实践。可谓“不争不明”，对于审查对象确定的学界争议，客观上起到明晰相关概念内涵、回应并纠偏实践运行不良、推动附带审查制度不断完善的作用。本部分即从制度依据条文与实践运行不足出发，按照前述确定的两个问题研究思路分而讨论继而完善审查对象的确定标准。

（一）可予以附带审查的规范性文件确定标准

行政诉讼中规范性文件的问题在于，集审查对象与审判依据于一身，

---

〔1〕 此类案件如“柏淞宸与兰陵县人民政府行政征收案”“关勇坚与佛山市南海区食品药品监督管理局食品药品安全行政管理案”。

〔2〕 如在“王淑蓉诉汉源县公安局治安行政处罚案”中，虽然事实上该规范性文件与所诉行政行为之间存在依据关系，这一点被告也承认，只是在处罚决定书中没有明确援引，但法院却以未“援引适用”为由而不予审查。

〔3〕 参见卢超：“规范性文件附带审查的司法困境及其枢纽功能”，载《比较法研究》2020年第2期。

此种地位较为典型地反映出其在整个行政法治中的特殊性。[1]而作为本文的研究对象确定的第一步，必须厘清可被附带审查的规范性文件的内涵及特征。

对于可予以审查的规范定义，制度的法律依据从制定主体角度进行界定。[2]并且，基于部分裁判文书内容的分析，法院也基本明确规范性文件的判断标准，即将制定主体的制定权限以及是否针对不特定相对人、是否可反复适用以及是否具有普遍约束力作为判断标准。[3] 相较于立法与司法的观点，学界对于规范性文件的内涵界定观点各异，分别从不同角度对其进行定义。最为典型的当属规范的分类讨论，将其分为广义、较广义、狭义、较狭义四类。[4]但本文的研究志不在此，只想在通说的基础上结合中央及地方关于规范性文件管理办法的内容对规范性文件的内涵展开研究。

根据通说观点，规范性文件是行政主体为实施法律或执行政策，在法定职权范围内制定的除行政立法以外的决定、命令等普遍性行为规则的总称。[5]行政立法在我国就包括行政法规和政府规章，这也是附带审查制度所持的观点，但如果不加限定直接应用于附带审查机制并不准确，会产生诸如由部门发布、国务院批转的文件是否属于可予以审查的规范范围的问题。

作为指导性规定，《国务院办公厅关于加强行政规范性文件制定和监督管理工作的通知》中的定义内容或精神直接在各部委及各省区市的规范性文件

---

〔1〕 参见黄学贤："行政规范性文件司法审查的规则嬗变及其完善"，载《苏州大学学报（哲学社会科学版）》2017 年第 2 期。

〔2〕 此外，对于规范性文件的表述散见于各处：《中华人民共和国宪法》第 89 条、第 90 条对其描述是决定、命令和指示；《各级人民代表大会及地方各级人民政府组织法》第 59 条描述的是行政措施、决定和命令；《行政诉讼法》第 12 条描述的是行政机关发布的具有普遍约束力的决定、命令（排除行政法规和规章）；《中华人民共和国行政处罚法》第 14 条描述的是除法律、行政法规、地方性法规和行政规章以外的其他规范性文件；《中华人民共和国行政复议法》第 7 条描述的是国务院部门的规定、县级以上人民政府及其工作部门的规定、乡镇人民政府的规定。

〔3〕 如北京知识产权法院在（2015）京知行初字第 177 号裁判文书中认为："《新增服务商标的通知》系针对不特定的公民、法人或者其他组织作出的，可在其第四条规定的过渡期内反复适用并具有普遍的约束力。鉴于商标局的主体地位、法定权限、《新增服务商标的通知》的制定形式及制定程序等因素，应当认定《新增服务商标的通知》在性质上属于《行政诉讼法》第 53 条第 1 款规定的规范性文件。"

〔4〕 参见张杰：《规范性文件管理制度研究》，法律出版社 2017 年版，第 28 页。

〔5〕 参见姜明安主编：《行政法与行政诉讼法》，北京大学出版社 2015 年版，第 174 页。

管理办法中体现。[1]只是各部委和各地制定的管理文件分别结合本领域实际，在制定主体、制定依据和适用范围上有些许区别，但核心内涵相当。前者制定主体仅限本部门，还可依据部门规章、适用范围及于全国；[2]后者制定主体为各级人民政府或者县级以上人民政府的工作部门，适用于本行政区域。[3]除正面界定概念外，还通过否定式列举排除非规范性文件的种类，被排除的种类可以包括：管理内部事务的、针对一次性具体事项的、单纯指导性的或单纯转发的文件等不涉及行政权利义务、不具有普遍约束力或不可反复适用的文件。[4]

根据对各地管理办法内容的梳理，对规范性文件的判断还可以从如下角度进行：第一，根据规范的名称来判定，一般可以使用“办法”“规定”“制度”“规则”“命令”“通知”“通告”“决定”“意见”等名称，[5]但不能使用“法”“条例”“实施细则”“报告”等名称。[6]第二，根据制定主体来辨别，有权

---

〔1〕《国务院办公厅关于加强行政规范性文件制定和监督管理工作的通知》认为，行政规范性文件是除国务院的行政法规、决定、命令以及部门规章和地方政府规章外，由行政机关或者经法律、法规授权的具有管理公共事务职能的组织依照法定权限、程序制定并公开发布，涉及公民、法人和其他组织权利义务，具有普遍约束力，在一定期限内反复适用的公文。

〔2〕参见《财政部规范性文件制定管理办法》第2条；《国家海洋局规范性文件制定程序管理规定》第2条；《国家旅游局规章和规范性文件制定程序规定》第2条；《国家民委制定规章和规范性文件的规定》第2条；《国务院办公厅关于加强行政规范性文件制定和监督管理工作的通知》；《民政部规范性文件制定与审查办法》第2条；《农业部规范性文件管理规定》第2条；《国家体育总局规章和规范性文件制定程序规定》第4条；《国家质量监督检验检疫总局规范性文件管理办法》第2条。

〔3〕参见《福建省权力机关、行政机关规范性文件管理办法》第2条；《天津市行政规范性文件管理规定》第2条；《浙江省行政规范性文件管理办法》第3条；《广西壮族自治区行政规范性文件备案审查规定》第2条；《贵州省行政规范性文件制定和监督管理规定》第2条；《海南省行政规范性文件制定与备案规定》第3条；《河北省规范性文件管理办法》第2条；《湖北省行政规范性文件管理办法》第2条。

〔4〕参见《湖北省人民政府办公厅关于全面推行行政规范性文件合法性审核机制的实施意见》；《国家体育总局规章和规范性文件制定程序规定》第4条。

〔5〕参见《财政部规范性文件制定管理办法》第17条；《国家海洋局规范性文件制定程序管理规定》第8条；《福建省权力机关、行政机关规范性文件管理办法》第3条；《农业部规范性文件管理规定》第9条；《广西壮族自治区人民政府办公厅关于全面推行行政规范性文件合法性审核机制的实施意见》；《四川省行政规范性文件管理办法》第7条。

〔6〕参见《国家民委制定规章和规范性文件的规定》第6条；《福建省权力机关、行政机关规范性文件管理办法》第6条；《民政部规范性文件制定与审查办法》第7条；《天津市行政规范性文件管理规定》第9条；《国家质量监督检验检疫总局规范性文件管理办法》第5条；《税收规范性文件制定管理办法》第7条第1款。

制定的主体可以包括各级人民政府（中央人民政府除外）、街道办事处、省市县人民政府工作部门、法律法规和规章授权组织，即一般意义上的“行政主体”。[1]但不包括议事协调机构、临时性机构、各级政府及其工作部门的内设机构与派出机构及党的机构、立法机关、军事机构、司法机关。[2]第三，根据内容来判断，对于规范性文件有权规定的内容范畴，绝大多数地方管理规定均是采用反向排除方式作出限定，一般将创设行政处罚、行政许可、行政强制等事项排除在外。[3]

综上，本文认为对于可予以审查的规范性文件的认定，可以从形式判定和实质判定两个角度进行。形式判断标准可以从制定主体、规范名称、规范的格式等方面，特别是法律依据所直接限定的国务院部门和地方人民政府及其部门，在此还要排除不具有外部法律效果的内部行政行为及不具有行政性特征的政党的、立法机关的、司法机关或军事机关的文件。在形式判断标准不可识别时可利用实质判断标准，即从规范的具体内容出发，判断系争规范是否突破上位的行政法规与规章的内容限制增设了相对人的义务或减损了其权利。在此还要注意的是，随着拥有地方立法权的主体范围扩大，实际中规范性文件与规章制定主体存在重合，且程序也相似难以区分，从名称和制定程序上很难进行区分。[4]关于两者的区分，学界存在程序和实体两种标准：从实体上看，如果一项规范规定行政立法才能规定的内容则该项规范就是实质上的行政立法。而根据程序区分标准，两者仅在制定程序上有所不同，即规范性文件没有适用行政立法程序才成为其自身类型。[5]区分标准只是一种工具，实体与程序标准也并非非此即彼的关系，在监督规范行政立法权的目

---

〔1〕 参见《天津市行政规范性文件管理规定》第 11 条；《浙江省行政规范性文件管理办法》第 7 条；《陕西省行政规范性文件制定和监督管理办法》第 6 条第 1 款；《上海市行政规范性文件管理规定》第 10 条第 1 款；《四川省行政规范性文件管理办法》第 6 条。

〔2〕 参见《天津市行政规范性文件管理规定》第 12 条；《贵州省行政规范性文件制定和监督管理规定》第 3 条。

〔3〕 参见《民政部规范性文件制定与审查办法》第 12 条；《天津市行政规范性文件管理规定》第 13 条；《浙江省行政规范性文件管理办法》第 5 条；《海南省行政规范性文件制定与备案规定》第 8 条。

〔4〕 薛小蕙：“规范性文件附带审查背景下的‘参照规章’的适用”，载《宁夏师范学院学报》2019 年第 6 期。

〔5〕 参见王留一：“论行政立法与行政规范性文件的区分标准”，载《政治与法律》2018 年第 6 期。

标导向下，可以综合利用各项认定标准进行分析，以识别出可予以附带审查的规范性文件。对于审理法院实难进行判定是否可予审查的规范，必要时还可通过法院系统内部层报咨询上级法院意见的路径以及发函听取规范制定机关的意见的方法来辅助判断。

在把握住规范性文件行政性、外部性、反复适用性、权限内容有限性等主要特征的基础上，可结合附带审查制度的功能定位，出于维护相对人合法权益的考虑，除明确不可审查的内部规则、国务院发布的文件等类型外，应最大范围地扩张可予以审查的规范范围，只要涉及行政管理事项影响相对人权利义务的，就做到应认俱认。毕竟作为一项诉讼请求并不会对法院产生实质性的约束力，法院可以在受理后经过对证据材料的综合分析得出结论，这样也可以保护行政相对人的积极性、借助外在的力量控制过度泛滥的规范制定权。

（二）被诉行政行为与系争规范“依据”认定标准之完善

相较于法院在依据认定过程中普遍存在的主观懈怠和有意限制问题，学术界对依据的认定标准则总体较为宽松，基本围绕着“关联性”强弱和“直接依据”的解释进行判断。

王春业教授认为只要该规范与被诉行政行为之间存在一定的关联，无论是直接依据还是间接依据、形式依据还是实质依据，无论是被告承认或虽否认但实际上作为行文依据等情形，司法机关都应该认定依据关系的存在，并进行下一步审查。〔1〕这也得到一些学者的呼应，如王红卫教授即持此种观点。〔2〕甚至有的学者将“依据”的范围扩张到与被诉行政行为依据的规范具有紧密关联的规范。〔3〕也有的学者持相对谨慎态度，认为概念涵射或者效果

---

〔1〕 参见王春业：“论行政规范性文件附带审查中‘依据’的司法认定”，载《行政法学研究》2019年第3期。

〔2〕 “只要规范性文件起码在形式上能为行政行为职权、内容、程序、形式等某一或某几个方面要素的合法性提供支持，就应当认定其为行政行为的依据。”参见王红卫、廖希飞：“行政诉讼中规范性文件附带审查制度研究”，载《行政法学研究》2015年第6期。

〔3〕 “与被诉行政行为直接依据的规范性文件具体条款具有紧密联系的相关条款或被诉行政行为直接依据的规范性文件具体条款所依据的其他规范性文件的相关具体规定也应纳入一并审查范畴；行政机关以规范性文件作为其不具有特定职责或履责条件尚未成就的依据，该规范性文件应纳入一并审查范畴。”参见霍振宇：“规范性文件一并审查行政案件的调查研究——以新行政诉讼法实施后北京法院审理的案件为样本”，载《法律适用》2018年第20期。

选择的结果都不能突破法律概念、构成要件的合理范畴。系争规范与被诉行政行为应直接有所牵连，假使两者的关联强度不足以直接影响相对人的权益，或者说并没有直接参与形成利害关系的，则不属于可以附带审查的范畴。[1]江必新教授观点与之类似，认为系争规范必须是被诉行政行为的直接依据，它可以是全部依据，即因为执行规范具体内容而作出被诉行政行为，也可以是部分依据，即对其作出具有实体上或程序上的影响的被诉行政行为。[2]当然，有的学者认为依据认定标准不能过分宽泛，对于依据性要件的判断要从形式要件和实质要件两方面入手，形式要件即规范性文件在行政行为作出时应当被明确援引，且应当是在“行政行为作出的结论部分”被援引；实质要件是系争规范构成行政行为的实质性依据，与之存在最密切的联系，并且对相对人的权益具有实质性的影响。[3]

如果行政机关在作出行政决定时法律依据明确具体且在文书中直接引用，即使被诉行政行为依据的规范被提请附带审查时也能坦然应对，这种情形固然理想。但实践并非如此，这就需要明确可行的依据认定标准以防止或应对司法机关主观懈怠和行政机关有意规避审查可能对附带审查机制顺畅运行带来的阻碍。当法律依据内涵较为宽泛、实践操作标准不一、理论观点争鸣时，在对条文内容进行解释时就需要回归制度设定的初衷。

同上述对机制功能定位的讨论，附带审查的初衷除在坚持行政诉讼“主客观诉讼”价值目标的基础上，还特别肩负着对规范性文件进行有效监督与校正的使命。外在形式并非依据判断的唯一标准，在坚持外在形式化判断即行政决定文书直接引用的标准基础上，从维护相对人合法权益的定位角度来看，应遵循相对宽松的依据认定标准，在现有实践运作过于消极的基础上还要向前迈上一步。此外，行政行为的合法性要件可以从权限、内容、程序和形式四个角度进行概括，可以说能够为从上述任一方面为行政行为提供合法

---

〔1〕 参见李成：“行政规范性文件附带审查进路的司法建构”，载《法学家》2018年第2期。

〔2〕 参见江必新主编：《中华人民共和国行政诉讼法理解适用与实务指南》，中国法制出版社2015年版，第244页。

〔3〕 作者从反面去界定实质的依据关系不存在，具体情形可包括：被诉行政行为与规范性文件之间完全无关；被诉行政行为与规范性文件之间对应关系出现错位；行政行为与规范性文件之间存在柔性关联关系。参见陈运生：“规范性文件附带审查的启动要件——基于1738份裁判文书样本的实证考察”，载《法学》2019年第11期。

性支撑的都可以视为依据。但是，司法权既不能像实践运行中那样表现得过度消极甚至是退缩，又不能像理论争论那样过于主动地干涉行政权行使特别是涉及部分属于行政机关裁量权范围之内的事项，加之考虑到司法机关有限的审查能力。因此，在尊重行政相对人监督积极性的前提下，又需要有一原则对宽松的标准进行限定，也就是还需要引入对相对人权利义务有实质性影响的判定标准予以纠偏，即该规范能够通过行政行为具体化而实质性影响相对人权利义务，此时也可以呼应审判实务中的部分观点，如单纯为行政决定提供格式化参考的规范不属于可审查的范围。

结 语

作为一项新设制度，规范性文件附带审查机制效用不仅仅及于个案救济、维护单个相对人的主观权利，也是作为一种监督机制审视着行政主体的规范制定权，弥补着传统行政系统内部监督权威性不足和外部立法监督主动性不足的缺陷。附带审查对象的确定，是程序启动的入口，事关后续审查能否正常运行。通过对司法审查实践的观察和理论研究的梳理，可以发现系争规范属于可予审查的范围以及和被诉行政行为“依据”关系的准确认定至关重要。从问题出发，结合制度功能定位来看，对于审查对象的确定应坚持进行分层审查进路：首先从形式和实质标准两个角度判断被告所提供的或原告所请求的文件是否属于规范性文件；如果第一步进展顺利，则可接着判断与被诉行政行为之间的关系，在此须坚持宽松但于法有据且合理的“关联性”标准。唯有如此，才能科学准确地识别出被诉行政行为依据的规范性文件，再启动附带审查程序并进入后续合法性审查阶段，以此实现制度初设本欲达成的目标。

行政程序重开制度建立刍议

牛朔旸*

【摘　要】由于行政行为具有形式存续力效力，行政行为原则上自作出后经通知相对人生效。对于存续力之否定，除行政机关依职权撤销、废止之外，还存在“行政程序的重开”制度，意在解决行政行为合法性与法安定性原则之间的紧张关系。行政程序的重开制度通过审查申请合法性要件全部满足与适法性要件的择一具备，合理设置重开条件、有效选择符合申请的程度重开，以保证程序重开与重复处理行为、新行政行为之间存在合理区别。关于行政程序的重开，德国、奥地利与我国台湾地区在行政程序法中都有相应规定，而如何在我国统一的行政程序法缺位的情况下建立相应制度提供探索思路，是本文要解决的问题。

【关键词】行政程序重开　第二次裁决　行政诉讼

一、行政行为存续力效力的例外

法安定性原则与行政行为合法性原则之间、相对人的信赖利益保护与重要权利保障之间存在着一定的冲突，而行政程序重开制度具有平衡两方势力、调和个案正义的功能。行政程序重开的根本目的是对抗行政行为的存续力，作为存续力效力的例外存在。

---

* 牛朔旸，中国政法大学 2019 级宪法学与行政法学专业硕士。

（一）行政行为的存续力效力

基于法安定性原则考虑，除无效行政行为外，行政行为一经作出原则上即产生效力。行政行为的效力是法规范效力作用于社会的基本方式。〔1〕我国早期行政法学教材大多采行政行为效力的“三效力”说。〔2〕但之后也有部分学者发展出将公定力概念并入现有三效力说的“四效力”说，后成为我国行政法学界的通说。〔3〕“确定力”来源于司法裁判的既判力理论，起初是诉讼法上的概念，是指当事人在判决作出后不得通过普通手段更改其效力，法院对同一诉讼案件不得重新开启另一审判程序。〔4〕行政法学者借鉴诉讼法上确定力概念，缔造出行政行为的“存续力”效力。存续力指行政决定经过送达程序后，即有持续存在的法效力。〔5〕行政行为的存续力效力可以分为形式存续力和实质存续力。形式存续力也称为“不可争力”，当相对人超过法定期限而对行政行为未能提起救济，或者虽然提起救济但被驳回。实质存续力也称为“不可变更力”，指行政机关对于已经产生效力的行政行为不得随意撤销、废止，只有在具备法定条件的情况下才可以变更其效力。〔6〕

形式存续力效力指向相对人，意在排除其通过一般救济程序质疑具备存续力行政行为的合法性，并不拘束行政机关行使法定撤销权。由于行政行为存在由行政机关先单方面作出、后送达相对人生效的“天然特征”，实质存续力先于形式存续力产生，且因形式存续力的产生更加强化。〔7〕

存续力的法律基础除了法安定性原则，还有信赖利益保护的需要。行政机关通过作出行政行为来维护社会秩序、促进个人的发展。除了要求行政行

---

〔1〕 章剑生：《现代行政法总论》，法律出版社 2019 年版，第 152 页。

〔2〕 代表性的著作有王现灿主编：《行政法概要》，法律出版社 1983 年版，第 121~122 页。罗豪才主编：《行政法论》，光明日报出版社 1988 年版，第 154~155 页。张尚鷟主编：《走出低谷的中国行政法学》，中国政法大学出版社 1991 年版，第 153~154 页。

〔3〕 代表性的著作有罗豪才主编：《行政法学》（新编本），北京大学出版社 1996 年版，第 112~114 页。叶必丰：《行政法学》，武汉大学出版社 1996 年版，第 130~135 页。应松年主编：《行政法学新论》，中国方正出版社 1999 年版，第 239~240 页。姜明安主编：《行政法与行政诉讼法》，北京大学出版社、高等教育出版社 1999 年版，第 154~157 页。

〔4〕 参见叶必丰：“行政行为确定力研究”，载《中国法学》1996 年第 3 期。

〔5〕 章剑生：《现代行政法总论》，法律出版社 2019 年版，第 154 页。

〔6〕 参见赵宏：“行政行为效力问题研究”，中国政法大学 2002 年硕士学位论文。

〔7〕 张文郁：“行政处分之形式存续力和依法行政原则之维护”，载《月旦法学杂志》2002 年第 88 卷。

为合法而不侵害相对人的权益外，由于行政权具有调整公民日常生活的能动性，公民对于已经作出并发生效力的行政行为产生合理信赖。因此要求行政机关不得随意变更行政行为旨在保护公民规划自身生活的稳定秩序，即“不允许行政机关翻云覆雨、暮楚朝秦”。

（二）行政行为存续力的例外

行政行为之存续力并非不可挑战。由于受到依法行政原则的约束，已经产生存续力效力的行政行为仍可因为保护相对人的权益与保障行政行为的合法性受到行政机关的重新审查，可谓“调和法安定性与合法性间之冲突”。〔1〕许多学者更是将行政程序的重开与再审制度相类比，以证明其制度的必要性与合理性。〔2〕虽然随着“依法行政”的提出，行政行为的质量显著提高，与“行政行为大多通过非正式程序作出，没有判决那样的正确性请求权”的时代不同，但既然具有既判力的判决都能通过再审程序得到变更，那么具有更大弹性且不如判决缜密的行政行为自然得以重新审查。〔3〕

作为经过最高人民法院再审的判例，“王建设诉兰考县人民政府不履行法定职责案”是说明解释行政程序重开的首个判例，因其涉及对行政程序重开的核心内容，受到各地法院的认可与借鉴。本文旨在进一步明确行政程序重开的性质和启动条件，以及如果符合条件得到受理，行政机关该如何处理、法院又该如何针对不同阶段的处理行为选择相应的诉讼标的与诉讼类型。

二、行政程序重开性质之厘清

行政程序重开根据启动主体的不同，可分为广义行政程序重开与狭义行政程序重开，两者都是以协调“法安定性与合法性间冲突”为要义。就程序

---

〔1〕参见傅玲静：“论行政程序之重新进行——以遗产税之核课与剩余财产差额分配请求权价额之扣除为例”，载《月旦法学杂志》2007年第147卷。林树埔：“行政程序法第128条程序重开之理论与实务”，载《法令月刊》2010年第2期。

〔2〕洪家殷：“论行政处分程序之再度进行——以德国一九七六年行政程序法第五十一条之规定为中心”，载《政大法学评论》1992年第45期。傅玲静：“论行政程序之重新进行——以遗产税之核课与剩余财产差额分配请求权价额之扣除为例”，载《月旦法学杂志》2007年第147卷。林树埔：“行政程序法第128条程序重开之理论与实务”，载《法令月刊》2010年第2期。张运昊：“论行政程序重启的容许性——基于王建设诉兰考县人民政府不履行法定职责一案的分析”，载《行政法学研究》2019年第4期。

〔3〕［德］哈特穆特·毛雷尔：《行政法学总论》，高家伟译，法律出版社2000年版，第300页。

设计而言，德国存在二阶段审查说与三阶段审查说。另外，准确区分行政程序重开决定、重复处理行为与新行政行为的作出，对于行政程序重开的制度定位存在重要意义。

（一）行政程序重开的内涵

行政程序重开发端于德国，最初争议焦点为程序重开的意义。〔1〕除了《德国联邦行政程序法》第51条规定的“程序再度进行”，由于一般还承认行政机关可以依据裁量权自行启动行政程序。〔2〕自此，行政程序重开产生广义与狭义之别。广义的行政程序重开指主管机关依职权决定是否应该撤销或者废止已经产生存续力的行政行为，不以当事人提出重开申请与满足特定条件为必要。狭义的行政程序重开则特指《德国联邦行政程序法》第51条规定的由相对人提出、需要满足特定条件的程序。〔3〕与狭义的程序重开的不同在于，广义的程序重开中行政机关并不存在依照相对人请求进行程序重开的义务，是否重开行政程序属于其裁量范围。

广义的程序重开与狭义的程序重开在制度意义上互不影响。倘若当事人所提出的异议请求不符合狭义程序重开程序启动要件，则行政机关不得以不符合狭义程序重开程序所需条件予以拒绝，而是应当将其纳入广义行政程序重开的考量范围，基于裁量权判断是否需要启动依职权撤销或者废止行政行为。如在王建设案中，王建设曾于2015年向兰考县政府提出注销国有土地使用证，而在此之前，他先撤回了自己向开封市祥符区人民法院提出的撤销该证的起诉。虽然未言明申请注销的行为为启动程序重开之意，但是不可否认王建设有试图撼动原行政行为效力之意，行政机关应当负有阐明何为程序重开以及应当具备相应条件的义务，并根据其是否有启动狭义行政程序重开的相应要件作出判断。若王建设的申请不符合狭义行政程序重开条件，则应当主动将其申请意思表示转换为启动广义行政程序重开的意思表示，就是否应

〔1〕有关具体争议，参见洪家殷：“论行政处分程序之再度进行——以德国一九七六年行政程序法第五十一条之规定为中心”，载《政大法学评论》1992年第45期。

〔2〕Vgl. BVerwG, Buchholz 316 S. 36 VwVfG Nr. 1, S. 6; Selmer, JuS 1987, 365. 转引自洪家殷：“论行政处分程序之再度进行——以德国一九七六年行政程序法第五十一条之规定为中心”，载《政大法学评论》1992年第45期。

〔3〕参见傅玲静：“论行政程序之重新进行——以遗产税之核课与剩余财产差额分配请求权价额之扣除为例”，载《月旦法学杂志》2007年第147卷。

当依职权撤销或废止颁发国有土地使用证的行政行为作出说明，而不能对其申请事项不予受理答复。

本文以狭义行政程序重开为研究中心，下文所讨论的“行政程序重开”，皆是在狭义意义上而言。

（二）行政程序重开决定的界限

行政程序重开的程序存在不同阶段，分别与重复处理行为与新行政行为的作出存在一定辨析难度。然而，对行政程序重开在程序审查阶段与实体审查阶段的清晰界定，决定了程序重开制度本身最适宜的空间。

关于行政程序重开具体的程序架构，德国学说分为二阶段审查说与三阶段审查说。三阶段审查说遵循“先程序后实体原则”区分不同层次的审查顺序，依次为审查申请合法性、审查申请适法性与实体审查作出第二次决定。〔1〕而多数德国学者支持的二阶段审查说则是坚持对程序重开为程序性审查，分为“是否重新进行行政程序”的程序性审查与重启行政程序后“如何作出实体决定”的实体性审查。〔2〕由于此处不涉及审查申请合法性与适法性的区分，故采取二阶段审查说以区分不同阶段的相近而又相异的概念。

1. 程序审查阶段：区别于重复处理行为

在“王建设诉兰考县人民政府不履行法定职责案”中，最高人民法院以再审申请人未提出新证据、事实和法律状态未改变为由，认定再审申请人向行政机关要求变更和注销登记的申请行为属于重复处理行为。为区分行政程序重开在审查阶段的处理行为与重复处理行为，特在此进行说明。

重复处理行为，是指行政法律关系已经由先前行政行为确定，针对相对人的申请，行政机关仅仅以重审先前决定予以答复。由于并没有改变原行为的理由、依据，而仅仅是简单的叙述说明，行政机关的重审并非产生新的法律效果的实质决定，也不具备司法救济的可能性与必要性，反之，若允许对重复处理行为提起诉讼，也就使得行政诉讼法上的起诉期限的规定失去意义〔3〕。

〔1〕参见洪家殷：“论行政处分程序之再度进行——以德国一九七六年行政程序法第五十一条之规定为中心”，载《政大法学评论》1992年第45期。

〔2〕参见傅玲静：“论行政程序之重新进行——以遗产税之核课与剩余财产差额分配请求权价额之扣除为例”，载《月旦法学杂志》2007年第147卷。

〔3〕参见赵德关：“论行政法上的重复处理行为”，载《行政法学研究》2000年第4期。

而行政程序重开的审查处理行为，也被称为“第二次裁决”，是指行政机关对相对人重复提出的申请重新作出实体审查，并作出实体决定。台湾地区学者李建良认为，即使实质内容与先前作出的行政行为内容相同，因其产生了公法效果，“仍为一项新的行政处分”。[1]

2. 实体审查阶段：区别于新行政行为

行政程序重开以行政行为根据的事实或法律状态发生变化、行政行为作出后产生新证据等为条件。但产生新的事实或法律状态、产生新的证据同时也是相对人重新提起新申请，要求作出新的行政行为的条件。因此也产生了区别问题。

由于程序重开属于存续力效力的例外情形，因此受到严格的限定，要满足一系列的复合条件，不仅要求产生新的状态或证据，还要求对相对人的“有利性”，因此并不是所有相对人都能轻易启动。若符合重开条件，仍要受到行政机关本身对于该申请事项的裁量权的限制。其内容往往要求撤销或变更原行政行为，是对原决定的修改。而要求行政机关作出新的行政行为，往往依据申请对象的不同需要依据不同的条件。所作出的行政行为是一个全新的行为，本质上属于“第一次决定”。我国台湾地区学者洪家殷提出，“先前已被拒绝之申请，于极短时间内再度被提起，依通常情形判断，在如此短之期间内不会有事实或法律状态之变更，且由申请人之陈述中亦未发现有变更之可能时，则不构成上述之新程序”，意为通过提出申请的时间间隔判断。[2]本文认为时间间隔标准较为笼统，不足以区别。有申请人同时满足程序重开申请条件与新行政行为申请条件的可能，若两者冲突，应由当事人自行选择。

三、行政程序重开的受理要件

二阶段审查说认为程序重开审查过程可以被明确区分为审查“申请合法性”与“申请适法性”。但也有学者提出以上两个审查阶段不仅在实际适用中难以被完全分割，而且是对以上两种审查适用时机的误读。

---

〔1〕 李建良：“重复处分与第二次裁决”，载《月旦法学杂志》1997年第30卷。

〔2〕 Vgl. Stelkens/Sachs in：Stelkens/Bonk/Leonardt，VwVfG，§51 Rn. 38. 转引自洪家殷：“论行政处分程序之再度进行——以德国一九七六年行政程序法第五十一条之规定为中心”，载《政大法学评论》1992年第45期。

行政程序重开于现有明文规定中以“程序制度”出现，在1976年《德国联邦行政程序法》中首次公布实施，后受到奥地利等国家及地区行政程序法肯定[1]。如果将程序重开的审查顺序与各个阶段的要件明确化，则能够给程序重开申请人的程序权利提供更高层面的保护、赋予行政机关各阶段明确的程序义务，有效避免少数符合程序重开条件的个案受到行政机关笼统的“不符合申请重开条件”的答复。因此，对于行政程序重开审查阶段学说的选择，其背后是程序架构的搭建，也是决定对程序重开申请人权益影响轻重的关键。

（一）狭义行政程序重开的要件

鉴于《德国联邦行政程序法》首次明文规定行政程序重开制度，而我国台湾地区将德国制度移植于其“行政程序法”中并作出了相应改动，分析两者就程序重开要件作出的制度规定，可以对行政程序重开的申请要件有所明确。

1. 申请合法性要件

如前文所述，行政程序重开本身是一项行政程序法内的程序制度，我国虽然没有一部统一的行政程序法，但行政程序重开也需符合最基本的程序要件，如行政程序重开申请人必须具有参与程序的当事人能力与行为能力、被提出重开申请的行政机关符合管辖等。[2]

在满足基本程序要件后，分析比较《德国联邦行政程序法》第51条与我国台湾地区“行政程序法”第128条的规定，就审查申请合法性要件而言，需同时满足以下特别要件：①关系人向行政机关提出申请，此处关系人指保护规范效力所及而得以自己名义提起行政诉讼的法律上利害关系人，包括行政行为的相对人与利害关系人。[3]②原行政行为不得请求撤销。③关系人要求撤销、废止或变更原行政行为，其中德国规定的原文为“废弃或变更”原行政行为，“废弃”为“撤销”与“废止”的上位概念，意指无须经过法定程

---

〔1〕 翁岳生：“西德一九七六年行政手续法”，载《台大法学论丛》1978年第2期。本文凡涉及《德国联邦行政程序法》的译文，均采该版本翻译。

〔2〕 傅玲静：“论行政程序之重新进行——以遗产税之核课与剩余财产差额分配请求权价额之扣除为例”，载《月旦法学杂志》2007年第147卷。

〔3〕 Kopp/Ramsauer, a. a. O. (Fn. 8), Rn. 14. 转引自傅玲静：“论行政程序之重新进行——以遗产税之核课与剩余财产差额分配请求权价额之扣除为例”，载《月旦法学杂志》2007年第147卷。

序，只要生效行政行为被行政机关或法院排除即满足“废止”概念。[1]④关系人对提出程序重开的理由不存在重大过失，即基于法安定性与程序经济的考量进行限制、排除因为关系人重大过失情形未能在原程序与法律救济中主张重新申请。[2]⑤关系人于法定救济期间申请程序重开，一般于法定救济期届满后、知悉程序重开理由之日起3个月内起算。我国台湾地区还规定自法定救济期间经过后超过5年的不得申请。

而在“原行政行为不得请求撤销”要件的规范设计上，德国采用“已确定之行政处分”表述该要件，我国台湾地区则用“行政处分于法定救济期间经过后”限定。由此产生的何为“法定救济期间”的不同理解问题，使得我国台湾地区对德国法中“已确定而不具争讼性的行政处分”产生解释分歧，即“法定救济期间”是仅指行政行为的救济期间，还是包括诉愿以及行政诉讼阶段的法定救济期间？[3]回归德国规定的本意，第一次决定纵使经过有确定力的判决确认，不应妨碍程序的重新开始。[4]无论是已经经过实体判决的行政行为，还是超过法定救济期限、提起诉讼后自愿撤回诉讼等无法通过再审满足请求的情形，都满足“已确定行政处分”的“不可争讼性”。我国台湾地区詹真荣分析，我国台湾地区产生以上争议的实质原因，是“行政处分于法定救济期间经过后”的法条文字与“具有形式存续力的行政处分”的学理概念的落差。

2. 申请适法性要件

由于“行政程序重开”规定具备较强的例外属性，申请合法性要件为绝对列举，缺一不可。而对于申请适法性要件，只要满足《德国联邦行政程序法》第51条第1款中的任意一项情形，即满足申请适法性要件：“①行政处分所根据之事实或法律状态，事后发生有利于关系人之变更者。②有新证据

〔1〕参见洪家殷：“论行政处分程序之再度进行——以德国一九七六年行政程序法第五十一条之规定为中心”，载《政大法学评论》1992年第45期。

〔2〕Bader/Ronnelenfitsch, Verwaltungsverfahrensgesetz, 2010, §51, Rn. 56. 转引自谢承运：“行政程序重开制度之研究——以行政处分存续力之变动为中心”，台湾大学2017年硕士学位论文。

〔3〕林树埔：“行政程序法第128条程序重开之理论与实务”，载《法令月刊》2010年第2期。

〔4〕参见林素凤：“程序重开、诉愿再审与再审之诉——兼评台北市政府九十一年十月十六日府复字第 九一一九 二七五 一号复审决定”，载《月旦法学杂志》2005年第118期。另可参见洪家殷：“论行政处分程序之再度进行——以德国一九七六年行政程序法第五十一条之规定为中心”，载《政大法学评论》1992年第45期。

方法存在，使关系人将因而受较有利之决定者。③有类似民事诉讼法第五百八十条之再审原因存在时。”

我国台湾地区将“事实或法律状态发生变更”规定为针对具有持续效力的行政处分，并将“事实或法律状态”限缩为“事实状态”发生变更，被认为是立法疏忽；并将“存在新证据”要件限定为针对不具有持续效力的行政处分。将状态的变更与新证据的产生按照行政行为是否具有持续效力固化规定，会产生无形中限缩程序重开的效果。不产生持续效力的行政行为，不一定不产生事实或法律状态的有利变更，例如由于不可抗力使得某人的资格类许可被注销，而其后法定事由消灭，关系人当然可以请求行政程序的重开。[1]

（二）我国最高人民法院就程序重开实体规则的创制

我国虽然没有就行政程序重开制度展开热烈讨论，但是随着判决公布后，越来越多的法院审理沿用“王建设案”的裁判要旨，我们也可以从中分析我国行政程序重开的实体要件及相应的不足。

1. 现有申请合法性要件缺失

最高人民法院判决提及“王建设案”不符合程序重开的申请适法性要件，而对于申请合法性要件没有涉及，使得最高人民法院对于在德国与我国台湾地区都产生争议的“原行政行为不得请求撤销”要件的态度不明确。我国台湾地区试图明确“具有形式存续力的行政处分”要件，却缩小了可提起程序重开的案件范围，产生了何为“法定救济期限”的疑问。由于最高人民法院的判决跳过了对“王建设案”是否符合申请合法性要件的论证，因此其对申请合法性要件的态度不得可知。

2. 现有申请适法性要件关系不明确

“王建设案”的裁判理由明确了行政程序的重开条件包括“作为行政行为根据的事实或法律状态发生变化，行政行为作出后出现了足以推翻行政行为的新的证据”，即肯定了《德国联邦行政程序法》第 51 条第 1 款的前两项内容。但该判决不仅未涉及对“关系人有利的”状态变化或新证据，而且对

---

〔1〕 傅玲静：“论行政程序之重新进行——以遗产税之核课与剩余财产差额分配请求权价额之扣除为例”，载《月旦法学杂志》2007 年第 147 卷。

“状态发生变化”与“产生新证据”之间的关系未能予以明确。

考虑到行政程序重开已是存续力效力的例外、启动程序重开设定的要件已经十分严格，应当将“根据的事实或法律状态发生变化”与“出现足以推翻行政行为的新证据”作为两个分离的情形。

3. “缺乏继续存在的利益”适法性要件含义不明确

最高人民法院在2019年发布的“池军诉江苏省人力资源和社会保障厅劳动保障行政审批案”的判决中，又明确列举了“行政行为缺乏继续存在下去的利益”的申请适法性要件：“不过，行政程序的重开应该受到严格的条件限制，例如作为行政行为根据的事实或法律状态发生变化，或者缺乏继续存在下去的利益，又或者行政行为作出后出现了足以推翻行政行为的新的证据。”[1]如何判断何种利益属于“缺乏继续存在的利益”，则成为理解该要件的难题。若将“缺乏继续存在的利益”要件理解为相对人个人利益受损，其作为标准较为模糊且涵盖范围过广，不足以与“出现新事实或法律状态”“出现新证据”等适法性要件并列。若此处“利益”为公共利益，行政机关某项行政行为由于涉及社会集体利益而需要重新审慎思考，则只需要依职权决定是否应该撤销或者废止已经产生存续力的行政行为自行纠正即可。由此，本文认为“缺乏继续存在的利益”标准在表述上较为笼统，不能融入现有的行政程序重开制度体系，因此不具备判断申请是否具有重开适法性的能力。

4. “存在再审原因”适法性要件缺失

现关于程序重开的法院判决中并未提及“再审原因”出现的情形。由于行政程序的重开经常借助再审制度的存在证明其必要性，且结合行政程序不惜对抗存续力以消除违法行政行为的制度目的，出现再审原因情形也应当是符合适法性要件的情形之一。本文认为，应当结合行政行为的瑕疵样态以及比附再审启动要件，判断是否符合“存在再审原因”的情形。

申请人要求重开行政程序，其目的在于启动之前结束的程序以消灭先前违法的行政行为，并作出一个新的行政行为。违法行政行为依据瑕疵样态，分为无效行政行为与可撤销行政行为，其中无效行政行为由于明显重大违法而自始无效，相对人也可以在任何时候请求行政机关宣布其无效，对其救济

[1] （2017）最高法行申5895号裁定书。

不受时限限制。[1]无效行政行为不等同于已经消灭效力的行政行为，其虽然不产生效力，但仍存在，其一旦作出就产生相应的“法秩序”，因此需要一套合适的机制使其影响消灭。[2]对于无效行政行为，应当适用行政程序的重开以及时宣布其不产生效力。

就可撤销行政行为的瑕疵样态而言，需要结合我国《行政诉讼法》第70条行政行为的违法情形与第91条行政诉讼的再审情形，对照再审情形中涉及行政行为违法的重叠内容进行讨论。其中第91条第2项、第3项涉及原判决证据法律效力，可与行政行为“主要证据不足”的违法情形对应；第91条第4项涉及原判决适用法律错误，可与行政行为“适用法律、法规错误”的违法情形相对应；第91条第5项涉及违反诉讼程序，可与行政行为“违反法定程序”情形对应。因此，可撤销行政行为的程序重开再审理由，包括证据不足、法律适用错误以及违反法定程序三种情形[3]。但仅符合上述三种情形仍可能导致关系人以各种细枝末节的理由滥用行政程序重开。“池军诉江苏省人力资源和社会保障厅劳动保障行政审批案”最高人民法院的判决在提及“产生新证据”情形时，用“行政行为作出后出现了足以推翻行政行为的新的证据”来限定，可以给我们提供参考方向。我们可以借用“足以推翻行政行为”用以限定上述三种再审理由情形，要求必须能够颠覆行政行为存废。

5. 统一的行政程序法缺位与单行法中的分散规定

如在“王建设案”中，再审申请人在二审时依据《河南省实施〈土地管理法〉办法》第11条，认为原登记发证机关只要发现发证行为不正确，就有更正、收回或注销原证书的义务，似乎是再审申请人要求行政机关履行职责的依据，且在事实上起到了启动行政程序重开的效果。我国虽无统一的行政程序法，但在部分单行法律法规中存有涉及行政程序重开内容的规定。如我国《行政许可法》第49条规定，若被许可人要求变更许可事项符合标准、条件，行政机关应当依法办理变更手续。某一单行法具体的法条都可能涉及行

[1] 参见赵宏：“行政行为效力问题研究”，中国政法大学2002年硕士学位论文。

[2] 行政行为的消灭指行政行为曾存在，而后丧失效力。参见洪家殷：“行政处分之消灭”，载《月旦法学杂志》2002年第84期。

[3] 参见高鸿：“行政程序重开的条件、处理及司法审查”，载《中国法律评论》2019年第3期。虽仅分析了行政行为的违法情形，仍得出了比较一致的答案。

政程序的重开问题，但是其规定都应理解为在遵循程序重开基本制度法理之外的特别补充，而非分散在各个单行法中的单独规定。

在“安徽省农垦建筑工程有限公司诉合肥市房地产管理局不履行法定职责案”中，最高人民法院作出如下答复：“公民、法人和其他组织在起诉期限届满后，又以行政机关拒绝改变原行政行为为由，起诉行政机关不履行法定职责的，人民法院一般不受理。但法律规范明确规定行政机关在出现新的证据等法定事由后应当改变原行政行为的除外。”〔1〕有学者将“法律法规明确规定出现新的证据等法定事由”的答复，理解为最高人民法院“谨慎地将法律的明确规定作为程序重开的条件”。〔2〕本文认为，部分单行法对行政程序重开的明确规定，是对行政程序重开要件的具体表述，如关于不动产变更登记，要求权利人提交部分材料证明登记事项有误，就是对“出现新的证据”的进一步限定，但如果没有明确表达行政程序重开的要件，并不等于法律法规默认当事人可以任意要求重开程序。

四、行政程序重开的制度构建与诉讼衔接

（一）行政程序重开申请的处理

如前文所述，若关系人提出一个满足所有申请合法性要件与任一申请适法性要件的启动申请时，行政机关则必须重新处理该项行政事务。具体而言，因满足“事实或法律状态变更”或“出现有利新证据”的申请适法性要件时，由于在事实认定与法律适用产生一定的新情况变动时，需要对原事实证据、法律适用进行部分事实和法律替换，由行政机关重新作出申请的行政行为。而对于满足“存在再审原因”适法性要件的申请既可能因为主要证据不足，也可能因为违反程序或法律适用错误对关系人权益造成影响，因此应当根据具体的原因重新调查证据、举行听证，等等。申请人也应当对行政机关作出第二次行政行为予以配合。

具体处理程序重开申请的阶段如下：对于在法律法规中明确规定重开要件的，结合程序重开一般要件应当启动程序重开的，此时行政机关裁量空间

〔1〕《最高人民法院关于当事人在起诉期限届满后另行提起不履行法定职责之诉是否能受理问题的答复》，（2015）行他字第1号。

〔2〕高鸿：“行政程序重开的条件、处理及司法审查”，载《中国法律评论》2019年第3期。

为零，必须启动程序。而如果行政机关就是否重开存在裁量空间，则需要先进行申请合法性要件与申请适法性要件的严格审查。审查顺序按照先申请合法性要件、后申请适法性要件顺序进行，对于不符合申请合法性要件的，行政机关可以在对申请人实体请求内容不予审查的情况下予以程序性驳回，作出内容为“拒绝行政程序重开”的驳回申请决定。如果申请符合申请合法性要件，行政机关不需要另外作出对申请人申请符合合法性要件的确认行政行为，而是可以直接进入是否具备申请重开适法性要件的审查环节。对于满足申请合法性要件但不满足申请适法性要件的，行政机关也应当作出驳回决定，其内容为“重新启动行政程序不具适法性”。其驳回决定由于同样产生申请人无法请求行政机关作出有利的第二次决定的法律效果，申请人同样可以请求救济。而对于同时符合合法性要件与适法性要件的申请，行政机关可以宣示行政程序重开符合适法性，并进入到重新启动原行政决定程序，对申请人要求重新作出的行政行为的实体决定要件的审查中。而在行政机关作出第二次决定之前，原行政行为即第一次行政行为的效力不受影响，仍然有效。

此时行政机关经实体审查可能作出三种类型的第二次决定，分别是拒绝申请人请求、支持申请人部分请求或支持申请人全部请求。值得注意的是，行政程序重开是为了不断争取自身权益的关系人而对抗行政行为存续力，因此在行政程序重开的要件中不乏“有利于关系人的事实或法律状态的变更”与“使得关系人受有利决定的新证据方法”的限定。除“拒绝申请人请求”情形外，行政机关的第二次决定的内容必然有利于申请人，因行政机关支持或部分支持申请人的请求。行政机关第二次决定的内容也可能为：撤销或废止负担行政行为或作出授益行政行为。

（二）行政程序重开制度与诉讼的衔接

对于在部分单行法律法规中涉及行政程序重开内容的规定的，在符合单行法律法规特别强调的要件之外，依前文所述还需符合程序重开的一般法理。在满足上述条件的情况下，申请人向行政机关提出程序重开，受到行政机关内容为“拒绝行政程序重开”的驳回。申请人以行政机关违反涉及程序重开的部分单行法律法规为由起诉行政机关未按照法律法规履行相应行政职责，属课予义务之诉，其诉讼标的为申请人所请求的具体行政行为。在课予义务之诉中，审查的重点围绕行政程序是否符合该单行法律法规所规定的具体程序重开的条件与在整体程序重开申请是否违背程序重开一般要件，其判决内容为要求行政机关启动或不应启动行政程序的重开。

对于未在单行法律法规中详细规定程序重开要件，由行政机关保有是否重开行政程序裁量空间的情形，申请人在向行政机关提出满足重开条件申请重开后，受到行政机关的程序性驳回，申请人应向法院提出课予义务之诉要求行政机关再度进行行政程序重开。虽然情形与依据涉及程序重开的单行法律法规起诉相类似，但是此时法院审查的重心为该申请是否具备行政程序重开的所有合法性要件。若行政相对人的申请符合程序重开的要件，则该申请进入到程序重开适法性要件的审查阶段。因适法性要件只需满足其中之一即可，而行政机关认为申请人不具备程序重开的任何一个适法性要件，因此行政机关作出了内容为“重开行政程序不具适法性”的驳回决定。此时，申请人仍可向法院提出要求行政程序重开的课予义务之诉，审查重点为行政机关的适法性审查是否满足任一适法性要件。

如果行政机关经过合法性要件和适法性要件审查，判断申请符合行政程序重开的所有要件，进入到对原行政行为的重新审查，申请人对行政机关作出的内容为拒绝或部分支持申请人请求的第二次决定不满向法院寻求救济，法院审查的重点将为行政机关的第二次决定，即作出的替代原行政行为的新行政行为。根据行政机关第二次决定内容的不同，或是行政机关未撤销或废止负担行政行为，或是未作出授益行政行为，申请人选择的诉讼类型较为多样，如要求撤销负担行政行为的撤销之诉、要求作出授益行政行为的课予义务之诉、确认无效行政行为无效的确认之诉，等等。[1]其中，申请人应当针对行政机关的第二次决定提出诉讼请求，而非原行政行为。[2]此外，如果行政机关经过程序重开制度作出的第二次决定涉及第三人效力，如第二次决定排除了第三人的授益、增加了第三人的负担，也应当允许第三人提起撤销之诉。

---

〔1〕 吴志光：“行政程序重新进行之要件”，载《台湾法学杂志》第150期。转引自葛翔、张静：“行政程序重开的原理及其本土化运用”，载上海市法学院主编：《上海法学研究》2019年第15卷。

〔2〕 参见高鸿：“行政程序重开的条件、处理及司法审查”，载《中国法律评论》2019年第3期。

结 论

行政行为的作出需要进行是否有益于公益的考量，而程序重开制度正是对行政行为的存续力效力维护的公益与私益，与启动程序重开的申请人与第三人的利益之间进行衡量，起到对法安定性与合法性之间紧张关系的缓和作用。承认行政程序能够在特定条件下再次启动，就是承认行政法律关系是能够适时而变的“可调整的行政法关系”，使得行政机关注重与公民之间的协商与合作以及注重协调多个利益之间的矛盾。

行政程序重开制度不仅主张行政行为作出的灵活性，本身也是对申请人程序权利的灵活配置。与我国最高人民法院所代表的司法一端积极构建行政程序重开制度相关实体规则，判断是否符合要件不同的是，立法尚未就部分单行法中关于相应程序重开制度规定如何适用，以及其与程序重开制度的一般法理之关系进行明确。随着我国制定程序法典的条件日趋成熟，程序重开制度完全符合行政程序法“最低限度程序公正标准”的直接立法目的，能够为我国将来行政程序法的制度构建提供必要借鉴，从而规范行政权力行使，促进行政机关积极作为的行政程序法体系建设。

“滥用知情权”判定之反思

——基于霍菲尔德基本法律概念的分析

范力文*

【摘　要】基于霍菲尔德基本法律概念理论，公民在个案中对政府信息的申请权具有严格意义的“权利”（right）属性，又依据二阶权利理论，公民享有知晓应当公开的政府信息的“特权”（privilege）。“权利滥用”的一般理论、学界关于“滥用知情权”的相关研究和法院近年来的司法实践通常将申请人的主观心态、客观行为作为其行使权利的正当化条件，但这在理论上存在瑕疵。“滥用知情权”问题实质上是公民与政府间法律上的利益之冲突，限制权利的义务不是产生于权利本身，而是冲突导致的“权利凌驾”。缓解此冲突的关键在于如何权衡，本文对此提出了一种技术性的应对方案。

【关键词】知情权　政府信息申请权　政府信息获取权　权利滥用

一、问题的提出

陆红霞诉南通市发展和改革委员会政府信息公开答复案（以下简称“陆红霞案”）在学界引起了广泛的关注和讨论。最高人民法院公报“裁判摘

* 范力文，中国政法大学2019级宪法学与行政法学专业硕士。

要"部分阐述了实体权利和诉讼权利两个方面三个具体的重要命题。[1]对类似案件或行为的研究往往也基于以上两方面展开。这表明：纠缠式的申请行为对政府正常工作秩序带来负面影响；纠缠式申请行为后的纠缠式诉讼给司法机关和行政机关带来"不必要"的负担，"浪费"了宝贵的司法资源。鉴于实体权利的基础性地位和有限的文章篇幅，我主要着眼于实体权利的分析而不过多涉及诉权问题。

实体权利方面，目前的研究主要侧重于如何判断、认定和规制知情权滥用行为。[2]然而，有两个前提性问题尚未很好澄清：现有研究中所使用的"知情权""政府信息获取权""政府信息公开申请权"等概念到底指向一种什么样的权利？作为发源并盛行于私法领域的"权利滥用"概念，在公法领域到底意味着什么？[3]我将尝试通过霍菲尔德关于基本法律概念的理论对相关概念进行探究，并以此为基础反思当前研究和实践中对权利滥用的判定，并提出一种技术性的应对思路。

二、霍菲尔德的基本法律概念理论和政府信息公开类型

"权利滥用"首先面临的问题是，究竟何种权利被滥用了？目前研究过程中用到的概念主要包括"知情权""政府信息获取权"和"政府信息公开申请权"等，这些繁杂而近似的表述成了分析的绊脚石，必须对其进行必要的

〔1〕 命题1："知情权是公民的一项法定权利"；命题2："如果公民提起政府信息公开申请违背了《政府信息公开条例》的立法本意且不具有善意，就会构成知情权的滥用"；命题3："当事人反复多次提起琐碎的、轻率的、相同的或者类似的诉讼请求，或者明知无正当理由而反复提起诉讼，人民法院应对其起诉严格依法审查，对于缺乏诉的利益、目的不当、有悖诚信的起诉行为，因违背了诉权行使的必要性，丧失了权利行使的正当性，应认定构成滥用诉权行为"。参见陆红霞诉南通市发展和改革委员会政府信息公开答复案，载《最高人民法院公报》2015年11期。

〔2〕 比较有代表性的相关研究可见于文豪、吕富生："何为滥用政府信息申请权——以既有裁判文书为对象的分析"，载《行政法学研究》2018年第5期；王锡锌："滥用知情权的逻辑及展开"，载《法学研究》2017年第6期；肖卫兵："论政府信息公开申请权滥用行为规制"，载《当代法学》2015年第5期；湛中乐、李烁："公民滥用政府信息获取权的法律规制——兼评《政府信息公开条例》的修订"，载《中国行政改革》2019年第4期；后向东："信息公开申请权滥用：成因、研判与规制——基于国际经验与中国实际的视角"，载《人民司法·应用版》2015年第15期等。

〔3〕 就笔者目前的阅读范围而言，比较系统地回答了这两个问题的研究有江悦：《论政府信息公开申请权滥用的法律规制》，中国社会科学院大学（研究生院）2019年博士学位论文。不过，本文的论证进路与其不同，观点也不完全一致。

筛查。一种可能的筛查方法是，将各概念的定义进行罗列，然后相互比较并得出结论。然而我并不打算用此策略，原因有三：一是“权利”概念本身的复杂性，“毫不夸张地说，在所有的基本法律概念中，权利（Subjektive Rechte）是在理论文献中最频繁地被讨论的概念”，[1]但理论家并未就其定义形成一致意见；二是权利概念运用上的混乱，例如“知情权”的定义迄今为止不下百个，尚未取得共识；[2]三是通过探析“权利”的法理构造，从理论高度审视各个具体权利概念，更具有基础性意义。我将首先引入霍菲尔德基本法律概念理论，并根据修订后的《中华人民共和国政府信息公开条例》（以下简称《政府信息公开条例》）梳理政府信息公开类型，为后续论证奠定基础。[3]

（一）霍菲尔德的基本法律概念理论[4]

一切法律关系皆可化约为“权利”与“义务”的观点是准确、透彻地理解、表述、解决法律问题的最大障碍之一。[5]霍菲尔德认为通常所说的“权利”包括四个无法化约的子概念，即“权利”（claim）、“特权”（privilege）、“权力”（power）和“豁免”（immunity），可以统称为“法律上的利益”；通常所说的“义务”包括“义务”（duty）、“无权利”（no-right）、“责任”（li-

---

[1] Hans Kelsen, *Hauptprobleme der Staatsrechtslehre entwickl aus der Lehre vom Rechtssatz*, Tübingen: Mohr Siebeck, 1911, p. 568. 转引自雷磊：“法律权利的逻辑分析：结构与类型”，载《法制与社会发展》2014 年第 3 期。

[2] 参见林爱珺：《知情权的法律保障》，复旦大学出版社 2010 年版，第 26 页。

[3] 可能存在一种批评意见，认为霍菲尔德基本法律概念理论主要适用于私法领域的分析，适用在公法领域可能欠妥当。这种担忧是不必要的。首先，霍菲尔德以英美法系的司法过程为其理论阐述的背景，本身并没有强烈的公私法区分意识。其次，作为分析法学的理论工具，霍菲尔德基本法律概念呈现为权利—义务关系上的一般性理论，不论是私法还是公法，只要涉足权利—义务关系领域，便不能否认这种一般性。霍菲尔德的基本法律概念理论虽然也有其自身的缺陷，但这种缺陷并不妨碍其成为一个好的分析基础和理论工具。实际上，已经有学者尝试在行政法学领域运用它进行分析，例如，陈裕琨：“分析法学对行为概念的重建”，载《法学研究》2003 年第 3 期；郑春燕：“现代行政过程中的行政法律关系”，载《法学研究》2008 年第 1 期；余军、朱新力：“法律责任概念的形式构造”，载《法学研究》2010 年第 4 期；蒋成旭：“论结果除去请求权在行政诉讼中的实现路径——以霍菲尔德基本法律概念为视角”，载《中外法学》2016 年第 6 期。

[4] 本部分对基本法律概念理论的阐释除参考霍菲尔德的著作外，还参考了陈景辉、王涌教授论文中的一些表述方式，两位教授的论文参见陈景辉：“权利和义务是对应的吗?”，载《法制与社会发展》2014 年第 3 期；王涌：“寻找法律概念的“最小公分母”——霍菲尔德法律概念分析思想研究”，载《比较法研究》1998 年第 2 期。

[5] 参见［美］霍菲尔德：《基本法律概念》，张书友译，中国法制出版社 2009 年版，第 26 页。

ability）和“无权力”（disability），可以统称为“法律上的负担”。这些子概念之间存在着相关（correlatives）关系和相反（opposites）关系，如图1所示。

相关关系（correlatives）	权利（claim）	特权（privilege）	权力（power）	豁免（immunity）
	义务（duty）	无权力（no-right）	责任（liabllity）	无权力（disability）
相反关系（opposites）	权利（claim）	特权（privilege）	权力（power）	豁免（immunity）
	无权利（no-right）	义务（duty）	无权力（disability）	责任（liabllity）

图1　霍菲尔德基本法律概念关系图

下面用具体例子进行说明使之便于理解：我有一支笔（具有完整的所有权），你请求借用，我同意借给你。我们可以从中分析出以下关系：第一，这支笔是我的（具有完整的所有权），那么我可以按照自己的意思占有、使用、处分和收益，我没有负担只能按或者不按某种特定方式支配它的义务，并且别人没有权利要求我只能按或不按特定方式支配它。因此，对于支配这只笔而言，我拥有“特权”，而没有“义务”，别人“无权利”。第二，如果你抢走或毁坏我的笔，我可以“主张”权利，要求你返还，或停止损害、恢复原状，或赔偿损失，你负担相应的义务。因此，对你而言，我享有主张停止加害并赔偿的“权利”，而并非“无权利”，你负担停止加害并赔偿的义务。第三，你请求借用这支笔，我同意将它借给你，根本上是因为“我同意”而非“你请求”，使你可以使用这支笔，即我的单方意志可以决定关于这支笔的规范关系（normative relation）改变。因此，借给你是因为我有“权力”而非“无权力”，一旦我同意借给你，则你有“责任”接受这种规范关系的改变。第四，你请求借用这支笔，我可以不同意将它借给你，即仅凭你想借用的单方意志并不足以发生关于这支笔的规范关系的改变。因此，我可以基于“豁免”不将笔借给你，而你在是否将笔借给你的问题上是“无权力”的，我没有“责任”接受关于笔的规范关系的改变。

由此可见，在霍菲尔德的理论中，“权利”实际上是一种要求特定人为或者不为一定行为的“主张”（claim），近似于请求权（anspruch），而相对人因此负有依该主张为或不为一定行为的“义务”，人们通常称之为严格意义的权利或“真实权利”（real right）和严格意义的义务或“直接义务”（direct duty）。“特权”实际上等同于“自由”（liberty），拥有特权或自由者既没有做这件事的义务，也没有不做这件事的义务，即双重自由，其他人“无权利”妨碍或者干涉这种自由。“权力”是权利人可以凭自身意志改变某种规范关系，相对方须承担因规范关系改变的“责任”。“豁免”则意味着权利人免受他人运用权力来改变规范关系，即其他人“无权力”改变规范关系。

（二）政府信息公开类型

根据《政府信息公开条例》第 13 条的规定，除了第 14 条、第 15 条、第 16 条规定的政府信息外，其他政府信息应当公开，公开方式分为主动公开和依申请公开。

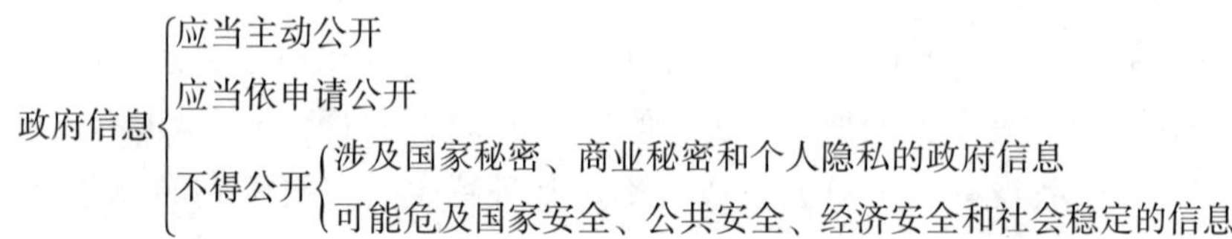

图 2　《政府信息公开条例》修订前对政府信息公开范围的分类

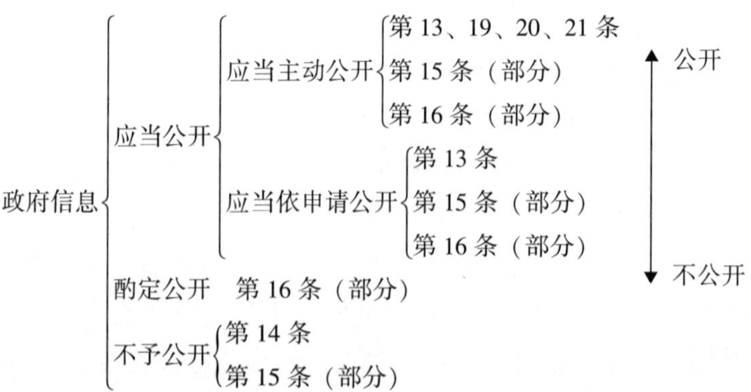

图 3　《政府信息公开条例》修订后对政府信息公开范围的分类

《政府信息公开条例》修订前，有观点将政府信息公开范围分为应当主动公开、应当依申请公开和不得公开三类，并将“免于公开”或者“不得公开”的政府信息分为“涉及国家秘密、商业秘密和个人隐私的政府信息”和“可能危及国家安全、公共安全、经济安全和社会稳定的信息”两类〔1〕(如图2所示)，此分类在《政府信息公开条例》修订后应相应调整〔2〕(如图3所示)。一般地，面对某项政府信息，规范对政府的行为模式要求无非是“应当”“可以”“禁止”，即应当公开、酌定公开、不予公开。

第13条指向应当公开，并且细分为应当主动公开和应当依申请公开两类。〔3〕第19条阐释了应当主动公开信息的性质。〔4〕第20条、第21条列举了应当主动公开信息的类型。〔5〕由此，应当公开的信息，除应当主动公开的外，即为应当依申请公开的信息。第14条指向不予公开。〔6〕第15条、第16条的指向需要分类讨论。对于涉及商业秘密、个人隐私等可能给第三方合法权益造成损害的信息：第三方同意公开，或者不公开该信息会给公共利益造成重大影响，则指向应当公开；没有得到第三方同意，且不公开该信息不会给公

---

〔1〕 参见王万华主编：《知情权与政府信息公开制度研究》，中国政法大学出版社2013年版，第144~146页。

〔2〕 一方面，涉及商业秘密和个人隐私的信息并非绝对不可公开，而是附条件公开或附条件不公开，为“待决豁免事由”；另一方面，“内部信息”和“过程性信息”并非绝对不可公开，如果法律、法规、规章规定应当公开的，需要公开，如果没有规定，也属于可以公开或可以不公开，为“酌定豁免事由”。参见蒋红珍：“面向‘知情权’的主观权利客观化体系建构：解读《政府信息公开条例》修改”，载《行政法学研究》2019年第4期。

〔3〕 《政府信息公开条例》第13条规定：“除本条例第14条、第15条、第16条规定的政府信息外，政府信息应当公开。行政机关公开政府信息，采取主动公开和依申请公开的方式。”

〔4〕 《政府信息公开条例》第19条规定：“对涉及公众利益调整、需要公众广泛知晓或者需要公众参与决策的政府信息，行政机关应当主动公开。”

〔5〕 《政府信息公开条例》第20条规定：“行政机关应当依照本条例第19条的规定，主动公开本行政机关的下列政府信息：(1) 行政法规、规章和规范性文件；(2) 机关职能、机构设置、办公地址、办公时间、联系方式、负责人姓名；(3) 国民经济和社会发展规划、专项规划、区域规划及相关政策；(4) 国民经济和社会发展统计信息；(5) 办理行政许可和其他对外管理服务事项的依据、条件、程序以及办理结果；(6) 实施行政处罚、行政强制的依据、条件、程序以及本行政机关认为具有一定社会影响的行政处罚决定；(7) 财政预算、决算信息……”《政府信息公开条例》第21条规定：“除本条例第20条规定的政府信息外，设区的市级、县级人民政府及其部门还应当根据本地方的具体情况，主动公开涉及市政建设、公共服务、公益事业、土地征收、房屋征收、治安管理、社会救助等方面的政府信息；乡（镇）人民政府还应当……”

〔6〕 《政府信息公开条例》第14条规定：“依法确定为国家秘密的政府信息，法律、行政法规禁止公开的政府信息，以及公开后可能危及国家安全、公共安全、经济安全、社会稳定的政府信息，不予公开。”

共利益造成重大影响，则指向不予公开。[1]对于“内部信息”和“过程性信息”：法律、法规、规章规定应当公开的，指向应当公开；法律、法规、规章规定应当公开以外的，指向酌定公开。[2](参见图3)

三、公民对应当公开的信息享有何种权利?

目前，霍菲尔德的基本法律概念理论和政府信息公开类型看起来似乎没有太大关联。现在，我尝试将二者结合起来，利用霍菲尔德的理论来阐述和分析蕴藏在政府信息公开类型中的权利—义务结构。对“滥用知情权”问题而言，着眼点不在于公民是否本应获取这个信息，而是在公民本可获取这个信息的前提下，其“滥用”行为是否意味着他不能获取这个信息。应当公开的政府信息，其外延等于应当主动公开的政府信息与应当依申请公开的政府信息的外延之和。因此，本部分将讨论公民对应当公开的信息是否享有法律上的利益？如果是，属于何种权利类型？

（一）信息公开申请的“权利”（right）属性

根据《政府信息公开条例》第27条，除行政机关主动公开的政府信息外，公民、法人或者其他组织[3]可以向地方各级人民政府、对外以自己名义履行行政管理职能的县级以上人民政府部门申请获取相关政府信息。我国实体法意义上的政府信息“申请”，实际上指的是公民通过依申请公开的方式请求政府公开相关信息，在有关“滥用知情权”的研究中，涉及的也是依申请公开的问题。

在每一个案中所具体展现的——公民申请政府公开相关信息，政府依法向公民提供信息——过程包含了怎样的权利—义务关系呢？在霍菲尔德基本法律概念框架下，它最直接地表现为严格意义上的“权利”（right）和严格意

---

〔1〕《政府信息公开条例》第15条规定：“涉及商业秘密、个人隐私等公开会对第三方合法权益造成损害的政府信息，行政机关不得公开。但是，第三方同意公开或者行政机关认为不公开会对公共利益造成重大影响的，予以公开。”

〔2〕《政府信息公开条例》第16条规定：“行政机关的内部事务信息，包括人事管理、后勤管理、内部工作流程等方面的信息，可以不予公开。行政机关在履行行政管理职能过程中形成的讨论记录、过程稿、磋商信函、请示报告等过程性信息以及行政执法案卷信息，可以不予公开。法律、法规、规章规定上述信息应当公开的，从其规定。”

〔3〕为使表述更加简洁，以下用“公民”统一指代“公民、法人和其他组织”。

义上的"义务"(duty)关系。公民在申请信息公开时所行使的权利具有"主张"(claim)或者请求的性质,对应了霍菲尔德基本法律概念中的"权利"(right)概念,政府相应负担了提供信息的"义务"(duty)。信息公开申请的"权利"属性最典型的指向就是应当依申请公开的信息。因为根据"公开为常态,不公开为例外"的原则,就这类信息而言,政府没有主动公开的法定要求,但法律也并不禁止公民知晓,所以公民知晓这类信息的途径就是行使"权利",请求政府提供信息。

(二)公民对知晓应当依申请公开的信息享有的二阶权利

在霍菲尔德的基本法律概念体系中,存在一阶(first-order)与二阶(second-order)的关系,即两个表面上相互独立的人或者事之间存在单向的指向关系。换言之,如果"Q是否有效"要基于"P是否有效",但"P是否有效"却并不基于"Q是否有效",那么P就是二阶,Q就是一阶。从权利断言的角度看,作为主张的"权利"表现为"A有关于B做φ的权利"的形式,而"特权""权力"和"豁免"都表现为"A有做φ的权利"的形式。"权利"中包含有"特权""权力"和"豁免"这些要素,而"特权""权力"和"豁免"中却不包含作为主张的"权利"的要素。因此,"特权""权力"和"豁免"三项权利类型都是二阶权利,作为主张的严格意义上的"权利"是一阶权利。[1]

我已经在上文中论证了信息公开申请作为严格意义的"权利"属性,因此,它属于一阶权利。由于一阶权利的有效性必然以二阶权利的有效性为前提,所以在作为"权利"的信息公开申请背后必然存在至少一种二阶权利——"特权"(privilege)、"权力"(power)或"豁免"(immunity)。

公民对应当依申请公开的信息享有"权力"(power)吗?在申请政府信息公开中,对公民而言并不存在"豁免"问题,故不赘述。公民对应当依申请公开的信息享有的二阶权利是"权力"吗?这种猜测具有相当强的说服性和误导性,以至于我需要将其完整地展现出来再加以批判。在应当依申请公开的范围内,只要公民提出申请,政府原则上就负有公开义务。不难发现,是

〔1〕详细的论证过程参见陈景辉:"权利和义务是对应的吗?",载《法制与社会发展》2014年第3期。

公民的单方意志导致了规范关系的改变，政府承担了一项能够产生直接义务的责任。[1]《政府信息公开条例》规定的不是政府提供政府信息的直接义务（duty），而是责任（liability），只有当公民行使权利（right）时，政府才实际负担了履行公开职责这一直接义务。所以，信息公开申请具有权力（power）属性。

此观点似乎很有道理，但它具有一个重大缺陷。根据《政府信息公开条例》第44条，多个申请人就相同政府信息向同一行政机关提出公开申请，且该政府信息属于可以公开的，行政机关可以纳入主动公开的范围。结合前文图2的分类，这一规范可以表达如下：

（1）存在可以公开的政府信息A；[2]

（2）A不属于应当主动公开的信息范围；

（3）由（1）（2）可得，A属于应当依申请公开的信息；

（4）政府可以主动公开A。

这里需要区分“应当主动公开的信息”和“纳入主动公开的信息”。前者是规范层面的，后者是事实层面的。换言之，对于应当依申请公开的信息A，政府可以主动公开，但并不改变A在规范上属于应当依申请公开的属性，因为政府可以停止主动公开并重新依申请公开A，而这并不违反法律。

问题在于，如果认为公民对应当依申请公开的信息享有“权力”，那么政府主动公开A后，公民便丧失了对A的此项“权力”，即无法再通过行使申请权（right）请求政府履行提供信息的义务（duty）。因为根据《政府信息公开条例》第36条，“所申请的信息已经主动公开的”，行政机关仅需“告知申请人获取该政府信息的方式、途径”，而不需要再向申请人提供该政府信息。此时存在一个悖论，如果公民对应当依申请公开的信息享有“权力”，意味着他对所有应当依申请公开的信息享有“权力”，但显然，他对A不享有权力。

这个漏洞表明，公民对应当依申请公开的信息所享有的二阶权利并不是

---

〔1〕在此需要补充说明“义务”和“责任”的区别。霍菲尔德援用Booth v. Commonwealth案的法官意见，认为涉及此案的法律——“除本法后列之情形外，凡21岁至60岁的自由男性白人均有责任（shall be liable to）担任陪审员”——规定的是责任而非义务，只有在诉讼当事人和法官行使权力并施加了必要的行为，某人才实际负担了履行陪审员职责这一具体义务。参见［美］霍菲尔德：《基本法律概念》，张书友译，中国法制出版社2009年版，第67页。

〔2〕严格地说，除应当公开的信息外，可以公开的信息还包括过程性信息、内部信息等酌定信息，但在此不作考虑。

"权力" (power)。

公民对应当依申请公开的信息享有 "特权" (privilege) 吗? 由于已经排除了 "豁免" 和 "权力" 的可能性, 那么根据霍菲尔德的基本法律概念理论, 似乎就是被剩下的 "特权" 了。但得出这样的结论仍为时尚早, 因为, 如果不能成功验证 "特权" 作为二阶权利的妥当性——不管是哪一环节出现问题, 都意味着整个论证努力的失败。因此, 我仍然需要说明 "特权" 为什么能够在此作为二阶权利。

与中国的日常用语含义不同, 霍菲尔德通过对司法判决的梳理和对日常用语的分析, 认为 "特权" 包含了对义务的否定, 与之最接近的同义词是 "自由" (liberty)。[1] 如果我们认为公民对应当依申请公开的政府信息享有 "特权", 也可以近似地表述公民对这些信息享有 "自由"。何为法律上的 "自由"? 哈特认为, 如果权利人在某件事物上享有自由, 那么意味着他既没有义务做这件事, 也没有义务不做这件事, 同时表明 "他方承担不得阻碍或者干涉该项自由的义务", 即 "双重自由"。[2] 在信息公开问题上, 对于应当依申请公开的信息, 公民既没有知晓它们的义务, 也没有不知晓它们的义务。

公民当然没有知晓这些信息的义务。而同时由于公民没有不知晓它们的义务, 公民自然可以知晓这些信息, 而作为信息保有者的政府, 不得阻碍或者干涉公民知晓信息的特权。如果政府主动公开了应当依申请公开的信息, 公民的特权并未受到阻碍或者干预, 他们可以选择去了解, 也可以选择不去了解。但在通常情况下, 政府并不主动公开应当依申请公开的信息, 因此客观上为公民知晓信息的特权造成了阻碍。基于此特权, 公民可以行使 "权利" (right), 向政府提出公开此项信息的请求。

至此, 在霍菲尔德基本法律概念的理论框架内, 我通过反面排除和正面说明两条路径, 证明了公民对应当依申请公开的政府信息所享有的二阶权利, 既不是 "豁免" (immunity) 也不是 "权力" (power), 而是 "特权" (privilege)。

(三) 公民对知晓应当主动公开的信息享有的二阶权利

根据《政府信息公开条例》第 19~21 条的规定, 实体法明确了政府主动

---

〔1〕 参见 [美] 霍菲尔德:《基本法律概念》, 张书友译, 中国法制出版社 2009 年版, 第 39~51 页。

〔2〕 参见陈景辉: "权利和义务是对应的吗?", 载《法制与社会发展》2014 年第 3 期。

公开相关信息的责任，但是，政府有责任并不当然意味着公民有权利。公民是否对政府应当主动公开的信息享有某种类型的权利呢？鉴于这是一个判断性而非程度性问题，我们首先假设公民对这些信息并不享有权利，如果该假设不成立，那么公民就应该享有某种权利。

如果公民对政府应当主动公开的信息并不享有某种权利，那么政府主动公开的责任实际上只是立法对其单方面施加的法律上的负担。在我看来，这种观点至少面临着三个挑战：第一，由于公民对应当主动公开的信息不享有权利，那么公民知晓这些信息仅仅是政府承担责任而产生的反射性利益，一旦政府拒不主动公开，公民将束手无策，因为主动公开的责任并不当然蕴含着公民的救济权利，这显然与现代法治理念相违背。第二，根据《政府信息公开条例》第36条，如果政府没有公开应当主动公开的信息，公民仍有权申请政府公开，这与第一点所述相矛盾。第三，应当主动公开的主要是“对涉及公众利益调整、需要公众广泛知晓或者需要公众参与决策的政府信息”，除此之外是依申请公开的信息，这一安排在很大程度上意味着，应当主动公开的信息更具有公开的必要性。不难想象，如果公民对一般信息享有权利，对更有公开必要的信息反而不享有权利，这是多么怪诞的制度设计。由于以上三个重要的挑战并不能够在维持假设的前提下通过其他方式化解，推翻假设就成了唯一选择——公民对应当主动公开的信息享有某种权利。

根据《政府信息公开条例》第36条，应当主动公开的信息，如果已经公开，公民则并不享有申请公开的“权利”（right）；如果没有公开，那么该“权利”（right）则是存在的。作为一阶权利的“权利”时有时无，根据一阶权利与二阶权利的关系理论，既然一阶权利“时有”，则二阶权利必然存在。

“豁免”再次被首先排除。如果公民对应当主动公开的政府信息享有“权力”，则会面临与之前相同的问题——政府如果已经主动公开信息，那么公民实际上是没有“权力”靠单方意志要求政府再次提供的。因此，“权力”同样不是一个好选项。对于剩下的“特权”而言，如果我们按照先前那样用双重自由标准去检验它，它再次展现出妥当性。公民如果对应当主动公开的政府信息享有“特权”（自由），即人们没有义务去知晓这些信息，也没有义务不去知晓这些信息。当政府已经将它们公开，则人们可以自主决定是否去查阅，即政府不得阻碍或干涉这一自由；当政府未将它们公开，则阻碍了人们知晓这些信息的自由，此时，作为请求权的一阶权利产生，公民可以申请政府公开它们。

（四）小结：公民对知晓应当公开的政府信息享有"特权"（privilege）

关于信息公开权利的争论从未停止。鼓吹信息公开者将权利基础建立在人民主权理论、交往行为理论、公共治理理论、表达自由权理论抑或是知情权理论之上。[1]反对者则认为，"知情权"并不是宪法赋予人民的权利，"透明是一种次要德性，或是位于首要目标和次要德性之间的东西"。[2]到此为止，我们可以完整地呈现出公民与政府在围绕应当公开的政府信息的互动过程中所蕴含的权利义务关系。首先，无论对于应当主动公开还是应当依申请公开的信息，公民都享有作为二阶权利的"特权"（privilege），它表现为双重自由，即公民既没有义务知晓这些信息，也没有义务不知晓这些信息，公民可以自主决定是否去知晓这些信息。其次，政府对此是"无权利"（no-right）的，即它不能请求公民去知晓或者不去知晓这些信息。最后，如果政府主动公开了应当公开的信息，它便没有干涉公民的"特权"（自由）；如果它没有主动公开应当公开的信息，它实际上干涉了公民知晓信息的"特权"，公民由此获得了作为一阶权利的"权利"（right），可以请求政府依申请公开相关信息，而政府也同时负担了提供信息的"义务"（duty）。

四、对"滥用知情权"判定的反思

厘清上述权利义务关系有助于我们正确地判定和规制所谓的"滥用知情权"问题。在此部分，将首先简要地介绍"权利滥用"概念的起源和学者关于"滥用知情权"的判定和规制意见，作为反思的参照。然后再结合"公民对知晓应当公开的政府信息享有特权"这一论断、权利边界和冲突的相关理论，指出大多数关于"滥用知情权"的判定和规制意见的不妥当之处。最后，提出基于本文分析的判定和规制意见。

（一）"权利滥用"和"滥用知情权"的判定

"权利滥用"起源于大陆法系，并主要适用于私法领域。在个人主义和自

〔1〕 王敬波：《政府信息公开：国际视野与中国发展》，法律出版社2016年版，第28~33页。

〔2〕［美］迈克尔·舒德森：《知情权的兴起：美国政治与透明文化（1945—1975）》，郑一卉译，北京大学出版社2018年版，第16~17页、第39~45页。

由主义盛行的时代，权利绝对主义思潮成为社会主流，为了打破旧时代对个人的束缚，理论家竭力鼓吹“天赋人权”等理论，认为权利是神圣而不可侵犯的。后来，有的理论家反思绝对权利观念带来的不公正问题，提出了权利相对性理论和权利滥用理论。法国的若斯兰在《权利相对论》一书中为权利滥用概念的真实性和正当性进行了辩护，并系统阐述了权利滥用的鉴别、权利的精神及正当动机。他指出，权利滥用理论包含主观和客观两个方面，行为人的动机构成主观方面，权利的目的和精神构成客观方面。他认为权利具有相对性，人们行使权利时应具有正当的动机，遵循权利的精神和目的行使权利，否则就会逾越权利的边界，导致权利滥用，相应地，“法官所当审察的，不全是行为人的动机，而应注重行使权利的意向及作用，倘这意向和作用不合于权利创制的精神，就是妄滥行为，而因此引起责任”。[1]晚近的立法中，许多国家的民法典已经明确地将“禁止权利滥用”作为一项原则加以规定。

在“滥用知情权”的相关研究中，学者们将“权利滥用”这一主要适用于私法领域的原则引入公法领域，并阐述了对其进行判定的标准和进行规制的方法。有学者主张建立一套涵盖主观、客观、后果的操作性标准，通过分析申请人的主观心态是否符合“主观诚信”要求、行为方式是否符合“法律和一般常理的期待性要求”以及申请行为是否“导致无意义的资源浪费”或“资源投入和效用完全不成比例”，从而判定是否存在知情权滥用。[2]有学者将申请人的主观目的是否合法、行为方式是否正当、是否产生严重的损害后果、行为与损害后果是否具有因果关系作为判定滥用政府信息公开申请权的构成要件。[3]在司法实务界，法院对“陆红霞案”各项特征的总结，也为“滥用知情权”的判定确立了标准。[4]

---

〔1〕 参见［法］路易·若斯兰：《权利相对论》，王伯琦译，中国法制出版社2006年版，第246~250页。

〔2〕 参见王锡锌：“滥用知情权的逻辑及展开”，载《法学研究》2017年第6期。

〔3〕 参见于文豪、吕富生：“何为滥用政府信息申请权——以既有裁判文书为对象的分析”，载《行政法学研究》2018年第5期。

〔4〕 如“不具备善意”“申请次数众多”“家庭成员分别提出相同或类似申请且内容多有重复”“申请公开的内容包罗万象”“部分申请目的明显不符合立法规定”等。参见江悦：“论我国政府信息公开申请权滥用的司法规制之路”，载《河北法学》2018年第10期。

不难发现，不论是从“权利滥用”的一般理论来看，还是从学界关于“滥用知情权”的相关研究来看，抑或从法院近来的司法实践来看，申请人的主观心态、客观行为在“滥用知情权”判定过程中都是需要考虑的重要因素。

（二）将主观心态和客观行为因素作为权利的正当化条件是妥当的吗？

“权利的限度理论、权利的滥用理论、权利的相对性理论，是认识权利现象及其本质的一个逐步递进的逻辑理论链条”，有权利则有限度，超越了限度就可能导致滥用权利。[1]具体到本文讨论的问题中，“滥用知情权”行为的关键在于行为超越了权利的边界。按照前文的分析，公民在申请政府信息公开时，申请行为本身体现了严格意义的“权利”属性，而一阶性的“权利”背后是二阶性的“特权”，即对应当公开的政府信息享有知晓的自由。问题就具体化为公民对知晓应当公开的政府信息享有的自由的边界。

如果将主观心态和客观行为纳入对“滥用知情权”的判定，就意味着，人们在行使这项自由时必须确保在主观上是善意的、诚信的、符合权利创制精神和目的的，必须按照规范指引作出或不作出某种行为。赞成这个命题的人通常愿意引用我国《宪法》第51条作为实在法上的论据。[2]然而，当我们仔细审视二者，还是会发现其中细微但重要的差别：前者实际上为权利人行使权利负担了主观心态和客观行为方面的义务，而根据权利的滥用理论和权利的相对性理论，这项主观上的义务是自由本身的题中应有之义，即公民拥有知晓应当公开的政府信息的自由以其负担义务为正当化条件；但是后者强调公民行使自由和权利不得损害他者的权益，并未明确表达这是就主观心态和客观行为的义务而言还是就客观上的结果而言。

权利边界的划定至少存在两种模式。其中一种模式是施加义务的方式，也就是刚才提到的“公民拥有知晓应当公开的政府信息的自由以其负担义务为正当化条件”，它可以被表达为L1：公民享有知晓应当公开的政府信息的自由不是无限的，在遇到他自己负担的义务时会停下来。另一种模式并不采

〔1〕参见刘作翔：“权利相对性理论及其争论——以法国若斯兰的‘权利滥用’理论为引据”，载《清华法学》2013年第6期。正如若斯兰指出的那样，权利的精神、权利的相对性、权利的滥用，是三种合一而不可分的概念。参见［法］路易·若斯兰：《权利的相对性》，王伯琦译，中国法制出版社2006年版，第258页。

〔2〕《宪法》第51条规定：“公民在行使自由和权利的时候，不得损害国家的、社会的、集体的利益和其他公民的合法的自由和权利。”“陆红霞案”法院判决书中也援引此作为说理依据。

用施加义务的方式，它可以被表达为 L2：公民享有知晓应当公开的政府信息的自由不是无限的，在遇到他者所拥有的权利时会停下来。L2 比 L1 更具有理论优势。理由有二：第一，基于霍菲尔德的理论，公民知晓相关信息的“特权”概念本身就意味着不受义务的限制。如果认为 L1 成立，那么就意味着，公民知晓相关信息的自由实际上只能表达为“公民只拥有并非‘不具备善意’，并非‘申请次数众多’，并非‘家庭成员分别提出相同或类似申请且内容多有重复’，并非‘申请公开的内容包罗万象’，并非‘部分申请目的明显不符合立法规定’、不给政府添麻烦地知晓应当公开的政府信息的自由”。然而，“特权”的双重自由属性本身却意味着，权利人没有义务不知晓相关信息，即可以不受义务限制地知晓相关信息。所以，以主观心态和客观行为来作为知晓相关信息“特权”的正当化条件，与“特权”（自由）概念本身就是矛盾的。第二，一般的道德观念认为，滥用权利在道德上是错误的，而人们负有“不得做出道德上错误之行动”的道德义务，所以这种义务可以用以限制权利或者作为权利的边界。但是这混淆了“道德正确”与法律上的权利的区别，将二者错误地等同了起来。如果法律上的权利和“道德正确”是完全一致的，那么权利的概念就没有存在的必要，仅需要“道德正确”就够了。

实际上，为什么“滥用知情权”会成为一个困扰政府、法院和学界的问题，直接原因在于本文开头提到的：纠缠式的信息申请行为对政府正常工作秩序带来负面影响，纠缠式申请行为后的纠缠式诉讼给司法机关和行政机关带来“不必要”的负担，“浪费”了宝贵的司法资源。这正是 L2 表达的权利冲突（conflict of right）观念的体现。在 L2 中，同时存在着两项权利，即 R1：公民享有“知晓应当公开的政府信息的自由”；R2：政府享有“正常工作和履职秩序不受侵扰的法律上的利益”〔1〕。此时存在三种可能的情形：一是，R1 和 R2 没有发生接触，即公民行使知晓信息的自由没有侵扰政府的正常工作和履职秩序，则不存在权利冲突；二是，如果 R1 与 R2 发生接触，且 R1>R2，那么意味着政府享有“正常工作和履职秩序不受侵扰的法律上的利益”，

〔1〕 这项利益在霍菲尔德基本法律概念中应该以何种面貌表达需要进一步求证，甚至在公法学中的地位如何也具有进一步探讨的空间，但从常识来看，由于政府在国家和社会运转中承担着重要的工作，其履行各项职责时，宪法和法律赋予了法律上的义务，因此，其履行职责所必要的物质条件，包括涉及人力、财力、物力的工作秩序，应当受到法律的保护。由于这并非本文的重点，因此不在此做过多探讨。

但有义务不阻碍公民“知晓应当公开的政府信息的自由”；三是，如果 R1 与 R2 发生接触，且 R1<R2，那么意味着公民享有“知晓应当公开的政府信息的自由”，但有义务不侵扰政府“正常工作和履职秩序不受侵扰的法律上的利益”。在后两种情形下，权利人之所以会有义务产生，并不是权利人自身的权利导致，而是利益冲突时，对方权利重于己方权利所形成的“权利凌驾”。[1]

以上论证说明，将主观心态和客观行为作为“滥用知情权”的判定因素是不妥当的，因为这实际上为公民行使知晓应当公开的政府信息的“特权”（自由）负担了作为正当化条件的义务，这一方面与“特权”（自由）概念本身相矛盾，另一方面也可能是混淆了“道德正确”和法律权利的区别。公民的这项“特权”即便在某些时候确实受到了义务的限制，此义务也并非由此“特权”本身产生，而是在与政府享有的“正常工作和履职秩序不受侵扰的法律上的利益”相冲突时，进行权衡后轻于政府在法律上的利益而产生。

（三）应对权利冲突的技术性方案

通过“大包干”的方式，将主观心态、客观行为等因素一揽子地纳入判定框架，看似全面、有体系，实际上却在理论和逻辑上存在瑕疵。限制权利的义务来源于权利冲突产生的“权利凌驾”昭示了判定的关键：权利冲突的权衡。

当公民享有的“知晓应当公开的政府信息的自由”与政府享有的“正常工作和履职秩序不受侵扰的法律上的利益”发生冲突时，到底谁应退步呢？公民的申请行为会导致政府工作量的增加是毋庸置疑的，关键是，在政府的人、财、物确实有限的情况下，应当最大化地保障公民知晓政府信息的自由，同时不至于给政府带来过于沉重的负担，使其难以正常地履行各项法定职责。

基于以上分析，本文尝试提出以下方案（如图 4 所示）：

（1）由于“滥用知情权”问题的关键在于某些权利人的申请行为导致政

[1] 以上三段关于权利冲突的相关理论和表述，参见陈景辉：“权利和义务是对应的吗？”，载《法制与社会发展》2014 年第 3 期。

府办公资源的浪费和运行的沉重负担，因此，首要的判定因素则是权利人的申请行为是否确实导致了这样的负担。如果没有导致这样的负担，又因为公民对应当公开的政府信息享有知晓的“特权”，基于这类权利的属性，不宜考虑主观心态、客观行为等因素，一律应当提供信息。例如，如果权利人仅仅是申请一份应当依申请公开的简短的政府文件，即便其因为其他种种原因，在申请过程中以不恰当的言语发泄了对政府的不满，也应当向其提供信息，即便其发泄不满的行为确实违反了其他法律法规，但那也是由其他法律法规处理，不影响信息公开。可能有观点认为，如果他每天都申请一份带有不恰当语言的简短申请，长期来看也会给政府带来较大负担。需要指出的是，这里的讨论是指偶尔一次而言，多次、反复提起申请给行政机关带来的负担需要结合实际情况，在个案中予以判定。

（2）如果公民的申请行为确实给政府的工作和履职秩序在人力、财力、物力上造成了沉重的负担，则应该判断，这些信息对于公民的其他权利保护是否具有现实而紧迫的重要性。如果是，则此负担应视为信息公开制度本身和政府履行职能的必要成本，政府仍然应当提供相关信息。例如，该公民的某项基本权利受到政府侵害，为了维护自身权利，公民提出信息公开申请，即便这些信息数量巨大，提供信息会给政府工作带来巨大负担，但因为它们对公民其他权利的保护具有现实而紧迫的重要性，政府仍应克服困难，提供信息。

（3）如果这些信息对于公民其他权利的保护不具有现实而紧迫的重要性，那么则可以考虑：①通过收取信息公开成本费，同时向权利人提供信息；②如果权利人不缴纳相关费用，则可以认定，权利人行使知晓相关信息自由造成了政府过于沉重的负担，且不具有现实而紧迫的重要性，可以拒绝提供相关信息。例如，一些公民为了满足好奇、泛泛意义上的监督政府行政等，大量、反复申请信息公开，给政府造成不成比例的负担的情况。

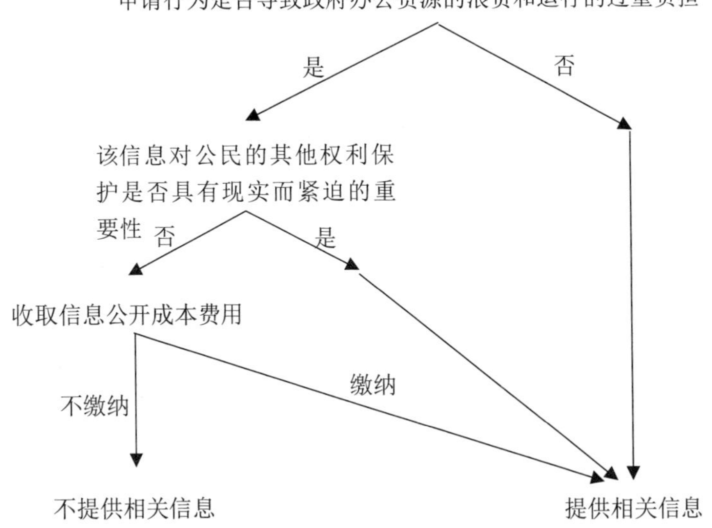

图 4 解决“滥用知情权”问题的一种技术性方案

以上方案对相关成本的计算是另一项复杂但具有重大意义的工作，不在此详述。需要指出的是，2019 年修订的《政府信息公开条例》第 35 条规定，“申请人申请公开政府信息的数量、频次明显超过合理范围，行政机关可以要求申请人说明理由”。第 42 条规定，“行政机关依申请提供政府信息，不收取费用。但是，申请人申请公开政府信息的数量、频次明显超过合理范围的，行政机关可以收取信息处理费”，与本文提出的方案具有某些相似性，但也具有显著的区别。无论如何，2019 年修订的《政府信息公开条例》对于此类问题的处理方法相较于“陆红霞案”是有所进步的。还需要指出的是，以上方案仅是应对所谓“滥用知情权”问题的一种技术思路。权利冲突仅仅是“滥用知情权”问题的直接原因，冲突背后是信息公开制度呈现出的某种扭曲的“异化”状态，[1]深层次的成因非常复杂，不能简单地将其视为信息公开制度及其落实的问题，也不能指望仅从信息公开的角度入手就能彻底解决这一问题。[2]

---

〔1〕 参见梁艺：“‘滥诉’之辩：信息公开的制度异化及其矫正”，载《华东政法大学学报》2016 年第 1 期。

〔2〕 参见后向东：“信息公开申请权滥用：成因、研判与规制——基于国际经验与中国实际的视角”，载《人民司法·应用版》2015 年第 15 期。

结 论

根据霍菲尔德基本法律概念理论，公民在个案中对政府信息的申请权具有严格意义的“权利”（right）属性，公民享有知晓应当公开的政府信息的“特权”（privilege）。“权利滥用”的一般理论、学界关于“滥用知情权”的相关研究和法院近来的司法实践都将申请人的主观心态、客观行为作为其行使权利的正当化条件。但是，基于“特权”的双重自由性质、“道德正确”与法律权利相区分两个理由，上述观点在理论上是具有瑕疵的。“滥用知情权”问题的直接原因是公民享有的“知晓应当公开的政府信息的自由”与政府享有的“正常工作和履职秩序不受侵扰的法律上的利益”之间的权利冲突，限制权利的义务不是产生于权利本身，而是冲突导致的“权利凌驾”。

缓解权利冲突的关键就在于如何进行权衡，一种技术性的应对方案是：首先判断申请行为是否给政府工作造成了不成比例的沉重负担，如果否，则不论申请人的主观心态和客观行为如何，一律应当提供信息；如果是，则判断此信息对权利人其他权利的维护是否具有现实而紧迫的重要性，如果具有这样的重要性，即便提供信息的成本很高，也不得拒绝；如果没有这样的重要性，则可以要求收取一定的成本费用并提供信息；如果权利人不缴纳相应的成本费用，则可以拒绝提供信息。当然，这只是一种技术思路，权利冲突仅仅是“滥用知情权”问题的直接原因，深层次的成因非常复杂，不能指望仅从信息公开的角度入手就能彻底解决这一问题。

规划许可诉讼中“相邻权人”诉的利益

刘子钰*

【摘　要】 相邻关系处于公法和私法、公共利益和私人利益的交叉点上，特殊的地位使其具有研究价值。相邻权人利害关系的判定是此类案件的争议点，在一些案件的相邻权人原告资格判断中，保护规范理论的引入为利害关系界定提供了新进路，但能否与我国行政诉讼功能相契合还存在诸多亟待解决的问题，所以为避免对相邻权人诉权造成侵害，应该对其持较审慎的态度。在行政机关对相对人的许可行为侵害第三人的合法权益的情况下，由此提起的撤销许可之诉能起到对行政行为进行合法性审查的作用，从侧面监督行政机关依法行政，其维护的公共利益并非“缺乏私益性的反射权”时，相邻权人的主张因有救济之必要性而具有诉的利益。

【关键词】 相邻权　原告资格　保护规范理论　诉的利益　利害关系

一、问题的提出

随着城市化发展，规划许可等涉及公法相邻关系的问题不断产生，而侵犯相邻权人合法权益的现象却常常难以得到救济，也是司法审查中的薄弱环节。传统上主要通过民法调整相邻关系，但仅仅依靠保护个人利益的私法远远不能解决相邻土地空间的利用问题。从德国法的发展看，相邻法已从原来

* 刘子钰，中国政法大学 2019 级宪法学与行政法学专业硕士。

的私法相邻法一元制度演进为私法相邻法和公法相邻法的二元制度构成。[1]近年来我国学界讨论的投诉举报类案件如“东莞市长安镇花园业主委员会诉东莞市城市综合管理局案”[2]等，原告通过投诉举报欲维护的“私益”事实上是相邻权，所以判断此类举报人是否有原告资格的问题也会转化为相邻权的原告资格问题。[3]如何判定公法相邻权人是否具有诉的利益，以及如何使作为利害调整法的行政法[4]解决日益复杂的问题影响着新时代行政法体系的构建。

广义的诉的利益包括主观性诉的利益和客观性诉的利益。[5]“主观性诉的利益指原告作为案件的利害关系人具有促进案件解决的权能资格，亦即当事人适格；当具有权利保护的资格和权利救济的必要性时，就具有了客观性诉的利益。”[6]《中华人民共和国行政诉讼法》（以下简称《行政诉讼法》）第2条[7]，第25条[8]及第12条第1项[9]都可作为相邻权人寻求救济的法律规范依据，如果某一具体的行政行为侵害了相邻权人依民法所享有的相邻权，该相邻权人就可以通过行政诉讼的途径获得公法的救济，但法律没有明确规定相邻权适用的范围，增加了法官自由裁量的空间，使得原告资格的认定存

---

〔1〕 参见金启洲：“德国公法相邻关系制度初论”，载《环球法律评论》2006年第1期。金启洲：《民法相邻关系制度》，法律出版社2009年版，第203~204页。

〔2〕 参见广东省东莞市第一人民法院（2017）粤1971行初304号行政判决书。

〔3〕 参见赵宏：“保护规范理论在举报投诉人原告资格中的适用”，载《北京航空航天大学学报（社会科学版）》2018年第5期。

〔4〕 参见王贵松：“作为利害调整法的行政法”，载《中国法学》2019年第2期。文中提到，“行政机关越来越多地与行政相对人、利害关系人形成三方乃至多方行政法关系，就其间的个人利益、集体利益和公共利益依法展开调整。与此相伴而生的行政法可谓利害调整型行政法”。作者所指利害调整型行政法是新型功能下的行政法以公益私益共存论为基础，通过对传统行政实体法、程序法、救济法等制度的深刻变革，在复杂的利害关系中实现对第三人公权利的保护。

〔5〕 参见王贵松：“信息公开行政诉讼的诉的利益”，载《比较法研究》2017年第2期。

〔6〕 参见［日］原田尚彦：《诉的利益》，石龙潭译，中国政法大学出版社2014年版，第1~2页。

〔7〕《行政诉讼法》第2条规定：“公民、法人或者其他组织认为行政机关和行政机关工作人员的行政行为侵犯其合法权益，有权依照本法向人民法院提起诉讼。”

〔8〕《行政诉讼法》第25条规定：“行政行为的相对人以及其他与行政行为有利害关系的公民、法人或者其他组织，有权提起诉讼。”

〔9〕《最高人民法院关于适用〈中华人民共和国行政诉讼法〉的解释》第12条第1款规定，“有下列情形之一的，属于行政诉讼法第25条第1款规定的‘与行政行为有利害关系’：（一）被诉的行政行为涉及其相邻权或者公平竞争权的”。

在不确定性。在德国法中被称为“邻人保护”（Nachbarschutz），是保护规范适用的最重要场域。〔1〕本文试图从相邻权人原告资格的认定，以及对其权利进行公法救济的必要性角度，探究我国公法相邻权诉讼中诉的利益。

二、规划许可诉讼中相邻关系界定

相邻关系与每个人的生活息息相关，传统的相邻关系主要发生在平等民事主体之间，随着城市化建设，多元结构产生的冲突也呈现复杂化，行政机关的公共行政行为可能也会对权利人造成影响，且这种影响不仅是对相对人的授益或侵害，有时也会涉及第三人的权益，规划许可侵犯相邻权人利益的案件则是代表类型。

（一）公法相邻关系的特殊性

相邻权纠纷往往首先选择民事途径解决，只有主观权利受到影响时才认为具有行政法律上的利害关系。〔2〕公法和私法的区分对相邻法及相邻保护产生重大影响，私法主要规定的是邻人的权利和义务以确保其自我发展的空间，就确认邻人彼此间的主观上的法律地位而言，仅仅属于私法范畴。但私法权利总是与要求承认和保护的公法请求权相联结，〔3〕有时行政主体对相对人作出的行为也会影响到第三人的利益，这种第三人常见的表现形式则是相邻权人。事实上很多情况下公法出于公共利益的考量对相邻关系进行调整，但这种调整是为实现不特定公众而非个别邻居的利益而进行的，〔4〕因此牵涉出相邻权人寻求救济的困境问题。对于公法和私法的相邻关系（如图 1 所示），可作以下几个方面的区分。

---

〔1〕 参见赵宏：“保护规范理论在举报投诉人原告资格中的适用”，载《北京航空航天大学学报（社会科学版）》2018 年第 5 期。

〔2〕 参见最高人民法院（2017）最高法行申 4361 号行政裁定书。法院的典型裁判是“首先应考虑选择民事诉讼途径解决。只有主观公权利，即公法领域权利和利益，受到行政行为影响，存在受到损害的可能性的当事人，才与行政行为具有法律上利害关系”。

〔3〕 参见［德］格奥格．耶利内克：《主观公法权利体系》，曾涛、赵天书译，中国政法大学出版社 2012 年版，第 47 页。

〔4〕 参见金启洲：《民法相邻关系制度》，法律出版社 2009 年版，第 206 页。

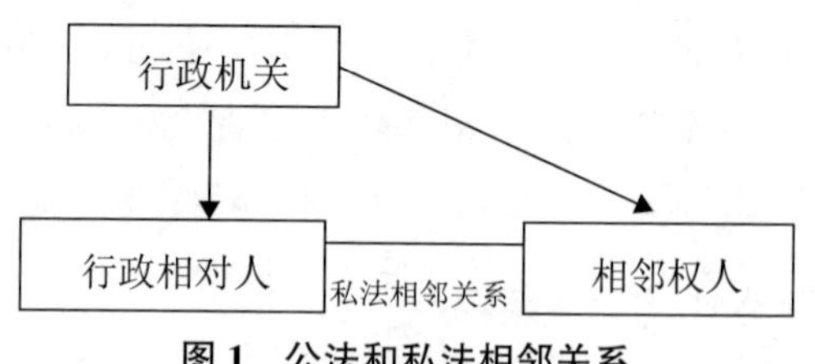

图1　公法和私法相邻关系

首先，主体构造结构不同。公法相邻关系往往呈现“行政机关—行政相对人——相邻权人”三方权利结构，行政机关对行政相对人的行为影响了相邻权人的合法权益；而私法相邻关系则是双方权利结构，主要是相对人和相邻权人平等的私主体二者之间。其次，针对的具体行政行为不同。公法相邻关系解决的是行政机关对相对人的许可等授益行为，对第三人相邻权人产生间接影响的问题提起变更、撤销之诉，或是邻人请求行政机关对侵害其相邻权行为进行干预的给付之诉。而私法相邻关系解决的是相邻权人对另一私主体的不动产侵犯自身生存发展的权利。〔1〕最后，原告资格认定不同。私法救济下遵循意思自治，相邻权平等主体之间可直接通过诉诸法院的方式寻求救济。但在公法案例中往往会伴随原告资格认定的争议，究竟权利人主张的是主观公权利还是反射利益，是需要考量的。

从规划许可侵犯相邻权案件来看，由于公法是调整国家机构以及国家与其成员之间关系的法，〔2〕在相邻权领域其特点表现为调整两个方面的法律关系——一是作为国家机关与被管理者之间的关系，二是国家机关与该被管理者的邻人之间的关系。同时与一般的公法规范不同，一般的公法以公共利益的保护为主，如果私人因公共利益的实现获益也只是公法规范的反射性利益。而公法相邻权保护公共利益的同时保护邻人的私人利益。〔3〕在第二种情形下的三方关系正是如今司法实践的难点，对其邻人的利益衡量是否有确切的标

〔1〕参见龙非：“行政诉讼中‘受害者’原告资格之反思——以德国法作为比较”，载《法律适用》2017年第22期。作者提到，对于原告资格要求要有请求权基础外，投诉举报类案件还具有更为特殊的要求，即行政机关履责是否具有成熟性。这一要求来自于德国行政法上一个十分重要的执法原则，即“便宜原则”（Opportunitätsgrundsatz）。所谓便宜原则，是指行政监管机关在发现有违法行为线索时，对于是否进一步查处以及何时查处该违法行为具有裁量权。

〔2〕［德］格奥格·耶利内克：《主观公法权利体系》，曾涛、赵天书译，中国政法大学出版社2012年版，第10页。

〔3〕参见金启洲：“德国公法相邻关系制度初论”，载《环球法律评论》2006年第1期。

准，直接关系到权利救济的实现。

（二）规划许可侵犯相邻权案件的特点

1. 行政行为效力阻却相邻权的实现

在民事、行政交叉的案件中相邻权案件是其中重要一类，由于行政行为具有公定力，行政机关作出行政行为后推定为行政行为合法，而相对人或者相关人在遵守时可能致使自身合法权益得不到保障。实践中需要判断行政行为的合法性是否能直接与相邻不动产权利人的合法权益相对抗，排除相邻权人的请求权。如“念泗三村 28 幢楼居民 35 人诉扬州市规划局行政许可行为侵权案”[1]（以下简称“念泗三村案”），法院认为如果限制在规划设计要求内或者没有对限制程度进行规定时则不侵犯相邻权，利害关系人应负有容忍义务，[2]最终相邻权人提起的撤销之诉没有得到支持。同样在“潘自杰等人诉昆山市自然资源和规划局行政许可案”中要求原告证明行政行为损害其环境权、经济权利等合法权益，才能认定相邻权受到侵害，而法院认定其所提供的证据并不能证明房屋贬值与颁发规划许可证的行为有关，因而驳回其诉讼请求。所以涉及规划许可领域区分行政行为对相邻权人造成了事实上的不利影响还是法律上的不利影响，是关乎认定结果的重要环节。而在这一问题上没有相关法律的具体规定，因此对于是否侵犯相邻权的界定是一个复杂的过程。

2. 权利保护以预防性保护为主

因为规划许可侵犯的环境利益具有不可恢复性的特点，保护的重点在于事前预防而非事后补偿，这一点不同于传统私法相邻关系的“抑制型”保护。

---

〔1〕 载《最高人民法院公报》2004 年第 11 期。最高人民法院认为：本案中的当事人不是具体行政行为的直接相对人，而是因相邻权受到侵害而提起行政诉讼。起诉所基于的相邻权，属于民法范畴。但现实中，如果一方当事人实施的与其他当事人相邻权有关的行为是经行政机关批准、许可的，其他当事人就无法通过民事诉讼获得救济。为此，《最高人民法院关于执行〈中华人民共和国行政诉讼法〉若干问题的解释》（已失效）第 13 条第 1 款第 2 项规定，相邻权人有对行政主体作出的涉及相邻权的具体行政行为提起行政诉讼的原告主体资格，其目的是保护民事主体享有的相邻权不受侵害。但《江苏省城市规划管理技术规定》根据居住建筑日照标准和当地实际情况，确定南京、镇江、扬州（除宝应、高邮外）等地住宅楼的日照间距系数为 1∶1.2。法院认定扬州市规划局的行政许可行为并不影响上诉人享有的法定日照、采光、通风等相邻权，是有事实和法律依据的，因而驳回原告的诉讼请求。

〔2〕 陈越峰：“公报案例对下级法院同类案件判决的客观影响——以规划行政许可侵犯相邻权争议案件为考察对象”，载《中国法学》2011 年第 5 期。

公法相邻关系恰能满足这一特点，规划许可虽是行政机关已作出并发生法律效力的行为，但其对于房屋修建的事实行为而言仍停留在预备阶段，所以不同于房屋建成后对当事人权利产生直接损害。一方面其优点在于如果规划许可行为违法，那么通过撤销许可或确认违法的判决可以及时止损，将错误成本控制在最小，避免房屋建成后的难恢复性，能在维护相邻权人利益的同时维护公共利益。但另一方面，因为针对的往往是尚未发生的损害，对于可能受到不利影响的权利人而言，难以提供有力的证据，这也是导致此类案件中判断相邻权是否受到损害存在较大争议的原因之一。

3. 行政权与利害第三人权利相关联

规划许可类案件中，行政机关在作出行政行为时并没有影响利害第三人的目的，但该行为在实质上侵害相邻权第三人的利益。这类案例中，关于权利人在这种法律关系中的法律地位，一种观点把相邻权人看作是行政许可中的第三人，即行政行为所针对的对象以外受到影响的社会主体，另一种观点认为规划许可针对的权利主体开发商是直接相对人，它是行政许可的直接对象，所以其权益受行政许可的直接影响。相邻权人是间接相对人，其权益则受行政许可的间接影响。[1]本文认为按照第一种观点理解更恰当，相邻权人正是请求获得权利救济的行政第三人。利害关系标准使得一部分有正当权益的第三人也可以通过诉讼方式使自己的权利得到救济，在立法上表述为“其他与行政行为有利害关系的公民、法人或者其他组织”。社会契约论者认为，人虽然是生来自由和平等的，但这种权利在自然状态下难以维护，只有通过让渡自己的一部分权利的方式组成社会，才能保障自然人的权利，而公民进入社会就是为了使自己的自由和平等得到更好的保护。[2]这一理念具体到规划许可案件中，就意味着需要处理好行政机关、开发商和邻近居民三者的关系，从某种程度上也体现了对于城市空间的公平分配。

值得注意的是，根据行政行为的第三人效力制度和理论，行政机关在作出规划许可行政行为时需要对公共利益予以权衡，如果出于有利于他人利益的考虑限缩某些利益时，这种限缩应当是在社会义务的范围内，同时限缩的目

---

〔1〕 参见杨山林：“《行政许可法》视野下的采光权保护”，载《韶关学院学报》2008 年第 4 期。

〔2〕 周佑勇、何渊：“论行政第三人”，载《湘潭工学院学报（社会科学版）》2001 年第 2 期。

的也应在于服务社会公共福祉。〔1〕规划许可作为对城市公共空间进行分配的手段，影响到市民的切身利益，行政机关在作出此类规划时需要参照相关标准，考虑各方适当利益再作决断。如何将利害关系第三人诉讼同公益诉讼作区分，如何将公共利益与个人利益作区分，如何将所有权与容忍义务的边界作区分，都是在规划许可侵犯相邻权案件中值得探究的问题，会影响到法院对原告资格的认定。

三、规划许可诉讼中相邻权人原告资格认定

根据我国《行政诉讼法》第 2 条〔2〕，第 25 条〔3〕及第 12 条第 1 项〔4〕规定，与被诉行政行为有利害关系的公民、法人或其他组织有权提起诉讼，其中的“利害关系”包括被诉的行政行为涉及其相邻权的情形，这是公法相邻权人具有原告资格的规范依据。

（一）相邻权人利害关系认定的司法实践

在相邻权人行政诉讼中，界定是否侵犯到原告的相邻权一直是司法审查的核心，但我国立法中仅笼统地提出相邻权受到侵害可以作为原告提起诉讼，对于相邻权究竟该如何认定还未作进一步解释，因而这是审理此类案件的争议焦点。一方面，通风、采光、日照、通行等相邻权概念往往是主观感受，难以通过量化的方式表达清楚，所以原告所主张的受损权益是其自身本该承担容忍义务的范围还是客观违法行为，法官具有裁量空间。另一方面，法院在审查过程中也没有依据指引，往往只能借助一些技术标准。作者经过梳理相邻权相关案例（如表 1 所示），可从中得出相关案件的审判逻辑。

---

〔1〕 陈越峰：“城市空间利益的正当分配——从规划行政许可侵犯相邻权益案切入”，载《法学研究》2015 年第 1 期。

〔2〕《行政诉讼法》第 2 条规定：“公民、法人或者其他组织认为行政机关和行政机关工作人员的行政行为侵犯其合法权益，有权依照本法向人民法院提起诉讼。”

〔3〕《行政诉讼法》第 25 条规定：“行政行为的相对人以及其他与行政行为有利害关系的公民、法人或者其他组织，有权提起诉讼。”

〔4〕《最高人民法院关于适用〈中华人民共和国行政诉讼法〉的解释》第 12 条第 1 项规定：“有下列情形之一的，属于行政诉讼法第 25 条第 1 款规定的‘与行政行为有利害关系’：（一）被诉的行政行为涉及其相邻权或者公平竞争权的”。

表1　规划许可侵犯相邻权案件

案例	原告资格	利害关系的判断	行为合法性审查
念泗三村28幢楼居民35人诉扬州市规划局行政许可行为侵权案〔1〕	有	相邻权有关的行为是经行政机关批准、许可的，相邻权人有提起行政诉讼的原告主体资格	许可建设的建筑项目符合有关建筑管理的技术规范，未侵犯原告的相邻权
于钦业等与高密市规划局工程规划许可纠纷上诉案〔2〕	有	原告作为规划许可行为涉及其相邻权的利害关系人，具有诉讼主体资格	未提供证据证明楼之间的日照间距系数是否达到了规定的日照最低标准等，被告无法证明被诉行政行为合法
时某、王某等59人诉合肥市规划局建设工程规划许可案	无	原告所涉的商铺非日照分析的"被遮挡建筑计算范围"，与被诉的建设工程规划许可行为无法律上的利害关系	无
朱永明等不服东台市住房和城乡建设局颁发建设工程规划许可证案〔3〕	有	未进行实质审查，直接认定具有利害关系	被告的颁证行为符合有关建筑管理的技术规范，批准行为侵犯了原告相邻权
宁波科力陶瓷密封件有限公司诉宁波市规划局规划行政许可案〔4〕	无	虽相邻但由于被诉建设用地规划行为对原告相邻权尚不发生实际影响，不具有法律上的利害关系	无
胡世庆不服绍兴市规划局规划行政许可案〔5〕	有	规划许可涉及的土地位于原告房屋之前，因该建筑物遮挡原告房屋给其相邻权以及房屋商业价值造成影响，与原告具有法律上的利害关系	该规划用地许可会使上诉人的商业用房的商业价值受到显著影响，许可决定程序违法

〔1〕参见《最高人民法院公报》2004年第11期。
〔2〕参见山东省潍坊市中级人民法院（2012）潍行终字第50号行政判决书。
〔3〕参见江苏省盐城市中级人民法院（2012）盐行终字第0034号行政判决书。
〔4〕参见浙江省宁波市中级人民法院（2011）浙甬行终字第138号行政裁定书。
〔5〕参见浙江省绍兴市中级人民法院（2009）浙绍行终字第38号行政判决书。

1. 形式审查与实质审查区分

从典型案例的归纳中可以看出，对于是否侵犯相邻权的认定既可以在原告资格认定时进行实质审查，从而作为原告适格的判断依据；也可先通过形式审查直接认定具有原告资格，再在实体审理阶段对相邻权是否受到侵害进行判断。值得注意的是审查要件不等于起诉要件。[1]如在《“念泗三村案”中法院并未将是否侵犯相邻权作为界定利害关系的标准，所以起诉资格没有成为争议焦点，而将相邻权问题放在实体审理中进行审查。但在“时某、王某等59人诉合肥市规划局建设工程规划许可案”以及“宁波科力陶瓷密封件有限公司诉宁波市规划局规划行政许可案”等案中，相邻权是否受到损害在起诉阶段审查，将是否侵犯相邻权作为利害关系认定的判断标准，在审查中认为没有利害关系而不具有原告资格，所以案件对于行政行为的合法性无法进入实体审理。在同类的城市规划许可案件中，法院在审查思路上还不统一，但无论在对原告资格认定时审查相邻权关系，还是在进入实体审理时再审查，对于相邻权的认定来说公报案例具有引导性，需要首先确定依据的技术标准和相关规范，以此为基础来权衡相邻权人的利益与公共利益之间的界限。

此外，在涉及环境污染的案件中，由于公法相邻关系不同于私法救济中的空气、清洁水等人身财产损害，更多地涉及环境信息知情权、环境行政管理侵害排除请求权及管理参与权等公法调整的内容。私法调整下主体呈现污染方及受害人双方结构，而在公法之下往往涉及要求行政机关履职作为的请求，也有对行政机关许可排放等文件的撤销请求。环境类案件的特点在于其影响的是不特定多数人的利益，所以在认定其行为有损害时界定相邻利害关系往往不依赖于空间上的相邻，而要考虑实际损害等方面的相邻。如果污染企业附近的居民，认为排放行为影响到自身合法权益时，往往难以证明直接损害，而以投诉举报的形式向行政机关提出制止请求。[2]

2. 技术标准规范效应

对于是否侵犯相邻权的判断主要依托技术标准，根据“念泗三村案”的

---

〔1〕 参见陈越峰：“公报案例对下级法院同类案件判决的客观影响——以规划行政许可侵犯相邻权争议案件为考察对象”，载《中国法学》2011年第5期。

〔2〕 参见龙非：“行政诉讼中‘受害者’原告资格之反思——以德国法作为比较”，载《法律适用》2017年第22期。

审查思路，在一审中法院认为原告主张的住宅楼形成屏障而影响通风的观点没有法规或技术规范的支持。在二审中按照《城市居住区规划设计规范》的数据，同样主张满足采光、通风等因素，所以未侵害原告的相邻权。城乡规划许可所必须依据的各种技术标准和规范，是对各方利益主体的权益兼顾后固化的准则。

行政许可是否严格依据技术标准进行审批，是当前司法裁判中采用的认定相邻权受到侵犯的标准，在规划许可满足相关规范和技术标准时认定行政行为合法。如果规划许可对邻近居民的相邻权产生了不利影响，但不利影响在一定技术标准规定的范围之内时，则认为此影响并不侵犯相邻权，与此同时相邻权人有容忍义务。在相邻关系中，一方权利人权利的扩张，意味着另一方权利使用与享有的限缩。从学理上将权利扩张或限缩的“度”止于容忍义务，这一容忍义务是相邻权扩张与限制的基点，同时也正是案件争议的症结所在。容忍义务是解决权利冲突的工具，如果能把握容忍义务的内涵，也就能更好地解决相邻权纠纷。

3. “有影响即有利害关系”与“合法即不侵权”的论证思路

利害关系作为原告资格认定的重要部分，法律上不同利害关系的理解可能会限制相对人的起诉权。相邻权案件多数在于保护第三人利益，行政行为对相邻权人的影响程度还需考虑私人利益与公共利益的平衡，在这样复杂的关系中，法官往往有较大的自由裁量权而使利害关系界定尚缺乏一致性。

“于钦业等与高密市规划局工程规划许可纠纷上诉案”和“朱永明等不服东台市住房和城乡建设局颁发建设工程规划许可证案”中利害关系认定采用“有影响即有利害关系”的论证思路，对于是否侵害相邻权没有过多的争议，因在存在地理上的不动产相邻关系而认定其具有原告资格，所以进入实体审查阶段。而在“时某、王某等 59 人诉合肥市规划局建设工程规划许可案”中，法院首先以是否侵害相邻权作为利害关系标准，来判断适格原告资格。对于侵害的程度依据的是行政行为“合法即不侵权”的论证思路，[1]以技术标准为依据，只要符合量化的数据则认定行为合法，于是提出“原告王某等 8 人所涉的商铺非日照分析的被遮挡建筑计算范围”因而不具有原告资格。还

〔1〕 参见《最高人民法院公报》2004 年第 11 期。

有一些案件中，以行政行为所限缩的相邻权是否侵犯到权利人的经济利益作为考察标准，如在“潘自杰等人与昆山市自然资源和规划局行政许可案”中，一审法院驳回原告诉讼请求的理由是：“首先，潘自杰等人未能证明其房价贬值，同时也未能证实系原昆山市规划局的行政许可行为致使潘自杰等人房价贬值；其次，潘自杰等人也未证实原昆山市规划局在作出涉案行政行为时应当考虑潘自杰等人的经济利益；再次，从潘自杰等人的房屋来看，其不在原昆山市规划局颁发的涉案建设用地规划许可证范围内。”原告不能证明其房屋贬值是由于相邻权受到侵害所致，因无利害关系而不具有原告资格。从几个案例可以对比出，不同的审查标准影响着案件能否进入实体审查，甚至决定了案件的审理结果。目前存在的问题在于不同的法院审理案件始终缺乏统一的标准，这对相邻权人诉权保护产生较大影响。

4. 保护规范理论引入

“关卯春等193人诉浙江省住房和城乡建设厅等复议案”涉及的核心问题是相邻权人的环境利益，法院主要以《选址意见书》的范围认定其是否属于相邻的利害关系。〔1〕根据保护规范理论，其所主张的利益不属于行政机关应考虑和保护的权利或法律上的利益，因而不具有原告资格。同样，“安二铭、高玉来、曾尧、张亚萍、朱春华与南京市规划和自然资源局、中国石油天然气股份有限公司江苏南京销售分公司规划行政许可纠纷案”〔2〕中法官的裁判逻辑是当事人居住的小区直线距离远，如果天宁加油站建成会给上诉人居住的钟鼎雅居小区带来周边交通道路拥堵、油气爆炸安全危险、环境污染及小区防灾隐患等，影响上诉人的居住环境和身心健康，但上诉人与涉案规划许可证具有利害关系当事人的主张出于对周围环境的担忧，而非已发生的实际损害，所以这种利益不应诉诸法院进行救济，法院保护的是涉及当事人直接利害的主观公权利，而非其反射性利益。再如“扬州市红桥驾培有限公司与

〔1〕参见最高人民法院（2017）最高法行申4361号行政裁定书。

〔2〕参见江苏省南京市中级人民法院（2019）苏01行终263号行政裁定书。一审法院的审判逻辑是该利害关系必须是直接的、现实的，而在本案中涉案许可证的被许可对象是中国石油天然气股份有限公司江苏南京销售分公司，安二铭等五人不具有行政相对人身份。同时引入保护规范理论，相邻土地权利人的权益不是规划许可作出部门在建设时应考量的因素，其作出的建设单位是否颁发许可证的行为不会影响到土地相邻权人的权益，所以相邻权人不具有原告资格。

扬州市自然资源局、江苏省自然资源厅案”〔1〕，原告认为建设用地规划许可证违法要求赔偿损失，但法院认为根据保护规范理论，相邻土地权利人的权益不是规划主管部门进行详细规划时考虑的因素，其是否向建设单位颁发建设用地规划许可，本身并不会直接影响邻近土地权利人的权益。如果相邻土地权利人认为自己的合法权益受到了侵害，其侵害只可能出现在其他环节，而非建设用地许可环节，所以红桥驾培有限公司与涉案用地规划许可行为之间不具有法律上的利害关系，非适格当事人。涉及规划许可领域的问题，区分行政行为对相邻权人造成了事实上的不利影响还是法律上的不利影响，是认定结果的重要环节，而在这方面没有相关法律的具体规定，往往需要根据规划许可文件相关数据作为判断标准，同时相邻权人容忍义务的边界也需由法官进行裁量。事实上对于其相邻关系的界定是一个复杂的过程。

作者通过梳理发现，尽管近年来保护规范理论在相邻权案件中的运用十分广泛，但在判决书中法官往往较少论证保护规范理论引入的基础依据，而且缺乏对具体案件要件的分析。相邻关系案件的一大特征是涉及多边法律关系，既有相邻权人与行政行为相对人之间的相邻关系，又有行政机关对相对人作出行政行为的行政法律关系，往往需要判定的是行政机关对相对人的许可或授益行为是否侵犯相邻权第三人的合法权益，而且这一合法权益是否是公法上所要保护的权利。在德国，保护规范理论是关于原告资格的主流学说。《德国基本法》第 19 条第 4 款规定：“任何一个主观权利遭受公权力侵害的公民都可以诉诸法律途径。〔2〕主观公权利是指法律赋予个人实现自身权利的权益，从而要求国家实行特定行为”。〔3〕其条件有二：一是有公法对行政机关为特定行为作出法律规定；〔4〕二是法律也以保护个人利益为目的。〔5〕而其在中国的本土化过程中是否与法官的法律解释能力相匹配，能否体现我国行政诉讼的目的与本质，都是需要探讨和反思的问题。

---

〔1〕 参见江苏省南京市中级人民法院（2019）苏 01 行终 251 号行政裁定书。

〔2〕［德］哈特穆特·毛雷尔：《行政法学总论》，高家伟译，法律出版社 2000 年版，第 153 页。

〔3〕［德］哈特穆特·毛雷尔：《行政法学总论》，高家伟译，法律出版社 2000 年版，第 152 页。

〔4〕 需要说明的是，上述法律指的是立法机关制定的法律，行政规则、法规命令和政策声明不足以设定权利。参见［德］汉斯·J. 沃尔夫等：《行政法》，商务印书馆 2002 年版，第 508 页。

〔5〕［德］哈特穆特·毛雷尔：《行政法学总论》，高家伟译，法律出版社 2000 年版，第 155 页；［德］弗里德赫尔穆·胡芬：《行政诉讼法》，莫光华译，法律出版社 2003 年版，第 252 页。

保护规范理论的引入是相邻权案件审查思路发生转变的分水岭，在此之前法院采取的是“有影响即有利害关系”与“合法即不侵权”的审查思路，但相邻权案件的审查依旧存在较大的不确定性。保护规范理论引入我国司法实践，目的是增加原告资格判断的可操作性，从而为此类案件提供新的处理视角。不过究竟是否如愿还值得商榷，因为适用保护规范理论审理相邻权人原告资格的案件大量涌出，其审理结果多数为对原告资格的限制，究竟是增加了灵活性和裁判依据，还是使得原本就游移不定的司法裁判更加缺乏个性，仍需要在实践中不断探索。

（二）保护规范理论适用于相邻权人原告资格认定的妥当性分析

在相邻权人的投诉举报行为当中，界定相邻权人是否是有“利益”的个人，对于利益范围的界定，还存在一定的模糊地带，仅靠保护规范理论作为标准依旧存在难以自圆其说的地方，需要与法官的法律解释能力相配合。根据涉及相邻权案件的相关判决可以看出，保护规范理论从某种程度上起到了限缩原告资格的作用，对于它的不断本土化，在学界还存在众多争议。杨小君教授认为，公权与反射利益的概念区分不符合我国法律制度背景与理论现状，〔1〕而最高人民法院大法官江必新亦意识到我国行政诉权解释论尚不发达，〔2〕二者可谓不谋而合。保护规范理论的应用通常不能增加原告资格判断的可操作性，而更多的是一种政策选择，这种选择的正确与否要放在行政诉讼的框架中去考虑，与行政诉讼目的相契合可以更好地发挥这一理论的价值。对于相邻权人提出的权利救济请求，在私法框架之内可以基于权利受损的请求提起诉讼，但一旦涉及行政机关公共管理秩序的利益，这一问题的标准就被复杂化，对于通过保护规范理论进行相邻权人原告资格的审查，本文认为还存在以下几个需要考虑的问题。

1. 司法政策的导向

我国为解决当事人的权利救济问题，《行政诉讼法》第 2 条〔3〕主要以放宽原告资格为导向，其中“认为”可体现出只要当事人主张的权利受到侵害，

〔1〕 杨小君：“试论行政作为请求权”，载《北方法学》2009 年第 1 期。

〔2〕 参见江必新：《行政诉讼法修改资料汇纂》，中国法制出版社 2015 年版，第 73 页。

〔3〕《行政诉讼法》第 2 条规定：“公民、法人或者其他组织认为行政机关和行政机关工作人员的行政行为侵犯其合法权益，有权依照本法向人民法院提起诉讼。”

在不是出于浪费司法资源等不正当目的的情况下都有权提起行政诉讼。但在相邻关系案件中，对于相邻权人的“合法权益”过多地通过保护规范理论进行限制，在一定程度上存在限缩之趋势，与解决冲突的救济本意违背，不利于发挥监督行政机关依法行政的职能。

2. 当事人救济的阻力

相邻关系案件的一大特点是涉及面广，尤其是对于行政机关的规划许可等行为，往往带来的影响范围是整个相邻空间区域，因此有时会涉及不特定多数人的利益，作者通过梳理相关案件可知原告人数有时往往较多，出于滥用诉权等目的将相邻权人团结起来的可能性并不大，这种情况下如果保护规范理论没能得到法官的合理解释而使得原告资格无法得到主张，会增加上访或其他群体性事件的可能性，反而不利于发挥行政诉讼解决纠纷的功能。

3. 与合法性审查原则的契合问题

规划许可侵犯相邻权纠纷往往涉及对行政机关作出的行政行为进行合法性审查，一定程度上起到监督行政机关依法行政的作用，尤其对于行政机关的授益行为，直接利益相对人往往不会对给付行为提起诉讼，行为的合法性不能得到有效监督，其一旦损害到公共利益或他人合法权益，相关人由于无法证明其直接利益而不能获得起诉资格，在这种情况下权利损害容易出现救济真空，滥用行政权的行为也无法得到监督。

4. 法官的法律解释能力

根据作者检索的相关判决书，以我国引入保护规范理论作为原告资格判断的“分水岭”，在此后相邻权人提起的规划许可类诉讼越来越多以这一标准进行认定，但对适用前提的证成、案件具体要件的结合分析都缺乏过多论述。尽管每起相邻权案件所涉及的情节差别较大，判决结果却多数以不具有原告资格为主。在保护规范理论本土化的过程中，法官的法律解释能力得到同步提高是这一理论最大限度发挥价值的关键。如果缺乏规范保护目的的证成，而是简单机械的概念引入，裁判思维跳跃反而导致行政私法裁判混乱，都可能会出现相邻权人穷尽司法救济但案件都未进入实质审理的局面。

综上，尽管保护规范理论得到了理论界和实务界的认可，但其中依旧存在一些需要理清的问题。无论是适用司法实践已形成的判断标准，还是引入保护规范理论，“利害关系”的判断都伴随着法官的价值选择。[1]保护规范理论在适用过程中不能无限扩张，而要保持审慎的态度。

四、相邻权人救济之必要性

原告资格是从主观层面来看原告有无正当资格进行诉讼的利益问题，而狭义的诉的利益是从客观层面来看进行诉讼有无法律上的利益。[2]当原告诉请保护的权益不是行政机关作出行政行为时需要考虑的权益时，尽管原告资格得到认可，但法院在对行政行为合法性进行审查时仍不会将行政机关未考虑原告诉请保护权益的情形作为审查行政行为是否合法的标准。[3]

以相邻权人提起的规划许可类撤销诉讼为例，其请求保护的利益主要是不动产的不当设置带来的通风、光照甚至污染等问题，这种影响有时具有发散性，会涉及不特定多数人的利益从而被界定为公共利益。但这种利益是否界于私益和公益之间，有可能成为救济的真空而失去救济的必要性，还应根据具体情况进行斟酌。规划许可有时会是行政机关对相对人的授益行为，授益行为的合法性也需要得到监督，而这类行为的合法性审查却缺乏天然的适格主体，行政相对人作为利益的获取方往往不会对该行为要求审查，而相邻权人一旦成为授益行为的不利影响第三人，就需要对自己的受损利益请求救济从而成为原告主体，这种救济往往从侧面起到了对行政行为合法性监督的作用，其提起的对行政许可的撤销之诉在这种背景下应该具有诉的利益。

以日本的典型案例为例，针对相邻权人对过街人行天桥架设工程施工停止的请求，法院将天桥的设置视为控告诉讼对象的“相当于公权力行使的行为”，近邻具有要求撤销设置人行天桥的原告资格。[4]行政与公民生活紧密联系，行政行为法律上和事实上的效果不仅与特定个人的利益相关，而且还会给不特定多数人的生活带来广泛而深远的影响，所以最终都将受到单方面的

---

〔1〕 参见成协中：“保护规范理论适用批判论”，载《中外法学》2020年第1期。

〔2〕 参见［日］南博方、高橋滋編：《条解行政事件訴訟法》，弘文堂2006年版，第268页，转引自王贵松：“信息公开行政诉讼的诉的利益”，载《比较法研究》2017年第2期。

〔3〕 参见章剑生：“行政诉讼原告资格中‘利害关系’的判断结构”，载《中国法学》2019年第4期。

〔4〕 参见［日］原田尚彦：《诉的利益》，石龙潭译，中国政法大学出版社2014年版，第120页。

他律性制约。在此案中，人行天桥的设置尽管是以行政机关和施工方之间的契约为基础实施的，但当地居民的生活将完全被动地受其影响。当这种行政行为侵害到相邻公民的利益时，公民理应通过司法手段排除这种违法行为所带来的不利影响。在判决书中也出现了“因人行天桥的设置，不仅会使在该设置地点曾经拥有的道路通行权的行使受到妨碍，而且伴随着汽车交通量的增加与速度的提高而增大瓦斯排放量，造成健康损伤、环境破坏”[1]这样的字眼，这些虽然不是法律上具体的权利，但依旧着眼于居民生活上交通通行的不便和生活环境的恶化等不利影响的危害性，所以法院将居民作为适格原告为其提供法律上的保护。

通过检索可知，我国判决中较多涉及公共利益的相邻权案件，出现与环境等公共利益相联系的内容，常常忽视行为本身合法与否，而认定相邻权人非适格原告，有时会通过保护规范理论加以排除，这种一刀切的解释方式在基层法院尤其严重。本文认为涉及公共利益等不能作为排除原告资格的主要理由，首要考虑的应该是与当事人自身合法权益的联系。对相邻权人产生直接影响的或将来可能产生现实影响的，都应当对行政行为尽到合理审查的义务，即使危害行为尚未发生也应当及时止损。同时行政行为因违法而有危害公共利益的可能性时，对行为不合法性的审查有时恰好能体现对行政机关的监督目的，这也正是相邻权人提起撤销许可之诉的意义所在。

结　语

相邻关系在公法和私法中呈现出不同的特点，随着现代社会的发展，仅靠传统的私法已不足以解决纷繁复杂的相邻权问题。当某一具体行政行为侵害了相邻权人依民法所享有的相邻权时，相邻权人可以提起撤销行政行为之诉，或提起请求行政机关对侵害其相邻权行为进行干预的给付之诉来保护自己的权利。但对相邻权人的原告资格进行认定时，为查明主观公权利，法官不断尝试通过适用保护规范理论作为解决利害关系问题的方法。这一适用在为原告资格的判定提供新的路径指引的同时，也使得其呈现出限缩的趋势。如果在法官解释能力不足的情况下机械适用，某种程度上不利于相邻权人诉

[1] 参见［日］原田尚彦：《诉的利益》，石龙潭译，中国政法大学出版社 2014 年版，第 122 页。

权的保护，所以保护规范理论的本土化过程需立足司法实践，法官在适用时应保持相对审慎的态度。尤其在城市规划许可类案件中，相邻权人针对的往往是行政机关作出的许可行为，这类许可若是授益性质或者积极的给付行为，往往缺乏类似于相对人的天然主体对之进行监督，则第三人相邻权人作为利益受损方提起诉讼可以通过合法性审查起到监督的作用，有利于促进行政机关依法行政。同时相邻权人所主张的利益虽然有时也会含有对公共利益的维护，但并非“缺乏私益性的反射权”，而主要是基于对自身合法权益的保护，所以此时相邻权人的主张因有救济之必要性而具有诉的利益。

专家参与地方立法的多元基础与制度反思

高林皓*

【摘　要】专家参与地方立法的多元基础主要有：为地方立法提供智力支持的理性基础，提高地方立法工作透明度的正当基础，耦合经验理论与本土实践的学术基础。基于对既有规范文本的梳理，专家参与地方立法制度存在着三类问题：如何保持专业中立的专家适格，如何推进立法公开的参与制度，如何避免程序空转的奖惩机制。探寻完善进路，需要立足于多元基础，推进选任多元化，坚持直接与间接并重；推进参与规范化，实现公开与公正齐行；推进奖惩精准化，确保责任与激励同在。

【关键词】地方立法　专家参与　规范研究　立法咨询

引　言

在2020年新冠肺炎疫情防控阻击战中，地方立法在野生动物保护、危险物品处理等领域及时回应现实需求，为各地依法抗疫防疫了提供法治保障。[1]从外在定位观察，地方立法在我国"一元二级多层次"的立法体制中扮演着

* 高林皓，中国政法大学2019级宪法学与行政法学专业硕士。

〔1〕 比如深圳、珠海等经济特区制定地方性法规以全面禁止食用野生动物，坚持野生动物保护的生态安全和生态文明理念，拓展深化公共安全理念，尽管在法理、实践上存在着或内在或外在的困窘，但仍是重大的立法进步。参见段礼乐："禁食野生动物立法的制度进路"，载《深圳特区报》2020年4月14日，第B04版。

“先锋军”的角色，发挥着“先行先试”的作用，为中央立法提供有益借鉴。[1]从内在属性认识，地方立法本质上仍是一个制度演化过程，不断适应地方社会的需要，同时衔接起中央立法规范，其所涉内容、所处环境等均具有复杂性。[2]作为地方立法者，如何穿越重重“复杂性迷雾”，保障地方立法的科学性、民主性和合法性乃是不容回避的现实问题。[3]专家参与制度提供了解决问题的一种思路：通过借助具有专业素养和中立地位的“外脑”，补充立法机关“内脑”的智力营养，为地方立法提供知识性、正当性支撑。[4]然而在实践过程中，专家参与地方立法存在着一些体制机制上的缺漏，比如监督乏力、激励不足等。有不少学者从立法民主、政治伦理等角度提出规范建构、制度建议以作出理论上的回应，对于既有的文本方案却是关注有限。[5]本文尝试从专家参与地方立法的基础出发，基于既有的制度文本，反思当前专家参与地方立法存在的制度困惑，探索相应的完善进路。

一、专家参与地方立法的多元基础

随着改革开放不断深化，我国城镇化速度不断加快，随之而来的环境保护、城乡规划等问题日益复杂，迫切需要通过地方立法，固化有效经验，纾解未治难题。与旺盛的地方立法需求形成反差，地方立法成果供不应需，地

〔1〕 以我国行政程序立法实践为例，2008 年的《湖南省行政程序规定》提供了“总则—行为主体—行为程序—行为责任”的行政程序立法框架体系，为中央制定行政程序相关的法律法规提供了一定的借鉴。参见章剑生：“从地方到中央：我国行政程序立法的现实与未来”，载《行政法学研究》2017 年第 2 期。

〔2〕 王爱声：《立法过程：制度选择的进路》，中国人民大学出版社 2009 年版，第 35 页。

〔3〕 本文中“地方立法”的内涵包括地方性法规和政府规章，相应的“地方立法机关”包括地方人大及其常委会和地方人民政府。

〔4〕 关于专家参与的内涵，其主要包括三点：一是主体为具备专业知识的非立法机关、执法机关人员，二是方式为参与，注重主体的自觉性、自愿性与主动性，三是介入地方全过程，从制定、修改到清理、废止等。本文中的“专家参与地方立法”是指具有专业素养的中立人士在地方立法各个环节均有参加并产生影响。参见吕忠梅：“地方环境立法中的专家角色初探——以《珠海市环境保护条例》修订为例”，载《中国地质大学学报（社会科学版）》2009 年第 6 期。

〔5〕 比如张卉林：“论专家参与在民主立法中的功能定位及制度完善”，载《湖南社会科学》2017 年第 2 期。冯玉军：“立法参与的制度设计与实施效果评估”，载《河北法学》2018 年第 3 期。王怡：“论我国立法过程中专家参与机制的规范化建构”，载《东南大学学报（哲学社会科学版）》2018 年第 3 期。

方立法机关的立法能力有待提升。[1]客观现实为专家参与地方立法提供生长土壤，由此产生两重基础：理性基础和正当基础。从专家本体主观视角来看，参与地方立法的过程亦是其建立于学术基础之上的研究旨趣的阐发。

（一）理性基础：为地方立法提供智力支持

面对如烟花爆竹燃放、文明行为促进、生态环境保护这般地方治理难题，地方立法者有权依法根据本地实际制定地方性法规或政府规章予以纾解，这也就意味着地方立法应当具有较强的地方属性，不是对其他法律规范的照搬照抄。[2]然而在立法实践中却出现了大量的“立法文本不必要重复”的现象，尤其是新增地方立法主体所制定的地方性法规和政府规章，其症结似是可以归因于“地方+立法”的双重保守性倾向，源自我国科层制官僚体系的制度张力以及信息时代的舆论压力。[3]在部分地方立法者看来，立法文本重复是对依法立法原则的践行和对不抵触原则的遵守，然究其实质，乃是地方立法者立法经验待积累和立法能力待提升的体现。[4]

值得注意是，2015年，修订后的《中华人民共和国立法法》（以下简称《立法法》）选择了将地方立法权主体扩容至所有“设区的市”这一方案，具有地方立法权的城市从49个“较大的市”扩充至280个“设区的市”和4个“不设区的市”。[5]地方立法权主体的扩容可能一定程度上会降低地方立法的整体水平。有些立法经验欠缺或者不具备立法经验的市获得了地方立法

〔1〕有研究表明，即使是省级立法主体，其立法成果的创新性、特色性等仍有欠缺。参见宦吉娥、谈西润、王艺：“地方性法规立法特色的实证研究——以湖北省自然资源地方性法规为样本”，载《中国地质大学学报（社会科学版）》2017年第2期。

〔2〕《立法法》第73条规定，“制定地方性法规，对上位法已经明确规定的内容，一般不作重复性规定”。

〔3〕俞祺：“重复、细化还是创制：中国地方立法与上位法关系考察”，载《政治与法律》2017年第9期。

〔4〕参见汤善鹏、严海良：“地方立法不必要重复的认定与应对——以七个地方固废法规文本为例”，载《法制与社会发展》2014年第2期。王子林：“地方立法重复空泛现象的分析与对策”，载《人大研究》2018年第11期。

〔5〕根据我国国家结构形式纵向上的权力划分，往年学界有三种地方立法权主体扩容的方案：一是增加“较大的市”，二是扩容至所有设区的市，三是扩容至所有区县。考虑到区县立法需求和立法能力不及市级；“较大的市”设置标准不明，增设“较大的市”将会加大地方立法权限配置的“非均衡性”；设区的市实行市管县体制，人口众多，经济体量较大，立法需求旺盛。参见郭万清：“应赋予设区的市地方立法权——对城市地方立法权的新思考”，载《江淮论坛》2010年第3期。

权，其立法工作者在立法经验、立法能力上有所欠缺，面对日益繁重的地方立法任务，力有未逮乃是情理之中。[1]

作为经过专业训练，掌握专业知识，积累专业经验，具备专业能力的群体，专家参与地方立法能够有效地解决地方立法过程中所涉地域性、专业性、技术性问题，帮助地方立法工作者回应本地立法需求，实现科学立法的目标，而法学专家的参与更是有助于促进依法立法，弥补地方立法能力的不足。[2]在各地制定地方性法规条例、规章制定程序规定中，专家参与地方立法的起草、论证、听证等环节，部分制定条例、程序规定还要求建立专家库，进一步加强了地方立法的专业智识支撑。[3]

（二）正当基础：提高地方立法工作透明度

在公共选择理论的假设中，任何个人、组织、部门都有自己的利益，并且会为实现自身利益最大化而采取行动，那么随着地方行政机关的职能不断扩大，其通过地方立法来巩固、扩大自身职权和利益的风险也会愈发突出。[4]为化解部门利益法制化的潜在风险，有必要通过立法公开消除包括行政机关在内的各类利益群体的“立法信息不对称”，以确立地方立法公正。[5]从专家参与制度的实质来看，其属于公民参与的范畴，乃是推进民主

---

〔1〕 毕可军：“设区的市立法权设置存在的问题及应对之策”，载《贵州社会科学》2017 年第 11 期。

〔2〕 比如法学专家可以参与立法论证，就地方性法规内容的合法性提出具有专业性的意见建议，避免地方立法同上位法相抵触，进而维护法制统一。参见李小红：“法学专家参与立法论证的审视与改进”，载《四川理工学院学报（社会科学版）》2016 年第 1 期。

〔3〕 如《广安市制定地方性法规条例》第 16 条规定：“常务委员会应当建立立法专家库，由常务委员会法制工作机构负责选聘有关专家，为地方性法规制定、修改、废止工作以及立法后评估等提供智力支持和技术服务。”《三沙市地制定地方性法规条例》第 7 条规定：“市人民代表大会及其常务委员会通过建立立法咨询专家库、立法联系点等途径，完善地方立法支持体系，健全立法工作与社会公众的沟通机制。”《江苏省规章制定程序规定》第 28 条规定：“政府立法部门可以根据实际需要建立立法咨询专家库。”《漳州市人民政府法规草案和政府规章制定程序规定》第 7 条规定：“市政府法制工作机构应当建立以法律专家为主，吸收政治、经济、文化、社会、生态等领域的专家以及基层一线有丰富经验的管理工作者组成的立法咨询专家库。”

〔4〕 地方行政机关除享有政府规章制定权外，通常还能对地方性法规的制定产生影响，比如在《深圳市人大常委会 2020 年度立法计划》中，拟新提交审议项目有 31 项，其中由深圳市政府提交的法规草案有 30 项。

〔5〕 汪全胜：“立法公正的实现与保障机制”，载《政法论坛》2005 年第 1 期。

立法的关键点、着力点。[1]从专家参与制度的形式来看，多样化的参与方式能够推进地方立法工作透明化，确立地方立法的正当性。

外在形式承载内在实质，从当前的地方立法实践来看，专家参与主要有座谈会、听证会、论证会、书面征求意见、公开听取意见会等形式。[2]其中座谈会广泛存在于地方立法的各个环节，其讨论的主题较为宽泛，从立法规划架构到立法草案条文，均属于可讨论的范畴，开展形式也较为灵活，可以一并讨论，也可分组讨论。[3]听证会相较座谈会流程更加严密，听证前的准备工作、听证中的组织工作和听证后的报告工作需要无缝隙衔接，专家在听证会上的主要观点等内容须形成听证报告，并作为制定、修改地方立法草案的依据。[4]论证会以专家为主要参与人，针对地方立法过程中存在的具有较强专业性、技术性、疑难性的问题进行论证阐述、交锋争鸣，最终形成可供参考的专家论证意见。[5]书面征求意见是指将法规规章草案印发给专家，延请其研究并出具书面意见供地方立法机关参考。公开听取意见会则是面向大众、议题公开、程序规范的“扩大版”座谈会，同一般座谈会相比，广泛性、实效性和规范性更强。[6]

（三）学术基础：耦合经验理论与本土实践

回顾我国地方法治建设历程，专家参与地方立法的制度实践最早可追溯至 1984 年北京市人大常委会设立的法制建设顾问制度，网罗了王家福、巫昌祯、高铭暄、江平等十位国内顶尖的研究专家。其后专家在地方立法活动中的角色愈发多元化，或是作为咨询顾问，如 1994 年济南市成立立法咨询委员会，1998 年重庆市聘请立法咨询委员；或是组织研究机构，如 1993 年青岛市成立地方立法研究会，2003 年湖北省成立地方立法研究中心；或是聘为立法助理，如 2002 年深圳市聘请首批兼职法律助理，2003 年重庆市首位立法助理

---

〔1〕郝战红：“立法过程中专家咨询制度的多维面相”，载《法学杂志》2012 年第 2 期。

〔2〕丁祖年、吴恩玉：“立法公开的规范化与实效化探讨”，载《法治研究》2013 年第 3 期。

〔3〕朱力宇、熊侃：“专家参与立法的若干问题研究”，载《法学杂志》2010 年第 2 期。

〔4〕王惠玲：“专家在立法听证中的角色和作用”，载《现代法学》2007 年第 1 期。

〔5〕姚小林：“地方性法规立项过程中的公众参与——以广东为例”，载《岭南学刊》2009 年第 3 期。

〔6〕林盛、吴昊：“公听会：人大搭台 公众唱戏”，载《浙江人大》2010 年第 10 期。

上岗。〔1〕时至今日，专家参与地方立法已然不是新鲜事物，其参与主体也不仅限于象牙塔中知识渊博的教授学者，还包括经验丰富的实务工作者，其参与范围也从地方立法的论证、审议环节延伸到立法项目规划、前期立法调研、立法草案起草、后期立法评估等全部过程。

以专家个体为视角，虽然其在地方立法中的角色名称有所不同，但是参与基础仍是以个人专业学识、实践经历为底座，其参与地方立法的过程乃是理论联系实际，将思想自觉与行动自觉相统一的过程。以专家参与地方立法调研为例，立法调研是治国理政经验在立法领域的要求和体现，专家作为参与地方立法调研的主体之一，唯有将所学理论同所察实践相结合，才能够真正了解本地最为真实、最为迫切的立法需求，所起草的立法草案才能够符合本地实际，锚定地方特色立法在立法体系中的坐标，具有可行性和生命力。〔2〕

二、专家参与地方立法的制度困惑

修订后的《立法法》规定了在特定情形下专家应当参与法律征求意见环节以及专家可以参与法律草案起草环节，这也为构建专家参与地方立法的制度规范提供了参照。〔3〕为了更好地发挥专家在地方立法中的积极作用，提高地方立法质量，不少地方立法机关就专家参与制度进行了专门规范，明确了专家参与的参与前的选任、参与中的程序、参与后的考核等内容。通过分析所搜集到的规范文本，一定程度上能够观察当前专家参与地方立法制度同其

〔1〕 参见邵骏："推进中国权力机关立法职业化"，载《党政论坛》2003年第12期。赵遵国、邵建斌："立法顾问制度须完善"，载《人大研究》2004年第8期。谭舜哲、万振东、刘志荣："关于'紧密型'专家参与地方立法的思考——青岛市地方立法研究会在地方立法中的作用实证分析"，载《中国人大》2004年第21期。俞荣根、刘霜："立法助理制度述论"，载《法学杂志》2007年第2期。

〔2〕 陈焱光、张耀方："地方立法调研规范化研究"，载《江汉大学学报（社会科学版）》2016年第5期。

〔3〕《立法法》第77条规定："地方性法规案、自治条例和单行条例案的提出、审议和表决程序，根据中华人民共和国地方各级人民代表大会和地方各级人民政府组织法，参照本法第二章第二节、第三节、第五节的规定，由本级人民代表大会规定。"第83条规定，"国务院部门规章和地方政府规章的制定程序，参照本法第三章的规定，由国务院规定"。《规章制定程序条例》第15条、第21条、第24条分别规定了专家参与规章的起草、征求意见、争议评估环节。

基础的偏离，进而发现其潜藏的制度困惑。[1]

（一）专家适格之问：如何保持专业中立？

谁能作为专家参与到地方立法过程之中？这是专家参与制度规范的前件性问题。从30部规范文本来看，各地对专家的适格均有规定，包括推荐自荐的选聘方式和政治素质、专业能力、职业道德、无犯罪记录等遴选标准。

1. 选聘方式之问

其中9部规范未对选聘方式予以规定，通过对其余21部规范文本进行分析可知，参与地方立法的专家由当地人大常委会或者当地政府办公厅聘任，任期为5年或者与本届任期相同，其遴选模式一般为“推荐”模式或“推荐+自荐”模式。前者是由特定主体向地方人大常委会或者地方政府推荐人选，经由法制工作委员会和各专门委员会筛选后报地方人大常委会常务会议决定或者经由政府法制机构筛选报地方政府决定。[2]后者则是在前者的基础上，增加由个人直接向相关部门提出申请。[3]

在具体规范中，具有推荐权限的主体又有所差异。比如《珠海市人民代表大会常务委员会立法咨询专家工作规定》规定，市人大各专门委员会、市人大常委会各工作委员会、大专院校、科研机构、市各民主党派、人民团体、市级专业协会能够向法制工作委员会提出推荐人选。而《焦作市人民代表大

〔1〕 关于笔者所搜集到的规范文本，考虑到地方对专家参与制度的专门规范亦属于地方立法范畴，具有“先行先试”的性质，因此不对规范的发布时间进行限定，仅以“制定主体为地方人大及其常委会或者地方政府及其办公厅”“规范主题同地方立法存在关联性”“规范内容同专家参与制度的具体内容存在关联性”三项标准对检索结果进行筛选排除。2020年5月13日，笔者以“专家”为关键词在北大法宝（http://www.pkulaw.cn/）进行检索，得到7188个检索结果，经人工筛选排除，最终得到相关文本30部，其中与地方性法规相关的有10部，与政府规章相关的有5部。然而类似学术搜索引擎存在着语句识别、关键词检索等方面的系统性缺陷，参见林睿：“谷歌学术搜索的缺陷——基于检索式、专利及引用功能的抽样分析”，载《现代情报》2014年第2期。有鉴于此，笔者利用百度、必应等主流搜索引擎以及登录部分地区的人大官网补充相关材料，最终获得与地方性法规相关的文本19部，与政府规章相关的文本11部。囿于能力所限，最终检索结果必然仍有缺漏，然而分析30部相关文本足以管窥制度其貌。

〔2〕 “推荐”模式在2013年的《广东省人民代表大会常务委员会立法咨询专家工作规定》有所规定，2014年的《厦门市政府立法咨询专家管理办法》、2018年的《唐山市人大常委会立法专家顾问规则》等15部规范亦有所效仿。

〔3〕 “推荐+自荐”模式在2017年的《七台河市人大常委会地方立法咨询专家库管理办法》《枣庄市人民代表大会常务委员会立法咨询专家管理办法》等6部规范文本中有所规定。

会常务委员会立法咨询专家管理办法》则规定市人大专门委员会、市人大常委会的工作机构、市政府有关部门、市法检两院、大专院校、科研机构以及市律师协会等社会团体有推荐资格。

综合所搜集的文本来看，本级人大各专门委员会、本级人大常委会各工作委员会（或工作机构）、大专院校（高等院校）、科研机构、人民团体、社会团体（含专业协会）的推荐权限得到普遍的确认，表明推荐主体具有较强的专业性，能够对专家的专业性作出一定的判断，同时符合本地实际，能够初步筛选出了解本地实际的专家人选。然而关于其他部门机关的推荐资格（比如法律服务机构、专家之间推荐）以及个人自荐的规定却不多。专家多由地方各部门推荐，再经由筛选，利益输送的空间由是存在，专家成为各部门利益代表的风险自然产生，或脱离专家参与制度的理性基础和正当基础。〔1〕

2. 遴选标准之问

从遴选专家的标准来看，要求专家在政治素养、专业素养、个人素养、身体素质等方面符合一定标准已经成为共识，其中对专业素养的要求不仅限于法学一隅，一般还包括其他学科领域。〔2〕部分规范将“未受党纪处分或刑事处罚”作为遴选标准之一，其实质上同政治素养、个人素养等标准存在关联性，比如道德上的否定等。

具体而言，关于专家在政治方面的要求表现包括：坚持正确的政治方向，拥护中国共产党的领导，坚持四项基本原则，坚持党的基本路线，有的地方还将遵守宪法法律、职业道德等同坚持正确的政治方向一并归于一项。关于专家在心理方面的要求表现包括：热心地方立法工作，并且具有一定的时间保障，有的地方还将工作责任心列入其中。关于专家在专业方面的要求，要求专家具有较高的理论素养或丰富的实务经验乃是应有之义，同时各地因地制宜，对专家职称、实践经历年限方面的要求有所不同，如在专家职称方面，《焦作市人民代表大会常务委员会立法咨询专家管理办法》等 12 部规范要求专家具有副高职称，而《广东省人民代表大会常务委员会立法咨询专家工作

〔1〕 比如在 2016 年的台州市政府立法专家聘用名单中，仅有 14 人来自非立法机关、行政机关、司法机关，其余 26 人均有行政机关、司法机关的从业背景。

〔2〕 如《广东省人民代表大会常务委员会立法咨询专家工作规定》第 6 条规定专家的专业构成为：法律专业专家，财政经济、城建环保、农村农业、科教文卫、民族宗教、劳动社保、社会工作等领域的专家及语言文字专家、地方方言专家、民俗专家。

规定》等 14 部规范要求专家具有高级职称。在经验年限方面，仅有 8 部规范对“丰富”一词进行较为量化的规定，有的地方要求具有 5 年以上的实务经验，有的地方则要求具有 10 年以上的实务经验。关于身体素质方面的要求，16 部规范文本对专家的年龄作了一定的限制，一般要求 65 周岁以下，有的地区要求 60 周岁以下或者 55 周岁以下，特殊情况可以放宽年龄限制。

然而除却上述显性标准外，实际上还包括一些隐性的遴选标准，比如倾向本地、倾向法科。其产生或是由于涉及推荐主体一般为本地机构组织，推荐的专家多是本地专家，缺少外地的竞争者；或是由于立法活动对法学专业具有天然的亲和性，其中涉及的理论辩思相当于法律人的家常便饭。隐性标准的风险亦是可想而知，仅对部分专业人士敞开专家参与的大门难免滋长专家腐败、专家专制等负面现象，进而导致“专家失败”。[1]

（二）参与程序之疑：如何推进立法公开？

立法公开要求将立法程序中的各个阶段的活动以及相应的成果面向社会公开，接受社会监督。[2]结合 30 部规范文本分析，在地方立法程序中，专家参与的范围覆盖了地方立法的创生、形成、完备三个阶段。[3]那么在地方立法程序中，仅仅有专家身影的出现便能推进立法公开吗？

1. 利益冲突如何回避

《立法法》第 36 条确立了专家参与立法的几种方式：座谈会、论证会、听证会和书面征求意见。在地方实践中，专家参与的方式有所拓展，但趋于一致。具体而言，除却传统的座谈会、论证会、听证会和书面征求意见外，地方人大常委会或地方政府法制机构还可以通过单独约谈或者拜访的方式邀请专家参与地方立法活动。在《固原市人大常委会立法咨询专家库管理办法》等 4 部规范中，专家亦可通过组织专题研究，撰写研究报告的方式参与地方立法活动。

---

〔1〕 王周户：《公众参与的理论与实践》，法律出版社 2011 年版，第 260~265 页。

〔2〕 汪全胜：“立法公正的实现与保障机制”，载《政法论坛》2005 年第 1 期。

〔3〕 在立法过程论的视角下，立法运作的全部流程可以分成创生阶段、形成阶段、完备阶段三个阶段。参见王爱声：《立法过程：制度选择的进路》，中国人民大学出版社 2009 年版，第 60 页。具体而言，在地方立法创生阶段，专家可以参与地方立法规划、立法计划的编制和立法项目的调研论证，以及草案的起草、调研、论证。在地方立法形成阶段，专家可以参与法规规章的审议环节。在地方立法完备阶段，地方性法规、政府规章的解释、清理、评估均有专家的身影。

根据专家参与的方式不同，相应的程序设计亦应有所差异，但就规范文本来看，各种方式对应的程序安排大同小异。主要规定为：会议（约谈拜访）前向专家发送相关材料，专家接收材料并认真研究，及时回复。相关材料主要分为提纲资料和参考文献两种，前者主要包括各方面关注度高且意见分歧比较大的问题，以及其他重点、难点问题，后者包括但不限于法规规章草案、相关会议资料等。而在通过信函、传真、电子邮件等方式征求专家意见的情形下，明确专家复函时间即可。

从总体上看，专家参与地方立法的方式及对应制度设计较为简单，未有建构系统的回避机制，难以应对立法过程中复杂的利益冲突。“任何人不能做自己的法官。”这是正当程序的基本要求，也是建构回避机制的逻辑起点。

2. 参与实效如何检验

地方立法对专家意见的采纳反馈情况是专家参与程序的终点部分，亦是检验专家参与制度实效性的核心观测点。除《汉中市人大常委会立法咨询专家库管理办法》等 8 部规范未作明确规定外，其余 22 部规范文本均对专家意见反馈机制进行了规定。比如要求将专家提出的意见作为本级人大专门工作委员会及本级人大常委会工作委员会工作的重要参考，并且归入工作档案，作为考核专家工作的重要依据，同时对于专家在单独拜访、约谈咨询时提出的意见，应当适时反馈采纳情况。比如要求对专家在参与政府立法工作中提出的意见和建议认真研究，吸收采纳其中的合理意见和建议，并通过适当形式予以反馈。〔1〕

在规范文本中，“适时反馈”“适当方式”等用语意在表明反馈时限、反馈形式等反馈方式存在较为灵活的空间，而“重要参考”“合理意见和建议”等用词则表明专家意见无实质性效力，其中的合理部分仅供参考之用。这一方面体现了专家在地方立法过程中的“参与”属性，另一方面也给检验专家参与地方立法的实效性带来了困难，何种意见能够被采纳？“合理意见和建议”被采纳后如何适用？适用的结果又将如何验证？质言之，专家参与地方立法的成果——专家意见，该如何检验？

〔1〕《贵阳市人民代表大会常务委员会地方立法咨询专家组管理办法》还作出规定，要求市人大常委会每年至少召开一次专家组座谈会，总结工作经验，听取专家对本市地方立法工作的意见建议。

（三）奖惩机制之惑：如何避免制度空转？

奖惩机制是专家参与制度的末梢环节，同参与的实效性相勾连，聘用机关对专家采取的奖励惩戒措施关系着整个制度的正常运转。[1]从搜集到的制度文本来看，各地对于专家的责任约束和激励机制均有规定，然而是否能够避免制度空转还需更加深入地分析。

1. 责任的规制困惑

在地方立法过程中，专家所负的义务主要有两种类型，一是积极义务，如参与地方立法活动，完成地方立法任务。如《河南省人民代表大会常务委员会立法咨询专家工作规定》第 22 条规定，“专家对省人大各专门委员会、省人大常委会各工作委员会提出的咨询事项，应当认真研究，按时回复有关意见，重点阐明观点、理由和依据；需要书面回复的，应当提供书面意见”。二是消极义务，比如不得以专家名义从事与职能无关的活动。如《遵义市人民政府立法咨询专家管理办法》第 9 条规定，“政府立法咨询专家不得以政府立法咨询专家的名义从事与政府立法工作无关的活动；未经同意，不得向外泄露政府立法工作中尚未确定和公开的信息”。

对于责任形式的规定则过于简单，仅有解聘一类形式，难以对被调整对象产生实质的拘束力。[2]如《河南省人民代表大会常务委员会立法咨询专家工作规定》第 15 条第 2 项规定，“出现下列情形之一的，可以辞职或者解聘专家……（二）一年之内两次不参加省人大专门委员会、省人大常委会工作委员会邀请的咨询活动的……”

2. 激励的设计疑问

将地方立法视作地方特色产品，设计相应激励措施以激发多元主体参与地方立法，为地方立法建言献策，从而提升地方立法的民主性和科学性。[3]结合 30 部规范文本，每一部均对专家参与的保障机制有所规定。[4]部分地区

---

〔1〕 专家奖惩制度的逻辑类似法官奖惩制度的逻辑，虽然并未严格遵从科层制管理的逻辑，但是在惩戒与奖励之间自然形成差距，进而使得制度逻辑内在达成自洽，发挥其多元功能。参见李晟：“法官奖惩：制度的逻辑与定位”，载《法律适用》2017 年第 7 期。

〔2〕 冯玉军：“立法参与的制度设计与实施效果评估”，载《河北法学》2018 年第 3 期。

〔3〕 顾爱平：“公众参与地方立法的困境与对策”，载《江苏社会科学》2017 年第 6 期。

〔4〕《宁波市人民政府行政立法专家工作规则》第 12 条规定，“专家参与行政立法工作的，可以按照有关约定领取咨询业务报酬。”

还制定了专门的专家补贴费用管理办法，明确专家补贴费用的开支及发放。

保障机制同激励机制仍存在一定的界分，其多强调物质层面的充实，减轻参与专家的后顾之忧，而要想达成激励效果，不能仅在物质层面裹足不前，还需要更为多元的手段措施。[1]尤其在当前部分地方立法能力存在不足的情形下，建立具有地方特色的激励机制无疑能够激发专家的参与积极性。

三、专家参与地方立法的完善进路

解除专家参与地方立法的制度困惑，必须立足其理性基础、正当基础和知识基础，从客观和主观两个方面出发，在专家选任、参与程序和奖惩机制等方面采取相应的纠偏措施，确保专家参与制度在地方立法中发挥实效。

（一）选任多元化：直接与间接并重

专业性是专家群体的本质属性，而中立性则是隔绝行政专断、部门专断的可靠保障。从决策的特性上看，立法决策同行政决策一样对制定者的中立性有所要求，以确保决策结果的合法性和最佳性。[2]在专家选任方面，要立足于理性基础和正当基础，结合面向市场的直接遴选和面向本土的间接遴选。

1. 拓宽专家遴选市场化途径

以生产过程的视角看待地方立法过程，拓宽专家遴选的市场化路径，即是推进参与生产人员的市场化，必然要打破生产人员的垄断。在地方人大及其常委会和地方政府是地方立法权享有主体的前提下，引入一定的市场化竞争机制，能够为不同类型的专家有序开展竞争提供制度空间，进而遴选出有能力参与立法的专家人员，符合市场生产的一般规律。[3]作为地方立法产物的地方性法规和政府规章，其科学性就能得到保障，专家参与制度的理性基础和正当基础也就得到了落实。

---

[1] 丰霏：“当代中国法律激励的实践样态”，载《法制与社会发展》2015 年第 5 期。

[2] 有学者指出，“如果专家不是以中立身份出现为决策提供咨询和论证，则不论其提供了什么样的专业性知识的支持，他们都更应当被认定为作为参与者的‘公众’的一部分，是具有利益竞争的参与者。”参见王锡锌：“公共决策中的大众、专家与政府——以中国价格决策听证制度为个案的研究视角”，载《中外法学》2006 年第 4 期。

[3] 干怡：“论我国立法过程中专家参与机制的规范化建构”，载《东南大学学报（学社会科学版）》2018 年第 3 期。

2. 扩大专家推荐主体的范围

专家参与地方立法的基础在于理性、在于正当、在于知识，为此遴选专家应当考虑其在参与地方立法过程中所能够发挥科学理性的程度，这便涉及专家的知识体系和利益构成。[1]基于专家在利益构成上“中立性”的价值定位，在专家选任环节，应当处理好推荐人和被推荐人之间的利害关系，可以向公众公开专家的资格信息、活动信息和财务信息，以防止出现“专家俘获”等龃龉。为此还应当扩容专家推荐主体，不仅仅局限于各个部门，还可以通过网络等媒介公布专家选任标准，寻求社会推荐或者个人自荐。另外，专家选任还需确立“自荐”方式的合法地位，完成向“推荐+自荐”模式的转变。

（二）参与规范化：公开与公正齐行

推进地方立法公开需要规范化的参与程序保障，通过建立回避机制以避免利益冲突，通过健全反馈机制以增强参与实效，落实地方立法的理性基础和正当基础，向公众还原真实的地方立法过程，确立地方立法的公开性和公正性。

1. 建立利益冲突回避机制

回避机制的逻辑起点是自然公正原则和正当程序原则，这便要求立法中的参与者保持克制、理性、中立的态度，回避不必要的利益冲突。以地方立法起草为例，专家作为能够参与立法起草的主体，若其与草案存在利害关系，难以确保其专业性和中立性，则难免将自身利益保护写入草案，将私人利益法制化，无益于地方立法质量的提升。[2]

建立利益冲突回避机制，关键在于利害关系的识别，识别的主体和识别的标准乃是其核心内容。谁有权主张专家与所涉立法活动存在“利害关系”？在知情权和监督权的视角下，公民有权知悉地方立法过程中的利害冲突，有权监督地方立法过程中的参与行为。如何识别利害关系？以专家个人利益同所涉立法活动的合理关联为标准，避免“利益法规化”。[3]

---

〔1〕 科学理性乃是现代行政法治的核心构成，不仅影响着行政决策和行政立法，也对立法机关活动产生影响。成协中：“科学理性导向下的行政正当程序”，载《华东政法大学学报》2013年第5期。

〔2〕 杨铜铜：“论立法起草者的角色定位与塑造”，载《河北法学》2020年第6期。

〔3〕 沈太霞：“立法合理性问题研究”，载《暨南学报（哲学社会科学版）》2012年第12期。

2. 健全专家意见反馈机制

专家意见是专家参与地方立法成果的体现，对专家意见适用的考察，实际上就是对专家参与地方立法实效性的考察。检验专家参与的制度实效需要明确专家意见对地方制定、修改地方性法规、政府规章等立法活动的影响情况，为此，需要健全地方立法机关对专家意见的反馈机制。健全反馈机制有两个面向：其一面向为专家本人，及时对专家意见的采纳情况向专家进行反馈，同时说明采纳或者不采纳的理由，并听取专家对反馈情况的意见建议，进而反哺立法活动；其二面向为社会公众，在征得专家同意后，向公众公开地方立法过程中的专家参与情况，加深公众对地方立法过程的了解程度，推进地方科学立法、民主立法。

（三）奖惩精准化：责任与激励同在

一切有权力的人皆易滥用权力，万古不易。专家在参与地方立法的过程中必然会对立法产生实际影响，进而产生实质意义上的“权力”。立足于专家的知识基础，实事求是的观念要求参与主体谨慎行使“权力”，积极投身实践，确保制度正常运转，产出高质量专家意见。

1. 强化责任约束联动工作

责任机制的功能不仅仅在于约束行为，更在于教育感化，过于单一的责任形式难以完全发挥其功能。在专家参与制度中，“解聘”为专家违背义务所承担的唯一责任形式，换言之，立法机关对专家的责任约束只有选聘和解聘两种手段。责任形式的单一和约束手段的匮乏使得专家参与地方立法的目标由“提升地方立法质量”“坚持地方立法公开”异化为“不被解聘”“应付考核”等，对专家个人亦会产生负面影响，如知识减量。

强化责任约束联动，其目的即是消解机制异化，地方立法机关通过与信用责任等其他责任形式的联合，丰富约束的工具光谱，针对不同的情形，追究不同形式的责任，一方面提高对专家参与的容错率，另一方面强化对专家参与的责任追究。比如在地方立法调研中，专家存在严重欺诈等行为，那么除解聘外，还可以追究其信用责任，提升其违约成本。

2. 优化参与激励保障机制

“热心地方立法工作”是专家选任的重要条件之一，仅凭热情参与地方立法，其立法成果有待考证。实践中，专家参与地方立法多为兼职参与，从本就繁重的本职工作中抽身参与复杂的立法工作，更加需要相应的激励措施以保障专家在地方立法中能够充分发挥其智力支持。[1]参照马斯洛需要层次论，对专家参与的奖励机制可以从一定的物质保障扩展到精神激励，满足其实现自身价值的需求。

具体而言，应当在保障专家进行立法研究经费充足的前提下，予以定期的津贴、补贴，表明其对地方立法的投入并非仅仅是单向的心甘情愿，而是与立法机关之间的双向互动。同时采取精神层面的考核激励手段，通过梳理专家在聘用期间提供的高质量地方立法草案、地方立法建议、地方立法咨询等，对有突出贡献的专家通过颁发特定的贡献奖项等形式予以一定的表彰，提升专家参与地方立法的获得感、荣誉感和使命感。

结　论

从 1984 年北京市人大常委会首次设立法制建设顾问制度至今，30 余年粲然而过，可以看到专家在地方立法进程中的参与方式愈发多样，参与程度愈发深入，而这离不开多元的制度基础。本文以一个过程论的视角，通过规范文本分析，将当前专家参与地方立法的制度困境分别归于前期的专家适格问题、中期的参与程序问题和后期的奖励惩戒问题，并结合其多元基础，分别采取多元化、规范化、精准化的制度措施。专家参与地方立法在我国地方立法实践中具有旺盛的生命力，在部门法领域，乃至整个社会科学领域还有值得研究的理论空间。

---

〔1〕 张卉林："论专家参与在民主立法中的功能定位及制度完善"，载《湖南社会科学》2017 年第 2 期。

论行政诉讼中确认无效之诉的证明责任及其分配

——意蕴、逻辑与路径选择

辛浩天*

【摘　要】作为我国行政诉讼制度中独立的诉讼类型，确认无效之诉基于行政行为无效理论，在构成要件上具有较强的独立性与特殊性，与给付之诉、撤销之诉等诉讼类型在证明对象与证明责任上有明显区别，因而有必要予以个性化讨论。但由于我国现行的《行政诉讼法》仍缺乏对行政诉讼类型化的整体制度设计，尚未构筑起完整的确认无效之诉的规范体系；实定法中关于证明责任分配的规定，对于确认无效之诉呈现出难以适配的特点，学界也对此争论颇多，无法给出明确而统一的结论。本文试图在厘清证明责任概念的基础上，归纳和反思我国学界对于确认无效之诉证明责任分配的不同观点，通过引入规范理论，运用法解释学之方法，重构我国确认无效之诉中证明责任分配规则：由被告对行政行为的合法性承担证明责任，由原告对被诉行政行为是否无效承担证明责任。

【关键词】确认无效之诉　证明责任分配　规范说

2017年实施的《中华人民共和国行政诉讼法》(以下简称《行政诉讼法》)第75条明确了确认无效之诉的实定法依据，其与确认违法之诉共同构成了我国现行法律规定的行政确认之诉的亚类型。在我国的司法实务中，申

---

* 辛浩大，中国政法大学2019级宪法学与行政法学专业硕士。

请确认行政行为无效属于较为常见的诉讼请求类型，但在立法层面仍缺乏对行政诉讼类型的整体化制度设计，也尚未构筑起完整的确认无效之诉的规范体系，仅规定了确认无效的判决方式以及无效行政行为的认定标准等内容。对于确认无效之诉，法律规范上所呈现出“供给不足”的特点，具体到证明责任及分配的问题上，则矛盾更加凸显。

尽管新修订的《行政诉讼法》试图通过规定由被告证明被诉行政行为的合法性以及原告承担的特殊事项证明责任相结合的方式，以回应行政不作为、行政赔偿、行政补偿等不同类型案件中证明责任分配的差异性，改变了由被告承担证明责任这种“一边倒”的局面，有助于实现诉讼当事人的利益平衡。但需要认识到的是，在行政诉讼类型化的理论体系下，确认之诉与给付之诉、撤销之诉等诉讼类型相比，在诉讼标的以及构成要件等方面具有明显区别，由此产生的争议事实也存在差异，在证明责任上也应当适用不同的分配规则。显而易见的是，新法对于证明责任分配细则的规定仍存在挂一漏万的问题，并无法涵盖到包括确认无效之诉在内的所有诉讼类型。由于确认无效之诉所具有的特殊性，现行法律关于证明责任的规定对其呈现出难以适配的特点；而对于确认无效之诉的证明责任和分配的问题，学界也争论颇多，无法给出明确而统一的结论。本文试图以厘清证明责任的概念为切入点，归纳我国学界有关确认无效诉讼中如何进行证明责任分配的不同观点，通过引入规范理论，并运用法解释学之方法，对我国确认无效之诉中证明责任分配规则予以重构。

一、证明责任与行政行为无效

（一）证明责任之概念引入

对于行政诉讼中的“证明责任”这一概念的使用，在理论与实践之中多有含混之处，因其作为本文的研究对象，在此有必要作出澄清与说明。在论证行政诉讼证明责任规则这一问题时，我国多数学者主张应当通过“双重含义说”予以概念证成：亦即借用“主观证明责任”和“客观证明责任”或者“提供证据责任”和“说服责任”两组概念工具进行分类讨论。[1]而上述两

〔1〕 参见成协中：“中国行政诉讼证明责任的分配模式与规则重构”，载《北大法律评论》2008年第1期。

组概念分别出自大陆法系和英美法系，对应了不同的证据规则体系。因此，要实现上述概念与我国本土的行政诉讼证据规则的契合，就需要考察概念背后的诉讼模式与制度支撑。

在英美法系的语境下，证明责任可以被区分为“提供证据的责任”以及“说服责任”。其中，前者可以被称为“推进责任”，指向由承担该责任的当事人负责向法院证明，其主张的内容理应作为一项法律争端由法官交付陪审团，并由陪审团完成事实认定的义务；〔1〕而后者则指向当事人需要说服法官，使法官确信其主张的事实达到了法定证明标准的义务，否则该案件经过审理，若案件事实仍处于真伪难辨的状态，那么当事人将面对败诉风险。〔2〕而大陆法系学者则将证明责任区分为“主观证明责任”与“客观证明责任”，“主观证明责任”与英美法系语境下“提供证据的责任”相似，是指“当事人需就自己主张的事实向法院提供证据的义务，其作用是通过当事人的举证行为推进审判进程，以避免案件长期处于真伪不明的状态”；〔3〕而“客观证明责任”则与“说服责任”相类似，亦即“如果在案件审结时，争议事实仍处于真伪不明的状态，则由法官直接将败诉后果归于承担此责任的一方当事人并依此作出裁判”。〔4〕从功能上看，“客观证明责任”（又可被称为“说服责任”）是一种对事实状况所具有的不可解释性风险的预先分配，因为人类认知能力的局限性与纠纷诉诸法律的滞后性共同导致了并非当事人的每一项主张都有充足的事实依据作支撑，〔5〕因而诉讼开始之前，当事人之间就已经存在了此种抽象的风险分配。〔6〕

借用上述两组概念工具对我国行政诉讼体系中“证明责任”进行分析，不难发现现行法中关于“举证责任”的规定所指称的对象仅为“主观证明责任（行为责任）”，而关于“客观证明责任（说服责任）”的规定则处于立

〔1〕参见［英］詹妮·麦克埃文：《现代证据法与对抗式程序》，蔡巍译，法律出版社2006年版，第100页。

〔2〕参见［美］约翰·W.斯特龙主编：《麦考密克论证据》，汤维建等译，中国政法大学出版社2004年版，第648页。

〔3〕王振宇、阎巍：“论行政诉讼证明责任的重构”，载《法律适用》2014年第1期。

〔4〕吕立秋：《行政诉讼举证责任》，中国政法大学出版社2001年版，第10~11页。

〔5〕参见朱新力：“行政诉讼客观证明责任的分配研究”，载《中国法学》2005年第2期。

〔6〕参见［德］普维庭：《现代证明责任问题》，吴越译，法律出版社2006年版，第26页。

法空白的状态。[1]从《行政诉讼法》第 34 条、第 37 条以及第 38 条的表述来看，[2]"举证责任"是在"提供证据"的层面上使用的，这显然是一种典型的"行为责任"，与主观证明责任具有相类似的制度功能。此种"单一含义"的证据规则制度设计导致了我国行政诉讼案件不会出现因"真伪不明"而结案的情况，结案的前提往往是"事实清楚、证据确凿"。[3]而这一情况的出现从另一侧面来看，也是马克思主义思想基础、中国共产党的工作原则——"实事求是"——在司法领域的客观表现。[4]这就要求法官审理案件时所依据的证据必须反映客观事实，不能有任何的主观臆断。尽管这种建立在唯物主义基础上的可知论经过历史的检验被证明为科学的观点，但事实上，囿于人类认识能力、科技水平以及诉讼期间的限制，要保证所有案件的事实都是对客观事实的真实再现，显然是过于理想化的目标。在法官无权拒绝审理的情况下，如何处理"既不能证成又无法证伪"的案件事实（这种现象在实践中是必然存在的）就成为一大难题。尽管根据我国的审判逻辑，此类案件一般将会被视为诉讼中"证据短缺、事实模糊"的过程性状态，通过主观证明责任的分配规则来推进和化解疑难案件中的事实认定问题。[5]但此种处理路径与在法律事实真伪难以查明时如何适用实体法的裁判方法论，即经典证明责任理论在功能上并不相符，存在着逻辑悖论和现实困境。因此，本文认为有必要引入"客观证明责任（说服责任）"以弥补我国行政诉讼证据规则体

---

〔1〕 多数学者赞同这一观点，参见江必新、徐庭祥："行政诉讼客观证明责任分配的基本规则"，载《中外法学》2019 年第 4 期；朱新力："行政诉讼客观证明责任的分配研究"，载《中国法学》2005 年第 2 期；王振宇、阎巍："论行政诉讼证明责任的重构"，载《法律适用》2014 年第 1 期。

〔2〕《行政诉讼法》第 34 条规定："被告对作出的行政行为负有举证责任，应当提供作出该行政行为的证据和所依据的规范性文件。被告不提供或者无正当理由逾期提供证据，视为没有相应证据。但是，被诉行政行为涉及第三人合法权益，第三人提供证据的除外。"第 37 条规定："原告可以提供证明行政行为违法的证据。原告提供的证据不成立的，不免除被告的举证责任。"第 38 条规定："在起诉被告不履行法定职责的案件中，原告应当提供其向被告提出申请的证据。但有下列情形之一的除外：（一）被告应当依职权主动履行法定职责的；（二）原告因正当理由不能提供证据的。在行政赔偿、补偿的案件中，原告应当对行政行为造成的损害提供证据。因被告的原因导致原告无法举证的，由被告承担举证责任。"

〔3〕 参见王振宇、阎巍："论行政诉讼证明责任的重构"，载《法律适用》2014 年第 1 期。

〔4〕 参见李大勇："行政诉讼证明责任分配：从被告举证到多元主体分担"，载《证据科学》2018 年第 3 期。

〔5〕 参见胡学军："中国式举证责任制度的内在逻辑——以最高人民法院指导案例为中心的分析"，载《法学家》2018 年第 5 期。

系的缺失。

而从具体的概念工具选择来看，本文认为大陆法系的“客观证明责任”更契合于我国的行政诉讼体系，原因有二：首先，从诉讼模式上看，英美法系的行为责任与说服责任是建立在“当事人主义”基础之上的，换言之，庭审以当事人的活动作为审查和进程推动的核心，证明责任与当事人主张的内容密不可分，“当事人的主张为其所承担的证明责任分配提供了普遍的指导”。[1]由此可见，不同于大陆法系“职权主义”诉讼模式下的证明责任理念，英美法系的证明责任更加偏重于当事人通过提供证据以证明自身主张真实性的义务，而不再强调以客观证明责任为核心。而我国则沿袭了大陆法系国家证明责任理念，即法律事实的证明责任并不依赖于当事人的主张，而是取决于成文法的预先设定，同时法院也应当在一定程度上承担起查明案件事实的职责。我国的证据制度在较长时间内采用的是“法院几乎包揽一切诉讼事项的超职权主义诉讼模式，后又逐渐形成职权主义与当事人主义相结合的诉讼模式”，[2]加之我国的成文法规范的法制传统，引入大陆法系的主观证明责任与客观证明责任体系更符合我国的国情与现实需要。其次，从证明责任在庭审过程中的具体功用来看，英美法系强调的是法官经过证据审查之后对争议事实的真实性能否形成“内心确信”，因而赋予了法官在证据审查时较大的自由裁量权，与此相对应的是，行为责任比结果责任在事实查明的过程中处于更为重要的地位，由此很难在其诉讼法中找到证明责任的基本规则。[3]而这对于需要严格按照既定的成文规则行事，并已经形成了长期的裁判经验的中国法官而言，显然也是不适宜的。

综上所述，本文中所使用的证明责任具有主观证明责任与客观证明责任双重含义，并偏重于对客观证明责任的研究。

（二）确认无效之诉的证明对象及证明责任

证明对象与证明责任紧密相连。凡是属于证明对象的事实，必须由相应

---

〔1〕 参见［美］约翰·W. 斯特龙主编：《麦考密克论证据》，汤维建等译，中国政法大学出版社2004年版，第650页。

〔2〕 江必新：“牢固树立司法为民思想把行政审判工作提高到一个新的水平——在全国法院行政审判工作座谈会上的讲话”，载《行政执法与行政审判参考》2003年第4辑，法律出版社2004年版，第1~17页；江必新：“审判管理与审判规律抉微”，载《法学杂志》2011年第5期。

〔3〕 参见王振宇、阎巍：“论行政诉讼证明责任的重构”，载《法律适用》2014年第1期。

的主体提出证据加以证明，并达到法定的证明程度和要求，否则，该事实将无法得到法官的认定，该主体也将承担因该事实不存在而导致的不利诉讼后果，这也是证明责任制度预先设定的法律效果。[1]对行政诉讼中证明对象的规定多体现在《行政诉讼法》第6条和第34条，[2]凡是与行政行为的合法性相关的事实与规范性文件，均属于行政诉讼证明对象的范围。[3]与此相对应的是，在传统意义上的撤销之诉与确认违法之诉中，都是围绕着行政行为是否符合合法性要件而开展证明活动的；而确认无效之诉因基于行政行为无效理论，在构成要件上具有较强的独立性与特殊性，因而在证明对象上与前述两种诉讼类型应有所区别，有必要进行个性化分析。

无效的行政行为是指该行政行为自始至终不具有效力，不具备公定力、拘束力、确定力和执行力。[4]从判断标准上看，一般违法行为系存在缺乏行政行为的合法性要件的违法样态；而根据德国的“明显理论”，造成行政行为无效是因为行政处分存在重大且明显的瑕疵，该瑕疵是“依据一般理性、谨慎的市民，依其一切足以斟酌的情况，在合理判断上均可以辨别出的存在”，[5]此种行政行为即归属于无效。由此可知，根据违法程度的不同，行政法理论上将行政违法行为区分为一般违法行为与明显且重大违法的无效行为，因后者有特定的内涵，而在外延上无法被一般违法行为所涵盖。[6]具体到诉讼请求上，基于诉讼对象的不同，确认无效之诉中当事人的证明对象无疑还包括被诉行政行为是否无效，而并非仅围绕该行政行为是否违法而展开。

正是因为证明对象的不同，我国现行法中关于证明责任的规定具体到确认无效之诉中，则存在着“对应不能”的现实困境。一方面，确认无效之诉中相对人的举证能力并不需要进行特殊保护。美国证据法学者罗特斯坦因认为，在确定如何在诉讼当事人之间分配证明责任时，首先要考虑的是双方举

---

〔1〕参见陈光中：《证据法学》，法律出版社2011年版，第297页。

〔2〕《行政诉讼法》第6条规定：“人民法院审理行政案件，对行政行为是否合法进行审查。”第34条规定：“被告对作出的行政行为负有举证责任，应当提供作出该行政行为的证据和所依据的规范性文件。”

〔3〕参见卞建林、谭世贵主编：《证据法学》，中国政法大学出版社2010年版，第411页。

〔4〕［德］哈特穆特·毛雷尔：《行政法学总论》，高家伟译，法律出版社2000年版，第251~253页。

〔5〕胡建森：《行政行为基本范畴研究》，浙江大学出版社2005年版，第493页。

〔6〕参见张旭勇、尹伟琴：“行政诉讼确认无效判决三题”，载《行政法学研究》2004年第4期。

证能力的差异性,[1]但在确认无效之诉中,无效行政行为的判定标准是以社会一般理性人的判断水平为设定依据的,对于相对人而言并不存在识别上的困难,也就不存在需要通过证明责任倒置的方式予以利益平衡的客观条件。另一方面,现行法律关于无效之诉证明责任的规定会增加诉讼成本。结合立法现状,在司法实践中会产生两种情形:当原告提起撤销之诉时,当被告不能证明自身行为合法时,法院即可径行判定该行为违法而作出撤销判决;但当原告提起确认无效之诉且被告无法证明自身行为合法时,法院只能判定该行为违法,对违法是否达到无效的程度则需要进一步的考量,信息处理的时间成本也会因此而增加,但对行政相对人而言,在尚处于起诉期限之内的纠纷,两种诉讼请求所导致的法律后果基本没有太大区别。因此从诉讼经济和维护行政法秩序的角度分析,重新考虑确认无效之诉中的证明责任分配有其现实必要性。

二、我国学界相关讨论之理论梳理与反思

通过上文的分析,不难发现在确认无效之诉中完全由行政机关承担证明责任,并非完全恰当和公允。那么在确认无效之诉中证明责任应该如何分配呢?我国学界对此多有讨论,并在总体上形成了“被告承担证明责任”和“原告承担证明责任”两种比较有代表性的观点。

在确认无效之诉中,持“被告承担证明责任”观点的学者认为,应当由被告就其作出的行政行为是否符合主体权限、法定程序、证据确实充分、适用依据合法等方面承担证明责任。[2]就证明责任的具体分配细则上,章志远教授认为,原告可以提供证据证明被诉行政行为存在无效的事由,但即使在原告无法提供证据或者提供的证据不能成立的情况下,亦不能免除被告应就行政行为不属于无效的情形承担的证明责任。[3]之所以如此设计证明责任分配规则,王振宇法官认为,确认之诉与撤销之诉在实际功能上并没有什么不同:前者仅为在行政行为应当被撤销但出现不宜撤销的事由时,在立法技术

[1] 参见高家伟:《行政诉讼证据的理论与实践》,中国工商出版社1998年版,第76页。

[2] 参见唐楠栋:“单一化规定‘隐匿’下的举证责任分配及其修正——行政诉讼举证责任分配细则研究”,载《湖北行政学院学报》2014年第3期。

[3] 参见章志远:“论行政确认诉讼的运作规则”,载《中州学刊》2009年第2期。

上所进行的一种变通性规定；从这个角度上看，由于诉讼功能和证明对象的一致性，确认无效之诉与撤销之诉都适用相同的证明责任分配规则，由被告承担相应的证明责任。[1]但需要明确的是，尽管在制度设计上，确认无效之诉是相对于撤销之诉的“备位”而存在，在起诉时经常难以对违法程度作出准确的把握，因此基于保护行政相对人的诉讼利益的角度考量，对两种诉讼选择其一，均可被视为妥当的诉讼类型而由法院予以司法审查；[2]但“备位性”并不等同于“替代性”，确认无效之诉作为确认诉讼的一种，在诉讼标的与诉讼功能上与撤销之诉均不存在竞合之处。[3]此外，如果在被告提供的证明自身行为合法的事实存疑时，要求其“全力证明该行为尚未达到重大且明显的程度”，则意味着被告需要全面而充分地证明自身行为不具备任何无效的情形，这在逻辑上显然是无法穷尽的，证明标准也难以得到有效的确定，在实践之中面临“适用不能”的难题。

而多数学者则认为，在确认无效之诉中，应当由原告证明行政行为存在无效事由。[4]但在论证其必要性时，有学者指出，由于在行政诉讼中，法院依据职权调查取证的情形是极为有限的，因此实际上无法期待法院径行调取关于无效情形的证据并以此作出确认无效判决，[5]而通过将行为无效的证明责任分配给原告的制度安排则能够有效地解决这个难题。但事实上，正如上文所述，尽管确认无效之诉中相较于撤销之诉多了对行政行为效力的信息处置工序，但由于“明显且重大”瑕疵的判断标准是以社会一般理性人为视角

---

〔1〕参见王振宇、阎巍：“论行政诉讼证明责任的重构”，载《法律适用》2014年第1期。

〔2〕参见刘淑范：“论确认诉讼之备位功能：行政诉讼法第六条第三项之意涵与本质”，载《人文及社会科学集刊》2003年第1期。

〔3〕参见章志远：“论行政确认诉讼的运作规则”，载《中州学刊》2009年第2期；梁君瑜：“行政行为无效确认之诉的理论内核与制度前景”，载《理论月刊》2016年第7期；王贵松：“论我国行政诉讼确认判决的定位”，载《政治与法律》2018年第9期。

〔4〕有关代表性的论述，可参见张旭勇、尹伟琴：“行政诉讼确认无效判决三题”，载《行政法学研究》2004年第4期；金伟峰：“建立我国行政诉讼中的确认无效诉讼制度”，载《政法论坛》2005年第3期；邓刚宏：“行政诉讼举证责任分配的逻辑及其制度构建”，载《政治与法律》2017年第3期；黄学贤、徐恒婧：“新《行政诉讼法》第75条确认无效判决的司法适用探讨”，载《法治研究》2017年第3期；梁君瑜：“行政行为无效确认之诉的理论内核与制度前景”，载《理论月刊》2016年第7期。

〔5〕参见金伟峰：“建立我国行政诉讼中的确认无效诉讼制度”，载《政法论坛》2005年第3期。

的，对于富有裁判经验的司法机关而言，在无效情形的判定上显然不会比一般理性人更困难；况且在诉讼模式上，我国仍然是以职权主义为主体，在原被告都无法证明被诉行政行为无效时，由法院通过职权调取证据而判定被诉行政行为无效的情形，也并不鲜见。还有学者从原告对无效行为的证明能力、诉讼效率以及原告的举证义务等方面，论证由原告承担证明责任的必要性及可行性。〔1〕本文认为，上述因素的确是构筑确认无效之诉证明责任的客观性条件，但并非重构我国证明责任体系的动力因素，申言之，从推论过程来看，前述学者的论证多属于在反思现有制度、假设“原告承担证明责任”成立的基础上的“解构性”分析，尽管在成文化规则指导下的证明责任分配的理论反思具有重要价值，但缺少通过对诉讼理论的讨论，以实现预先设定证明责任分配的“建构性”表达。

三、规范说的理论考察及逻辑分析

要进一步把握行政诉讼证明责任的机理，就需要从诉讼制度本质上审视行政诉讼的特性。行政诉讼作为诉讼制度的一种，其首要功能与民事诉讼相同，都是以解决纠纷作为基本任务，而纠纷解决的前提则依赖于通过当事人提供证据还原事实真相。行政诉讼脱胎于民事诉讼，故在证明责任上两种诉讼制度具有相似的理论基础。始于民事诉讼规范的“规范说”理论因其具有的科学性和客观性，而被作为通说为德国学界所接受，也引起了我国诉讼法学者的注意。〔2〕但学界对通过“规范说”理论重构确认无效之诉中的证明责任明显关注不足，且存在着对民法规范与行政法规范不加区分，就直接照搬“规范说”理论适用于行政诉讼证明责任分配规则的理论误区。本文认为有必要对规范理论及其修正予以“正本清源”，以发挥其对我国确认无效之诉证明责任分配的建构作用。

（一）规范说的基本主张及理论优势

德国法学家罗森贝克考察德国民法典后指出，民事实体法规范本就蕴含

〔1〕 详见张旭勇、尹伟琴：“行政诉讼确认无效判决二题”，载《行政法学研究》2004年第4期；邓刚宏：“行政诉讼举证责任分配的逻辑及其制度构建”，载《政治与法律》2017年第3期。

〔2〕 参见胡学军：“中国式举证责任制度的内在逻辑——以最高人民法院指导案例为中心的分析”，载《法学家》2018年第5期。

着证明责任分配的规则，并就此提出了证明责任分配的规范说。概言之，就证明责任分配上，罗森贝克主张，当实体法规范的构成要件事实经过审理后，仍处于真伪不明的状态时，则应当由通过该要件事实能推导出有利法律效果的当事人，承担不利益的法律效果。

从规范来源来看，法律适用的基本方式是规范说产生的前提条件：当事人提供证据所反映的案件事实充要于实体法规范的构成要件时，预先设定的法律效果则会因法律规范的适用而作用于该案件。由此可以推导出一个必然的结果：诉讼当事人若希望对自身有利的法律规范得以适用，就必须全力证明该规范构成要件在本案中均有体现。由此不难看出，“规范说”理论本身所指向的是规定具体权利义务的实体法律规范，使证明责任的分配与实定法在价值取向上具有一致性；且从形式上看，规范说的证明责任分配规则并非程序法上的构造，而是“由各个实质性依据所决定，因而具备实体公正性”。〔1〕

在具体到何种规范对当事人“有利”的问题上，罗森贝克提出，从法律体系的基本结构来看，多以“基本规范”和与之相对应的“相对规范”为内容组成：基本规范是指规定在一般情况下通常产生之法律效果的规范形式，而相对规范则是对该通常法律效果之例外规定，在功能上能够形成阻碍基本规范产生法律效果的作用。〔2〕对于两种规范的区分，还需要结合实体法的文义、法条结构、规范目的、宪法精神以及正义理念等因素来进行综合判断。〔3〕而具体到诉讼过程中，每一个独立的诉讼请求都是以基础规范为法律依据的，而与之相对应的抗辩则应是以相对规范为依据的，基于此，在证明责任分配上，可以得到如下结论：由主张适用对自己有利的基本规范的一方当事人，应就该规范的构成要件在案件中实际发生承担证明责任。综合上述分析来看，规范说通过划分法律规范类型的方式指导证明责任分配，只要准确完成案件事实与规范类型的对应即可探知证明责任的分配结果，具有明确性、可操作性和可预测性。

---

〔1〕 参见［德］普维庭：《现代证明责任问题》，吴越译，法律出版社 2006 年版，第 517 页。

〔2〕 参见［德］莱奥·罗森贝克：《证明责任论》，庄敬华译，中国法制出版社 2002 年版，第 104 页。

〔3〕 参见［德］莱奥·罗森贝克：《证明责任论》，庄敬华译，中国法制出版社 2002 年版，第 105 页。

（二）规范说的行政诉讼法表述及运行逻辑

事实上，规范说对证明责任分配所依托的法律适用基本方式与法律规范的对抗关系理论，不仅在民事诉讼领域具有实践价值，在行政诉讼中依旧能发挥其规范性和普适性的作用。在行政诉讼案件之中，一方当事人所提出的诉讼请求必然以基本规范为依据，而另一方当事人对此提出的抗辩则以与该基本规范相对应的相对规范为依据：规范说对于行政诉讼中证明责任的分配同样具有适用的逻辑基础。具体而言，当行政法律规范的构成要件事实经过审查而处在真伪不明的状态时，则应当由在诉讼请求中主张适用该规范的一方承担因该规范无法适用而产生的法律后果，这也是规范说在行政诉讼证明责任分配中的主要体现。

但也有学者注意到，由于规范说是以民事实体法律规范为依据的特定化表达，如果直接套用到行政诉讼法中，可能会因为行政法律与民事法律的规范对象不同，而出现“水土不服”的问题；〔1〕因此有必要针对行政实体法律规范的特性，以行政职权为中心对规范说予以重述，将行政法律规范具体区分为职权形成规范、职权妨碍规范、职权消灭规范以及职权排除规范等；并在将行政行为区分为单方行政行为与行政协议的基础上，分别讨论了不同类型行政行为的证明责任，对规范说在行政诉讼中证明责任的分配表述为：“主张行使行政职权的当事人，对职权形成要件承担证明责任，主张不行使行政职权的当事人，对职权妨碍要件、职权消灭要件和职权排除要件承担证明责任。”〔2〕上述表述方式针对行政实体法的规范对象的特殊性，并结合了我国现行法律规定，对规范说在我国行政诉讼证据规则体系的融入具有相当的理论与实践价值。但在研究视角上，本文更认同通过行政诉讼类型化出发，根据诉讼标的不同将诉讼划分为确认之诉、给付之诉、义务之诉以及撤销之诉，再分别讨论不同诉讼类型的不同证明责任分配方式。一方面，诉讼类型化的分类方式以原告的诉讼请求为核心，能够较好地契合规范说的理论基础；另一方面，相较于将行政行为区分为单方行为以及行政协议的简单分类，诉讼

---

〔1〕 参见江必新、徐庭祥：“行政诉讼客观证明责任分配的基本规则”，载《中外法学》2019年第4期。

〔2〕 参见江必新、徐庭祥：“行政诉讼客观证明责任分配的基本规则”，载《中外法学》2019年第4期。

类型化能够避免挂一漏万，在建构证明责任分配体系时趋向于完整、合理。

比如在撤销之诉中，原告提出诉讼请求申请撤销该行政行为，实质上是对行政机关适用行政法律规范、作出行政行为、在原被告双方之间形成行政法律关系的反对意见，因此应当由行政机关就其作出行政行为符合行政法律规范的构成要件承担证明责任。但需要说明的是，与规范说将民事诉讼中主张的法律规范限定于民事实体法律规范不同，基于保护行政相对人合法权益，以及在行政实体法中难以找寻相对人诉讼权源的角度，本文认为有必要将行政诉讼中当事人主张的法律规范扩展到诉讼法上，以实现救济的完整性。〔1〕

四、运用规范说重构我国确认无效之诉的证明责任

我国多数行政法学者注意到了规范说所具有的理论优势以及在域外行政法治发达国家的通说地位，〔2〕并主张通过规范说的逻辑架构，以行政行为的不同类型划分重构我国的证明责任分配规则。〔3〕但在本文以诉讼类型化研究背景下，则需要转换规范说的适用视角，根据不同诉讼类型的构成要件以及证明对象的区别，结合当事人的诉讼请求，判断所其依据的法律规范属于基础规范还是相对规范，并据此确定诉讼当事人证明责任的分配细则。

从确认无效之诉的审查对象上看，其与撤销之诉有明显区别：后者只需审查被诉行政行为的合法性与否，而前者除了审查合法性之外，还需审查行政行为的效力问题。如前文所述，由于行政行为的违法与无效分别属于不同的问题领域，前者无法在外延上将后者涵盖在内，因此“行政行为合法”只能与“行政行为违法”形成对应关系，而对于被诉行政行为违法程度是否已经达到“重大且明显”的问题，则需要进行具体审查和单独判断。从这个角度来看，在确认无效之诉中，原告的诉讼请求实质上包含了“行政行为违法”以及“违法已达重大且明显的程度而无效”两个内容，因此需要分别适用不

〔1〕 参见梁君瑜：“行政诉权本质之辨：学术史梳理、观念重构与逻辑证成”，载《政治与法律》2017 年第 11 期。

〔2〕 比如关于德国行政诉讼法的著作均将规范说列为行政诉讼客观证明责任分配的通说，详见陈清秀：《行政诉讼法》，法律出版社 2016 年版，第 524 页；吴东都：《行政诉讼之举证责任——以德国法为中心》，学林文化事业有限公司 2001 年版，第 141~143 页。

〔3〕 参见王东伟：“论工伤认定行政诉讼案件中的举证责任”，载《证据科学》2016 年第 1 期；成协中：“中国行政诉讼证明责任的分配模式与规则重构”，载《北大法律评论》2008 年第 1 期。

同的法律规范作为诉求依据。

由于行政行为具有公定力，接受合法性推定，[1]因此主张行政行为具有合法性的一方所依据的法律规范，在规定的内容上具有“一般情况下通常产生之法律效果”的特征，属于“基本规范”；且行政法控制行政权的核心任务，导致了行政实体法以规定行政行为的合法性要件为主要内容，这也为确定行政行为合法性的依据提供了充足的规范供给。在确认无效之诉中，行政机关依据“基本规范”论证自身行为的合法性，因此应就“行政行为合法”的事实要件承担证明责任；原告“行政行为违法”的主张仅构成对被告诉讼请求的一项抗辩，而无需就此承担证明责任。

就行政行为无效的判定而言，我国实体法中并未建立完善的无效行政行为制度，[2]在探寻原告主张行政行为无效的法律依据上较为困难。本文认为，《行政诉讼法》第 75 条规定，[3]从外观上看具备判断无效行政行为构成要件的形式，且在诉讼过程中多被原告引用以作为申请确认无效的法律依据，因此或可将其视为适用实体法依据的一个例外情形。从规范属性上看，《行政诉讼法》第 75 条列举了主体无资格、无依据等通常情况下足以导致行政行为无效的情形，具备“基本规范”的特征。由此观之，在确认无效之诉中，应当由原告对被诉行政行为具备无效事由承担证明责任，在无效事实存在与否真伪不明时，也应因此承担相应的不利后果。

综上所述，在规范说的理论指导下，本文建构了确认无效之诉中具体的证明责任分配细则：由被告对行政行为合法性承担证明责任，证明主体资格、适用依据、证据、程序等内容是否合法；由原告对被诉行政行为是否无效承担证明责任，证明是否存在行为主体不具有行政主体资格或者没有依据等重大且明显违法情形。

---

〔1〕 参见姜明安主编：《行政法与行政诉讼法》，法律出版社 2019 年版，第 198 页。

〔2〕《中华人民共和国行政处罚法》第 49 条规定：“行政机关及其执法人员当场收缴罚款的，必须向当事人出具省、自治区、直辖市财政部门统一制发的罚款收据；不出具财政部门统一制发的罚款收据的，当事人有权拒绝缴纳罚款。”有学者认为这是我国行政实体法中唯一一处规定行政行为无效的情形，但事实上，该观点在学界仍然存在争议。详见邓刚宏：“行政诉讼举证责任分配的逻辑及其制度构建”，载《政治与法律》2017 年第 3 期。

〔3〕《行政诉讼法》第 75 条规定：“行政行为有实施主体不具有行政主体资格或者没有依据等重大且明显违法情形，原告申请确认行政行为无效的，人民法院判决确认无效。”

通过运用法解释学的方法，对我国现有法律制度中关于证明责任分配的规定予以合理推导，仍能够得到相似的结论。根据《行政诉讼法》第34条的规定，并结合我国行政诉讼以合法性审查为原则、以合理性审查为例外的审查原则来看，应当对第34条予以限缩解释，将被告承担证明责任的范围限于对被诉行政行为合法性上，换言之，当被告无法证明被诉行政行为合法性时，则仅能推导出被诉行政行为违法，而无关行政行为是否无效的问题。[1]由此，被诉行政行为无效的证明责任应当由原告承担。

结　语

本文以行政诉讼类型化为研究视角，注意到我国现行法律关于证明责任分配规则的规定，由于确认无效之诉审查内容、证明对象的特殊性，而呈现出难以适配且供给不足的困境。本文以证明责任概念的爬梳为切入点，总结并反思了我国学界对于确认无效之诉证明责任分配的不同观点及论证依据，采用罗森贝克的“规范说”理论作为证明责任分配建构的分析工具，运用法解释学之方法将被告在确认无效之诉中的证明责任限于被诉行政行为的合法性上，为原告承担行政行为无效的证明责任提供了理论支撑。通过规范说重构我国确认无效之诉中证明责任分配规则，以期最大程度地回应审理案件的现实需要以及完善我国确认无效之诉的制度体系。

---

〔1〕与此相类似的代表性观点，可参见张旭勇、尹伟琴：“行政诉讼确认无效判决三题”，载《行政法学研究》2004年第4期；金伟锋：“建立我国行政诉讼中的确认无效诉讼制度”，载《政法论坛》2005年第3期；梁君瑜：“行政行为无效确认之诉的理论内核与制度前景”，载《理论月刊》2016年第7期。

互联网背景下突发事件风险交流的制度建构

——国家、市场、社会的再定位

蔡君艺*

【摘　要】 突发事件风险交流的顺畅实现，有赖于行政、市场与社群机制的合作共治。政府在风险沟通中的职责不应仅仅定位为及时发布政府信息和对虚假信息进行规制，还应对来自多元主体的风险表达保持宽容和鼓励，拓宽风险信息的发布主体，防止执法、司法实践中对谣言信息认定的扩大化。网络平台作为市场和社群机制的集中载体，在自我规制能力与被规制主体的信任程度上具有显著优势，但同时面临逐底竞争与责任承担的局限，需要在发挥技术治理优势与保障公民言论自由之间保持平衡，促进第三方机构参与信息核查，发挥科学共同体的专业优势。

【关键词】 风险交流　信息公开　谣言治理　平台治理

一、问题的提出

新冠肺炎疫情是对全球公共卫生治理水平的一次大考，也是对各国综合治理能力的严峻检验。面对这场“看不见的战役”，中国以高效扎实的抗疫模

---

* 蔡君艺，中国政法大学 2019 级法律（法学）硕士。

式和全方位的社会动员控制住国内疫情，赢得了世卫组织的称赞。[1]但仍需看到，此次疫情也暴露出我国公共卫生体系的局限性，尤其是疫情发展早期阶段，地方政府的信息披露没能为社会公众进行足够警示，对社会预警信息的重视不足也造成一定程度的应对迟缓。因此，突发公共卫生事件风险交流制度的建构成为值得思考的问题。

新冠肺炎疫情所揭露出的风险交流问题处在复杂的社会背景中。首先，现代社会已经成为“风险社会”[2]，各类风险具有深度不确定性，难以预测、发生高频、损害难料，并且会因社会认知与应对措施的偏差造成主观建构的风险与次生风险。[3]各类突发事件作为风险的现实化，在事件发生早期必然存在具有不确定性的风险信息，政府若想承担起“决策于不确定之中”的法定职责，必须具备高度风险预防意识，通过对风险信息的主动收集、识别和评估作出相应预警。畅通无阻的风险信息交流平台，是政府完善突发事件监测和预警的基础。而建构有效的信息平台既需保障公民等社会主体的表达自由，也需对恶意虚构的网络谣言进行治理，维护信息的真实性。

其次，随着我国信息技术的高速发展与网民数量的急速增长，互联网因其海量的数据资源、高效的传播能力、超越空间限制等特点理所当然地成为信息交流的主要空间，而网络平台因其技术优势和“看门人”地位，成为信息内容规制的重要依托。“相较于其他领域，在互联网规制领域更为明显的是，如果公共干预想要奏效，那么规制者必须日渐依赖同受规制者的合作。”[4]对于网络空间的规制模式，特别是平台自我规制的优势和限度，学者们已经有比较充分的研究。[5]但具体到风险交流情境中，以网络平台治理为核心的市场机制、社群规范和技术架构能够发挥怎样的作用，有关研究相对不足。有限的文献主要集中在网络谣言治理方面，有学者分析了实践中网络谣言司法认

---

〔1〕 参见新华网：“世卫赴中国专家组负责人：中国抗疫模式可以复制”，http://www.xinhuanet.com/world/2020-03/06/c_ 1125673346.htm. 最后访问时间：2020 年 5 月 10 日。

〔2〕 ［德］乌尔里希·贝克：《风险社会》，张文杰、何博闻译，译林出版社 2018 年版，第 1~3 页。

〔3〕 参见金自宁：“风险行政法研究的前提问题”，载《华东政法大学学报》2014 年第 1 期。

〔4〕 ［英］罗伯特·鲍温，马丁·凯夫，马丁·洛奇编：《牛津规制手册》，宋华琳等译，上海三联书店 2017 年版，第 606 页。

〔5〕 参见李洪雷：“论互联网的规制体制——在政府规制与自我规制之间”，载《环球法律评论》2014 年第 1 期。

定的不足与改进可能,[1]也有学者从刑法和行政法角度对网络谣言的法律规制提出制度建构。[2]但对虚假信息的规制仅为保障风险交流有效进行的条件之一，在如何防止风险信息的供应稀缺、实现风险交流的规制目的、保障公民对公共事务的知情权和参与权方面，以网络平台治理为典型的协同治理机制应当发挥更充分的作用。

本文试图结合风险交流、网络规制与治理理论，探讨在“风险社会”与网络时代背景下，如何构建畅通无阻的风险信息交流平台，发挥国家、市场、社会的协同治理作用，以期完善突发事件信息公开机制，提升政府的透明度和公信力，保护国家和人民的生命、财产安全。文章核心问题是行政、市场与社群机制的职能应当如何定位。为此，下文将首先探讨政府在突发事件风险交流中的职责，从风险信息的正向供应与虚假信息的反向规制两方面梳理现行法律规范及其不足，提出可能的调适建议。其次阐释市场与社群机制在风险交流中的功能，基于规制理论和网络谣言的传播机制，论证其发挥作用的理论基础，同时指出社会机制的作用限度，并从技术治理和引入第三方查验平台两方面进行具体构造。最后对法律制度在风险交流中的作用进行反思。

二、突发事件风险交流的政府职责

根据现行法律体系与有效应对突发事件的要求，行政机关在突发事件风险交流中主要承担两方面的职责：首先，基于透明原则和公民知情权，政府机关需要向社会及时、准确、全面地提供其掌握的突发事件风险信息，保障社会公众获得充分的信息资源，从而采取相应的自我防护措施。其次，由于虚假信息的广泛传播可能污染网络生态，给民众植入错误观念或造成不必要的恐慌，甚至引起主观次生灾害，严重扰乱社会秩序，政府还负有规制虚假

---

〔1〕 孟凡壮：“网络谣言扰乱公共秩序的认定———以我国《治安管理处罚法》第 25 条第 1 项的适用为中心”，载《政治与法律》2020 年第 4 期。

〔2〕 例如，关于网络谣言刑法规制的研究有，张明楷：“网络诽谤的争议问题探究”，载《中国法学》2015 年第 3 期；廖斌、何显兵：“论网络虚假信息的刑法规制”，载《法律适用》2015 年第 3 期；于志刚：“‘双层社会’中传统刑法的适用空间———以‘两高’《网络诽谤解释》的发布为背景”，载《法学》2013 年第 10 期。行政法学视角研究网络谣言规制的代表性成果有：陈鹏：“针对网络谣言的政府义务”，载《浙江社会科学》2012 年第 2 期；湛中乐、高俊杰：“论对网络谣言的法律规制”，载《江海学刊》2014 年第 1 期；林华：“网络谣言治理的政府机制——法律界限与权力约束”，载《财经法学》2019 年第 3 期。

信息和有害信息的职责。

（一）风险信息的供给义务

依据《中华人民共和国政府信息公开条例》（以下简称《政府信息公开条例》），突发事件的应急预案、预警信息及应对情况属于行政机关应当主动公开的内容。[1]然而，风险社会下行政机关决策依据的不确定性，与现代民主政治对公众参与价值的强调，使得单纯的形式合法已不足以为行政行为提供充足的合法性证明。具体到政府在突发事件风险信息的供应义务中，政府需履行何种附随义务才能被视为充分履行信息公开职责，与风险信息发布主体的多元化这两个问题值得进一步思考。

1. 突发事件信息公开的及时性要求

不论基于法律条文还是风险预防原则，及时性都应作为疫情信息公布的首要原则。《中华人民共和国突发事件应对法》（以下简称《突发事件应对法》）第10条规定，“有关人民政府及其部门作出的应对突发事件的决定、命令，应当及时公布”；《中华人民共和国传染病防治法》（以下简称《传染病防治法》）第38条第4款规定，“公布传染病疫情信息应当及时、准确”；《突发公共卫生事件应急条例》第25条则提出“信息发布应当及时、准确、全面”的要求。从条文表述来看，“及时”的顺位高于“准确”。从突发事件应对的实际需要来看，风险信息的及时供应对于政府和社会的应急处置至关重要，并且在风险预防原则的指引下，科学不确定性不能作为行政机关拒不规制的理由，[2]因此行政机关不应以事件未完全查证核实为由延迟发布。然而，具体时限的确定仍然是实践中的难点，在兰州“4·11”自来水苯超标事件中，兰州市政府于4月11日上午5时接到水质超标报告，上午8时启动应急预案，16时30分对外召开新闻发布会，从了解信息到公开共耗时11小时。[3]对于市政府是否及时公布，官方与媒体认识大相径庭，落差背后的原因是法律未提供明确的行为指引，《突发公共卫生事件应急条例》等法规仅规定信息

---

〔1〕参见《政府信息公开条例》第22条。

〔2〕参见赵鹏：“风险、不确定性与风险预防原则”，载沈岿主编：《风险规制与行政法新发展》，法律出版社2013年版，第239~240页。

〔3〕参见张钦：“兰州供水安全防线失守之后”，载《瞭望》2014年第16期，转引自苟正金：“我国突发环境公共事件信息公开制度之检讨与完善———以兰州‘4·11’自来水苯超标事件为中心”，载《法商研究》2017年第1期。

上报的时限，却对何时向社会公布保持缄默。突发事件信息公开和预警公布的时限如何划定，“及时性”要求应当如何保障，怎样在公民知情权的实现与现实因素的限制之间寻求平衡，或许应成为未来立法修订和理论探讨的焦点之一。

2. 信息发布主体的多元化

新冠肺炎疫情初期，李文亮等医护人员因发布疫情信息受到行政处罚，直接引出一则问题：公民是否有权成为突发事件风险信息的发布主体。检视当前法律规范，《突发事件应对法》《传染病防治法》对此没有回答，仅规定知情主体的信息报告义务。然而，其他类别突发事件的特别法中，对公民信息发布的禁止性规定并不鲜见：《中华人民共和国气象法》（以下简称《气象法》）《中华人民共和国动物防疫法》（以下简称《动物防疫法》）《农作物病虫害防治条例》《地质环境监测管理办法》等法律法规均禁止“其他任何组织或者个人”向社会公众发布气象预报和灾害性天气警报、动物疫情、农作物病虫害灾情信息、环境监测信息。〔1〕《中华人民共和国防震减灾法》（以下简称《防震减灾法》）第 29 条第 3 款规定：“除发表本人或者本单位对长期、中期地震活动趋势的研究成果及进行相关学术交流外，任何单位和个人不得向社会散布地震预测意见。任何单位和个人不得向社会散布地震预报意见及其评审结果。”该条修订过程中，相关人大代表曾持有不同意见，争议集中在地震预报的独占权与该法第 8 条规定的地震群防群测制度如何协调。〔2〕最终立法为社会地震预测信息的发布规定十分有限的范围，仅限于学术交流，且违法发布要承担相应的法律责任。

由此可见，我国立法对风险信息的发布来源进行严格管控，政府试图将突发事件风险信息视为内部垄断资源。考虑到风险信息的获取可能需要专业监测，其发布可能冲击社会经济秩序，往往需要伴随相应的应急处理措施，且基于对民众受“风险最糟糕情景”〔3〕认知影响陷入恐慌，造成主观次生灾

〔1〕 参见《气象法》第 22 条、《动物防疫法》第 29 条、《农作物病虫害防治条例》第 27 条。

〔2〕 参见中国人大网：“关于地震监测预报——分组审议防震减灾法修订草案发言摘登（四）”，http://www.npc.gov.cn/zgrdw/huiyi/lfzt/fzjzf/2008-11/18/content_1458789.htm，最后访问时间：2020 年 5 月 15 日。

〔3〕 杨小敏、戚建刚：“风险最糟糕情景认知的角度”，载沈岿主编：《风险规制与行政法新发展》，法律出版社 2013 年版，第 30-32 页。

害的担忧，立法对信息发布主体的限制有一定的正当性。福岛核泄漏“抢盐”风波、“非典”时期的“板蓝根荒”都可作为例证。然而，并非所有类别的突发事件信息都要依靠专业监测才可获取，对传染病、病虫害、安全生产事故等突发事件，知情主体恰恰是“自下而上”的。基于公民知情自由、风险预防的实际需要与现代治理民众参与的要求，对于此类突发事件，建立多渠道的风险预警信息发布机制仍应是未来趋势。

（二）虚假信息的规制义务

1. 谣言治理的规范体系

网络谣言治理已成为学界和实践中的热点问题。目前我国对突发事件虚假信息治理的规范供给已经比较充分，《突发事件应对法》及其特别法均规定了编造或明知虚假并传播虚假信息行为的行政法律责任。《中华人民共和国治安管理处罚法》（以下简称《治安管理处罚法》）第25条第1款规定对“散布谣言，谎报险情、疫情、警情或者以其他方法故意扰乱公共秩序的”行为给予治安管理处罚。《中华人民共和国刑法》（以下简称《刑法》）中涉及网络谣言规制的共有15个罪名，[1]其中编造、故意传播虚假恐怖信息罪，编造、故意传播虚假信息罪和寻衅滋事罪与突发事件虚假信息规制最为密切相关。新冠肺炎疫情中，最高人民法院、最高人民检察院、公安部、司法部联合制定了《关于依法惩治妨害新型冠状病毒感染肺炎疫情防控违法犯罪的意见》，要求“依法及时、从严惩治妨害疫情防控的各类违法犯罪”，规定对编造或故意传播虚假疫情信息，严重扰乱社会秩序的，以编造、故意传播虚假信息罪定罪处罚。对编造或故意在网络上散布虚假信息，起哄闹事，造成公共秩序严重混乱的，以寻衅滋事罪定罪处罚。除对造谣行为人的直接规制外，《中华人民共和国网络安全法》（以下简称《网络安全法》）《互联网信息服务管理办法》《互联网新闻信息服务管理规定》等网络法律法规还通过规定互联网有害信息范围和互联网服务提供者安全管理义务的方式，授予政府部门

---

〔1〕分别为煽动颠覆国家政权罪，煽动分裂国家罪，编造并传播证券、期货交易虚假信息罪，损害商业信誉、商品声誉罪，侮辱罪，诽谤罪，煽动民族仇恨、民族歧视罪，编造、故意传播虚假恐怖信息罪，编造、故意传播虚假信息罪，寻衅滋事罪，煽动暴力抗拒法律实施罪，组织、利用会道门、邪教组织、利用迷信破坏法律实施罪，组织、利用会道门、邪教组织、利用迷信致人死亡罪，战时造谣扰乱军心罪，战时造谣惑众罪。

要求互联网服务提供者采取技术手段终止谣言传播的间接规制权力。

2. 实践中的不当认定

然而实践中，执法、司法机关秉持“秩序至上主义”，对网络谣言的认定进行扩大化，不当限制公民的言论自由。[1]对于何谓谣言，实践中存在将“与事实不符”即不完全准确和“未经证实”即暂无公开报道的信息扩大解释为谣言的普遍现象。对于“扰乱社会秩序”的标准，执法、私法主体倾向于将“网络秩序”扩张等同于“现实场所秩序”。[2]受“秩序至上主义”的执法思维影响，突发事件中我国的舆论管控通常更为严格，但突发事件风险信息的深度不确定性，导致相关信息在获得科学确认前处于“真假未知”的状态，若信息规制过于严厉，很可能造成本被辟谣的信息事后“反转”，刺痛舆论本就绷紧的神经。新冠肺炎作为新发传染病，在完成病毒溯源工作前无法获得权威认定，因此在认定是否属于“谣言”时更应当谨慎把握，不能对发布主体课以过重的真实义务。例如，临床医护人员虽然不是病毒学、流行病学专家，但他们的风险认识来自不明原因病例的第一线，来自医院内部的共同判断，来自多年职业经验的积累，尽管对新发传染病的认识不可能百分之百正确，但绝不是“没有事实依据”的信息。相反，对于临床专家共同体的风险判断予以充分尊重，才是突发公共卫生事件应对中“依靠科学”的体现。

执法、司法实践中谣言认定的扩大化，也体现出多元主体参与谣言治理的重要性。公安机关作为规制网络虚假信息的执法主体，受其维护社会稳定的工作任务与注重纪律的组织文化影响，有时过度忌惮网络谣言而限制公民言论自由，且公安机关规制手段的单一性，亦无法满足网络时代政府对公民提供真实信息的回应义务。[3]如果行政机制过于强势，则可能诱发权力的滥用和风险信息的政府垄断，形成单向封闭的信息通道，最终伤及所有主体的利益。因此，如何发挥市场、社会等多元机制的作用，实现风险信息交流的

〔1〕参见孟凡壮：“网络谣言扰乱公共秩序的认定——以我国《治安管理处罚法》第 25 条第 1 项的适用为中心”，载《政治与法律》2020 年第 4 期。

〔2〕参见孟凡壮：“网络谣言扰乱公共秩序的认定——以我国《治安管理处罚法》第 25 条第 1 项的适用为中心”，载《政治与法律》2020 年第 4 期。

〔3〕参见李洪雷：“论互联网的规制体制——在政府规制与自我规制之间”，载《环球法律评论》2014 年第 1 期。

协同参与，是我们应当思考的目标。

三、平台治理在风险交流中的作用

政府机关具有的信息优势、风险信息所涉利益的公共性与应急状态下维护社会稳定的要求，决定了行政机关在突发事件风险交流中发挥主导作用。然而行政主导并不意味着排除其他机制的作用空间。相反，仅仅依赖“命令—控制”的行政手段，可能导致风险沟通陷入僵化，难以实现沟通对规制目标的促进作用，无法达到“善治”的水平。“不同治理机制的最优组合是高效治理的制度保障。”〔1〕由于在互联网环境中，社群机制主要体现为互联网行业组织的自律和信任机制，市场机制主要表现为互联网服务提供者之间利用自身技术优势和服务优势进行市场竞争，两种治理机制的特点重叠于互联网治理的核心——网络服务提供者，即“网络平台”，故下文以平台为切入点，讨论其在风险交流的制度建构中的优势与局限性，具体应承担的责任、发挥的作用。

（一）平台风险信息治理的优势

1. 自我规制的一般优势

依据规制理论，通过平台自我规制和治理具有以下优势〔2〕：（1）行业内部具有的专业优势和产业信息优势可以弥补政府规制能力和地域管辖的不足，通过技术实现更有效的治理；（2）从规则成本视角，平台自我规制可以将规制成本内化为经营成本，从而避免政府规制的外部性；（3）相比于政府强制的“技术标准规制”和“绩效标准强制”，鼓励行业自我规制可以发挥行业主观能动性，培育自愿守法的文化，并激励平台在法定要求之上不断研发新技术标准和创新管理模式，有利于行业发展与规制水平提高；（4）平台自我治理的主要载体是用户协议等契约方式，相比行政规则制定，平台在制定规则实现不同规制目标时程序更为便捷，从而保证规制的灵活性。

2. 传播学视角下平台信息治理的优势

除此之外，平台在风险交流和谣言规制领域，相比政府规制还具有独特

〔1〕顾昕：“中国公共卫生的治理变革：国家—市场—社会的再平衡”，载《广东社会科学》2014年第6期。

〔2〕李洪雷：“论互联网的规制体制——在政府规制与自我规制之间”，载《环球法律评论》2014年第1期。

的优势。首先，平台治理更有利于阻断谣言的传播并改变受众的认知，后者才是风险沟通有效进行的关键所在。依据传播学的“香农—韦弗模型”和犯罪学上“集群行为”理论，网络谣言的传播规律可被归纳为“信源经过网络噪声的选择性渲染，经过个体的价值判断，形成群体认同，之后在网络群体中不断循环反馈，加强认同，最终形成就某一观念或认识的强硬态度”。〔1〕虚假信息之所以流行，本质是该信息的某些内容迎合了受众的心理情感需求和价值判断，在选择性关注、理解和记忆的网络噪声的不断干扰下，最终将重复强化的虚假认知植入群体认同内。既然谣言的传播机制决定，虚假信息的危害后果并非通过简单封堵、追究信息源和传播者的责任或公开真相即可消除，〔2〕那么就需要具备公众信任的机构发挥意见引领作用，转变群体对虚假信息的盲目信任。依据风险沟通理论，“信息沟通者对信息源的信任是决定信息沟通成效的关键因素之一”。〔3〕根据“信任不对称”原理，信任很难培养却极易失去。我国政府在“非典”和此次新冠肺炎疫情早期的透明度不够给政府公信力造成巨大损失，因此突发事件的“官方辟谣”往往不受带有“前见”的公众认可。而相对独立、具有专业知识和良好业界口碑的专家机构更受民众信任。网络平台由于其信息的聚合优势，更适合成为第三方中立机构，尤其是科学共同体发挥作用的场域。而确保科学共同体担当“诚实的代理人”，行业自律机制如同行评议、组织文化和协商过程（discursive process）可能发挥比行政机制更重要的作用。〔4〕

（二）平台风险信息治理的局限性

然而，平台信息治理的作用同样受到私人规制内在局限与社会背景因素的制约。首先，由于自媒体行业进入门槛低，且互联网时代“流量为王”，不同互联网服务提供者可能会为吸引更多自媒体和客户入驻而破坏行业规则，

〔1〕上海高院研究室：“从涉网络谣言刑法规制大数据分析谈社会综合治理模式的创新与优化”，载《决策参考》2020年第4期。

〔2〕参见林华：“网络谣言治理的政府机制——法律界限与权力约束”，载《财经法学》2019年第3期。

〔3〕金自宁：“风险规制中的信息沟通及其制度建构”，载《北京行政学院学报》2012年第5期。

〔4〕See Sidney Shapiro, Elizabeth Fisher: *Chevron and the Legitimacy of "Expert" Public Administration*, 22 Wm. & Mary Bill Rts. J. 465 (2013).

在“逐底竞争”与集体行动困境的影响下，互联网信息内容治理的行业共识可能更难达成，破坏行业自治的基础。[1]其次，为实现有效风险交流，必须建立用户与平台的长效信任机制，而独立性是建立信任的基础。但在目前的平台信息内容规制结构下，立法与行政对互联网服务提供商的审查义务过于苛责，可能引发公众对于平台成为政府傀儡的担忧。以《网络安全法》相关规定为例，该法在要求平台履行对有害信息的审查、管理义务时，并未说明平台应当如何“发现”有害信息，即平台是否以及应承担多大程度的主动审查义务，也忽略了平台对有害信息的判断能力问题，[2]同时在追究平台未尽安全管理义务的责任时，归责原则从“过错责任”滑向“结果责任”，例如微信曾因公众号平台用户发布违禁信息受到《网络安全法》第 68 条顶格处罚。[3]过于严格的审查义务必然导致平台自我规制趋于严格，进一步挤压公民自由表达与获取社会信息的空间，甚至诱发用户将平台的过度审查归咎于政府规制，造成“塔西佗陷阱”的恶性循环。[4]

（三）平台风险信息治理的具体构造

行文至此，本文终于接近“如何发挥平台在风险交流中的作用”这一核心问题。基于上文对平台风险信息治理的优劣分析，本文将抛砖引玉，提出在平台风险交流制度的具体建构中如何扬长避短的一些思考。

1. 依托技术实现信息治理

美国学者莱斯格提出了网络空间“代码即法律”的著名论断。[5]网络空间中，传统法律的实施受到限制，“互联网并非被法律或条例所控制，很大程度上是被形塑网络空间的结构或代码、硬件和软件所控制”。[6]对于风险信息

---

〔1〕 参见林华：“网络谣言治理市场机制的构造”，载《行政法学研究》2020 年第 1 期。

〔2〕 参见孔祥稳：“网络平台信息内容规制结构的公法反思”，载《环球法律评论》2020 年第 2 期。

〔3〕 姚志伟：“技术性审查：网络服务提供者公法审查义务困境之破解”，载《法商研究》2019 年第 1 期；谭冰林：“论政府对企业的内部管理型规制”，载《法学家》2019 年第 6 期。

〔4〕 参见孔祥稳：“网络平台信息内容规制结构的公法反思”，载《环球法律评论》2020 年第 2 期。

〔5〕 ［美］劳伦斯·莱斯格：《代码 2.0：网络空间中的法律》，清华大学出版社 2019 年版，第 1 页。

〔6〕 ［英］罗伯特·鲍温、马丁·凯夫、马丁·洛奇编：《牛津规制手册》，宋华琳等译，上海三联书店 2017 年版，第 585 页。

和网络表达的内容治理，平台同样可以依托技术实现信息规制。

"有形的互联网技术治理可以区分为三种：第一种为互联网接入时的技术治理，具体包括 IP 封锁、外网接入限制等；第二种为互联网接入后的常态性内容治理，具体包括网络实名制、内容过滤和屏蔽技术等；第三种是对网络违法行为的事后治理，具体包括跟踪技术、数据监听技术等。"[1]在信息内容的违法性识别方面，机器学习的引入让技术识别成为可能，"例如，在针对色情内容的审查上，可以通过神经网络算法和庞大的图样数据库，建立并不断完善识别模型，实现对色情内容的自动识别，以对海量的图片和视频内容进行审查"。[2]再如 YouTube 删除的涉及极端主义等违法信息中，98%都是依托算法自动识别的。[3]以准确的内容识别技术为基础，结合投诉举报机制，事前关键词过滤、停止信息传输（即"删帖"）、一段时间禁止发言（"禁言"）及永久封停账户（"封号"）已成为海内外平台信息内容规制的主要手段。

但在谣言治理领域，过度使用过滤屏蔽机制可能引发对侵犯公民言论自由的担忧，滥用禁言、封号机制也可能侵犯财产权，如"毒舌"电影公众号被封事件。同时，考虑到突发事件中谣言涉及方面的复杂性，对不同类型的信息不宜一概采取"删、堵"的办法。为了防止过滤机制的滥用，可能的策略之一是要求平台公开信息审查与谣言认定的技术标准，例如关键词如何事前确定、对举报信息的审查和处理标准等。对于 Facebook，YouTube 等美国互联网巨头，"虽然舆论长期呼吁互联网平台内容过滤的透明公开化，但社交媒体审核和过滤的细节则作为商业机密并未公开，负责内容审查工作的员工被公司要求签订长期保密协议，无论在职还是离职都不能公开具体工作细节，因此几乎无人知晓它们如何制定内容审查标准"。[4]但考虑到平台的公共性和规制者地位，行使着规则制定的"准立法权"、采取处理措施的"准行政权"

[1] 林华："网络谣言治理市场机制的构造"，载《行政法学研究》2020 年第 1 期。

[2] 姚志伟："技术性审查：网络服务提供者公法审查义务困境之破解"，载《法商研究》2019 年第 1 期。

[3] 刘瑞生、孙萍："海外社交媒体的内容过滤机制对我国互联网管理的启示"，载《世界社会主义研究》2018 年第 4 期。

[4] 刘瑞生、孙萍："海外社交媒体的内容过滤机制对我国互联网管理的启示"，载《世界社会主义研究》2018 年第 4 期。

与内部解决申诉纠纷的“准司法权”，[1]平台的规则制定和规制措施应当被纳入公法的透明原则、正当程序原则和比例原则的辐射范围。[2]

2. 第三方专业机构的引入

在对风险认知的增进过程中，科学共同体社群体制的正常运转是不可或缺的一环。[3]平台信息治理的显著优势，在于其中聚合了大量科学（专业）共同体组织。调动科学共同体与社会公众的良性互动和知识交流，不仅可以让公众了解事物的科学真相与事实依据，很大程度上也可以减轻集体的恐慌情绪，消除虚假信息传播的土壤。新冠肺炎疫情早期，即便中国疾控中心在2020年1月8日即完成对新冠病毒的基因测序，但当地政府、专家机构与社会公众之间的风险交流并未顺畅进行。面对武汉市卫健委的疫情通报和中疾控专家组早先的乐观表态，不断有网民在微博上表达对于此种新冠病毒传染力和致死力的担忧，然而并没有得到权威的回应。而当新冠肺炎被纳入法定传染病管理，全国采取严格防控措施后，平台风险交流的作用才真正显现。2020年1月25日，微信安全中心发布《关于新型冠状病毒肺炎相关谣言专项治理的公告》，表明“目前已经引进专业第三方辟谣机构，对平台中的谣言进行辟谣”。[4]在疫情之前，各大平台已经纷纷建立新闻查验机构，并与第三方机构如“果壳网”“丁香医生”“科普中国”等建立合作伙伴关系，根据腾讯公司发布的《2019年网络谣言治理报告》，2019年微信平台共生产17 881篇辟谣文章，阅读量达1.14亿次。[5]对于突发事件疫情中医疗防护常识、防疫管理措施等谣言高发领域，通过平台主动搜集和公众提问、举报，汇集相关

---

〔1〕 参见刘权：“网络平台的公共性及其实现——以电商平台的法律规制为视角”，载《法学研究》2020年第2期。

〔2〕 参见刘权：“网络平台的公共性及其实现——以电商平台的法律规制为视角”，载《法学研究》2020年第2期；赵鹏：“私人审查的界限——论网络交易平台对用户内容的行政责任”，载《清华法学》2016年第6期。

〔3〕 参见顾昕：“知识的力量与社会治理的引入——突发性疫情早期预警系统的完善”，载《治理研究》2020年第2期。

〔4〕 央视新闻客户端：“微信安全中心：对散布疫情谣言的账号进行限期或永久封禁处理”，载新华网 https://china.huanqiu.com/article/9CaKrnKp4yz，最后访问时间：2020年5月15日。

〔5〕 孝金波、赖晨璐：“《2019年网络谣言治理报告》揭秘三大谣言高发领域”，载人民网“求真”栏目，http://society.people.com.cn/n1/2019/1226/c1008-31524533.html，最后访问时间：2020年5月15日。

虚假信息或真假不明的信息，由具有专业知识的第三方机构负责统一核实、辟谣，发挥社群机制对科普机构的约束作用，是完善风险交流的重要依靠。

结 论

新冠肺炎疫情的早期预警机制为何失灵，我国突发事件的信息公开机制为何经历了长久讨论却依然饱受诟病，根本原因或许在于“在制度层面上未能为地方政府的政策选择创造科学有效的激励约束机制，忽视甚至否定公民的主权者地位，将应急信息控制为行政系统内部的垄断性资源”。[1]若应急信息仅存在政府单向发布的通道，就难以保障公民知情权的实现，也抹杀了科学共同体在风险评估和风险决策中的作用空间，更会严重削弱政府公信力。建立维护公民与政府之间的信任机制，不仅是突发事件有效应对的实际需求，也是现代社会治理的核心任务。“一般而言，法律制度可以发挥增进信任的作用，特别是通过实在规范或治理机制和以各类法律责任为表现形式的约束机制，可以构成信任的基础。”[2]因此，法律应当在建立有效的交流、商谈机制中有所作为。本文认为，目前研究过于集中在政府信息公开和网络谣言治理两个层面，恰恰体现出现实中社会信息流通的缺乏与网络平台等协作治理机制的孱弱。因此，既应当明确政府在及时履行信息公开义务时对民间信息的容忍义务，也需要思考技术治理、社群规范在实现风险信息交流中的可能作用。最后，还需要考虑平台内容治理的制度化和法治化问题，包括如何制订平台审查的法律技术标准，如何实现平台治理与公民基本权利的利益平衡等，这些都是本文未竟的课题。

---

〔1〕 马怀德主编：《法治背景下的社会预警机制和应急管理体系研究》，法律出版社 2010 年版，第 323 页。

〔2〕 张维迎：《信息、信任与法律》，三联书店 2003 年版，第 12~13 页。转引自金自宁：“跨越专业门槛的风险交流——透视西部通道环评事件”，载《中外法学》2014 年第 1 期。

行政诉讼中的简易程序选择权：规范、证成与建构

石海波*

【摘　要】《行政诉讼法》第82条就行政诉讼中简易程序的启动与选择，规定的是法院依职权决定为主导、当事人仅有有限选择权的模式，结合第82条本身存在的模糊与缺漏之处，这导致法院在决定审理程序时拥有过多、不必要的裁量空间。行政诉讼的当事人应当拥有合法正当的程序选择权，有权对简易程序的适用进行积极或消极的选择，行使权利的方式包括双方同意与提出异议；通过完善实体规范与程序机制，尊重与保障行政诉讼当事人的简易程序选择权，确保当事人能够有效行使行政诉讼中的程序权利，是实现简易程序的效率与公正的价值平衡、应对现实难题的有效路径。

【关键词】行政诉讼　简易程序　程序选择　法院职权

一、引言：行政诉讼简易程序适用的规则缺失和现实困境

我国《中华人民共和国行政诉讼法》（以下简称《行政诉讼法》）在2014年修订之时增设了第七章第三节"简易程序"部分；自该修改以来，本该承载着"实现行政诉讼案件的繁简分流，在保证审判质量的同时进一步提升审判效率"的制度目的的简易程序制度，[1]在实践中却面临着诸多现实困

* 石海波，中国政法大学2018级宪法学与行政法学专业硕士。

〔1〕 应松年："行政诉讼法律制度的完善、发展"，载《行政法学研究》2019年第4期。

境，例如，适用率低、法院对其认可度低、各地程序简化不一、随意简化和过分简化导致程序价值折损，等等。[1]究其原因，在于我国行政诉讼简易程序制度既缺乏明确的法律指引，又难见充分的理论供给。具体而言，一个首先亟待解决的问题是：启动行政诉讼简易程序的选择与决定权究竟如何？当事人与法院在其中如何分配和享有权利？

之所以称之为"首先亟待解决的问题"，其原因在于：是否适用简易程序或者说适用简易程序还是普通程序是整个行政诉讼一审审理程序的开端，如果不能正确适用应当适用的审理程序，那么显然无法实现公平公正的审理结果，无法达到繁简分流的制度目的，也难以达到保障相对人权益的根本目的。一方面，当本身不应适用简易程序的案件适用简易程序进行审理，简易程序很难应对其中模糊的事实、复杂的权利义务关系和较大的争议，无法保证实体审理取得公平公正的结果；另一方面，当行政诉讼当事人对诉讼程序的效率抱有某种合法正当的时效上的期待利益，此时本可以适用简易程序的案件转而适用普通程序而导致时效延长，那么当事人的这种程序权利也会遭受减损。显然，公正和效率是行政诉讼简易程序设计时必须加以权衡的两种重要的法律价值；[2]如果不能明确简易程序的选择与启动规则，或者这种规则本身失去其合法正当性，那么在进入诉讼程序之后，作为程序价值的公正与效率二者显然在不适当的程序之中难以得到实现。

当下，对这个问题予以关注还有其现实性。鉴于《行政诉讼法》及其司法解释对简易程序的规定还尚缺具体与细化，各地法院在实践之中往往会出台各自的具体的细化规则，使其更能符合错综复杂的审判工作的实际情况和现实需要。[3]且不论各地法院所制定的诸多适用简易程序的规则之间的差异是否在可接受的司法程序统一性的范围之内，[4]其中许多规则似乎也有违上

---

〔1〕 刘一玮："行政诉讼简易程序的理性反思与完善路径"，载《行政法学研究》2018年11月3日网络首发。

〔2〕 马生安："行政诉讼简易程序论"，载《行政法学研究》2003年第1期。

〔3〕《行政诉讼法》第82~84条分别对简易程序的适用范围、审理程序和转化方式作出了规定，2018年《最高人民法院关于适用〈中华人民共和国行政诉讼法〉的解释》第102~105条则对这三点作出了释义与细化规定。

〔4〕 我国是单一制国家，各级司法机关应是一脉相承、统一而完整地行使国家司法权，只有这样才能维护国家法制和司法权的统一，而司法权统一的内在要义自然包括自然程序的总体统一。参见马骏驹、聂德宗："当前我国司法制度存在的问题与改进对策"，载《法学评论》1998年第6期。

位法之规定，致使法院的程序决定权无序扩张。例如，江苏省如皋市人民法院制定的内部工作细则规定对信息公开类案件一律适用简易程序进行立案，并减半收取案件受理费，并且在立案审查环节便开始适用。[1]在某些开展过简易程序试点工作的地区法院之外，一些地区的法院则对简易程序的认可度较低：湖北省基层人民法院行政诉讼简易程序的适用率近3年只有0.5%左右，2016年反而还有所下降；[2]2017年10月31日，湖南省株洲市中级人民法院在新《行政诉讼法》施行后才首次适用简易程序审结3个政府信息公开的行政诉讼案件；[3]2018年5月29日，湖北省恩施市人民法院适用简易程序审理了一件不服行政强制拆除房屋案，这也是《行政诉讼法》新增简易程序规定以来该院首次适用简易程序。[4]如此低的适用率也恐怕难以仅仅归于当地法院受理的行政案件尤其是其中可以适用简易程序审理的行政案件的数量偏少。上述这两种极端的情况，都足以显现出当前行政诉讼简易程序面临着被部分地方法院滥用或是虚置的风险，如何保障行政诉讼当事人的正当权利，避免当事人就诉讼程序本身所享有的利益被法院的“一律适用”或“一律不适用”剥夺，实现简易程序真正的制度价值与功能，有必要对此进行进一步的探究。

二、简易程序的选择与适用：对《行政诉讼法》第82条的观察

（一）适用案件范围的“相悖”

《行政诉讼法》第82条第1款和第2款分别规定了行政诉讼的启动与适用的两种方式。[5]其中第1款规定了法院对法定范围之内的案件适用简易程序的

---

〔1〕“江阴法院行政诉讼简易程序审理工作成效初显”，新华网，http://www.js.xinhuanet.com/2017-05/25/c_1121032164.html，最后访问时间：2019年5月15日。

〔2〕常晓云、张玉洁：“我国行政诉讼简易程序优化探析”，载《聊城大学学报（社会科学版）》2017年第5期。

〔3〕“株洲中院首次适用简易程序审理行政诉讼案件”，湖南法院网，http://hunanfy.chinacourt.gov.cn/article/detail/2017/11/id/3036236.shtml，最后访问时间：2019年5月15日。

〔4〕“恩施市法院探索行政案件繁简分流 首次独任审理行政诉讼案件”，恩施法院网，http://www.essfy.hbfy.gov.cn/DocManage/ViewDoc?docId=25471603-7a50-4ab2-9c40-2dede1790d0d，最后访问时间：2019年5月15日。

〔5〕《行政诉讼法》第82条规定：人民法院审理下列第一审行政案件，认为事实清楚、权利义务关系明确、争议不大的，可以适用简易程序：（1）被诉行政行为是依法当场作出的；（2）案件涉及款额2000元以下的；（3）属于政府信息公开案件的。除前款规定以外的第一审行政案件，当事人各方同意适用简易程序的，可以适用简易程序。发回重审、按照审判监督程度再审的案件不适用简易程序。

决定权，即简易程序的法定适用。在此首先要明确和解答的一个问题是：上文所述的江阴法院将所有政府信息公开案件纳入简易程序审理的做法，显属违法。此处所列举的三种类型案件，适用简易程序审理的首要条件都必须是“事实清楚、权利义务关系明确、争议不大”；如果不满足这三个基本条件，则难以进入适用简易程序的法定范围之内。显然，政府信息公开案件的范围远远大于其中“事实清楚、权利义务关系明确、争议不大”的信息公开案件的范围。尤其是其中的诸多复杂问题，例如政府信息的认定、政府信息的举证责任分配、《政府信息公开条例》修改之前所规定的原告申请资格“三需要”的认定，显然无法适配于简易程序的审理“容量”，也有悖于简易程序本身的价值目标。[1] 由此我们可以得出的结论是，在所有一审行政诉讼案件之中（排除了二审和再审的行政案件），要适用简易程序的首要标准是三个“简易”的特征，次要标准是三个法定的“简易案件”的范围，并且这两个标准有着先后顺序和上下层级的关系。

当我们意识到这一点之后再对《行政诉讼法》第 82 条进行分析，就会发现其中似乎存在悖论：既然我们承认适用简易程序的首要标准是“事实清楚、权利义务关系明确、争议不大”，那么意味着这是适用简易程序的行政案件的一个实体标准；就第 82 条第 1 款所列的三种类型的案件来说，一般情况下，“被诉行政行为依法当场作出”与“涉及款额 2000 元以下”的案件基本上能满足这个实体标准，而信息公开案件则不能以此一概而论。那么在实体标准处于优先地位时，案件类型作为形式标准则极有可能被虚置而成为“冷冻条款”。这一点在法院就实体标准享有裁量判断权时尤其突出。就形式标准而言，这三个法定类型是确定无疑的法律概念；而实体标准中的三要素则都属于不确定的法律概念。尽管这三个判定标准长期以来无论在学理还是司法实践之中都有着相对确定的内涵与范围，2018 年最高人民法院出台的司法解释也对此作出了进一步的释明，[2] 但无论如何，《行政诉讼法》第 82 条在法条

〔1〕 就这个问题展开深入的论述，可以参见王春业：“将所有政府信息案件适用简易程序可行性之疑问”，载《北京工业大学学报（社会科学版）》2015 年第 4 期。

〔2〕 2018 年《最高人民法院关于适用〈中华人民共和国行政诉讼法〉的解释》第 102 条规定，《行政诉讼法》第 82 条规定的行政案件中的“事实清楚”，是指当事人对争议的事实陈述基本一致，并能提供相应的证据，无须人民法院调查收集证据即可查明事实；“权利义务关系明确”，是指行政法律关系中权利和义务能够明确区分；“争议不大”，是指当事人对行政行为的合法性、责任承担等没有实质分歧。

之中采用的裁量主义标准，意味着法院始终保有法定的裁量空间。因此，在《行政诉讼法》第82条就适用简易程序的案件范围本身就存在模糊与混乱，而法官在这一条款之中又享有过多的法定的裁量空间时，诉讼程序本身所具有的确定性就有可能遭遇挑战。[1]

（二）“可以适用”的困惑

《行政诉讼法》第82条中的两款分别出现了两个“可以”。第一个“可以”出现于第1款，即对于“事实清楚、权利义务关系明确、争议不大的”，法院“可以”适用简易程序。仅就此处而言，疑问在于：既然前述的三个适用简易程序案件的实质标准已经赋予了法院程序选择的裁量权限，那么此处“可以”是否意味着法院就所有满足三个实质标准的案件还有进一步的裁量权限？或者说此处“可以”与实质标准中的法定裁量权具有同一性？无论此处答案为何，此处都足以体现出法律规范之中语句设计与语言运用的不严谨；也有学者认为，这是在“规定了简易程序的适用条件之后，又放弃了规定的适用条件”，是对“法条主义的漠视与疏离”；[2]而法条主义又具有作为“人们‘一以贯之’的个人行为准则甚至是宪政原则”的重要性。[3]但无论作何理解，作为法条之中的模态词的“可以”都足以显示出法院就此所享有的裁量权。第二个“可以”则是在第2款，即当事人各方同意使用简易程序的，“可以”适用简易程序。此处的模态词“可以”既明确了当事人在达成合意的情况之下对简易程序所有的选择权，但同样也可能意味着这种选择适用并非径行适用，而是在法院的审查与决定之后的适用；至于法院如何审查此种合意，是对其进行形式审查（双方当事人的合意是否真实有效）还是实质审查（案件本身是否满足适用简易程序的条件等），则是语焉不详；但我们同样有理由认为，最终的程序决定权则依然毫无争议地由法院所有，当事人的合意选择则受制于之。

由“可以适用”而引发的争议在司法实践之中并不少见。常见的情形正

[1] 诉讼程序的确定性即可预见性，是指使当事人不必担心突如其来的不利的程序后果的打击而获得安定，其目的在于限制法官在适用程序上的自由裁量权，诉讼按照规定的程序路线进行运作。参见陈桂明、李仕春：“程序安定论——以民事诉讼为对象的分析”，载《政法论坛》1999年第5期。显然行政诉讼与民事诉讼在这一点上是共通的。

[2] 葛先园：“新《行政诉讼法》第82条第1款适用问题研究”，载《学习与探索》2016年第7期。

[3] 王卫龙：“捍卫法条主义”，载《法律科学》2011年第4期。

是：原告认为本案满足适用简易程序的实质标准或者属于可以适用简易程序的案件类型因而“应当”或“必须”适用简易程序，被告与法院则认为“可以”适用而不适用并不违反《行政诉讼法》第82条规定，[1]或者认为“适用普通程序审理案件更有利于对案件进行全面审查和评判”[2]。这种争议在各种政府信息公开案件之中尤为突出，原告往往认为一审法院适用普通程序审理属于程序错误，以此为由提起上诉而引发新的争议。[3]在追求行政诉讼所具有的实质解决行政争议的制度功能的目标之下，明确行政诉讼简易程序的适用规则与诉判双方的决定权限，解决此种不必要的程序性争议，有利于将司法资源与审判力量聚集于解决案件的争议焦点与保障当事人的实体权利之上，实现实质性化解争议的目的。

（三）当事人的权利

“宪法在承认国民主体之同时，亦保障国民有自由权、诉讼权、财产权及生存权。依据此等基本权之保障规定，在一定范围内应肯定国民之法主体性，并应对于当事人及程序之利害关系人赋予主体权（程序主体地位）。此即所谓程序主体性原则，乃立法者从事立法活动、法官运用现行法及程序关系人（含诉讼当事人）为程序上行为时，均须遵循之指导原理。在适用此项原理之程序上，其程序之当事人及利害关系人，不应沦为法院审理活动所支配之客体。”[4]诉讼程序当事人主体性地位由宪法之基本权利引申而来，理应是贯穿于三大诉讼的基本原则与理念。行政诉讼简易程序的制度设计也应体现这一基本理念，而最直接的体现方式就是当事人对是否适用简易程序享有特定的权利。就《行政诉讼法》的规定而言，当事人可以合意选择适用简易程序，但此处的选择权并非最终的决定权，第82条第2款中的“可以”隐含着法院对双方当事人的合意的审查与最终的决定权。另外，《最高人民法院关于开展行政诉讼简易程序试点工作的通知》第7条赋予当事人对适用简易程序的异

---

〔1〕如张冠军与宜兴市公安局交通警察大队等复议决定上诉案，参见江苏省无锡市中级人民法院［2017］苏02行终字第282号行政判决书。

〔2〕如兰梅清、张世禄税务行政管理（税务）案，参见山东省青岛市中级人民法院［2017］鲁02行终字第580号行政裁定书。

〔3〕如张志华诉重庆市酉阳土家族苗族自治县人民政府履行政府信息公开法定职责案，参见重庆市高级人民法院［2017］渝行终字第387号行政判决书。

〔4〕邱联恭：《民事诉讼法之研讨（四）》，三民书局1987年版，第576页。

议权，但最终在 2014 年修改《行政诉讼法》时删去。[1] 与此同时，《行政诉讼法》也并未赋予当事人对适用普通程序而不适用简易程序的异议权。

如上所述，我国《行政诉讼法》就适用简易程序的选择与适用采用的是以法院的程序决定权为主、当事人合意选择为辅的模式；法院的决定需遵照案件适用的实体标准（事实清楚、权利义务关系明确、争议不大）与形式标准（三种法定的案件类型），但就法条表述而言法院拥有过多的、模糊的裁量权限；各方当事人可以同意选择适用简易程序，但最终的决定权仍在法院；在一审程序中，当事人就程序适用没有法定的异议权利。总之，在法院就简易程序的适用拥有主导地位并享有法定权限的情况下，诉讼当事人仅仅享有有限和相对的选择权。

三、诉讼程序中当事人的程序选择权

（一）民事诉讼中当事人的程序选择权

民事诉讼法上对诉讼当事人的程序选择权已有诸多研究与论述。程序选择权这一概念最早可见诸上文所引邱联恭先生之论文，但他并未直接对其下定义。左卫民定义程序选择权是“当事人在法律规定的范围内，选择纠纷解决方式，在诉讼过程中选择有关程序及程序有关事项的权利”，认为其理论基础直接来源于邱联恭先生所述的程序主体性原则，确立当事人的程序选择权的意义是增进民事诉讼的合法性与效率。[2]李浩认为，当事人的程序选择权与诉讼法中固有的概念处分权具有紧密的联系，既有重合也有不同之处，前者来源于宪法中的基本权利，后者来源于私法自治的理念，提出程序选择权的概念更有利于在立法和诉讼中重视当事人的程序权利，另外，他也论证了程序选择权在民事诉讼中的重要意义，即凸显当事人程序主体的地位、使程序运作更加人性化、提升裁判结果的信服度。[3]傅郁林提出，尊重当事人的

---

〔1〕 2010 年《最高人民法院关于开展行政诉讼简易程序试点工作的通知》第 7 条规定：当事人就适用简易程序提出异议且理由成立的，或者人民法院认为不宜继续适用简易程序的，应当转入普通程序审理。2014 年修改的《行政诉讼法》第 84 条仍旧保留了人民法院裁定转为普通程序的表述，但删除了当事人对该程序提出异议的规定。

〔2〕 左卫民、谢鸿飞：“论民事程序选择权”，载《法律科学》1998 年第 6 期。

〔3〕 李浩：“民事程序选择权：法理分析与制度完善”，载《中国法学》2007 年第 6 期。

程序选择权、保障当事人的权利是“繁简分流”司法改革的理念基础，而普通程序与简易程序的分流则正是“繁简分流”的主要内容。[1]

总而言之，我们可以认为，在民事诉讼中，当事人的程序选择权是当事人所固有的一项重要权利，也是应当在民事诉讼中受到保障的重要权利；保障诉讼当事人的程序选择权对于增进司法程序的效率、提升裁判结果的信服度具有重要意义；而当事人对简易程序的选择权则必然是程序选择权的重要内容与内在之义。

（二）行政诉讼中当事人的程序选择权

我国行政诉讼与民事诉讼有千丝万缕的联系，行政诉讼同样应当尊重和保障当事人的程序权利。从规范意义而言，《行政诉讼法》根据宪法而制定，其第1条即指出本法“保护公民、法人和其他组织的合法权益”[2]，承认行政诉讼法同样尊重当事人的程序主体性、同样保障当事人的程序权利，因此是自然而然的。从实质意义而言，保障当事人的程序选择权也具有正当性。贝勒斯评价程序正义的三项价值是：经济成本、道德成本与内在价值标准。[3]以此而言，如果让行政诉讼原告得以依照效益最大化的方式进行选择，那么将有益于减少不必要的程序损耗，节约司法活动的直接经济成本[4]；如果诉讼当事人能通过适当的审理程序来实现公权力对自身损害的填补，并且这种实际损害不至于被审理程序对其自身带来的损害所超过，那么审理程序本身就不会产生出多余的道德成本；如果诉讼当事人能够在事关自身权益的行政诉讼中拥有话语权，能够通过选择的方式参与行政诉讼的实际运行之中，能够与行政机关和法院进行沟通和交流，那么即使不顾及裁判结果的正确性，也能实现贝勒斯所言的，包括参与、平等、尊严等在内的程序的内在价

[1] 傅郁林：“繁简分流与程序保障”，载《法学研究》2003年第1期。

[2] 《行政诉讼法》第1条规定，为保证人民法院公正、及时审理行政案件，解决行政争议，保护公民、法人和其他组织的合法权益，监督行政机关依法行使职权，根据宪法，制定本法。

[3] ［美］迈克尔·D. 贝勒斯：《法律原则——一个规范的分析》，中国大百科全书出版社1996年版，第21~32页。

[4] 波斯纳将经济成本分为直接成本和错误成本，前者是法律实施过程中所耗费的经济资源，后者是由于法院作出错误的裁判而发生的资源耗费。参见 Richard A. Posner, An Economic Approach to Legal Procedure and Judicial Administration, *The Journal of Legal Studies*, Vol. 2, 1973, pp. 399-400.

值标准。[1]因此保障行政诉讼当事人的程序选择权，符合程序正义的要求。

当然，我们需要认识到的一点是，当事人的程序权利总是与当事人的实体权利紧密联系的，当事人就实体权利提出的诉讼请求是通过诉讼程序提出，并通过诉讼程序得到满足的。[2]因此不难看出，在程序权利的问题上，行政诉讼相较于民事诉讼的特殊性在于：在民事诉讼中，程序选择权是当事人对自身实体法上的权益的处分权利，如财产权、人格权等，当事人在不违反法律禁止性规定的情况下自由处分自身合法权利，先天就具有合法性与正当性；而行政诉讼的当事人，无论是原告还是被告，在行政诉讼的过程中都不拥有此种完全的、自然的处分权利，行政诉讼的标的是被诉行政行为的合法性，而行政行为的合法性既涉及当事人的主观权利，也关切公共利益与客观公法秩序，后者显然是难以为双方当事人所自由处分的。另外，从现实角度考量，也有必要防止当事人在外界因素影响之下对自身权利进行不当处分，尤其在双方当事人处于对比悬殊之时。因此，行政诉讼中的程序选择权也并非完全的选择权，而是处于某种程度之中、具有相对性的程序选择权；所谓相对，是当事人对程序的选择与法院的职权适用之间的对抗与平衡；当事人的程序选择，并非直接产生某种程序性后果，而是其参与程度的重要的前提条件或反制措施。

（三）行政审判职权主义中的当事人权利

一般认为我国行政诉讼审判所采取的是职权主义模式，即法院在行政审判中拥有主导权，由法官与原告形成合力以共同审查被告具体行政行为合法性的审判模式。[3]总体而言，在行政诉讼中采取以职权主义为主导的审判模式符合程序公正的价值理念，符合实体正义的功能需求。强调当事人的程序选择权，并非要求改造这一总体架构，让当事人完全主导整体审判程序的开展与运作，而在于明确和保障诉讼当事人的正当权利，避免被司法权的不当

---

〔1〕 贝勒斯总结的“程序价值”原则具体包括：和平解决争端；受裁判影响的人富有意义地参与裁判的制作过程；程序保持公平或对双方平等对待；程序具有可理解性；程序及时地提供裁判结论；程序对争端提供终结性的解决。参见［美］迈克尔·D. 贝勒斯：《程序正义：向个人的分配》，邓海平译，高等教育出版社2005年版，第155~164页。

〔2〕 参见李浩：“民事程序选择权：法理分析与制度完善”，载《中国法学》2007年第6期。

〔3〕 王宗光：“职权主义——我国行政审判模式的必然选择”，载《政治与法律》2001年第4期。

扩张所侵吞；也在于在强调封闭对抗、司法主导的审判关系中，协调趋于僵化、紧张的当事人、行政机关与法院之间的三方关系。一方面，通过三方之间的协调与沟通，使得“原、被告双方不再是消极、被动地听从于人民法院的安排，而是更加频繁地通过合意解决纠纷”，从而使得审判程序趋于开放与合作；[1]另一方面，避免当事人在程序运转中滋生出新的争议，从而有利于行政争议的实质性化解。当然，在职权主义的审判模式之下，法院对行政诉讼审判程序的适用仍居于主导地位，因此也必须划清当事人程序选择权的合法边界与合理行使方式，把握审判效率与审理公正、私人权利与公共利益之间的合理平衡。

四、简易程序选择权的规范与建构

（一）简易程序选择权的实际意涵

“权利是为社会或法律所承认和支持的自主行为和控制他人行为的能力，表现为权利人可以为一定行为或要求他人作为、不作为，其目的是保障一定的物质利益或精神利益。”[2]行政诉讼中当事人对简易程序的选择权利亦是如此。作为一种诉讼法律关系中的具有主体性的权利，诉讼当事人有权依据此权利要求法院作为或不作为一定的行为。从权利的表现形式而言，行政诉讼当事人的简易程序选择权是在审理模式上选择以简易程序代替普通程序，应当具有两个基本面向：第一，积极面向，即诉讼双方当事人有权在达成合意的情况下进行选择；第二，消极面向，即在法院适用审理程序不当时，当事人有权提出异议，而法院则必须对其进行正式的审查，如果异议成立，则进行程序上的转化。从权利的内容实质上而言，这种选择权则是选择了更短的审理时限、更短的举证与答辩期限、更简化的庭审流程、更精要的裁判文书与独任制等。

（二）积极面向：双方当事人合意之下的选择

《行政诉讼法》第 82 条第 2 款就当事人双方合意选择适用简易程序作出了规定，但诚如上文所述，有诸多不明确之处。首先需要明确的是，在各方

---

〔1〕 章志远：“开放合作型行政审判模式之建构”，载《法学研究》2013 年第 1 期。

〔2〕 周永坤：《法理学：全球视野》，北京大学出版社 2010 年版，第 79 页。

当事人已经达成合意的情况下，法院有权依法对是否适用简易程序进行审查与决定，并且此处的审查对象在于对各方当事人的合意进行审查与监督，如果此种合意是真实、合法、有效的，就应当决定适用简易程序。法院有必要对各方当事人的合意进行审查的原因在于：鉴于行政诉讼原告与被告之间悬殊的力量对比，需要避免公民、法人或其他组织在受到行政机关的胁迫与利诱时作出不真实的意思表示；鉴于行政诉讼标的的客观性与公共性，也需避免行政机关对自身职权作出不当处置，消极应诉，从而产生虚假的合意。如果各方当事人能达成真实有效的合意，则在一般情况下，说明诉讼当事人双方对本案所持的争议较小，此时利用简易程序快速审结案件，形成清晰明确的判决结果，有利于争议化解。在此种争议较小的情况下，对相对清晰的事实和相对明确的权利义务关系，在诉讼中适用较短的时限和简化的流程，也足以完成化解争议、保障权益的审判任务。

另外，还需要明确的是，在审查各方当事人的合意是否真实有效之外，法院并无其他的裁量余地。解释《行政诉讼法》第82条时还存在的一个问题是：第1款所述的适用简易程序的案件标准“事实清楚、权利义务关系明确、争议不大”，也是第2款合意选择适用简易程序的案件的适用标准吗？法院还需针对这一标准对案件进行审查吗？笔者以为未必。如果认为两款案件都应适用这一标准，则不符合法条结构编排中所体现出的立法原意〔1〕，也无必要，如果双方当事人能达成真实有效的合意，则案件在一般情况下也处在这一标准的范围之内；如果依然适用这一标准，则依然会为法院留下过多与不必要的裁量空间，难免会成为“脱缰的野马”，造成司法公正性的危机。〔2〕因此法院也难以其他理由拒绝当事人在达成合意的情况下行使简易程序选择权。

（三）消极面向：对依职权适用不当程序的异议

除了主动作出选择，当事人也应当有权在一审程序中对法院依职权作出的不当的简易程序适用裁定提出异议，这是当事人对简易程序的消极选择权，即提出异议的权利；法院须对当事人的异议进行正式审查，如果异议理由合

〔1〕《行政诉讼法》第82条第2款的前提是“除前款规定以外”，显然与第1款是分列的，不能适用第1款的标准。

〔2〕陈瑞华：“脱缰的野马——从许霆案看法院的自由裁量权”，载《中外法学》2009年第1期。

理充分、确实成立，则作出转换简易程序、适用普通程序的裁定。对于行政诉讼的原告而言，适用错误的审理程序既有损程序权利，也损害其实体权利，从而阻碍争议问题的解决，因此有必要对其提出异议的权利予以明确和保障。

赋予当事人异议的权利，让当事人通过提出异议、发表意见的方式与法院进行交流与协商，其主要目的在于保障当事人对抗法院在依职权决定适用简易程序上的不当的程序裁量权限。另外，当事人对自身所受的不利决定提出异议本身就是程序正义的基本要求，而司法程序本身就应当最大限度地追求和实现程序正义；当事人对案件的实体问题有权发表意见和辩论，对案件的程序问题亦当如此，“只有从制度上充分地保障当事人享有和行使程序参与权，诉讼程序的展开本身才能为审判的结果带来正当性”。[1]另外，异议权的权利主体应该包括行政诉讼的原告与被告双方，任何一方提出异议都具有同样的效力。

在当事人提出异议之后，法院必须对当事人的异议进行正式审查，并依据审查结果作出正式决定；审查须依据《行政诉讼法》第 82 条与相关司法解释所规定的适用简易程序的案件实质标准与形式标准，结合当事人所提出的异议理由，针对争议的关键点进行。在此阶段，就是否达到“事实清楚、权利义务关系明确、争议不大”，法院应当采取更高的判断标准、为其设置更高的门槛，并对当事人的异议的审查是否成立依据更低的判断标准，换言之，只要当事人能清楚明确、基本合理地表述自己的理由，即可认为异议理由成立，本案达不到“争议不大”的标准而不应适用简易程序，以此防止第二次的审查适用成为空转。另外，也有必要对《行政诉讼法》第 82 条所列举的三类案件进行重新审视：如何理顺所列案件的逻辑关系，使法官得以归纳出其共同特征，剔除明显相悖的案件类型（信息公开案件），并结合司法实践逐渐增加其他可适用简易程序的典型案件类型，使这一条所列能够成为法官可以据以适用的条款，有待于进一步的观察与研究。

五、保障当事人简易程序选择权的程序机制

《行政诉讼法》并未对简易程序的适用与启动阶段作出规定，在开庭审理

〔1〕 肖建国：“程序公正的理念及其实现”，载《法学研究》1999 年第 3 期。

之前，法院须就保障诉讼当事人的程序选择权负有特别的程序性义务，以确保当事人的权利得以恰如其分的行使，其中应当包括以下方面义务。

第一，释明与交流。释明既是法院的权力，也是法院的职责。法官的释明对实现程序正义与实质正义有着重要的意义：既在于救济弱势当事人，促进法官与当事人之间的沟通，也在于达成共识，促进当事人之间以及当事人与法院之间的共同讨论交流。[1]在简易程序的启动之时，法院须通过释明的方式告知双方当事人尤其是原告所拥有的程序选择权，告知其简易程序的审判方式、时限要求、适用后果等，使原告得以在充分的认识和清晰的考虑的基础上进行合理的判断。

第二，告知与说理。如果法院对案件在立案阶段已产生初步的判断，认为其基本符合适用简易程序的标准，则应当将本案适用简易程序的决定通过正式的决定书及时告知与送达双方当事人，并对适用简易程序的理由，包括法律依据与事实情况进行充分的说理与论证，以便双方当事人在开庭之前的第一时间内充分了解情况、消解疑惑，避免产生进一步的争议，也便于及时对自身的诉讼行为进行适当的安排和调整。

第三，听取异议与征求意见。在法院送达简易程序适用决定书之后，当事人有权当场或者在一定时限内，通过各种途径，包括文书、电子材料、口头表达等提出异议。如果原告对简易程序的适用在一定时限之内没有提出异议，则可以将适用简易程序的决定书附在寄给被告的起诉书副本中一并送达，使被告也有充分的时间对是否适用、是否提出异议进行斟酌；如果被告在一定时限内未提出异议，则视为默示同意，即进入简易程序的审理。另外，双方当事人的异议均须在一定时限内提出，最晚不可超过法庭辩论终结之时，否则会影响审判程序的确定性。

结　语

总而言之，“无论审判是怎样完美地实现正义，如果付出的代价过于昂贵，则人们往往只能放弃通过审判实现正义的希望”。[2]设置简易程序所讲求

---

〔1〕 肖建华、陈琳：“法官释明权之理论阐释与立法完善”，载《北方法学》2007年第2期。

〔2〕［日］棚濑孝雄：《纠纷的解决与审判制度》，王亚新译，中国政法大学出版社1994年版，第266页。

的代价，既包括司法程序的直接成本，也包括错误成本，建构完整、有效的当事人对简易程序的选择权利，完善其积极与消极的两个面向，也正是基于行政诉讼的直接成本与错误成本的双重收益分析，基于诉讼效率与诉讼公正、个人权利与公共利益的两极平衡。通过明确与规范当事人的简易程序选择权，运用实体规范与程序机制予以保障，在简易程序运行的“源头”治理难题，对应对当前简易程序在司法实践中所遭遇到的现实困境应当有所裨益。

论风险规制视角下的疫情信息沟通

杨瑞丽*

【摘　要】有效的风险信息沟通是防控传染病的基础，规制风险要从识别风险开始。抗击新冠肺炎疫情的实践，暴露出在风险的初期识别与科学预警、行政决策的及时性、信息的公开度与公众的有效参与上存在的问题。构建体系化的疫情信息沟通制度，应当从信息沟通的主体、内容、对象三要素入手，修订现有法律规范，将常态化的传染病预防监测与应急状态下的预警沟通有效衔接，以严格的法律责任倒逼行政主体积极履行法定义务，以法定程序实现科学专家意见和行政决策的有效对接。

【关键词】风险规制　新冠肺炎疫情　风险信息沟通　预警机制

新冠肺炎疫情这一重大突发公共卫生事件，给刚刚进入 21 世纪 20 年代的我们敲响了警钟。习近平总书记指出，抗击疫情，是对我国治理能力和治理体系的一场“大考”，要抓紧时间补短板、堵漏洞、强弱项。要强化风险意识，完善公共卫生重大风险研判、评估、决策、防控协同机制。[1]此次疫情防控，既为我国传染病防治提供了重要经验；同时，防控实践中暴露的许多问题，也给我们提出了进一步反思和完善制度的新要求。

---

* 杨瑞丽，中国政法大学 2019 级法律（法学）专业硕士。

〔1〕 参见新华社：“应对疫情‘大考’习近平提出五大改革任务”，载新华网，http://www.xinhuanet.com/politics/xxjxs/2020-02/15/c_ 1125578406. htm，最后访问时间：2020 年 6 月 8 日。

一、疫情信息沟通问题的提出

2003 年抗击“非典”，犹在昨日。面对“非典”时期暴露的疫情信息报告、通报渠道不畅，传染病暴发时紧急控制措施的制度不够完善等问题，我国意识到应对重大突发公共卫生事件时立法上的薄弱。2003 年制定了《突发公共卫生事件应急条例》〔1〕，2004 年对《中华人民共和国传染病防治法》(以下简称《传染病防治法》) 进行了修订,〔2〕并于 2007 年制定了《中华人民共和国突发事件应对法》（以下简称《突发事件应对法》)，以期有效预防、及时控制和消减突发公共卫生事件的危害，保障公众身体健康与生命安全。在 2020 年的这场新冠肺炎疫情阻击战中，我们的中国特色社会主义制度使得我国在基础建设、物资调配、组织动员、统筹安排等方面显现出中国力量，中华民族自古以来的“大局观”和“牺牲奉献精神”，使得中国人在灾难面前既能“居家隔离，不给国家添乱”，也能在祖国和同胞需要时挺身而出。虽然我们通过了这场疫情大考，但是，通过这次实践，我们也能发现一些“顽疾”仍未得到根治。较之疫情的“控制”阶段，疫情的早期预警、风险的识别与判断等“防微杜渐”工作尚显不足，现行法律制度存在一定的问题有待解决。

本文根据武汉市卫健委官网上发布的公告通知，对此次新冠肺炎疫情初期的通报工作进行一个回溯。2019 年 12 月 31 日，武汉市卫健委通报 27 例不明原因肺炎疫情，称“组织……临床医学、流行病学、病毒学专家进行会诊，专家从……方面情况分析认为上述病例系病毒性肺炎。到目前为止调查未发现明显人传人现象，未发现医务人员感染”。〔3〕2020 年 1 月 5 日，武汉市卫健委通报：“截至当日共 59 例患者，最早发病时间是在 12 月 12 日，已排除流感、禽流感、腺病毒、传染性非典型肺炎（SARS）和中东呼吸综合征

〔1〕 2011 年，根据国务院令第 588 号《国务院关于废止和修改部分行政法规的决定》对该条例进行了修订。

〔2〕 2013 年，再次对《传染病防治法》进行了修正。

〔3〕 武汉市卫生健康委员会：“武汉市卫健委关于当前我市肺炎疫情的情况通报”，载武汉市卫生健康委员会官网，http://wjw.wuhan.gov.cn/xwzx_28/gsgg/202004/t20200430_1199576.shtml，最后访问时间：2020 年 6 月 8 日。

（MERS）等呼吸道病原。病原鉴定和病因溯源工作仍在进一步进行中。”[1] 2020年1月14日，武汉市卫健委通报称："尚未发现明确的人传人证据，不能排除有限人传人的可能，但持续人传人的风险较低”。[2] 2020年1月20日钟南山专家团队在国家卫健委举行新闻发布会，明确“人传人”。2020年1月23日凌晨2时，武汉宣布当日10时起，离汉通道关闭。

通过回溯疫情暴发流行的早期，在近一个月的时间内，面对未知的疾病，风险的初期识别、科学判断与政治决策的有效沟通、信息的公开和对公众关切的回应上都存在一些问题。因为是未知风险，“个体、群体和组织之间对信息和意见的交互过程”变得困难重重，这一互动过程，被称作风险信息沟通（risk communication，或称风险交流）。这就是本文研究的试图进行有效规制的对象。

二、我国疫情信息沟通制度及存在的问题

新冠肺炎疫情的防控实践暴露出我国风险信息沟通尚显薄弱，但是这个实践中的问题是否意味着我国现行立法尚不完善？风险信息沟通的难点具体来讲，难在哪些环节？本文将在梳理现有法律体系的基础上，对疑难症结进行剖析。

（一）我国现有法律体系下的疫情信息沟通制度

《传染病防治法》第三章规定了“疫情报告、通报和公布”制度，在《突发事件应对法》和《突发公共卫生事件应急条例》中也有关于“报告和信息发布”的规定，针对的是“突然发生，造成或者可能造成社会公众健康严重损害的重大传染病疫情、群体性不明原因疾病、重大食物和职业中毒以及其他严重影响公众健康的事件”。[3] 存在“可能造成严重社会危害”这样

---

〔1〕 武汉市卫生健康委员会：“武汉市卫生健康委员会关于不明原因的病毒性肺炎情况通报”，载武汉市卫生健康委员会官网，http://wjw.wuhan.gov.cn/xwzx_28/gsgg/202004/t20200430_1199589.shtml，最后访问时间：2020年6月8日。

〔2〕 武汉市卫生健康委员会：“新型冠状病毒感染的肺炎疫情知识问答”，载武汉市卫生健康委员会官网，http://wjw.wuhan.gov.cn/xwzx_28/gsgg/202004/t20200430_1199594.shtml，最后访问时间：2020年6月8日。

〔3〕《突发公共卫生事件应急条例》第2条规定了“突发公共卫生事件”的概念；第19条规定了突发事件应急报告的具体情形。

一个判断，因此分析疫情信息沟通制度先以《传染病防治法》和《传染病信息报告管理规范》为规范基础进行分析。

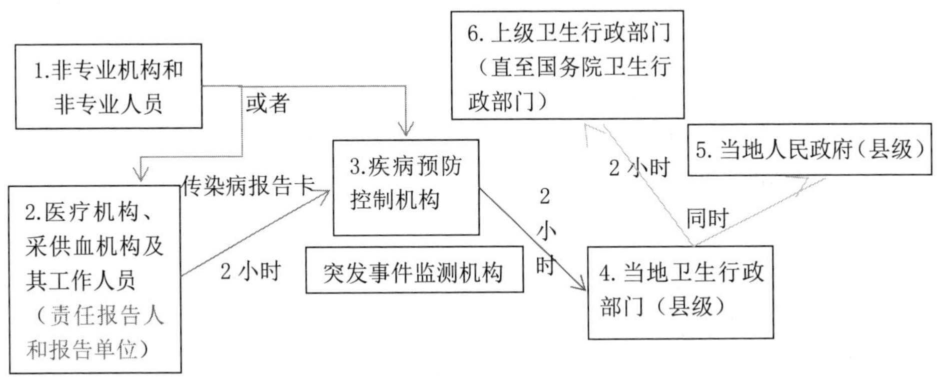

图 1　传染病报告程序

报告制度，是意识到风险的开端。我国传染病报告实行属地化管理，首诊负责制。由图 1 可以发现，在整个报告程序中，医疗机构为传染病报告的发端；疾病预防控制机构是整个报告程序的中枢，连接着业务部门和行政部门。我国从 2004 年就建立了传染病网络直报系统，被称为“千里眼、顺风耳”。当业务部门发现传染病人（包括疑似）后，直接通过传染病网络直报系统报告病人信息，中国疾控中心监测室工作人员完成数据分析后，将报告发送给卫生部、中国疾控中心等的相关领导，作为决策重要依据之一。据报道，2010 年传染病疫情信息从医疗机构报告到国家数据中心平均为 0.47 天，速度较 2003 年提高了 10 倍。[1]现代科技使得技术层面上的数据传输不成问题，真正的问题在于如何意识到传染性并去上报。所以在报告环节中，如何将医院系统中的电子数据和疾控直报系统结合起来，使得可能构成传染病的病例可以直接在诊断环节得到报告，值得进一步思考。

意识到风险→风险信息沟通→认识风险+处理风险，在这样的情况下，报告是风险首次进入人们视野作出的反应，也就是可规制的开端。报告制度是下级对上级或者业务部门对主管部门之间的信息传导，它是信息的向上流动；

---

〔1〕 孟庆普：“传染病信息就这样网络直报”，载中国疾病预防控制中心官网，http://www.chinacdc.cn/zxdt/201203/t20120316_58667.htm，最后访问时间：2020 年 6 月 8 日。

通报制度是信息在同级政府部门间实现互通和信息向下流动；[1]而公布制度是向社会公开传染病疫情信息。报告和通报是在特定群体（主要是医院和行政机关的相关工作人员）内部的风险信息交流沟通，而公布属于向外告知社会大众，本质上是知晓风险信息的主体范围的扩大。在这三个环节中，引发大众争议的是信息公开问题。即，作为将直接遭受疫情影响的大众，如何能及时准确地被告知可能的风险？现行法中规定的传染病（或是突发公共卫生事件）预警制度在此次新冠肺炎疫情的初期并未完成法律对其的期望，真正发挥作用。[2]

（二）疫情信息沟通实践中存在的疑难问题

通过前文，我们可知在公共卫生领域，疫情信息沟通在现有的法律体系下也是有所规定的，并不是完全“无法可依”，所以问题就转化为：为何在实践中并不能真正起到作用？

在信息沟通环节，最大的难题在于如何保证信息公开的“及时、准确”。[3]“及时”之所以难，是因为当出现类似此次新冠肺炎这种非已知的传染病类型时，在不具备原始经验的情况下，国家的行为不再是传统的行政行为，其行为背后是个体或者群体对风险的学习和解读的过程，这种解读又涉及对“谣言”的界定问题，“谣言”实际上就是对“准确”的判断。“及时、准确”就是疫情信息沟通中难以解决的时机问题。假设风险未必为真或者比评估的小，那过早地针对尚未明确予以科学判断的风险发出预警，可能会造成不必要的恐慌，从而影响正常的生产生活秩序；假设风险确实如预判一样，但公权力机关因为前一种担心而未及时公布相应信息的话，可能会使得民众认为政府是在有意隐瞒，从而导致政府的公信力下降，风险也可能因未得到大众的及时重视而进一步演化为难以控制的危险。[4]这个时机的把控，实际上是决策

〔1〕《传染病防治法》第35条。

〔2〕具体现行法律规定参见《传染病防治法》第19条和《突发事件应对法》第三章“监测与预警”的规定。

〔3〕赵宏：“‘未经授权不得披露’背后的信息公开制度与问题”，载澎湃新闻网，https://www.thepaper.cn/newsDetail_forward_5700131，最后访问时间：2020年6月8日；沈岿：“传染病防控信息发布的法律检讨”，载中国宪治网，http://www.calaw.cn/article/default.asp?id=13613，最后访问时间：2020年6月8日。

〔4〕金自宁：“风险规制中的信息沟通及其制度建构”，载《北京行政学院学报》2012年第5期。

者将信息获知主体置于何种程度上的理性。

首先，需要明确的是现代风险常常与专业知识紧密联系，“及时”和“准确”有时候很难同时实现。以此次疫情为例，当出现第一例病历时，不能强求医生准确意识到风险，且从意识到准确认识风险也存在一个过程，需要各方面的专家进行判断，而等待专业判断识别的过程，“及时性”便受到了减损。其次，信任是一切沟通得以顺利进行的前提。相同的话由不同的人说出具有不同的分量，根据社会心理学上著名的“不对称原理”，“信任总是难于建立而易于失去”。[1]所以作为公权力机关，为了确立和维护其公信力，考虑到公众对权威性的信任，往往在公布风险信息时更为谨慎，而谨慎往往暗含着信息迟延，而不可避免地导致危险进一步扩大。最后，由于最终向社会公布的主体往往不具备应对相应风险的专业知识，所以不可避免地依赖于自己内部或外部的专家对风险的解读，而这种基于学科专业知识上的解读并不能代替行政者对风险采取何种行政行为的判断，专家和专家之间的不同判断也往往给风险规制带来难题。

一方面，带来风险的往往是非常态化问题，需要运用科学知识不断认知求证，即专家也无法在短时间内给出一个确切结论；另一方面，即便专家给出了一个确切结论，如何保证其真实性与准确性，面对不同声音该如何处理。这样的矛盾就给疫情信息的公布带来了挑战。而公布的及时准确关系到社会应对风险的开端。从意识到认识需要一个过程，但处理刻不容缓。所以在诸如不明原因的传染病防控这类问题中，最为重要的一个环节就是从报告、通报到公布这个阶段，信息该如何在“科学系统和政治系统”[2]之间进行有效流通。

三、疫情信息沟通的理论基础：风险规制

传染病是公共卫生领域的一种典型的风险。对公共卫生风险进行规制是指在公共卫生领域，国家通过设立专业的行政机构，对可能造成公共危害的

---

〔1〕 金自宁：“风险规制中的信息沟通及其制度建构”，载《北京行政学院学报》2012年第5期。

〔2〕 胡明：“疫情信息公开的法治反思”，载《政治与法律》2020年第4期。

风险进行评估和监测，并通过制定规则、监督执行等手段来消除或者减轻风险。[1]对公共卫生领域的风险进行有效的规制，既具有正当性，又十分必要。

首先，在社会法治国，公共利益就是一切行政行为的界限，政府应积极主动地为大众的公共福祉而采取一定的行为。所有的行政手段都是为了“保证所有的人都享有生命、健康、财产的安全，所有的人都有房可住、有饭可吃、有衣可穿，都有电有水可用，都享受医疗保险、交通设施和受教育的机会，都可以实现其基本权利，都可以全面发展自己的人格（实实在在的机会平等）”。[2]当处在从行政限权思想向公共服务思维的转型期，在人类社会进入风险社会后，对风险的预防是宪法要求国家必须肩负起的义务，这项义务属于对国家保护义务的拓展。[3]因此，当面对信息失灵这样的问题时，国家对风险进行干预和规制具有正当性。

其次，人类活动带来了社会风险的深刻变革，使得在疫情信息沟通这一具体领域的研究中运用风险规制理论十分必要。风险随着人类社会的产生即出现，自然灾害等大自然带来的风险人类虽不可避免或消除，但一直在努力寻求预知与减轻。过去的风险更多是局部的、区域内的风险，传播速度和影响范围受到地理环境和国别的局限。但是现代社会，尤其是在全球化的今天，人员的密集程度以及流通程度，使得风险不再局限于某一地域。尤其是在公共卫生领域，“人类命运共同体”的特征更为明显。局地暴发的流行病，很可能因为跨国的人员流动而波及全球。此次新冠肺炎疫情同样也是如此。在出现病例的初期，由于新冠肺炎是一种不明原因的、新型的、未知的疾病，其风险是难以预知的；但从后续的传播情况来看，这种传染病又给全世界带来了重大影响。因此，在这样的背景下，进行信息的有效沟通交流，实现对风险的规制确有必要。

最后，风险是否具有客观性和可评估性成为对其进行规制是否可行的主要衡量标准，但是风险并非法外之地。通过在北大法宝的检索，直接提到“风

---

〔1〕 赵鹏：“奉献社会的自由与安全”，载沈岿主编：《风险规制与行政法新发展》，法律出版社2013年版，第16~17页。

〔2〕［德］沃尔夫，奥托·巴霍夫，罗尔夫·施托贝尔：《行政法》（第一卷），高家伟译，商务印书馆2002年版，第139页。

〔3〕 王旭：“论国家在宪法上的风险预防义务”，载《法商研究》2019年第5期，第112页。

险”的法律共69部，除去商业风险管控类之外，环境保护领域[1]、国家安全领域[2]、食品药品监管领域[3]都有对风险管控的规定。具体到疫情防控，我国主要是《传染病防治法》和《突发事件应对法》在发挥规制作用。虽然《传染病防治法》没有明确提到“风险”，但实际上是把“传染病疫情”当做一种风险，围绕着这一风险，就存在风险预测、风险认知、风险处理一系列问题，设置了“传染病预防”“疫情报告、通报和公布”“疫情控制”“医疗救治”四章内容，构成了传染病防治体系。《突发事件应对法》是以“事件”为核心来建构应对体系，[4]当传染病暴发、流行达到“突发事件”程度时，其本质也是一种风险，“预防与应急准备”“监测与预警”这两章都是针对风险的前期准备。由此可知，公共卫生风险规制具备现行制定法的规范基础，具有可行性。

四、风险规制视角下疫情信息沟通的核心要素

在风险规制的视角下，从实现信息沟通有效性的目标出发进行规制，需要考量的核心要素包括：哪些信息可以被提供交流；沟通的主体和受众是谁且具有何种特征；该以何种形式或者方式进行沟通等都综合影响着沟通的效果。不同于行政法领域所言传统意义上的信息公开制度，疫情信息沟通更强调一种信息“一来一往”的交换流通性，通过信息在主体和受众之间的交互，以实现对风险本质、影响、控制与其他相关信息的意见在交换过程中逐步加深了解和认识，从而作出更优化的决策。

（一）信息沟通的主体：专家权的规制

风险规制的前提是能对风险进行评估，从公共卫生角度而言，风险常常具有专业性，因此对风险的评估是一个以自然科学为基础的客观过程。我们无法要求规制者和普通民众具备公共卫生领域高深的专业知识，但规制者和民众确实是重大公共卫生决策的直接制定者和最终影响者，他们对疫情信息迫

---

[1]《中华人民共和国土壤污染防治法》《中华人民共和国核安全法》《中华人民共和国大气污染防治法》《中华人民共和国环境保护法》。

[2]《中华人民共和国网络安全法》《中华人民共和国密码法》《中华人民共和国国家安全法》。

[3]《中华人民共和国农产品质量安全法》《中华人民共和国食品安全法》《中华人民共和国疫苗管理法》《中华人民共和国药品管理法》。

[4]《传染病防治法》第3条。

切渴望，但他们由于能力有限又不得不依赖领域专家。因此，信息沟通的真实客观有效首先有赖于科学专家能够扮演“诚实代理人”（honest broker）〔1〕的角色，能够做到诚实、政治中立、价值中立。但由于传染病领域作为一种风险领域，对风险的评估往往具有不确定性，不同的专家可能由于考虑问题的角度和所掌握知识的不同而作出不同的判断。在现代社会，风险也更多体现为一种综合性问题，对专家应对风险的要求更高。比如在传染病疫情的应对中，应形成一个完整的专家团队，综合公共卫生、行政、法学、经济、社会学、心理学领域的专家进行研判，从而形成一致意见。理想状态下，专家团队里的成员在进行风险评估时应当保持价值中立，不因舆论、社会恐慌或是其他外界因素等干扰而影响科学判断，从而进行充分的科学研究和分析，得出结论。因此，要增强专家全体的协作性和独立性，给其一个平台和空间来表达对风险的评估，综合当今世界各国涉科学技术的行政决策或立法程序来看，可以参考建立听证制度。〔2〕同时，谨慎对专家行使“警察权”，在专业领域谨慎定义“谣言”，这样专家才可能免除后顾之忧，敢于发表真实而科学的意见。

（二）信息沟通的内容：区分数据和信息

通过上文可知，我国传染病信息沟通制度包括上报、通报和公布，处在不同群体和不同层级的主体可以接收到的信息完整程度是不同的，在疫情暴发的不同时间点各主体知晓的信息也是不同的。针对存在的问题，应当在我国建立一种立体的传染病风险信息数据库。“网络直报系统”大大提升了疫情上报的速度，在现有系统基础上，我国可以充分利用大数据时代的技术优势，建立可以共享的知识数据库。信息是对数据的解读和评估，不论公权力机关是出于对公信力还是社会秩序的考量，都可以在尚未明确认知疫情的情形下保留一定的内部信息，但是对于数据应当准确公布。因此，我们需要进一步明确哪些属于数据？以此次疫情为例，在初期，作为不明原因的肺炎，发病患者数量、地区、病情特征以及其他非可识别信息应当每日在数据库中予以公布。除此之外，数据库应专设一个子目录，专门用来公布有关学者的最新

〔1〕［英］小罗杰．皮尔克：《诚实代理人：科学在政策与政治中的意义》，李正风、缪航译，上海交通大学出版社2010年版。

〔2〕王岳：“论我国传染病疫情防控法律原则之完善”，载《法律适用》2020年第5期。

讨论情况和研究成果。例如，在美国疾病预防与控制中心（CDC）官网上就专设有一个关于“Coronavirus Disease 2019（COVID－19）”的“Communication Resources”〔1〕，在这个数据库中，访问者可以查询有关新冠肺炎的最新信息（新闻报道、数据统计、学术论文、专家评论等），并在网站上鼓励专家、老师积极运用这些信息去从事科学研究和教学活动。同时该网站还按照职业身份的不同设计了不同的子目录以提供不同的浏览内容，并告知“由于这是一种新出现的并且急速发展变化的情况，CDC将尽可能提供给大家及时的有用的信息”。“在互联网时代，国务院应急机构应当建立一个全国性的风险信息中心，与地方政府应急工作办事机构所建立的风险信息中心联网，实现信息共享”；〔2〕也可以在官方网站上制作相应栏目，对专家群体公布相应数据，给专家提供一个交流和探讨的平台。数据的公开应当规避一些可能侵犯公民隐私的可识别信息，留下客观的数据提供给传染病学、疾病控制学的专家进行科学评估和研究使用。

（三）信息沟通的对象：公众参与的规制

在传统行政法上，行政权行使的正当性源于公众的赋权，因此公众对行政权的行使享有监督的权利，而监督的前提在于政府需进行信息公开，从而便于公众监督。但在风险信息沟通领域，有关信息的公开并不能作为行政法传统意义上的信息公开来理解，不能只强调信息流的内部管理，而忽视信息公开的预防性功能〔3〕，国家需要关注强调疫情风险信息的流动性和互动性。要改变传统的诸如单纯的信息发布这样的单一渠道，转变为一种更为开放的沟通交流方式，从管制模式转向互动模式。〔4〕如果仅仅是把民众当做信息的收件人（receiver），而只进行一种自上而下、单方面的劝说，忽视公众的认知、感受和关切，把强调信息交换的双向交流处理为义务性的告知，那将最

---

〔1〕美国疾病预防与控制中心：https://www.cdc.gov/coronavirus/2019-ncov/communication/index.html，载美国疾病预防与控制中心官网，最后访问时间：2020年6月9日。

〔2〕戚建刚：“风险规制过程合法性之证成——以公众和专家的风险知识运用为视角”，载《法商研究》，2009年第5期，第59页。

〔3〕王锡锌：“传染病疫情信息公开的障碍及克服”，载《法学》2020年第3期。

〔4〕刘超：“风险交流视阈下传染病疫情信息公布制度之省思”，载《法学评论》2020年第2期。

终影响到风险信息沟通的决策正确性。[1]就整个风险信息沟通来讲，公众参与是保证其持续运作的动力，因此必须保证公众可以接受这些信息并且参与其中。相较于专家，公众更多被认为是外行，而这些外行常常被置于风险信息沟通的体系之外，总是被动地等待被告知信息，而其自身更愿意且有能力扮演更积极的角色。假设缺少一个通畅的渠道让其可以顺利接触到信息，并表达其意愿，那么很有可能会出现具有潜在破坏性的社会抗议活动。“非典”之后我国建立了新闻发言人制度，在此次新冠肺炎疫情中，群众问题线上征集和直播形式的新闻发布会更是起到了重要作用。一方面，只有了解大众的真正需求，专家才能更好地作出解读，实现专家和大众的有效交流，让公众表达其对传染病的“不知”，才能让专家知晓如何做科学的“告知”，专家与公众之间需要建立起信任关系；另一方面，以专家和行政官员为主体的新闻发布会可以及时回应公共关切，并且通过直播形式，回答现场提问，更能增强公众的可信度。

五、公共卫生风险治理的信息沟通体系构建

如果说前文分析的是风险规制理论支撑下的疫情信息沟通问题，那么仅保证有源源不断的知识来源来实现沟通是不足的，要想使信息真正发挥作用，离不开体系化的举措。在此次新冠肺炎疫情防控工作中，党中央明确指出：“疫情防控不只是医药卫生问题，而是全方位的工作，是总体战，各项工作都要为打赢疫情防控阻击战提供支持。”。

首先，从政府机构改革来看，需要一个自上而下体系完整的公共卫生风险应对机构。疾病预防控制中心并不能真正发挥风险监测的作用，而《突发事件应对法》和《突发公共卫生事件应急条例》中规定的“突发事件应急指挥机构”属于风险转变为事件后才成立的临时机构，而非常设的风险监测机构，因此，缺少风险早期的统一的监测机构。除此之外，《传染病防治法》和《突发事件应对法》存在衔接问题，以信息发布为例，前者将传染病预警发布主体限于国务院卫生行政部门和省级政府，而后者将发布警报、宣布进入预警期、发布突发事件预测信息和分析评估结果、发布建议劝告等，明确为县

[1] 沈岿：“风险交流的软法构建”，载《清华法学》2015 年第 6 期。

级以上政府的应尽职责。本文建议在政府部门中建立一个专门的风险规制机构，该机构的组成人员包括：实践部门的行政人员，大学或科研机构的某一风险领域专家，熟知自然科学、经济、心理学、法学和行政管理的知识，能够对风险进行评估分析，在学术界和社会具有一定的权威性和话语权，并且能以一种“亲民”的方式与大众进行有效沟通，实现疫情信息沟通的最佳效果。通过行政系统对行业组织和技术组织的整合〔1〕以实现对信息的有效利用，这样一个统一的风险规制机关可以实现及时高效的信息沟通，有效整合其资源和知识，形成合力而发挥整体优势，并对公众的价值和目标期待作出积极回应。

其次，从风险规制各主体的协作来看，需要采取阶段化区分对待方式，应当区分传染病日常防控和应急防控，从而分情况进行信息沟通。作为日常防控，既需监测机构对可能发生的公共卫生风险进行有效监测和日常报备，另一方面，也需要一个专门机构从事风险规制的理论研究，包括出台有关风险评估、风险管理和风险沟通的手册、指南。〔2〕疫情风险的应对会涉及大量的综合判断问题，需要有一群具有跨学科知识整合能力和综合分析能力的人来明确如何在风险规制中实现科学和价值的动态平衡，而这些工作不能等风险真正紧迫的时期再采取措施。作为应急防控，也应当进一步区分不同阶段。决策前，侧重于专家参与，给出具体决策的依据，由于此阶段侧重于高效、及时采取应急措施，所以公众可以暂不参与决策但应同时保留相应决策的依据，公布并便于日后对此次风险应对的“复盘”和反思。在决策后和决策执行阶段，需要强调公众参与、媒体参与，例如此次疫情中“河南农村的标语”、设劝返点等自发的群众防控举措都属于社会协同，通过疫情期间的教育宣传，拓展信息流通的深度和广度，使真实科学的信息在传播中更能深入人心。

最后，无论是政府机构改革，还是风险规制各主体协同，最终都离不开通过法律规范固定下来。在《传染病防治法》和《突发事件应对法》等公共卫生领域法律法规的修订中，应当结合实践情况，将“信息发布”“监测和预

---

〔1〕 关保英：“疫情应对中行政执法整合问题研究”，载《上海政法学院学报》2020年第2期。

〔2〕 黄新华：“风险规制研究：构建社会风险治理的知识体系”，载《行政论坛》2016年第2期，第79页。

警”“信息沟通”这些制度进行细化，使制度具有可操作性。具体来说：第一，应在法律法规中明确需要向社会公众发布的疫情信息的具体种类，区分数据和信息，明确诸如“活动轨迹”这种个人信息在多大程度上可以公开，制定全国标准；第二，在涉及信息沟通的主体上，明确各阶段各主体的责任，尤其是应预警而未及时预警的责任承担；第三，关注程序正义，立法应提供更多行之有效的沟通渠道，同时规制专家权、媒体权，在肯定公众执行权的基础上，强调参与权的保障与规范。

结 语

陈云良教授提出“公开是最好的防疫”。此次抗击新冠肺炎疫情的实践，为我国公共卫生法未来的发展指明了方向。在充分感知到现代社会风险性的基础上，明确了国家必须要担负起对国民的安全保障义务，在公共卫生领域，为了国民健康、社会稳定和国家安全，一方面应当提高应对各种复杂多变风险的能力，实现高效的风险信息沟通，尊重科学，保障公众的有效参与和专家权利的行使，构建风险规制的体系化；另一方面，从疫情信息沟通的主体到对象，以及对内容和时机的把控都应通过完整系统的规范予以明确，使之具有实践操作性。

食品监管中的信息工具研究

——以食品安全风险评估中的负面信息披露为例

于 昊*

【摘 要】食品安全监管中的信息工具主要是指食品安全监管部门将其在监管过程中获取的有关食品安全的信息通过信息收集、信息公布、信息共享等方式对食品安全进行预警、对违法行为进行公布，以达到风险预警与防控的目的。食品安全风险评估中负面信息披露是其中的代表。2018年修正的《食品安全法》在第21条第2款初步规定了我国食品安全风险评估中的负面信息披露制度，但是相关的规定过于原则，不利于负面信息披露制度有效发挥其作用。本文将从负面信息披露在食品安全风险评估中的工具价值出发，明确食品安全风险评估负面信息披露的性质，总结我国食品安全风险评估负面信息披露制度存在的问题，通过建构包括披露时间、提前通知、听证、分级等程序制度和允许信息更正等手段来构建更加完善的食品安全风险评估负面信息披露制度。

【关键词】食品安全 监管 风险评估 负面信息披露 制度完善

一、引 言

负面信息披露（Adverse Agency Publicity），也被称为不利机关宣传或者不利信息公布，是指行政机关通过引起公众对其发布的执法或者调查信息的

* 于昊，中国政法大学2019级宪法学与行政法学专业博士。

高度关注，进而对信息所针对的对象产生负面影响的一种行政活动。[1]负面信息披露发轫于美国食品药品监管部门，是行政机关进行市场规制的重要手段，是“激励模式”占主导的行政规制模式下的重要规制工具，也是风险规制中信息沟通和信息利用的具体展现。负面信息披露本来是当时美国食品药品监管部门在没有被法律授予强制执法手段的情况下的自我突破之举，该部门唯一可以倚仗的就是发布行业调查报告，在报告中对于相关市场主体的违法行为和因此产生的公共风险进行披露，却产生了良好的社会效果，很大程度上促进了规制目标的实现。[2]随着“激励模式”的规制模式在美国不断兴起，负面信息披露作为一种可以实现“以激励为基础和权力下放的规制策略”的规制工具，[3]进一步得到重视，在食品安全领域的应用更加广泛。

食品安全风险评估是制定食品安全风险规则的重要环节，正如欧盟《食品安全白皮书》中所提到的那样，食品安全政策的制定必须基于风险分析，通过风险评估、风险管理、风险沟通来建立食品安全政策。[4]在食品安全风险评估中，评估机构往往能更加及时、全面、准确地掌握相关食品的安全信息，一旦发现相关食品存在安全风险，如果不及时将信息向公众发布，而是等到相关调查完成之后再向公众发布某些食品不安全、不合格的信息，很有可能已经于事无补，相关的食品安全事件已经爆发，公众的生命健康权和财产权将受到重大的损害。在面对食品安全风险时，传统的规制手段，例如行政许可、行政处罚和标准制定都已经难以应对，规制机关需要利用更加快捷的方式，将掌握的信息及时向公众披露，打破信息垄断，矫正信息不对称，将其调查、检查中所获取的负面信息及时披露，让公众及时获取相关信息，通过负面信息披露引发公众对相关食品安全问题的关注，以便采取行动来进行风险规制。

2018年修正的《中华人民共和国食品安全法》（以下简称《食品安全法》）在第21条第2款规定了我国食品安全风险评估中的负面信息披露制度，要求国务院食品安全监管等部门将食品安全风险评估中发现的食品、食

〔1〕朱春华：“美国法上的‘负面信息披露’”，载《比较法研究》2016年第3期。

〔2〕朱春华：“美国法上的‘负面信息披露’”，载《比较法研究》2016年第3期。

〔3〕［美］凯斯·桑斯坦：《权利革命之后：重塑规制国》，钟瑞华译，中国人民大学出版社2008年版，第123页。

〔4〕陈莹莹：“欧盟食品安全监管法律制度及其对我国的启示”，载《开封教育学院学报》2018年第9期。

品添加剂、食品相关产品存在安全风险的信息及时向公众发布，引发公众注意，告知公众停止食用或者使用。但是该规定过于简单，对于负面信息披露的相关实体和程序规则并没有进行清晰的建构，不利于负面信息披露制度发挥作用，也不利于保障公众和被披露信息所针对的主体的合法权利。负面信息披露对公众的知情权、生命健康权保障具有重要意义，是一项“保护力”很强的制度；与此同时，由于该信息会给相关市场主体的名誉、生产经营活动带来巨大的负面影响，对于信息所针对的主体的权利会产生减损，是一项“杀伤力”很大的制度。综上，食品安全风险评估中的负面信息披露具有重要的工具价值，同时该工具本身也存在风险，因此，应当建立完善的制度来指引规制机关合理使用该工具，同时也保障公众和被披露信息所针对的主体的合法权利。

二、食品安全风险评估负面信息披露的性质探讨

作为一种风险规制工具，食品安全风险评估中的负面信息披露不同于传统的行政活动。传统的行政活动更多是由行政主体和行政相对人两方组成，行政主体基于法律赋予其的行政权力对行政相对人的行为进行管理或者提供给付。食品安全风险评估中的负面信息披露则不同于这样的模式，在食品安全风险评估负面信息披露中，食品安全监管主体意欲通过将信息披露给公众来引发公众对某一食品存在安全风险的警觉，进而影响公众的选择，在监管机关和公众之间产生一层关系；与此同时，由于相关食品安全风险的信息必然会指向特定的食品生产或者销售主体，对于这些主体而言，他们的正常生产经营活动定然受到监管机关信息披露的影响，而且是负面影响，在监管机关与被披露信息所针对的主体之间，同样产生了一层关系。据此，在食品安全风险评估的负面信息披露中，监管机关与公众、监管机关与风险信息所针对的主体之间，存在两组关系，这两组关系以负面信息披露活动为纽带，负面信息披露在两组关系中又呈现出不同的性质。

（一）监管机关与公众之间：负面信息披露作为一种事实行为而存在

事实行为系行政主体所为的不以产生特定法律效果，而是以事实效果为目的之行政行为形式。[1]就食品安全风险评估负面信息披露而言，食品安全

〔1〕翁岳生编：《行政法》（下），中国法制出版社2009年版，第885页。

监管机关只是为公众提供相关食品安全信息或是针对被评估存在安全风险的食品作出风险警示，改变公众信息匮乏的局面，矫正信息不对称，以便公众及时进行危险防范，并审慎作出选择，这一行为并没有产生、变更或者消灭行政法上的权利义务关系，公众作为食品安全风险评估负面信息接收方，其对被披露的食品安全的态度和相关的行为选择依旧是完全属于自愿，也就是说这一层次的违法信息披露追求的是一种事实上信息披露的效果，目的是风险警示，是很明显的行政事实行为。

（二）监管机关与被披露信息所针对的主体之间：负面信息披露作为一种法律行为而存在

虽然负面信息披露是意欲借助社会公众的力量来达到对食品安全风险进行规制的目的，同样也是一种风险的规制，但是在监管机关和被披露信息所针对的主体之间，负面信息披露呈现的核心属性是不一样的。从监管机关与被披露信息所针对的主体来分析，负面信息披露是一种法律行为，即行政行为。

1. 行政行为的判断机制

判断一个行为是否属于法律行为主要看两个要件：一是意思表示；二是法律效果。[1]所谓意思表示，是行政主体在作出行为时带有产生、变更或者消灭某一种行政法上的权力义务关系的目的；而法律效果则是行政主体的行为确实产生、变更或者消灭了某一种行政法上的权利义务关系，产生了公法上的效果。

2. 对负面信息所针对的主体而言：食品安全评估负面信息披露属于法律行为

负面信息披露本身就具有多重目的，监管机关在利用负面信息披露这一规制工具时，不仅仅是进行风险警示，同样也有惩罚、确保行政相对人履行义务等目标。行政主体之所以将相关主体的负面信息向公众进行披露，就是想借助这种信息规制工具，对相关风险或者违法的现象进行规制，并影响被披露信息所针对的主体的行为，督促其实施合法行为，回归有序的状态。因而负面信息披露对相对方及同类违法现象的规制，符合法律行为以发生法律

---

〔1〕莫于川主编：《建设法治政府需要司法更给力》，清华大学出版社 2014 年版，第 23 页。

效果为目的的核心特征。[1]

在食品安全风险评估的负面信息披露中，食品安全监管机关将食品安全评估中发现的相关产品的安全风险进行披露，不仅仅是向公众进行风险预警，也是对相关信息所针对的食品生产或者销售主体进行行政法上的规制，要求其关注自身产品的安全性，依法进行食品生产或者销售；同时，由于将这些主体生产或者销售的产品的安全风险进行披露，在一定程度上将对这些主体的信用和声誉产生负面影响，实际上产生了“信誉惩罚”的效果，具有处分性，是食品安全监管机关进行食品安全规制目的的实现，符合法律行为的构成要件，是一种行政法律行为。

三、我国食品安全风险评估负面信息披露制度存在的问题

我国虽然通过立法构建了食品安全风险评估中的负面信息披露制度，但是相关的规定较为简单，没有对于披露程序进行规定，并且也缺乏对相关当事人商业秘密和隐私的保护。而在食品安全监管部门具体执行该项制度时，又往往会出现披露信息不真实、信息过于庞杂以及容易引发舆论争议等问题或者潜在风险。

（一）制度规定层面的问题

我国现有的食品安全风险评估负面信息披露制度以《食品安全法》第21条为基础，但是该条的规定过于简单，并没有对负面信息披露的披露程序进行规定，其他立法也没有进行进一步补充，造成了我国食品安全风险评估负面信息披露的程序缺失，对于相关当事人权利的保障造成了不利影响；另一方面，现有的法律规范没有对食品安全风险评估负面信息披露中的商业秘密和隐私保护进行规定，由此也给相关主体的商业秘密和隐私权保护带来了潜在的风险。

1. 披露程序规范缺失

现代行政法非常关注行政程序的正当性，关注行政相对人及其他有关利益方是否参与行政过程，公众的充分参与可以为保证行政的合法性和合理性提供更为充足的资源。负面信息披露涉及公众的知情权和风险防控，更涉及

[1] 马有芳：“作为行政规制手段的违法信息披露研究”，西南政法大学2017年硕士学位论文。

负面信息所针对的主体的财产、声誉、隐私或商业秘密，且负面信息披露对其所针对主体的上述权利产生的是重大不利影响，甚至是“毁灭性打击”，在这样的制度背景下，我们应当允许受负面信息披露影响的各方参与到行政过程中，这就需要建立完善的负面信息披露程序规范。

然而在我国食品安全风险评估负面信息披露制度规范中，关于负面信息披露的程序规范十分缺失，例如《食品安全法》第21条只是规定一旦在食品安全风险评估中得出相关食品、食品添加剂以及食品相关产品存在不安全结论的，国务院食品安全监督管理等部门应当依据法律所确定的各自的职责立即向社会进行公告，但是并没有对公告的相关程序作进一步明确的规定，相关的听证、提前告知等程序性规范也都没有建立，而下位法也并没有建立起完善的披露程序规范。除此之外，《上海市食品药品监督管理局监管信息公开管理办法》这样一部专门规定监管信息披露的规范性文件，也只是简单地规定了“告知程序”，〔1〕像听证这样的更为正式和规范的程序，并没有被引入负面信息披露。

2. 对商业秘密和个人隐私的保护不足

在当今信息社会，信息是对抗风险的有力手段，同时，信息也可能给我们带来风险，特别是对于企业而言十分重要的商业秘密和对于个人而言十分重要的隐私，负面信息披露以“公开”为圭臬，而个人隐私和商业秘密则以“不公开”为原则，而且其不公开是有正当理由的，因此，如何平衡信息披露和对商业秘密、个人隐私的保护，也是构建负面信息披露制度时需要认真思考的问题。

我国食品安全风险评估负面信息披露制度的规定，涉及食品、食品添加剂和食品相关产品，比如相关食品生产的配料、添加剂配方等，这些信息可能会涉及商业秘密，这些信息一旦被社会公众不当利用，很有可能会对被披露信息的主体造成巨大的经济（财产）损失、名誉伤害，甚至是人身安全的损害，而我国现有的规范，没有提及类似“相关主体在进行食品安全风险评

〔1〕《上海市食品药品监督管理局监管信息公开管理办法》第28条规定，依据相关法律需要告知被公开人的，各级食品药品监管部门应当履行告知程序。被公开人提出的免予公开的事实、理由和证据成立的，应当采纳。被公开人提出的事实、理由和证据不成立的，应当给予被公开人回复，并按程序予以公开。

估负面信息披露时应当尊重和保护商业秘密和个人隐私”的规定，这也是我国进一步设计负面信息披露制度时应当着重进行完善的地方。

（二）制度执行层面的问题

在制度执行层面，结合我国现有法律规范的缺陷和国外的相关经验，不难发现，在我国食品安全风险评估负面信息披露中，由于相关行政程序规定的缺失和裁量空间的过于宽泛，食品安全监管部门在进行负面信息披露时，非常容易出现信息失真、信息泛滥，并因披露时机不当引发舆论争议和“媒体审判”，这些问题有的是在我国已经出现了的，有的是具有较大潜在发生风险的，对此需要进行深刻的反思和预防。

1. 信息失真

负面信息披露本身是一种“利用信息的规制”，所以信息本身的“质量”是十分重要的，一旦出现信息失真，即错误披露信息或者夸大披露信息，那么其风险控制功能不仅无法发挥，反而会使“控制风险的工具”变成“制造风险的工具”。在负面信息披露中，由错误披露和夸大披露造成的信息失真，毫无疑问是悬在其头顶上的“达摩克里斯之剑”，深刻影响着负面信息披露的效果。

（1）错误披露。错误披露是指行政机关“无中生有”，对本身没有问题的主体或者产品误认为存在风险或者违法行为而进行了负面信息披露。例如，2009 年 11 月 24 日，海南省海口市工商行政管理部门发布公告，披露“农夫山泉”品牌的矿泉水存在砷超标的情况，但在 12 月 2 日，该机关又重新发布信息，表示“农夫山泉”品牌的矿泉水质量不存在问题，推翻了原来披露的信息。这次错误披露给“农夫山泉”带来了巨大的损失，引发了公众不必要的恐慌，海口市工商行政管理部门的权威性也遭到质疑。[1]这次所谓“砒霜门”就是行政机关错误披露信息的代表性事件，在本次事件中，海口市工商行政管理部门错误的信息披露给信息针对的主体农夫山泉公司的合法权益造成了巨大的损失，“农夫山泉”因这次乌龙事件而遭受的不仅仅是一段期间内销售收入的损失，其商誉上的损失也是难以估量的；同时，公众在这次事件中承受了无端的恐慌，行政机关因错误披露信息也遭到公众的质疑。可以说，错误披露给负面信息披露所涉及的三方主体都造成了十分不利的影响，如此

---

〔1〕 王贵松：“食品安全风险公告的界限与责任”，载《华东政法大学学报》2011 年第 5 期。

来看，我们在构建相关的制度时，应当尽力避免披露错误的信息。

（2）夸大披露。与错误披露不同，夸大披露是在负面信息披露中出现了“程度上”或者“范围上”的错误。如果只是某企业生产的某一批特定食品存在质量缺陷，而市场监管部门在披露信息时将存在缺陷的产品的范围夸大至该企业生产的其他批次的食品，那么市场监管部门就扩大了存在缺陷的食品的范围，扩大了负面信息所涉及的产品的范围，这就属于行政机关夸大披露了负面信息。诚然，披露信息所针对的主体所生产的食品确实存在相关的质量问题，但是并不是其生产的所有食品都有这样的问题，行政机关的负面信息应当具有相当的针对性和精确性，不能“伤及无辜”，否则，依然会使信息所针对的主体的合法权益受到不应有的损害，同样会引发公众不必要的恐慌，影响公众的正常生活，也会带来资源的浪费；而对于披露该负面信息的行政机关而言，其对信息掌握的不精确也会使其遭受非议，引发公众对其权威性的质疑。

2. 信息泛滥

滥用信息披露容易引发信息泛滥，主要表现为相关行政机关过多使用负面信息披露手段，导致“信息过剩”，公众难以甄别真正对自己有用的信息，使得信息披露的作用大打折扣。我们上文已经提到，负面信息披露一个很重要的作用便是利用信息给公众提供选择框架，影响公众的行为，一旦信息泛滥，有可能削减公众的关注度和敏感度，从而影响信息本该发挥的作用。同时，如果将负面信息披露作为一种惩罚手段，特别是名誉上的惩罚，那么一旦信息泛滥，这种惩罚的作用就会被严重弱化，因为“大家都耻辱就谁都不耻辱了”。〔1〕

以美国为例，美国国家高速公路交通安全管理局（NHSTA）作为一个规制机关，经常利用负面信息披露对相关主体进行惩罚或者提供公共警示，该机关多次发布关于汽车产品存在安全缺陷的信息，该信息已经“基本覆盖了所有常见的汽车品牌”，〔2〕以至于公众已然对此信息麻木，甚至不会去认真了

〔1〕［意］切萨雷·贝卡里亚：《论犯罪与刑罚》，黄风译，中国大百科全书出版社 1993 年版，第 54 页。

〔2〕 Ernest Gellhorn, “Adverse Publicity by Administrative Agencies”, *86 Harv. L. Rev.*, 1380, 1389, 1421 (1973).

解相关的信息；而各个主要汽车厂商，由于看到几乎每一个同行都成了负面信息披露针对的对象，就不会有很强的压力和动力去改善产品，在这样的情况下，美国国家高速公路交通安全管理局的规制目的也就无法真正实现。

由于我国食品安全风险评估负面信息披露制度处在起步阶段，所以暂时还没有出现明显的信息泛滥的现象，但是我们依然要警惕这样的状况，特别是在网络通信如此发达的时代，行政机关可以在其官方网站及其运营的社交网络上随时披露相关的信息，很容易造成“负面信息满天飞”的局面，造成信息过剩。而一旦出现信息过剩，信息本身就有可能成为一种风险，当公众对于信息已经麻木的时候，负面信息披露的作用就会被弱化，甚至出现负面信息披露与否对公众都没有太大实际意义的极端情况。正如有的学者所言，现今社会，人们总面临着一种信息超负荷无处不在的风险，即本来是规避风险的信息反而成了风险的一种来源，从而导致在消费者眼里，大量的信息和根本没有信息已经没有什么差别。〔1〕

3. 引发舆论争议

行政机关进行负面信息披露一个很重要的推动力便是可以借助信息宣传的力量对负面信息所针对的主体进行惩罚或者对相关的公共危险进行预警，这就要求行政机关借助所谓“宣传平台”来进行信息的披露，这样才能达到“利用信息进行规制”的目的，最大程度上实现规制的效能。所以规制机关向例如报纸、杂志、网络、社交媒体等在内的各种信息发布平台发布相关信息，理所当然地成为负面信息披露的一种主要形式和途径。食品安全风险评估机关对于负面信息所针对的主体，在披露中一定会使用一些带有贬损性语言，而公布这些负面信息的媒体，很可能对相关的语言“添油加醋”。在这种的情况下，如果行政机关在相关主体违法（负面）行为还尚未得到最终确定的时候就通过媒体发布信息，即行政机关在裁决过程中就发布相关信息，势必会给公众形成一定方向的舆论“指引”；如果案件进入诉讼程序，这种因媒体偏见而引发的公众情绪也会在很大程度上影响司法的判断，即便法院最终的裁判是有利于负面信息所针对的主体的，但是前期媒体的“审判”可能已经深入人心，相关主体已经受到的名誉上的损害可能难以得到有效弥补。发生在

〔1〕［美］凯斯·桑斯坦：《风险与理性——安全、法律与环境》，师帅译，中国政法大学出版社2005年版，第331页。

美国的雅培实验室案或许可以让我们有直观的感受。

雅培实验室是美国重要的医疗器械生产商。1970 年，美国疾病控制中心对当时频发的住院病人血液感染中毒事件进行调查，得出的调查结论是有 100 多个使用过雅培实验室所生产的静脉注射用品及其注射液的病人出现了血液中毒，调查人员在未启封的雅培实验室静脉注射液瓶子的封盖垫片处发现了细菌感染的现象。调查人员认为，这些细菌会进入注射液，并最终造成病人的感染。以此为依据，调查人员向媒体公布了相关调查结果，引发公众舆论哗然，雅培实验室也面临刑事指控。就在大陪审团决定刑事起诉后的几个小时，司法部就组织了一次电视访谈，美国联邦食品药品管理局也发布了相关的新闻通稿。受理了此案的美国北卡罗来纳州东区联邦法院以司法部和食品药品管理局过早的负面信息披露行为对公正审判造成了不可逆的负面影响为由，驳回了刑事起诉；联邦第四巡回法院推翻了下级法院的判决，但是也明确表示司法部和食品药品管理局在不当的时机进行的信息披露具有高度煽动性，已经引发了“媒体审判”和公众偏见。〔1〕

在行政程序或者诉讼过程中进行时机不当的信息披露，的确会造成媒体以及公众对于被披露主体形成先入为主的负面判断，不利于相关主体得到公正的对待。而我国现有的关于食品安全风险评估负面信息披露的规范，也没有明确禁止相关部门在行政程序或者诉讼过程中发布相关的不利信息，这也给我国食品安全风险评估负面信息披露制度的恰当运行带来了隐患。

四、我国食品安全监管机关进行安全风险评估负面信息披露的制度完善

食品安全风险评估负面信息披露作为一项重要的制度手段，食品安全监管行政机关在使用该规制工具的时候，应当有自我控制的意识，尽可能降低行政机关滥用负面信息披露的可能性，追求行政合理性，保证披露内容的科学性和真实性，贯彻比例原则、遵循正当程序、引入同行评审、允许信息更正，在指导原则、程序和实体等多个方面，进行行政自我规范，真正实现负面信息披露的效能。

---

〔1〕 *United States v. Abbot Labs*, Inc., 505 F. 2d 565, 571 (4th Cir. 1974)，转引自陈晋华：“行政机关发布不利信息的法律控制研究——以美国食品药品监管为例”，上海交通大学 2014 年博士学位论文。

（一）贯彻比例原则

发轫于德国行政法的比例原则已经被越来越多的国家视为法治政府甚至法治国家建设所必不可少的基本原则，其对行政机关的行政行为提出了更高的要求，是衡量行政机关行政行为“实质合法性”的重要方式。按照一般的观点，比例原则要求行政机关的行为要有适当性（妥当性）、必要性（最小损害性）和狭义比例原则（均衡性）。[1]适当性（妥当性）要求行政机关的行政行为要合乎目的；必要性（最小损害性）要求行政机关的行政行为或者手段是必要的，在有多个可以实现行政目的的行为面前，行政机关应当选取对相对人损害最小的方式；狭义比例原则（均衡性）要求行政机关所进行的行政行为要确保能增进公共福祉，且行政行为所实现的公共利益要大于受到损害的个人利益。比例原则被认为是“合理行政”的重要要求，是将理性价值融入行政活动的表现，在规范行政裁量权的行使上具有重要作用。

《食品安全法》第 21 条第 2 款规定要“及时”公布相关信息，意味着食品安全风险评估中的负面信息披露带有很浓厚的行政裁量色彩，这就要求行政机关在运用负面信息披露的时候应当贯彻比例原则，将适当性（妥当性）、必要性（最小损害性）和狭义比例原则（均衡性）纳入裁量的考虑范围之内，在个案判断中，将负面信息披露这种规制手段同意欲达到的风险预警、制裁等行政目的、对相对人的损害以及最终实现的公共利益目标相结合，充分衡量负面信息披露在个案中的必要性、对信息所针对的对象造成的损害是否比其他手段都小以及对公共风险、公众知情权、公众生命安全健康或者市场正常运行带来的收益是否大于对于相关主体带来的损害。在综合考虑了上述因素之后，行政机关可以行使裁量权，决定是否进行负面信息披露。

除非行政机关披露了明显不属于自己监管范围内的负面信息，或者违背了正当程序，否则在合法性上，行政机关披露负面信息的行为几乎不会存在大的争议，但这并不意味着规制机关可以恣意进行负面信息披露。行政机关在进行负面信息披露裁量的过程中，应当秉持比例原则，从合目的性、对当事人损害最小以及可以实现大于个人损失的公共利益等角度出发，来进行自我审查与衡量，比较不同规制手段的效益，理性探讨在个案中食品安全监管

[1] 刘权：“目的正当性与比例原则的重构”，载《中国法学》2014 年第 4 期。

机关是否应当使用负面信息披露手段。

（二）遵从正当程序

食品安全风险评估中的负面信息披露具有很浓厚的裁量色彩，由此给予了行政机关相当大的裁量空间。为了保证行政机关正当行使裁量权，无歧视、无偏颇地进行信息披露，应当建构严格的程序规定，明确食品安全监管机关披露负面信息的时机，并辅以听证、提前通知等程序制度来建构负面信息披露的程序规范。

1. 建构意义

负面信息披露一直是带有较大行政裁量空间的规制手段，在美国的制度实践中，负面信息披露这种规制工具，具有效率高和成本低的特征，不但法院通常不受理相关的司法审查请求，更缺乏其他有效的法律规制。[1]而法院对于行政裁量的审查，往往很难深入裁量行为的实体内容，毕竟法院对于行政行为的审查依然主要是从“合法性”出发。不仅如此，负面信息披露行为往往还被认为并不构成一个“最终决定”，其是一个尚未成熟的行政行为，因此本着“司法克制”原则，法院也不能轻易介入一个尚未成型的行政行为中。基于负面信息披露的裁量性质和被普遍认为是“阶段行为”以及因此带来的司法对于披露内容进行审查的难度，我们需要构建严格的公布程序，从行政程序上规范负面信息披露行为。

2. 路径探索

行政程序的价值追求在于公正和效率。[2]公正原则要求运用行政程序实现对行政相对人的合理对待，避免不合理的差别对待；效率原则要求行政程序的设定要有利于提高行政效率，实现行政的便捷化。负面信息披露的“规制工具”属性决定了在构建其程序时，除了考虑公正和效率，还应当考虑如何实现规制目的，提高规制效能。

结合行政程序的基本价值、负面信息披露的工具价值，从我国食品安全风险评估的实际出发，并结合域外的相关制度，本文认为，首先应当明确食品安全监管机关进行负面信息披露的时间，其次应当构建包括听证、提前通

〔1〕 Ernest Gellhorn, “Adverse Publicity by Administrative Agencies”, *Harv. L. Rev.*, 1380, 1389, 1421 (1973).

〔2〕 杨建顺：“论行政规制的法制完善”，载《观察与思考》2012年第9期。

知等在内的多举措、多路径的行政程序制度，以促进负面信息披露效能的发挥。

（1）规范负面信息披露的时间点。食品安全监管机关可能会滥用裁量权进行负面信息披露，也可能在负面信息披露中掺杂主观目的，比如利用负面信息披露来向相关的主体施压；同时，负面信息披露可能会引发“媒体审判”，使相关主体遭受大众的非议。以上两种情况导致的一个严重的后果就是负面信息所针对的主体往往难以得到真正公正的裁判，正如雅培实验室案中联邦地区法院所秉持的观点。而在雅培实验室案中受到很大非议的美国联邦食品药品管理局在后续的制度建设当中也曾尝试对负面信息披露的时间点进行自我规范，在该机关起草的有关负面信息披露的规则草案中，明确提到“要避免在诉前或者诉中进行负面信息披露”；〔1〕在执法调查中，为了尽可能保证相关主体受到公正对待，该机关秉持“原则上不对调查行为进行负面信息进行披露，除非局长认为有明显的公共利益需求”。〔2〕

美国联邦食品药品管理局的自我规范给我国正在构建的负面信息披露制度提供了参考，虽然在雅培实验室案中，联邦巡回法院推翻了下级法院的判决，但是也明确表示“信息披露的时机不当”“具有高度煽动性”。〔3〕以此为鉴，虽然我国在食品安全风险评估领域建立了负面信息披露制度，但是相关规定比较简单，对于负面信息披露时间点的规范仍属空白，那么在行政机关可以大量调动媒体资源的现实情形下，一旦行政机关在行政程序或者司法程序中，出于不当目的针对程序中的行政相对人进行具有煽动性的负面信息披露，会给相关的裁决机关和行政相对人造成空前强大的压力，最终对形成公平、公正的裁决（无论是行政裁决还是司法裁判）都是十分不利的。因此，本文建议在食品安全风险评估的负面信息披露制度中，增加对于披露时间点的规定，除非面临重大的公共风险，否则不应允许行政机关公布正在调查中

---

〔1〕 FDA 规则草案第 2.744（a）（4）项规定：“由于诉前或诉中的期间内所做的声明会产生特定的不利影响，该等声明在该等期间内应当尽量予以避免。该等声明或信息发布应当只在客观情况确实要求信息公开的极少数的情形中才能进行，且只应包含明显没有歧视性的信息。”

〔2〕 陈晋华：“行政机关发布不利信息的法律控制研究——以美国食品药品监管为例”，上海交通大学 2014 年博士学位论文。

〔3〕 陈晋华：“行政机关发布不利信息的法律控制研究——以美国食品药品监管为例”，上海交通大学 2014 年博士学位论文。

的负面信息或者在诉前、诉中这样的不当时机公布负面信息。

（2）提前通知制度。负面信息披露中的“披露”，指的是针对公众的信息公布，因为负面信息披露中的违法（负面）信息，在预警公共风险、维护公众生命健康、保障公众知情权层面有重要的作用，所以原则上，行政机关在掌握了相关的负面信息之后，应当在符合相关规定的前提下，对公众进行披露，而不能率先披露给涉事的主体。但从另一个角度来说，我们也要保障被披露信息的主体拥有相关的程序权利，比如陈述、申辩，为了能让涉事的主体有足够的时间去准备相关的资料，行政机关也不能过于突然地进行有针对性的信息披露，这就需要我们设计相关的制度来平衡公众知情权和涉事主体的相关权利，故，在负面信息披露的程序中，本文建议引入提前通知制度。

提前通知制度是美国食品药品监管部门在进行负面信息披露改革中提出的制度，具体内容是在负面信息公布之前，向特定的个人或者公司发出通知，这种通知并不是对不利信息的具体内容的提前告知，而是仅仅对“要进行负面信息披露”这一事实进行通知。该制度的实行一方面有利于当事人与规制机关进行合理沟通，另一方面也有利于当事人及时对媒体以及公众进行相关的回应。但提前通知也是有例外情形的，如果是涉及一个系列的产品或者某个行业的大部分从业者，并且提前通知不切实际或者成本很高，那么就可以绕过提前通知的程序而径行披露负面信息。[1]

结合美国的经验和我国的实际情况，本文认为在我国食品安全风险评估负面信息披露制度的程序建构中，可引入提前通知制度，给被披露信息所针对的主体提供准备的时机，但是食品安全监管机关不能将具体要披露的信息通知给相关主体；在通知之后，食品安全监管机关只能与涉事主体进行初步的接洽，而不能接收涉事主体的相关材料，也不能给予涉事主体立即进行陈述申辩的机会，因为这些都是在后续正式的听证程序中应公开进行的，换句话说，除非涉及商业秘密、个人隐私或者国家安全等不适宜公开的因素，否则，涉事主体的陈述、申辩也应是向公众公开的，所以提前通知阶段不适宜就具体披露的内容进行交换和讨论，而是只通知涉事主体“要将食品安全风险中掌握的相关负面信息进行披露”这一事实。

〔1〕 陈晋华：“行政机关发布不利信息的法律控制研究——以美国食品药品监管为例”，上海交通大学 2014 年博士学位论文。

(3) 听证制度。负面信息披露主要针对市场主体的违法行为以及重大公共风险的防控和治理，很明显会涉及重大的公共利益，对相关当事人的影响也同样巨大，甚至会带来“毁灭性”的破坏，因此应当在行政程序中引入正式听证制度。以食品安全为例，食品安全风险报告或者针对某一主体的违法信息披露往往会涉及多方主体，主要包括行政机关、消费者、检测机构、受不利影响的生产者，既然掺杂着多方主体的利益，自然要在程序上保证多方主体的参与度，以此最大程度上实现实体结果和公正性。因此，作为行政程序中最为核心的听证制度，应当被引入到负面信息披露中。

本文认为，食品安全风险评估中负面信息披露的听证应当由依申请听证和依职权听证两种方式组成。依申请听证赋予负面信息所针对的主体申请听证的权利，而依职权听证则是在涉及重大公共利益的时候，食品安全监管机关主动依职权组织听证。仍然以食品安全负面信息披露为例，在正式进行负面信息披露之前，食品安全监管机关应当依职权组织上述四方[1]的代表进行正式听证，在听证会上应当让各方针对检验程序、检验方法、检验结果、风险的大小等进行充分辩论，听取各方理由，特别是受不利影响者的理由，因为遵循“自然正义”原则，行政机关在作出不利决定时应当允许不利决定的对象进行陈述和申辩。在充分辩论质证的基础上，形成最终的听证案卷，行政机关依据听证案卷来决定是否进行负面信息披露以及披露的具体内容。同时，也要确保听证过程中可能影响听证公正进行的信息不得进行公布，最大程度地确保听证的公正。

(4) 分级制度。负面信息披露是应对公共风险的规制工具，公共风险的一个重要特征是紧迫性，一旦风险处置不当，会引发一定范围内的公共安全事件。但是，不同程度的公共风险结合其他相关因素，引发的公共安全事件的规模、扩散力等也是不同的，换言之，公共风险本身还具有等级性，即不同情况引发的公共风险的紧迫性和负面影响程度是不同的。不同等级的公共风险能够影响的群体和需要的风险控制能力也是不同的，因此，行政机关在进行负面信息披露时，应当首先对相关负面信息的紧迫或危险程度以及破坏能力进行科学分析，针对分析得出的不同结果划分不同的等级，建立对应的

〔1〕 即行政机关、消费者、检测机构、受不利影响的生产者。

负面信息分级制度（类似地质灾害中不同等级的预警）。

根据《食品安全法》的相关规定，我国食品安全领域建立了“层层上报、统一发布”的食品安全负面信息披露制度，意在尽可能保证信息发布的权威性。但是，实践中该制度的缺陷导致了不少的问题，当年的农夫山泉“砒霜门”事件给我们留下了深刻的教训。食品安全评估负面信息披露制度中规定的这种“长链条式”的层层上报制度，其环节过于复杂，延长了从危机出现到信息披露的时间线，加重了在较低层级就发生信息泄露的风险，反而不利于其作用的发挥。在负面信息披露的分级制度中，本文建议在设定统一、明确的等级制度的前提下，授予不同层级的披露机关以不同等级信息公布的权限，即相对层级较低的规制机关只有公布风险等级低的负面信息的权限，当出现高风险等级的负面信息时，相关机关在自己无权进行披露的情况下，需要上报至上级机关公布。这样的处理方式既减轻了上级机关的负担，也规制了下级机关的裁量空间以及控制门信息不当泄露的风险。

（三）允许信息更正

负面信息披露是一种“利用信息进行规制”的手段，行政机关所披露的信息是整个过程的核心，信息的真实性、科学性至关重要。负面信息披露过程中很可能会出现信息失真的情况，这种情况的出现，对于行政机关、负面信息针对的主体以及公众都会产生极大的不利影响，从而引发行政争议；而一旦等到相关的争议信息被司法机关判令更改，往往已经过去了一段时间，相关的错误信息很可能已经“深入人心”，因此，应当在行政机关的自我规制之中引入相关的信息更正制度，允许负面信息所针对的主体在负面信息披露之后，申请行政机关进行信息更正。

这里所说的信息更正，是指行政机关自我主动更正或者经由负面信息披露的相关当事人申请而进行更正，而不是因司法机关的判决而进行更正。[1] 食品安全风险评估中的信息更正，可以有两种启动方法，一种是食品安全监管机关自我主动更正，即监管机关在进行负面信息披露之后，发现或者被上级机关发现披露的信息存在错误披露、夸大披露的情况，主动更正之前所披

〔1〕 马骁萌：“负面信息披露的法律性质与法律救济——以90份裁判文书为样本”，载《依法行政和法治政府建设——第九届法治河北论坛论文集（上）》，2018年7月。

露的信息；另一种是经负面信息所针对的当事人申请，行政机关查证之后进行信息更正。[1]行政机关在进行负面信息披露之后，应当允许受到不利影响的相对人申请信息更正，申请信息更正的当事人应当提供相关的证明材料，行政机关对相关的证明材料进行查证，如果查证确有错误披露或者夸大披露，则行政机关应当将信息进行更正。为了保证信息更正本身的正确性和权威性，行政机关可以将需要更正的信息进行同行评审（如果是依申请更正，还应将当事人提交的证明材料一并交给同行评审）；一旦证实确有信息夸大或者歪曲，行政机关应当进行信息更正，并且应当公布进行更正的原因，以使公众信服。

结 论

食品安全风险评估中的负面信息披露是负面信息披露这一规制工具在食品安全风险评估中的重要应用，对于及时控制风险蔓延、矫正食品安全中的信息不对称、提示公众相关风险以及保障公众的知情权具有重要的意义；对于被披露信息所针对的主体而言，负面信息披露会使其遭受负面评价、声誉下降等问题，对其权利具有较为不利的影响。食品安全风险评估中的负面信息披露，是食品安全监督管理部门行使行政权力、对市场进行规制的体现，由于负面信息披露是食品安全风险评估过程中的一种风险预警方式，监管机关拥有比较大的裁量空间且对公众和信息所针对的主体具有直接的影响，因此应当建构起相应的制度体系，要求行政机关遵循比例原则，明确信息披露的时间，设置听证程序、分级制度和提前通知等程序规范，并且允许信息所针对的主体在信息确有错误之时申请信息更正。

[1] 徐信贵："美国的消费危害行政预警机制及其启示——以 CPSC 的危害信息披露实践为中心"，载《行政论坛》2011 年第 2 期。

履责之诉适当性之反思

郑子秋*

【摘　要】我国行政审判实践中必然触及诉的适当性问题，通过宏观视角及微观视角观测到履责之诉之适当性问题事关原告权利救济及行政诉讼功能的发挥问题。对此，法官的不同论理在不同类型的相关个案中展现明显，主要包括“分解行政行为论”“具体权利侵害论”“诉讼目标论”。这体现了学界及司法实务界对于履责之诉适当性未形成共识，也表明了履责之诉的司法审查的复杂性。这一问题的有效解决，一是有赖于对于“行政不作为”概念在我国学术史的追根溯源，二是有赖于考察域外的发展进路。诉讼目标模式作为履责之诉适当性具有理论和实践意蕴，同时带来对诉判关系的理论定位、主客观均衡的诉讼制度变革及行政诉讼类型化的启示。

【关键词】履责之诉　诉的适当性　行政诉讼类

一、问题的提出与界定

（一）宏观视角：审理类型化

在以行政行为为核心概念的影响下，行政审判针对不同行政行为进行审查和判断并作出裁判结论的审查标准也不同。这也意味着，对于从事行政审判的法官来说，对案件进行类型化审理必然存在。随着给付行政、服务行政

---

* 郑子秋，中国政法大学2018级宪法学与行政法学专业硕士。

的兴起，针对行政不作为提起行政诉讼的案件在审判实践中的比重呈现日益扩张的趋势。以北京市第四中级人民法院发布的《2018 年度行政案件司法审查报告》为例，报告显示，2018 年该院受理的案件中，诉不履行法定职责类案件位居首位，占全年受理行政案件总数的比例达 22.8%，要求区政府履行的职责涵盖公房管理、政府信息公开、劳动与社会保障、信访、拆除违法建筑、查处违法行为、安置补偿、土地房屋审批登记以及环境整治等多个领域。〔1〕可见解决好不履行法定职责类案件审查中存在的问题具有重要意义。

司法实务中，对于此类案件，法院需要先行判断其属于什么类型的诉讼。以最高人民法院的判决案例为例，在赵英军等人诉平定县人民政府、阳泉市人民政府土地补偿案〔2〕中，法院认为："本案中，就存在究竟属于一个履行法定职责之诉，还是属于一个撤销之诉的判断问题。对于诉讼类型判断的正确与否，足以导致对于案件处理的正确与否。"对于该问题的判断并非仅在个案中体现，对于履责之诉的判定，单纯凭借行政行为的表现形式已经不能区分所有案件，它已经成为行政案件审理中的一道难题。在德国，学界将这一问题概括为履责之诉的适当性。〔3〕德国行政法学者胡芬等将德国学理讨论及司法案例进行了介绍。〔4〕我国学者龙非先生也从中德对比角度对该问题进行了梳理。〔5〕按照北京市高级人民法院主持编发的《履行法定职责类行政案件审理规范》中的分类，起诉行政机关不履行法定职责类案件可以分为不作为型履责之诉和作为型履责之诉。但我国实体法中未冠以"履责之诉适当性"之名，围绕履责之诉适当性问题进行的研究也不够充分，〔6〕但对这个司法实践中无法回避的问题，不同法院在面对不同案件时的处理方法是什么？其不同处理方法背后的立场如何？影响因素有哪些？

---

〔1〕"2018 年行政案件诉不履行法定职责类案件位居首位"，载北京市人民代表大会常务委员会网站，http://www.bjrd.gov.cn/xwzx_1/xwkx/yfly/201905/t20190510_193016.html，最后访问时间：2020 年 5 月 15 日。

〔2〕最高人民法院（2017）最高法行申 2998 号行政裁定书。

〔3〕［德］弗里德赫尔穆·胡芬：《行政诉讼法》，莫光华译，法律出版社 2003 年版，第 203 页。

〔4〕［德］弗里德赫尔穆·胡芬：《行政诉讼法》，莫光华译，法律出版社 2003 年版，第 203～292 页。

〔5〕龙非："中德履责之诉适当性研究进路之比较"，载《行政法学研究》2011 年第 3 期。

〔6〕学界多以行为类型为视角研究履责之诉的适当性，下文将予以重点论述。

（二）微观视角：个案考察

以郭传欣与巨野县政府、菏泽市政府房屋征收补偿决定及复议决定案（以下简称郭传欣案）[1]为例，原告请求撤销补偿决定及复议决定，并对房屋按商用房补偿。本案中，一审法院判决撤销补偿决定，确认行政复议决定无效，并驳回其他诉讼请求。原因在于，巨野县人民政府采取的成本法评估不符合《国有土地上房屋征收与补偿条例》（以下简称《补偿条例》）中关于对被征收房屋价值的补偿规定，并且未能提供证据证明原告最终同意选择回迁安置补偿方式，决定未保证原告选择补偿方式的权利，同时未能作出出示评估报告证据与送达原告不一致的解释。因而判定其作出的补偿决定事实不清、证据不足、适用法律错误，予以撤销。对于行政复议决定，一审法院认为程序合法，但因被诉补偿决定被撤销，故行政复议决定确认无效。对于补偿的诉讼请求，一审法院认为，确认征收补偿金额属于巨野县人民政府的行政职权范围，因而可以在巨野县人民政府作出补偿决定时主张权利。二审法院对一审判决予以维持。

然而最高人民法院认为，“义务之诉与撤销之诉的趣旨有所不同。撤销之诉旨在撤销一个对原告不利的行政行为，一经撤销，该行政行为的法律效力就会随之消除，原告所寻求的权利救济也就不待执行即已实现。义务之诉却不像撤销之诉那样源于经典的干预行政，而是产生于给付行政。义务之诉的原告，总是希望通过他的请求获得授益，总是希望通过判决达到一种较之于初始状态更佳的境况”。由此可见，由于义务之诉与撤销之诉存在着不同趣旨，因而如果不加以区分，便使得当事人的请求并不必然得到满足，仅限于回到提出原始申请的状态，当事人权利是否能得到实质救济仍然取决于行政机关的反应，[2]行政诉讼在实质解决纠纷上的功能便大打折扣。

通过此案例可以发现，在司法实践中，履责之诉更容易与撤销之诉混淆，因而本文也主要聚焦于此两种案件对于履责之诉适当性的意蕴影响，主要涉及如下问题：履责之诉适当性的考量因素是什么？是行政行为的表现形式，还是诉讼请求，抑或其他？凭借何种考量因素才能更好地实现权利救济，更

---

〔1〕 最高人民法院（2016）最高法行申 2621 号行政裁定书。

〔2〕［日］盐野宏：《行政法》，杨建顺译，法律出版社 1999 年版，第 112 页。

符合行政诉讼审判要旨？

二、履责之诉适当性的不同立场

通过检索司法实践中的案件，以“履责之诉”为关键词进行检索（行政审判实践中也存在“履行法定职责之诉”等指代履责之诉，但比重较小）发现，案件数量从2017年修订的行政诉讼法颁布施行之后呈现快速增长趋势，尤其是在新行政诉讼法解释颁布施行之后呈现大幅增长。本文以下图呈现法院裁判文书中包含“履责之诉”关键词的行政案件数量发展趋势。

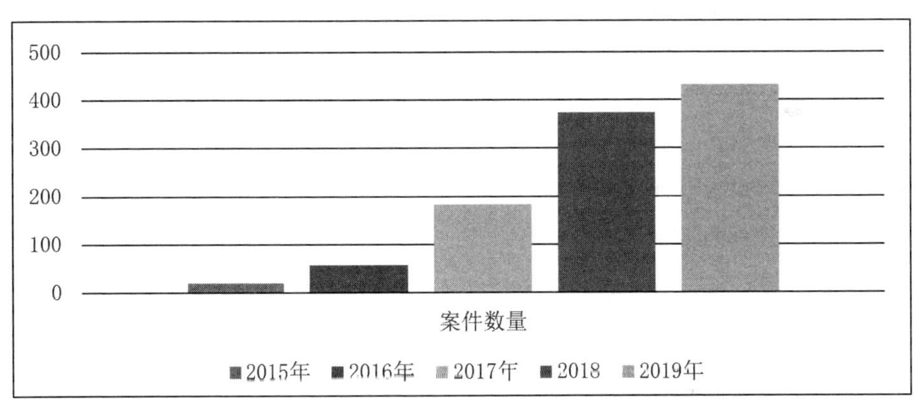

图　法院裁判文书中包含“履责之诉”关键词的行政案件数量发展趋势图

通过选取对履责之诉与撤销之诉易产生混淆的案例，透视法院对于履责之诉适当性存在的不同立场，以最大限度关照审判实践中的多样化形态，也借此观测履责之诉适当性如何，为实体裁判要件提供钥匙。[1]

（一）“分解行政行为论”

在陈如诉杭州市拱墅区住房和城市建设局（以下简称住建局）、杭州市拱墅区人民政府不履行城建查处法定职责及行政复议纠纷案[2]中，原告请求撤销复议决定、判令履行职责监督整改。二审调查期间，经法院释明后的诉讼

〔1〕胡芬提出，“必须对适当的诉种进行审查，因为它为与诉讼种类相应的其他实质裁判条件提供了钥匙。”参见［德］弗里德赫尔穆·胡芬：《行政诉讼法》，莫光华译，法律出版社2003年版，第205页。

〔2〕杭州市中级人民法院（2018）浙01行终250号行政判决书。

请求为：确认不对违法行为作出整改决定的行政不作为违法、撤销复议决定书、对于判令履行职责监督整改的诉求另案主张救济。法院认为，住建局明示拒绝的处理羁束了原告的权利义务，因而按照撤销之诉进行审查。本案中，因住建局拒绝履行查处职责的反馈意见缺乏法律依据，但此后住建局进行了调查处理，并作出了《责令限期改正通知书》，因而无需判令重新作出处理行为。

由此，法院首先通过释明，将被诉住建局的行为分解为两个行为，一是明示拒绝的行为；二是监督整改的不履责行为，此种行为需另行起诉。其次，法院认为明示拒绝的行为系对于原告权利的羁束，因而定性为撤销之诉，被告的拒绝意见缺乏法律依据，但鉴于此后进行了调查处理，因而未判令重新作出处理，仅撤销反馈意见本文认为，法院通过先将行为分解，再将明示拒绝的行为归为撤销之诉审查，当事人的请求不能得到满足，需要另行起诉，其权利因而不能得到有效救济。

（二）“具体权利侵害论”

在厦门市公益公交有限公司（以下简称公益公交公司）诉厦门市道路运输管理处交通运输管理行政许可案[1]中，申请人请求法院对厦门市道路运输管理处不履行行政管理职能的行为作出判决。一审法院将其作为履责之诉审理，二审法院将其作为撤销之诉审理。案件进入到再审阶段，第一个争议焦点在于本案是履责之诉，还是撤销之诉。法院认为，行政诉讼制度之设立，终究是为了对每一个其自身权利受到侵害的个人提供法律保护，即公民、法人或者其他组织认为行政机关的行政行为侵犯其合法权益时，有权依法提起诉讼；针对行政作为之诉讼如此，不作为亦然。因此，履行法定职责之诉，其准确的诉讼标的，就是原告基于一个具体的事实状况提出的如下主张：他的权利由于所请求的行政行为被拒绝或未作出而受到了伤害。而如果原告主张的权利受损，实际源于一个行政机关作出的行政行为，即上述所称的“具体的事实状况”实际指向了行政作为之后果，那么，其以“不作为”违法或要求“作为”形式提起的履责之诉，往往会因为缺少“利害关系”或者“事实根据”等而不符合法定起诉条件。否则，同一权利救济，就可能因为原告

〔1〕 福建省高级人民法院（2018）闽行申549号行政裁定书。

对诉讼类型的选择，而免于某些法定起诉条件之限制，例如起诉期限等。

在本案诉讼中，与原告公益公交公司所主张权益受损相关的系厦门市道路运输管理处“置换并投放出租车牌照”之行为，而非所谓的“不监管违法挂靠行为”。如果不承认公益公交公司主张违法并应作为本案被诉行政行为接受合法性审查的，系厦门市道路运输管理处的上述作为行为，那么，公益公交公司提起的不作为诉讼，实际上将失去具体内容，而“监管职责”亦因过于抽象而不是一个“履责之诉”应有之内涵。此外，公益公交公司的起诉，还会面临因其未能主张其权益受损与不履行之“监管职责”之间存在因果关系、其并未提出过履行“监管”职责之申请等，从而不符合法定起诉条件之情形。因此，一审法院根据公益公交公司起诉之诉讼请求表达及庭审中对其起诉类型之明确所进行的起诉条件审查，虽体现了对当事人诉求表达及诉权行使之尊重，但并未准确把握案涉争议之本质，因而无助于争议的真正解决甚至可能增加当事人诉累。二审法院根据案涉争议的实质，将本案起诉确定为公益公交公司因不服交通运输管理处的行政许可行为而提起，符合公益公交公司在诉讼过程中对其诉讼主张具体内容之阐释。而从权利救济的角度看，公益公交公司提起本案诉讼所寻求之权利救济，系通过行政诉讼撤销厦门市道路运输管理处将出租车牌照许可其他出租车公司经营之行为，而该目的显然无法通过提起所谓的“确认监管不作为违法”或请求履行“监管”法定职责之诉而实现。

由此可知，法院在面对履责之诉与撤销之诉的界分时，以“具体权利受到侵害”为主要考量因素，诉求表达及诉权尊重让位于该考量因素。

（三）“诉讼目标论”

在徐宝侠诉北京市通州区人力资源和社会保障局劳动社会保障行政确认案[1]中，原告请求撤销《不予认定工伤决定书》（以下简称《决定书》）并判令被告作出认定工伤的决定书。争讼焦点关涉行政行为作出时合法，但嗣后因为事实或者法律状态变化而变成违法的，应该如何处理。法院在对本案嗣后违法情形进行认定之前，首先对诉讼类型进行了判断，认为撤销之诉与履责之诉的主要区别“并非依据原告所列诉讼请求的具体表述，而是原告的诉

〔1〕北京市通州区人民法院（2018）京0112行初171号行政判决书。

讼目标，只要其实质是要求行政机关满足原告的要求，履行特定的行政职责作出一定的行为，而非仅仅撤销被诉行政行为，即可认定为履责之诉，故人民法院要结合原告的诉讼目标综合案件事实对诉讼类型进行判定”。确定为履责之诉之后，法院将诉讼标的确定为原告请求被告履行认定工伤的法定职责的请求能否成立。法院认为，被告已作出的拒绝认定工伤的《决定书》为重点审查范围。在判断其构成嗣后违法后，法院论证了履责之诉的裁判方式，认为“需要结合原告履责请求的合法性和被告进一步调查裁量的可能性等方面予以综合考虑进行选择，如果原告的履责请求成立且行政机关已无进一步调查裁量空间，人民法院有权直接判决行政机关履行相应的职责，如果行政机关尚有裁量空间，则可以判决行政机关重新作出处理”。因仍有进一步调查裁量的空间，故法院判决区人社局在调查核实的基础上重新作出行政行为。最终判决撤销《决定书》并责令被告重新作出处理。

可以看出，法院的论证思路为：诉讼类型——诉讼标的审查——裁判方式，将判断诉讼类型作为审查的第一个步骤。适当性的考量因素为透过原告所列诉讼请求的具体表述而看到的实质诉讼目标。

在多元水环保技术产业（中国）有限公司等诉财政部作出的政府信息公开告知书案〔1〕中，原告请求撤销被诉告知书，判令被告公开被申请的信息。法院有着相同的审理思路，认为“原告对被诉告知书不服提起诉讼，其诉讼目标实质上是要求被告公开相关信息。因此，虽然原告的诉讼请求包含撤销被诉告知书的内容，但此类案件从诉讼类型上仍然应当属于履责之诉的范畴。因此，本案中被诉告知书的合法性属于本案审查范围，但同时还应当审查原告申请公开的 138 号文件和 34 号文件应否公开”。

三、履责之诉适当性的理论生成路径

（一）履责之诉的中国生成——行为类型模式

我国对履责之诉适当性的研究，是从行政不作为案件或不履行法定职责案件中折射出来的，其问题核心就是如何界定行政不作为或不履行法定职责。

〔1〕 北京市第一中级人民法院（2018）京 01 行初 1452 号行政判决书，类似的案件还有北京市第一中级人民法院（2016）京 01 行初 14 号行政判决书、北京市第一中级人民法院（2019）京 01 行初 102 号行政判决书等。

这种从界定行为类型角度入手研究履责之诉适当性的进路，本文将其称为行为类型模式。

行为类型模式有着深厚的立法背景，《行政诉讼法》第12条就是从行政行为的类型角度入手的。关于行政不作为，早期有学者以行政行为的“存在方式”（即积极的作为和消极的不作为）为标准，作为行政行为指行政机关积极主动实施的行为，包括行政机关行使职权和履行职责的行为；不作为行政行为指行政机关消极不作为的行为，包括行政机关不履行或拒绝履行法定职责、履行法定不作为义务的行为。〔1〕有学者认为，以行政主体是否实施了具有一定的外在表现形式和存在形态的行为作为标准，凡是行政主体实施了具有一定的外在表现形式和存在形态的行为均属于行政作为行为，反之则是不作为行政行为。〔2〕有学者认为，以行政主体对待自己法定职权和职责的态度为标准，作为行政行为指行政主体积极行使行政法规范规定的职权或职责而形成的行政行为；不作为行政行为指行政主体消极对待行政法规范规定的职权或职责，在法定期限或合理期限内拒不履行或拖延履行法定职责所形成的行政行为。〔3〕

对于以上的几种分类形式，有学者认为，这有助于我们认识不作为行政行为的性质——不作为行政行为也是一种行政行为，与作为行政行为同样受到行政法的调整，同样会引起法律效果；不过，二者所构成的违法类型不同，不作为违法行为构成行政失职。〔4〕有学者认为，不作为是行政行为的存在方式之一，应当受到法律的调整。当法律规定了行政机关负有不作为义务时，行政机关应当遵守，否则构成越权。当法律规定了行政机关负有作为义务时，行政机关消极不作为的，是违法的行政行为，应承担相应的法律责任。〔5〕有学者认为，作为行政行为和不作为行政行为都必须接受行政复议和行政诉讼

〔1〕 马怀德主编：《中国行政法》，中国政法大学出版社1997年版，第58页；叶必丰：《行政法学》，武汉大学出版社1996年版，第109页；熊文钊：《现代行政法原理》，法律出版社2000年版，第250页。

〔2〕 姜明安主编：《行政法与行政诉讼法》，法律出版社2003年版，第107页。

〔3〕 方世荣主编：《行政法与行政诉讼法学》，人民法院出版社、中国人民公安大学出版社2003年版，第151页。

〔4〕 张焕光、胡建森：《行政法学原理》，劳动人事出版社1989年版。

〔5〕 马怀德主编：《中国行政法》，中国政法大学出版社1997年版，第58页。

的审查，但监督手段不同，对前者应作出撤销其行为的裁判；对后者应作出履行作为义务的裁判。[1]有学者认为，这一分类有利于明确行政行为的范围，即包括作为行政行为和不作为行政行为，也有利于行政职责的履行和对相对方权益的保护，真正体现行政法的精神。[2]有学者提出，可以结合“行政行为的合法性审查”优先于“行政法律关系诉讼”“原告诉讼请求目的”“行政诉讼类型的补充性”三个因素的位阶进行考量。

由此可以看出，几种观点对于履行判决的适用范围是针对“行政不作为”，没有区别。严格来讲，“行政不作为”只是一个法学研究中拟制出来的概念，我国《行政诉讼法》本身并没有提出这一概念，以“行政不行为”代替“不履行法定职责”实际上是一种误读。

如此导致的后果是，在当事人之申请合法合理、应当给予许可的基础之上，仅仅是因为行政机关回复方式的不同，直接决定了当事人权利之救济方式乃至救济程度。无论是无任何表示的拖延履行和逾期不予答复，抑或是程序上的拒绝，对相对人而言其结果都是一样的，即一项本应授予许可的申请遭到了拒绝，向法院提起诉讼也只能使自己的申请回复到初始状态。我国司法实践中责令重作判决也鲜有指明行政机关如何重作，行政机关只要稍加更改原拒绝作出的缘由即可二次拒绝当事人之申请，当事人在经历两次申请、一次诉讼之后其权利仍然无法得到有效保障。

（二）履责之诉的域外生成——诉讼目标模式

德国对履责之诉适当性的研究并非从行政行为入手，胡芬认为：“撤销之诉原则上可以针对所有种类的行政行为，无论涉及的是一个命令性的、形成性的或者确认性的行政行为，还是涉及一般命令或者计划确认决定，对于撤销之诉而言，都无关紧要。”[3]对此，胡芬提出五项准则，[4]“撤销之诉与义务之诉原则上是互相排斥的，它们的关系不是补充性的，而是非此即彼的”。“区分两者的依据，就是原告的诉讼目标。”胡芬以一个典型情况为例，原告

---

〔1〕 熊文钊：《现代行政法原理》，法律出版社 2000 年版，第 250 页；胡建森：《行政法学》，法律出版社 2003 年版，第 202 页。

〔2〕 罗豪才主编：《行政法学》，北京大学出版社 2001 年版，第 85 页。

〔3〕［德］弗里德赫尔穆·胡芬：《行政诉讼法》，莫光华译，法律出版社 2003 年版，第 215 页。

〔4〕［德］弗里德赫尔穆·胡芬：《行政诉讼法》，莫光华译，法律出版社 2003 年版，第 216～220 页。

想要以撤销之诉排除一个包含于行政行为中的负担，因为这个负担将他置于较之行政行为公布以前更加不利的情况，原告要求回到原来的状态，此时撤销之诉更为适当。但如果原告想要获得较之于原来状况更有利的授益行为，那么义务之诉就是适当的诉讼种类。即使授益行政行为被拒绝，真正的诉讼目标也不会因此就是对拒绝的撤销，而仍然是授益行为本身。所以处于中心地位的，最终不是施加负担，而是没有被吸纳的授益。

这在实体法上具有源头可考察，即《德国行政程序法》第 48 条第 1 款第 2 句对授益性行政行为的合法定义，即一个行政行为，它已经设立或确认一个权利或者一个权利上的显著利益。

由此，德国学界和实务界无需为了迎合权利救济需要而对法律概念进行不断的调整，从而保证了概念体系的稳定性。从判断标准上看，诉讼目标比较简单，原告的诉讼目标无非就是请求撤销一个行为、请求作出或不作出一个行为或确认一个行为违法。但从满足权利救济需要的角度讲，诉讼目标模式又容易适应各种不同的案情。因此，虽然并非完全没有争议，但以诉讼目标为基础，德国学界和实务界在履责之诉适当性问题上仍能形成广泛的共识。

四、诉讼目标模式的启示

（一）诉判关系的理论定位

诉讼目标模式的审查思路，不仅有利于为相对人的权利保护提供具体方式，而且有利于法院选择最适宜的救济方式和裁判方式，也有助于实现行政争议的实质性解决。同时其也引发作者思考行政诉讼中诉讼请求与裁判方式之间的关系。

有学者认为，关于行政诉判关系的一般观点及理论基础具有一定的局限性，没有全面地审视行政诉判关系的特殊性：第一，缺乏系统的逻辑论证，在主观公权利救济和客观法秩序维护的功能模式下的行政诉判关系是不一样的。第二，忽视了行政诉讼的特殊性，行政诉讼与民事诉讼的本质区别表现在，行政诉讼是一种“司法判断权”对“行政判断权”的再判断。根据他们的理解，行政诉判关系是一致性与非一致性的统一。行政诉判关系的一致性体现在，在主观公权利的救济路径下，主观公权利、诉讼请求、行政诉权、行政判决之间不论是逻辑上还是内容上都保持着一定程度的一致性；在客观法秩序的维护路径下，行政诉判关系也在一定程度上保持着一致性，这是因为行政行为合法性和有效性在一定程度上保持一致。行政诉判关系的非一致性是行政判决并非完全局限于诉讼请求的范围。[1]

有学者进一步提出，诉的种类与裁判方法反映的是诉讼类型之一体两面。[2]司法权性质具有中立性、被动性，因而非出于公共利益上的考虑，法院不能超越原告诉讼请求而下判。但其同时提到，若意图提起的诉讼类型与起诉状中载明的诉讼类型不同，经由阐明方式来探求原告起诉之真意，确保原告有补正或变更的机会，避免出现直接驳回原告起诉之限制诉权行为。[3]履责之诉适当性的考察帮助我们进一步明晰了诉判关系理论定位。

（二）主客观均衡的诉讼制度变革

对于我国履责之诉的适当性问题，需要从行政诉讼目的和模式设计上寻找出路。对于我国行政诉讼制度目的，薛刚凌教授认为，我国行政诉讼法立法之初，没有意识到其功能的差异及对行政诉讼类型、构造及具体制度的影响，其结果是手段和目标之间不完全匹配，造成了部分案件诉求与判决结果分离，导致行政案件的审理以“主观目的”进来，以“客观裁判”出去，对相对人的诉讼请求缺乏完整、直接的回应。[4]

行政诉讼制度涉及国家权力架构、治理模式的选择，学界对于其中关于行政诉讼目标定位的重大命题的讨论一直不绝于耳。学界关注的问题主要在于：包含了维护和监督行政权、保障行政相对人合法权益的行政诉讼法并没有达到预期的效果，其问题出在哪里？对于这一问题的回答，有学者认为我国行政诉讼制度的根本目的是保障行政相对人的合法权益。[5]另有学者认为我国行政诉讼在总体制度理念和运作中，典型地体现了保护个人、组织权利的价值取向，这种以私法诉讼模式构筑行政诉讼，明显忽视了行政诉讼具有维

---

〔1〕 林莉红等：《行政诉讼法问题专论》，武汉大学出版社 2010 年版，第 104~107 页。

〔2〕 林莉红等：《行政诉讼法问题专论》，武汉大学出版社 2010 年版，第 79 页。

〔3〕 马怀德、吴华：“对我国行政诉讼类型的反思与重构”，载《政法论坛》2001 年第 5 期；薛刚凌：《行政诉权研究》，华文出版社 1999 年版，第 142~143 页。

〔4〕 薛刚凌：“行政诉讼法修订基本问题之思考”，载《中国法学》2014 年第 3 期。

〔5〕 谭宗泽：“行政诉讼目的新论——以行政诉讼结构转换为维度”，载《现代法学》2010 年第 4 期。

护社会公共利益的价值。〔1〕还有学者认为我国行政诉讼制度应当定位在以救济目标为主，同时需要拓展其建构和保障客观法律秩序的功能。〔2〕

行政诉讼兼具私权保护、监督行政以及解决争议三大目的，主流观点认为监督行政是其首要目的，认为行政诉讼主要是客观诉讼，并据此构建起了以被诉行政行为为中心、以撤销诉讼为主要形态的诉讼制度。但此种诉讼制度存在漠视私权保护、逻辑不统一、不能涵盖新类型诉讼等一系列问题，有必要重新认识行政诉讼的目的。要从高度重视私权保护的角度，重视原告的诉讼请求，并从理念、制度、诉讼类型化等方面对行政诉讼进行建构。〔3〕

(三) 行政诉讼类型化

有学者提出，义务之诉的适法性要件是行政诉讼类型化的初步建构。〔4〕对于行政诉讼类型化问题，有学者提出我国以非明文规定的方式构建的行政诉讼类型制度已经发展到了一个相对成熟的阶段，考虑以明文规定的方式构建行政诉讼类型制度功能有限，探讨诉讼要件制度改良的重要性是更亟待研究的问题。〔5〕

实际上，关于行政诉讼类型化的讨论涉及三个层面的问题：一是我国现行行政诉讼制度是否类型化，存在何种类型化，以及其相互关系为何；二是我国司法实务中是否存在诉讼类型选定、转换等空间，是否具有正当性；三是具体到案件中如何进行类型选定，譬如在履责之诉中考量何种因素使之与其他诉讼相区别，进而进行实体审查、作出裁判。〔6〕在第一个层面的问题上，有学者和从事行政审判的法官认为，我国行政诉讼类型制度尚不完善，缺乏科学的诉讼类型划分，而构建行政诉讼类型制度又具有必要性，因而在肯定

〔1〕 杨伟东："行政诉讼"，载应松年主编：《当代中国行政法》（第八卷），人民出版社 2018 年版，第 3083 页。

〔2〕 薛刚凌："行政诉讼法修订基本问题之思考"，载《中国法学》2014 年第 3 期。

〔3〕 付荣、江必新："论私权保护与行政诉讼体系的重构"，载《行政法学研究》2018 年第 3 期。

〔4〕 林莉红等：《行政诉讼法问题专论》，武汉大学出版社 2010 年版，第 104~107 页。

〔5〕 刘飞："行政诉讼类型制度的功能"，载《法学研究》2013 年第 5 期。

〔6〕 杨东升、蒋蓓："法官阐明义务与行政诉讼类型之选定"，载《湖北社会科学》2016 年第 12 期。

行政诉讼类型化的基础上，影响行政诉讼能否胜诉或者权利能否得到充分救济，均与行政诉讼类型是否正确选定有着密切关系。[1]实际上，在德国，原告选择诉讼类型的错误可能产生的不利益或者危险，应在审查各种诉讼类型特别是实体要件前，由法官阐明予以排除。[2]而在第三个层面的问题上，即是笔者的关切所在。

---

〔1〕杨东升、蒋蓓："法官阐明义务与行政诉讼类型之选定"，载《湖北社会科学》2016年第12期。

〔2〕彭凤至：《德国行政诉讼制度及诉讼事务研究》，我国台湾地区"行政法院"印行1998年版，第63~67页。

沃恩索引及其对我国的启示

蔡 瑶*

【摘 要】1973年沃恩诉罗森案中，美国哥伦比亚特区上诉法院首创沃恩索引制度，通过强化被告举证责任，弥补信息自由诉讼中原告的“信息劣势”，增强诉讼对抗性，减轻秘密审查的负担。历经近50年的发展，沃恩索引制度在司法实践中发展出了三种不同的形态，这些形态影响着沃恩索引效能的发挥，削弱了该制度的核心功能与价值。虽有不少学者认为沃恩索引制度可为我国所借鉴，但在我国法院无权审查定密正当性的前提下，沃恩索引制度对完善我国国家秘密不予公开案件司法审查的作用将十分有限。但沃恩索引制度强化被告举证责任的核心机制仍能为从定密程序上审查国家秘密不予公开案件提供一定的启发和思考。

【关键词】沃恩索引 信息自由法 国家秘密 司法审查 信息公开

一、引 言

“政府秘密主义如同政府一般历史久远。”[1]即使是将公开视为民主基石的美国，保密制度亦存在泛滥情形，也可能被用于掩盖决策失误与行政无能。[2]据统计，2017年美国各行政部门共作出约5.8万项原始定密决定及

---

* 蔡瑶，中国政法大学2018级宪法学与行政法学专业硕士。

〔1〕 Derigan Silver, *National Security in the Courts: The Need for Secrecy v. the Requirement of Transparency*, LFB Scholarly Publishing LLC., 2010, p. 3.

〔2〕 Arthur M. Schlesinger, Jr., *The Imperial Presidency*, Mariner Books, 1998, p. 345.

490 万项派生定密决定，[1]美国政府为保障定密制度正常运转支出约 180 亿美元。[2]定密泛滥会带来明显的不利影响。首先，过度定密必然会导致极高的成本，不仅包括经济成本，还包括损失的机会成本；其次，由于镶嵌理论的影响，许多论者采用了极为简单的逻辑，即国家秘密愈多，国家安全愈能得以保障，其实不然，过度保密的政府很大可能会在保护真正具有保密价值的信息上能力不足，无法识别出真正具有保密价值的信息；最后，过度定密对于民主的损害是显著的，公民无法获知足够信息以作出明智的决定，削弱公民对政府的信任程度。[3]

中美政务公开相关立法均存在国家秘密豁免公开的规定。《中华人民共和国政府信息公开条例》（以下简称《政府信息公开条例》）第 14 条规定，依法确定为国家秘密的政府信息不得公开。[4]美国的规定见于《美国信息自由法》的第一豁免条款。[5]由于国家秘密的特殊性和重要性，两国司

---

〔1〕 Information Security Oversight Office, 2017 Report to the President (Feb. 10, 2020, 2: 45PM), https://www.archives.gov/files/isoo/reports/2017-annual-report.pdf.

〔2〕 Mark A. Bradley, Letter to The President, May 31st, 2018, (Feb. 10, 2020, 2: 47PM), https://www.archives.gov/files/isoo/reports/2017-annual-report.pdf.

〔3〕 Meredith Fuchs, "Judging Secrets: The Role Courts Should Play in Preventing Unnecessary Secrecy", *Administrative Law Review*, Vol. 2006, No. 4, pp. 136-137.

〔4〕《政府信息公开条例》第 14 条规定："依法确定为国家秘密的政府信息，法律、行政法规禁止公开的政府信息，以及公开后可能危及国家安全、公共安全、经济安全、社会稳定的政府信息，不予公开。"修改前的《政府信息公开条例》第 14 条规定："行政机关应当建立健全政府信息发布保密审查机制，明确审查的程序和责任。行政机关在公开政府信息前，应当依照《中华人民共和国保守国家秘密法》以及其他法律、法规和国家有关规定对拟公开的政府信息进行审查。行政机关对政府信息不能确定是否可以公开时，应当依照法律、法规和国家有关规定报有关主管部门或者同级保密工作部门确定。行政机关不得公开涉及国家秘密、商业秘密、个人隐私的政府信息。但是，经权利人同意公开或者行政机关认为不公开可能对公共利益造成重大影响的涉及商业秘密、个人隐私的政府信息，可以予以公开。"

〔5〕 与我国《政府信息公开条例》国家秘密豁免公开规定相对应，《美国信息自由法》第一豁免条款规定了"国家安全信息"的豁免公开。具体而言，该条款规定涉及国防、外交的国家安全信息不得公开。"This section does not apply to matters that are (1) (A) specifically authorized under criteria established by an Executive order to be kept secret in the interest of national defense or foreign policy and (B) are in fact properly classified pursuant to such Executive order". See 5 U.S.C. § 552 (b) (1). 美国的"国家安全"（national security）概念从范围而言仅包括国防、外交事项，范围小于我国《保守国家秘密法》第九条列举的"国家秘密"，该概念仍为诸多美国学者所抨击，认为"国家安全"是一个"众所周知的模糊和界定不清的概念"。See Note, National Security and the Amended Freedom of Information Act, *Yale Law Review*, 1976, Vol. 85, No. 3, pp. 407-410. See also Jason R. Arnold, *Secrecy in the Sunshine Era: The Promise and Failures of US Open Government Laws*, University of Kansas Press, 2014, p. 17.

法机关在审查此类案件时所遇到的难题是相似的，即如何在保证司法权不过度介入行政权的同时，促进司法机关对国家秘密不予公开案件的有效审查。

反观近年来我国的政府信息公开诉讼实践，国家秘密不予公开案件并不少见。由于国家设定了保密要求，一方面司法机关无权对此类案件的实体层面——定密正当性进行审查；另一方面此类案件适用的是特殊的举证和证据审查规则，传统质证环节无法发挥其功能，且对于行政机关提交的“涉密证据”，法院通常采取“单方审查”的方式，使得原告对涉案信息和关键证据均处于“无知”状态，无法对行政机关的豁免主张予以有力反驳，导致此类案件原告胜诉率较低，国家秘密不予公开事由成为行政机关不予公开政府信息最好的“挡箭牌”。不少学者在分析我国此类案件司法审查时，均关注到美国信息自由诉讼中的沃恩索引制度。有学者将之称为美国信息自由诉讼的“主力军”，〔1〕并提出我国可适当引进沃恩索引制度，以提高对申请人的权益保障程度并促进有效的司法审查。〔2〕

沃恩索引，究其本质，是对被告举证责任的强化，是一种程序工具。生长于西方当事人主义诉讼模式之下的沃恩索引是否具备制度借鉴的可能与价值？本文将尝试对该问题予以探析。下文将首先对沃恩索引制度的诞生与发展予以梳理，并重点考察近50年来沃恩索引制度在实践中的变形，反思沃恩索引制度的功能与价值，并探索该制度对我国国家秘密不予公开案件司法审查的启示。

二、沃恩索引的诞生背景

（一）规范梳理：从《美国联邦行政程序法》到《美国信息自由法》

长久以来，美国国会在多部立法中寻求遏制定密权滥用的情形，保障公

---

〔1〕 许莲丽：“政府信息公开诉讼中的秘密审查制度：美国的实践”，载《环球法律评论》2011年第3期。

〔2〕 杨伟东：《政府信息公开主要问题研究》，法律出版社2013年版，第246~248页。郑春燕：“政府信息公开与国家秘密保护”，载《中国法学》2014年第1期。成协中：“信息公开理念下的定密异议与司法审查”，载《哈尔滨工业大学学报（社会科学版）》2013年第4期。江必新、李广宇：“政府信息公开行政诉讼若干问题探讨”，载《政治与法律》2009年第3期。许莲丽：“政府信息公开诉讼中的秘密审查制度：美国的实践”，载《环球法律评论》2011年第3期。

民获取政府信息的权利，包括早期的《美国联邦行政程序法》，以及后来一系列的“阳光法”，[1]如《美国信息自由法》《美国联邦顾问委员会法》《美国阳光下的政府法》《美国总统记录法》等。其中，《美国联邦行政程序法》首次规定了豁免公开的信息范围，而后来的《美国信息自由法》则对豁免公开范围进一步作出了限缩和规范。

1. 豁免范围：从宽泛到限缩

若将公开视为各国信息公开制度的核心价值，那么例外规则的制定就是信息公开制度的“核心技术”。[2]国家秘密豁免公开作为行政机关拒绝公开的常用事由，其范围的大小必然影响着信息公开的实际广度与深度。

1946 年《美国联邦行政程序法》“公共信息”一章规定了行政机关应当向公众公开的“公共信息”范围。[3]该法是美国在政务公开领域迈出的第一步，但影响十分有限，一大原因在于其规定了非常宽泛的豁免公开范围，允许行政机关在多数情形下拒绝公开申请信息。《美国联邦行政程序法》采取的是“公共利益”和“正当理由”的豁免标准，即任何为了保护公共利益而需要保密的信息均不予公开，且意见与命令、公共记录均可以“正当理由”为由不予公开，[4]该规定被视为后来《美国信息自由法》第一豁免条款的前身。[5]由于“公共利益”与“正当理由”均具备模糊性，故行政机关在此标准之下的裁量空间较大，导致该条款不可避免被滥用，被作为行政秘密主义的借口。[6]为了限制《美国联邦行政程序法》之下的宽泛定密情形，国会于 1966 年颁布的《美国信息自由法》明确规定了九类豁免情形，其中第一豁免条款为国家安全信息的豁免，包括涉及国防、外交利益而依据行

---

〔1〕 Jason R. Arnold, *Secrecy in the Sunshine Era: The Promise and Failures of US Open Government Laws*, University of Kansas Press, 2014, p. 2.

〔2〕 董妍：《政府信息公开例外规则及其司法审查》，经济日报出版社 2015 年版，第 8 页。

〔3〕 5 U. S. C. § 552 (1946).

〔4〕 “Except to the extent that there is involved (1) any function of the United States requiring secrecy in the public interest… (c) PUBLIC RECORDS - Save as otherwise required by statute, matters of official record shall in accordance with published rule be made available to persons properly and directly concerned except information held confidential for good cause found” . See 5 U. S. C. § 552 (1946).

〔5〕 Kathleen A. Mckee, “Remarks on the Freedom of Information Act: The National Security Exemption in a Post 9/11 Era”, *Regent Journal of International Law*, 2006, Vol. 4, p. 267.

〔6〕 Herbert N. Foerstel, “*Freedom of Information and the Right to Know: The Origins and Applications of the Freedom of Information Act*”, *Journal of Academic Librarianship*, 2001, Vol. 1, pp. 10-28.

政命令予以特别保密的信息。[1]1974年的修正案进一步对第一豁免条款的范围进行限定，要求豁免公开的国家安全信息应当满足两个要件：其一，信息应当在事实上已定密；其二，信息的定密符合相关行政命令中的定密标准。[2]

《美国信息自由法》变革了《美国联邦行政程序法》中的"公共利益"和"正当理由"标准，缩小了豁免公开的信息范围，明确了国家安全信息豁免公开的范围限于国防和外交领域。

2. 司法审查：从空白到细化

《美国联邦行政程序法》的另一大缺陷在于其并未授权司法机关对信息公开决定进行审查，[3]直至1966年《信息自由法》的颁布才在美国第一次确立了法定的、可诉的"具体化的知情权"。[4]《美国信息自由法》对《美国联邦行政程序法》的重要变革在于其明确授权法院对行政机关的信息公开决定进行司法审查，规定法院应当在信息自由诉讼中对案件相关的事实和法律问题进行重新审查（*de novo* review），且由行政机关对不公开政府信息的合法性负举证责任。[5]然而该规定是否适用于涉及豁免条款的诉讼则存在一定的争议。

从体系解释的角度而言，《美国信息自由法》位于美国法典的第552节，分为三分节。其中，a分节主要规定的是行政机关公开的程序，内容较《美国信息自由法》无显著变化，a分节第3条主要规定依申请公开的程序，司法审查的规定位于该条文的后半部分。[6]b分节是关于豁免公开的规定，载明"本节"（即第552节）的各条规定均不适用于九项豁免情形。[7]故从b分节的条文含义以及体系解释上看，a分节的司法审查不适用于豁免公开相关的诉讼。也有少数意见从目的解释的角度出发，认为重新审查的规定应当适用于

---

〔1〕 5 U.S.C. §552（b）（1）（1966）.

〔2〕 5 U.S.C. §552（b）（1）（1974）.

〔3〕 See generally 5 U.S.C. §552（1946）.

〔4〕 后向东：《美国联邦信息公开制度研究》，中国法制出版社2014年版，第17页。

〔5〕 5 U.S.C. §552（a）（3）.

〔6〕 5 U.S.C. §552（a）（3）（1966）.

〔7〕 5 U.S.C. §552（b）.

豁免公开情形，包括国家安全信息的豁免公开。[1]在1973年的环境保护署诉明克案（以下简称明克案）中，法院明确拒绝对豁免公开案件进行重新审查，主张《美国信息自由法》并非意图授权司法机关对定密行为适当性进行审查，法院应当尊重行政机关对定密相关事项的判断，仅审查行政机关提供的宣誓陈述书（affidavit）是否提供了定密所依据的行政命令以及是否声明了涉案信息属于行政命令中规定的定密事项范围。[2]

为了推翻最高法院在明克案中的判决，《美国信息自由法》修正案进一步明确了司法机关的重新审查标准，并在此基础上采纳了实践中的秘密审查（in camera inspection）处理方式，授权司法机关对有争议的内容进行秘密审查，以确定争议信息中的全部或部分内容是否符合豁免条款规定。[3]实际上，在1974年之前，许多法院已经开始采用秘密审查处理涉及豁免公开的案件。[4]依据修订后的《美国信息自由法》，在第一豁免条款案件中，司法机关有权进行重新审查，若其认为行政机关提供的宣誓陈述书不足以说明涉案信息定密具备适当性，则有权决定是否采取秘密审查。[5]该规定拓宽了司法审查的范围，在审查涉案信息定密的程序和依据是否合法的基础上，增加了审查涉案信息实体内容的空间。

（二）实践考察：秘密审查与高度遵从的两难抉择

在1974年修改的《美国信息自由法》框架之下，涉及第一豁免条款的信息自由诉讼呈现如下样态：

行政机关通常会进行两项诉讼准备，其一是向法院提交一份内容简要的宣誓陈述书，该陈述书一般会阐明申请信息属于《美国信息自由法》规定的豁免范围且申请信息确已依据相关行政命令定密；其二是向法院申请简易判

---

〔1〕 Patsy Mink and Justice Brennan dissented such contention based on purposive interpretation of the relevant provisions. With regard to the application order of legal interpretation, textual interpretation and systematic interpretation are better options for understanding the provisions aforementioned. See generally Patsy T. Mink, "The Mink Case: Restoring the Freedom of Information Act", *Pepperdine Law Review*, 1974, Vol. 2. See also Environmental Protection Agency v. Mink, 410 U. S. 73, 96-106 (1973).

〔2〕 Environmental Protection Agency v. Mink, 410 U. S. 73, 91-95 (1973).

〔3〕 5 U. S. C. § 552 (a) (4) (B).

〔4〕 Richard H. Walker, "Vaughn v. Rosen: New Meaning for the Freedom of Information Act", *Temple Law Quarterly*, 1974, vol. 47, p. 397.

〔5〕 Ray v. Turner, 587 F. 2d 1187, 1195 (D. C. Cir. 1978).

决，主张案件不存在事实争议，即在申请信息的内容及定性问题上并无争议。[1]法院在此类诉讼中通常会有两种处理方式：或是直接根据行政机关提交的宣誓陈述书对案件进行裁判；或是依据《美国信息自由法》的规定对争议内容进行秘密审查。

多数情况下，法院倾向于选择第一种处理方式，因为秘密审查所耗费的司法成本巨大，且极有可能造成司法资源的浪费。[2]以美国国税局一起普通的信息自由诉讼为例，该案中，原告申请的信息共涉及 5753 页纸质文件和 35.7 兆电子文档，被告仅公开了其中 318 页文件，对剩余的纸质文件和所有电子文档均声称豁免公开。[3]若要求法院对上述所有文件和文档均进行全面审阅，并要求其对之准确定性，以判断涉案信息是否确属豁免范围，实则是对司法机关施加了不可承受之负担。从本质上而言，秘密审查扭曲了法院在诉讼中的地位，将本属于被告的举证责任实际上转嫁至中立的法院，使得法院而非原告，成了信息自由诉讼中的对抗主体之一。

第一种处理方式亦存在显著缺陷，且带来了司法实践中“一边倒”的裁判结果。有学者统计，在信息自由诉讼重新审查标准之下，法院对行政机关不予公开行为的维持率高达 90%，远高于理论上更为宽松的专断和反复无常标准，后者的维持率约为 50%。[4]此类案件中极高的维持率很可能归咎于国会在 1974 年修法之际作出的妥协。虽国会力求公开透明的价值，但为了避免总统对《美国信息自由法》修正案行使否决权，国会明确要求法院在进行司法审查时，应当承认行政机关在国防和外交事项上的专业性和独特见解，应

---

〔1〕 简易判决（summary judgment）是指当事人认为案件事实不存在任何争议且其应当在法律上应当胜诉，从而向法院提出的一种申请（motion）。参见薛波编：《元照英美法词典》，北京大学出版社 2013 年缩印版，第 1309 页。See also 28 U. S. C. A. F. R. C. P. Rule 56.

〔2〕 正如沃恩诉罗森案中，法院所阐述的：“当争议的信息多至几百，甚至几千页之时，我们很难要求一位初审法院的法官对争议信息的内容及其性质进行彻底的、全面的审查。” See Vaughn, 484 F. 2d 820, 826 (1973). See also Comment, Vaughn v. Rosen: Toward True Freedom of Information, University of Pennsylvania Law Review, 1974, Vol. 122, p. 740.

〔3〕 Shannahan v. I. R. S., 672 F. 3d 1142, 1145 (9th Cir. 2012).

〔4〕 Paul R. Verkuil, “An Outcomes Analysis of Scope of Review Standards”, *William and Mary Law Review*, 2003, Vol. 44, p. 719.

当对行政机关提交的宣誓陈述书予以实质性考量。[1]

沃恩索引制度正是诞生于上述背景之下。一方面，法院着实无力承担对每个案件均进行秘密审查的沉重负担；另一方面，若其延续长久以来的高度遵从态度，则必将继续保守诟病。[2]1973年哥伦比亚特区巡回法院在沃恩诉罗森案中创设的程序工具应运而生，尝试对法院面临的两难境地提供破解之道。

三、沃恩索引的机制与功能

在传统信息自由诉讼，特别是涉及第一豁免条款的案件中，行政机关是唯一掌握涉案信息的主体，且其仅需要提交简要的宣誓陈述书即视为完成举证责任，从而将反驳的责任快速转移至原告，而原告通常对涉案信息内容处于完全的“无知”状态。信息不对称使得原告无法针对行政机关主张的豁免理由进行有效的反驳，仅能笼统声称涉案信息不包含任何值得定密的内容。[3]原告的“信息劣势”削弱了此类诉讼的对抗性，也使得法院处于上述的两难境地。

（一）沃恩诉罗森：程序工具之创设

沃恩诉罗森案中，法学教授罗伯特·沃恩于1973年向文官委员会申请公开人事管理报告等文件遭拒。[4]在案件审理过程中，文官委员会向初审的哥伦比亚特区地区法院提交了一份宣誓陈述书，概括性地宣称涉案信息属于《美国信息自由法》规定的豁免公开范围，并未包含任何涉案信息的相关介绍，而仅是简要陈述了文官委员会主任对于信息应当豁免公开的观点。[5]虽然文官委员会并未进一步提交任何补充材料，地区法院仍依据高度概括的宣

---

〔1〕“［A］ccord substantial weight to an agency's affidavit concerning the details of the classified status of the disputed record”, see H. R. CONF. REP. No. 1380, 93rd Cong., 2nd Sess.（1974）.

〔2〕沃尔德法官认为，法院在此类案件中的表现过于胆怯。“courts may be approaching too timidly on the question of whether national security claims override traditional constitutional rights or liberties”. See Patricia M. Ward, “Two Unsolved Constitutional Problems”, *University of Pittsburgh Law Review*, 1980, Vol. 49, p. 764.

〔3〕Margaret B. Kwoka, “Deferring to Secrecy”, *Boston College Law Review*, 2013, Vol. 54, p. 221.

〔4〕Vaughn v. Rosen, 484 F. 2d 820, 823（D. C. Cir. 1973）.

〔5〕该案涉及三项豁免条款，包括第二豁免条款（涉及机关内部的规则和措施）、第五豁免条款（机关内部或者与其他机关之间的备忘录或信件）以及第六豁免条款（一旦公开会明显侵犯个人隐私的个人档案、医疗档案或者其他档案）。See generally *Id*.

誓陈述书作出简易判决，维持了文官委员会不予公开申请信息的决定。[1]

沃恩教授上诉至哥伦比亚特区巡回法院，案件的争议焦点是文官委员会通过提交宣誓陈述书，声明涉案信息依据《美国信息自由法》豁免公开，是否完成了举证责任。特区巡回法院主张法院无法直接通过行政机关提交的宣誓陈述书作出涉案信息是否属于豁免范围的判断，撤销了地区法院的判决并将案件发回，且声明法院不再接受笼统和高度概括的豁免主张，[2]要求行政机关重新提交对其拒绝公开行为正当性的详细说明，制作涉案信息的“分类和索引”。[3]

（二）明确性要求

沃恩索引是对传统宣誓陈述书制度的变革，对行政机关的举证提出了更高的要求。沃恩索引并没有固定的格式或样本，该制度的核心要求是“明确性”，[4]要求行政机关尽可能多地披露涉案信息的相关背景内容，如信息的制作者、接收者、制作时间、主题等，[5]而不能仅仅照搬相关的法律规定，或是仅提供结论性的说明或意见。[6]

沃恩诉罗森案并非直接涉及第一豁免条款，但该案所创设的沃恩索引制度被广泛应用于国家安全信息豁免公开案件之中，其内涵亦不断得到发展。[7]具体而言，完成一份沃恩索引需要进行三个步骤，分别是“合理切分”“详细说明”和“逐一对应”，即对于每项豁免信息，行政机关均应当首先将与信息

---

〔1〕 *Id.*

〔2〕 *Id.*, at 826.

〔3〕 “Itemizing and indexing”, see *Id.*, at 828.

〔4〕 “Specificity” is the defining requirement of Vaughn Index. See King v. United States Department of Justice, 830 F. 2d 210, 219 (D. C. Cir. 1987).

〔5〕 Defenders of Wildlife v. United States Border Patrol, 623 F. Supp. 2d 83, 88-92 (D. D. C. 2009).

〔6〕 Judicial Watch, Inc. v. FDA, 449 F. 3d 141 (D. C. Cir. 2006).

〔7〕 See New York Times Co. v. United States Department of Justice, 762 F. 3d 233 (2nd Cir. 2014). Defenders of Wildlife v. United States Border Patrol, 623 F. Supp. 2d 83, 88-92 (D. D. C. 2009). Schoenman v. F. B. I., 604 F. Supp. 2d 174 (D. D. C. 2009). Judicial Watch, Inc. v. FDA, 449 F. 3d 141 (D. C. Cir. 2006). Gardels v. CIA, 689 F. 2d. 1100 (D. C. Cir. 1982) Founding Church of Scientology of Washington, D. C., Inc. v. Bell, 602 F. 2d 945 (D. C. Cir. 1979). Founding Church of Scientology of Washington, D. C., Inc. v. National Security Agency, 610 F. 2d 824 (D. C. Cir. 1979). Mead Data Central v. United States Department of the Air Force, 566 F. 2d 242 (D. C. Cir. 1977). Dellums v. Powell, 556 F. 2d 167 (D. C. Cir. 1977).

相关的文件进行分割，将大量文件分为易处理、可操作的部分；随后应当对每部分文件的内容予以详细描述，并提供相关背景，如信息的制作者、主题等；最后应当逐一阐明不公开每部分内容相应的豁免主张和具体理由。

沃恩索引制度着眼于修复信息自由诉讼中的“信息不对称”缺陷，主要机制是提高被告的举证责任，要求其向法院提交一份信息内容与豁免理由一一对应的文件，同时允许原告基于该文件对行政机关的信息分类和豁免理由进行有针对性的反驳。[1]沃恩索引制度增强了原告在信息自由诉讼中的参与度，修复了诉讼的对抗性特征，也使得法院得以在综合双方意见的基础上进行裁判。

四、沃恩索引的实践形态考察

学者对沃恩索引制度不吝赞美，肯定了沃恩索引在信息自由诉讼中的重要地位，认为该制度既保证了涉密信息免于泄密，又避免过度频繁的秘密审查，维持了司法权与行政权的边界，维护了法院的中立姿态。[2]然而任何制度均可能存在实践运行与设计初衷的错裂，甚至是背离，沃恩索引亦不例外。自 1973 年始，沃恩索引已经过近 50 年的发展，在其内涵得到不断阐发的同时，也在实践中演化出了不同的形态。这些实践形态对于申请者，可能成为其有效参与信息自由诉讼、获取政府信息的阻碍。[3]

（一）“代表性”沃恩索引

如上文所述，在秘密审查之下，对涉案信息进行审阅和判断的责任归属于法院，信息处理的负担极高。沃恩索引制度极大地提高了行政机关的举证要求，行政机关应当明确列出拒绝公开的信息清单，对申请信息涉及的所有文件进行合理分割，为之编制索引，详细说明拒绝公开的信息及其豁免理由，并实现一一对应，进而将法院从秘密审查的负担中释放出来。[4]沃恩索引要求被告承担切分、审阅和说明的责任，实际上是对被告举证责任的落实，但

---

〔1〕 Vaughn v. Rosen, 484 F. 2d 820, 828 (D. C. Cir. 1973).

〔2〕 参见杨伟东：《政府信息公开主要问题研究》，法律出版社 2013 年版，第 246~248 页。

〔3〕 Margaret B. Kwoka, “Deferring to Secrecy”, *Boston College Law Review*, 2013, Vol. 54, p. 223.

〔4〕 Vaughn v. Rosen, 484 F. 2d 820, 828 (D. C. Cir. 1973). King v. United States Department of Justice, 830 F. 2d 210, 218 (D. C. Cir. 1982).

同时也将沉重的信息处理负担转移回被告。

以沃恩诉罗森案为例，该案涉及的信息数量巨大，共计 2448 份文件，可装满文官委员会 17 个标准大小的五层文件柜，且据估计，若行政机关严格按照哥伦比亚特区巡回法院的要求进行分割、说明，并制作索引，将需要耗费多年时间，且信息处理成本可能高达近 10 万美元。〔1〕为解决上述实际问题，在沃恩案发回重审后，鉴于信息处理量过大，地区法院允许被告以“代表性”为标准，在所有涉案信息中选取 9 份最具代表性的文件，并按照上诉法院的要求制作索引。〔2〕在另一起案件中，若严格执行沃恩索引的要求，被告需要处理高达 4 万页的文件，并需要与近 30 个联邦行政机构或组织进行前期沟通，故法院允许被告仅提交一份具备代表性的沃恩索引即可。〔3〕

在申请信息数量庞大、行政机关不堪重负时，“代表性”沃恩索引具备重要的实用价值，其通过减少需处理和制作索引的文件数量，大大降低行政机关的信息处理成本，推动诉讼进程。然而此种变通举措并非完全理想：其一，目前应用此类变通措施的沃恩诉罗森等案件均存在一个共同的特征，即案件所涉及的文件均具有格式上或内容上的相似性，但并非所有案件所涉及的文件均具备此特征，即具备选择“代表性”文件的基础。其二，“代表性”沃恩索引是法院面对实际问题时的妥协，且从目前的案件看，法院并未发展出配套的限制措施。若行政机关的选择权无相应的监督和约束机制，沃恩索引之下举证责任的强化也将成为空谈。“选取最具代表性的文件”极可能演变为“选取对诉讼最有力的文件”。

（二）“格式化”沃恩索引

许多案件中均存在“格式化”沃恩索引的问题，〔4〕不少学者也注意到此

---

〔1〕 Robert G. Vaughn, “The Freedom of Information Act and Vaughn v. Rosen: Some Personal Comments”, *American University Law Review*, 1974, Vol. 23, p. 873.

〔2〕 由于需处理的信息数量大大减少，成本也从 96176.4 美元降至 353.89 美元。See *Id.*, at 874.

〔3〕 Mullen v. U. S. Army Criminal Investigation Command, No. 1: 10CV262 JCC/TCB, 2012 WL 2681300, at *7 (E. D. Va. July 6, 2012).

〔4〕 See Protect Democracy Project, Inc. v. U. S. Department of Health & Human Services, 370 F. Supp. 3d 159 (D. D. C. 2019). Knight First Amendment Inst. at Columbia Univ. v. U. S. Dep't of Homeland Sec., 407 F. Supp. 3d 334 (S. D. N. Y. 2019). Center for Biological Diversity v. Office of Management and Budget, 625 F. Supp. 2d 885 (N. D. Cal. 2009).

类实践形态的泛滥。[1]相比其他两类“变形”，“格式化”沃恩索引对沃恩索引制度的背离程度最甚。“格式化（boilerplate）”的特征在于“笼统性”与“标准性”，即在多种不同场合和情境中均可适用，此种特征恰恰与沃恩索引所强调的“明确性”背道而驰。[2]在许多案件中，行政机关向法院提交的是“万能模板”，即便是对涉案信息进行了分割，在描述信息内容和叙述豁免理由时均笼统处理之。此种实践形态实际上可以视为对宣誓陈述书的回归，即将举证责任的要求再次降低至沃恩索引制度诞生之前的状态。

以维纳诉美国联邦调查局（以下简称维纳案）为例，该案中，联邦调查局所提交的索引仅笼统声称涉案信息属于豁免公开的范围，法院认定原告无法通过被告提交的索引获知涉案信息的相应内容和具体的豁免理由，诉讼的对抗性未能得到保障，法院亦无法根据被告提交的索引判断哪些信息应当公开，哪些信息不应当公开，故法院认定被告未能满足沃恩索引之下的举证要求。[3]

从目前的司法实践看，法院在许多案件中均能识别并拒绝采纳“格式化”沃恩索引，但通常被告会被给予第二次，甚至多次机会重新提交沃恩索引，直至其满足举证要求，此即下文将要讨论的第三种实践形态。此外，与“格式化”沃恩索引相关的另一问题亦值得关注，即信息自由诉讼争议焦点的转移。理论上，信息自由诉讼的核心争议在于涉案信息是否应当公开以及行政机关的豁免理由是否正当。而在涉及“格式化”沃恩索引的案件中，诉讼双方及法院的目光均聚焦于被告提交的索引是否足够明确具体、是否能够赋予原告进行有效反驳的机会。在此类案件中，原告不再主张“涉案信息不包含任何值得定密的内容”或“涉案信息未依法定密”，而是主张“被告提交的索引不够具体明确”。围绕“格式化”沃恩索引展开的问题具备重要的讨论价值，但是对该问题的过度聚焦可能会掩盖双方对信息自由诉讼本真问题的探讨。

---

〔1〕 See for example, Meredith Fuchs, “Judging Secrets: The Role Courts Should Play in Preventing Unnecessary Secrecy”, *Administrative Law Review*, 2006, Vol. 58, p. 172..

〔2〕 “Boilerplate” refers to “ready-made or all-purpose language that will fit in a variety of documents” or “fixed or standardized contractual language that the proposing party often views as relatively nonnegotiable”. See BOILERPLATE, Black's Law Dictionary (11th ed. 2019).

〔3〕 Wiener v. Federal Bureau of Investigation, 843 F. 2d 972, 978-979 (9th Cir. 1991).

(三)“重复性”沃恩索引

依据《美国信息自由法》的规定，若行政机关主张涉案信息适用第一豁免条款，则其应当证明涉案信息已事实上被定密，且定密符合相关行政命令中的规定，若行政机关未能满足举证要求，其应当承担败诉风险。[1]在上文提及的维纳案以及其他案件中，法院通常会给予行政机关多次机会修改或重新制作并重新提交沃恩索引，直至满足举证要求。[2]

在德拉华州地区法院审理的一起案件中，自法院要求被告重新提交更为详细的沃恩索引直至被告最终完成举证责任的要求，前后花费多达 4 年的时间。[3]给予被告额外的机会和延长的时间不可避免会对原告的权益产生影响，原告对涉案信息的需求可能会灭失，长期的拖延亦会导致原告更有可能放弃成本高昂的诉讼。[4]此外，在多起案件中，法院对于被告首次提交的沃恩索引中出现的实质性错误展现了较高的容忍程度，即便是在沃恩索引对涉案信息的描述与信息的真正内容存在明显偏差时，法院也允许行政机关进行修改或重新提交沃恩索引。[5]法院对此主张，由于信息的处理量巨大，不可能要求被告提交的沃恩索引“如艺术品般完美”，错误是在预期之内的。[6]

“重复性”沃恩索引所展现的是法院在程序层面上对行政机关的遵从。[7]通过给予被告多次举证机会并包容被告在举证中的实质错误，此类诉讼实际

---

〔1〕 5 U. S. C. § 552 (a) (4) (B).

〔2〕 See generally Wiener, 843 F. 2d. Patrick Ward noticed that in Mobil Oil Corp. v. Federal Trade Commission, it took four years for Defendant to eventually satisfy its burden of proof after repeated request to submit adequate sufficient facts to justify exemption ordered by the court. See also Patrick J. Ward, "The Vaughn Index-Enforcing Agency Compliance under the Freedom of Information Act: Coastal State Gas Corp. v. DOE", *New England Law Review*, 1980, Vol. 16, pp. 1021-1027.

〔3〕 Patrick J. Ward, "The Vaughn Index-Enforcing Agency Compliance under the Freedom of Information Act: Coastal State Gas Corp. v. DOE", *New England Law Review*, 1980, Vol. 16, pp. 1021-1027.

〔4〕 *Id.*, at 1026.

〔5〕 American Management Services. LLC. v. Department of the Army, 842 F. Supp. 2d 859, 870-871 (E. D. Va. 2012).

〔6〕 American Management Services. LLC. v. Department of the Army, 842 F. Supp. 2d 859, 870-871 (E. D. Va. 2012). See also Rein v. U. S. Patent & Trademark Office, 553 F. 3d 353, 370 (4th Cir. 2009).

〔7〕 Kwoka 教授将法院在诉讼程序层面上的遵从称为“未说出的遵从 (unspoken deference)”。"Unspoken deference" refers to "a set of procedural practices developed uniquely for FOIA cases which produce significant litigation advantages to the government and effectively result in deference to the government's position". See Margaret B. Kwoka, "Deferring to Secrecy", *Boston College Law Review*, 2013, Vol. 54, p. 221.

上给予了被告更多的优待，使得信息自由诉讼进一步向本就手握信息优势的一方倾斜。

五、沃恩索引对我国国家秘密不予公开案件司法审查的启示

（一）类似的困境

1. 我国国家秘密不予公开案件司法审查概况

本文对近5年来我国国家秘密不予公开案件予以考察，以“北大法宝—司法案例”数据库以及“无讼案例”数据库为检索对象，以“国家秘密”为标题关键词，以“行政诉讼”为诉讼类型，检索2015年5月1日至2019年12月31日的相关案件，共获得2114项检索结果。经逐一审阅后共获得最终有效检索结果305项。[1]在这305起案件中，原告胜诉共41件，胜诉率约为13.44%。案件分布如表1所示。

表1　案件检索结果年份分布

年份	2015	2016	2017	2018	2019	总计
初始检索结果	107	606	490	494	417	2114
有效检索结果	24	125	70	48	38	305

2. 司法实践中的“单方审查”

在国家秘密不予公开案件中，被告提交的证据通常可分为两类。

第一类是涉及政府信息公开行为本身的程序证据，本文称为“一般证据”，其不具有涉密性或特殊性，可能包括政府信息公开申请登记表、登记回执、政府信息公开告知书等。国家秘密不予公开案件对一般证据的处理与其他政府信息公开案件的审查方式并无不同，采用的仍是传统的质证规则，即由当事人对证据的证据能力与证明力予以主张和辩驳。

第二类是“涉密证据”。《最高人民法院关于行政诉讼证据若干问题的规定》第37条规定，涉及国家秘密的证据，不得在开庭时公开质证。[2]“涉密

〔1〕检索截至日期为2020年2月26日。

〔2〕《最高人民法院关于行政诉讼证据若干问题的规定》第37条规定：“涉及国家秘密、商业秘密和个人隐私或者法律规定的其他应当保密的证据，不得在开庭时公开质证。”

证据”的概念范畴并不明晰，缺乏法律法规和司法解释的规定，但其具备明确的特征，即此类证据涉及国家秘密。围绕此类证据存在一个重要的争议：涉案信息本身是否应当被作为涉密证据。2016 年，最高人民法院在高瑞华与天津市蓟县人民政府政府信息公开案（以下简称高瑞华案）中给予了明确的回答，其称由于此类诉讼的目的就是获取涉密的政府信息，若将涉案信息作为证据在审理中出示、宣读和质证，则可能会使诉讼丧失意义，故“政府信息并非作为证据存在”。[1]该观点存在商榷空间。考察政府信息公开诉讼特征可知，原告提起此类诉讼的目的是获取涉案信息，而行政机关是以涉案信息涉及国家秘密为由拒绝公开，诉讼的核心争议是“涉案信息是否属于国家秘密不予公开的豁免范围”。对该问题的判断依赖于对涉案信息性质的判断，即涉案信息是否属于国家秘密。缺失涉案信息本身作为证据，仅凭“外围证据”进行定性判断难免有“隔靴搔痒”之感，亦可能使得原告难以服判息诉。此外，从司法实践看，许多地方法院仍然将涉案信息本身作为证据。[2]如在石家庄隆源农嘉禾冷储有限公司与石家庄市藁城区自然资源和规划局政府信息公开案（以下简称石家庄隆源农嘉禾案）中，被告向一审法院提交了原告申请的《藁城市土地利用现状图》作为证据，法院将该涉案信息作为证据处理，对其依法进行了“勘验”，并制作了“询问（勘验）笔录”，载明涉案信息的密级标志和主要组成要素。[3]此外，涉密证据还可能包含涉案信息文件首页

---

〔1〕 高瑞华与天津市蓟县人民政府政府信息公开案，最高人民法院（2016）最高法行申 1352 号。该案中，高瑞华向天津市蓟县人民政府申请公开其房屋所属地块上建设项目向天津市人民政府提交的复垦责任书，被告以申请信息涉及国家秘密为由不予公开，最高人民法院再审认定“政府信息公开诉讼的目的就是获悉政府信息的内容，因此，政府信息并非作为证据存在，无论是公开审理还是不公开审理，均不得在法庭上出示、宣读以及质证。否则，本不应该公开的政府信息因出示、宣读、质证而事实上公开之后，诉讼也会变得毫无意义”。

〔2〕 顾锡明与上海市住房和城乡建设管理委员会，上海市人民政府政府信息公开及行政复议案，上海市第三中级人民法院（2016）沪 03 行终 292 号（被告提交了原告申请的“沪房地资公［2006］314 号文”）；冯勇军与绵阳市公安局、绵阳市人民政府政府信息公开及行政复议案，绵阳市中院，（2018）川 07 行终 90 号（被告提交了申请信息《公安工作国家秘密范围的规定》）；广州市蓝奥体育产业服务有限公司与广州市国土资源和规划委员会政府信息公开案，广州铁路运输中级法院（2018）粤 71 行终 1516 号（被告提交了原告申请的案涉项目选址意见书、建设工程规划许可证及建设用地规划许可证）；李水清与成都市公安局、四川省公安厅政府信息公开及行政复议案，成都市中级人民法院（2018）川 01 行终 282 号（被告提交了原告申请的“成公发［2015］112 号文件”）等。

〔3〕 石家庄隆源农嘉禾冷储有限公司与石家庄市藁城区自然资源和规划局政府信息公开案，石家庄市中级人民法院（2019）冀 01 行终 520 号。

（含定密标志）[1]、保密审查单[2]、国家秘密审批表[3]、定密责任人授权书[4]、情况说明或技术说明[5]等，这些证据所具备的涉密特性排除了公开质证程序的适用。

由于涉密证据不可公开质证，且对其审查方式司法解释并未明确规定，许多法院在实践中采取的是“庭后审查”或“径行审查”的方式。如李水清与成都市公安局、四川省公安厅政府信息公开及行政复议案中，原审法院采用了“庭后审查”的方式对成都市公安局提交的涉案信息本身进行了审查，认为涉案信息的文件首页明确标有“秘密”字样，故认定该文件已被确定为秘密级别，维持了成都市公安局不予公开涉案信息的行为。[6]在武金荣与天津市规划局政府信息公开案中，被告提交了天津市国家保密局出具的《复函》，用以证明天津市国家保密局同意被申请人将涉案信息定密，为了核实《复函》所指称的涉密文件与涉案信息的同一性，原审法院于庭后进行核实《复函》原件与涉案信息。[7]

---

〔1〕 王瑞兰与北京市审计局、中华人民共和国审计署政府信息公开及行政复议案，北京市第二中级人民法院（2019）京02行终373号；唐金康与北京市公安局东城分局政府信息公开案，北京市第二中级人民法院（2019）京02行终191号。

〔2〕 司秀清等人与内蒙古自治区人民政府政府信息公开案，内蒙古高级人民法院（2018）内行终565号；北京市誉都美心测控电器有限公司与北京市石景山区人民政府政府信息公开案，北京市高级人民法院（2017）京行终4193号。

〔3〕 武亚珍与北京市丰台区人民政府、北京市人民政府政府信息公开及行政复议案，北京市高级人民法院（2018）京行终3339号；仲衍华与山东省审计厅政府信息公开案，济南市中级人民法院（2017）鲁01行终281号；北京市誉都美心测控电器有限公司与北京市石景山区人民政府政府信息公开案，北京市高级人民法院（2017）京行终4193号。

〔4〕 武亚珍与北京市丰台区人民政府、北京市人民政府政府信息公开及行政复议案，北京市高级人民法院（2018）京行终3339号；北京市誉都美心测控电器有限公司与北京市石景山区人民政府政府信息公开案，北京市高级人民法院（2017）京行终4193号。

〔5〕 卢占云与中华人民共和国审计署政府信息公开及行政复议案，北京市高级人民法院（2019）京行终411号；朱玉珍与安徽省国土资源厅、安徽省人民政府政府信息公开及行政复议案，合肥市中级人民法院（2018）皖01行终415号；鄂秀云与沈阳市人民政府外事办公室政府信息公开案，沈阳市中院（2018）辽01行终1468号。

〔6〕 李水清与成都市公安局、四川省公安厅政府信息公开及行政复议案，成都市中级人民法院（2018）川01行终282号：“市公安局在原审答辩和庭审中均称李水清申请公开的成公发［2015］112号文属于秘密文件，不能公开，原审法庭在庭审后也进行了审查，该文件的首页左上部明确印有‘000031秘密’字样，表明该文件已经被定密为秘密级别，与市公安局辩称情形相符。”

〔7〕 武金荣与天津市规划局政府信息公开案，天津市高级人民法院（2016）津行申261号。同样适用“庭后审查”方式的案件还有宋保江与北京市公安局丰台分局政府信息公开案，北京市第二中

虽表述不同，但无论是“庭后审查”抑或是“径行审查”，或是石家庄隆源农嘉禾案中的“勘验”，其特征均是法院在原告不参与的情况下，对被告所提交证据的关联性、客观性和合法性进行审查和认证，均是一种“单方审查”。此种“单方审查”与《美国信息自由法》之下的秘密审查颇具相似之处。

表2　“单方审查”与“秘密审查”异同之比较

	单方审查	秘密审查
审查主体	法院	
审查对象	涉密证据（可能含涉案信息）	涉案信息
适用条件	被告提交涉密证据	法院拥有是否启动秘密审查的决定权〔1〕
审查内容	涉密证据的合法性、关联性与客观性→涉案信息是否已确定为国家秘密	涉案信息是否已定密+定密是否符合相关行政命令中的定密标准〔2〕→涉案信息是否应当适用第一豁免条款
程序性质	证据审查方式	特殊审理方式

两者均是对诉讼中出现的涉密材料进行审查，均是对缓和保密需要和诉讼公正这对矛盾所作出的努力，均力求在保障涉密信息安全的前提下对涉案信息性质进行判断。更为核心的是，两者均是在排除原告参与之下进行的审查，均未能解决国家秘密不予公开案件中的“信息不对称”与诉讼对抗性缺失的问题。

3. 信息不对称与诉讼对抗性的缺失

如上文所述，无论是我国司法实践中的“单方审查”抑或是《美国信息自由法》中规定的“秘密审查”，其范式是“被告举证——法院审查——原告等待”，此种模式完全排除了原告的参与，湮没了诉讼本身的对抗性。在国

(接上页) 级人民法院（2019）京02行终504号；沈美丽与农业部政府信息公开案，北京市高级人民法院（2017）京行终2072号；梅民才与泸县国土资源局政府信息公开案，泸州市中级人民法院（2017）川05行终30号等。

〔1〕 是否启动秘密审查属于法院的裁量范围。See Ray v. Turner, 587 F. 2d 1187, 1195 (D. C. Cir. 1978), “whether to conduct *in camera* inspection is within the discretion of courts”.

〔2〕 5 U. S. C. § 552 (b) (1).

家秘密不予公开案件中，原告的诉讼地位相当被动，处于天然的“信息劣势”，不仅缺少获知涉案信息的途径，在诉讼中更是无法得知被告提交的“外围”涉密证据，正如有学者所说的原告与证据处于“真空隔离”状态。[1]“无知”的原告无法针对被告的豁免主张进行有效的反驳，只能被动等待和接受法院对证据的审查结果，实际上被排除在了诉讼程序之外，也导致诉讼对抗性极大降低。此类诉讼的“信息不对称”特征在上述的涉密证据审查方式之下愈发强化，使得诉讼天平的两端实质上仅剩下被告，双方无法就案件争议焦点展开适当有效的辩论。由此可知，司法实践中，国家秘密不予公开案件不仅仅排除了涉密证据的公开质证，实际上是允许涉密证据完全免于质证，因为其剥夺了原告获取涉密证据相关信息的权利以及进行有效质疑与反驳的机会。

秘密审查制度生长于强调当事人对抗性的诉讼土壤之中，其所遭受的批评很大程度上与美国明显的当事人主义诉讼模式传统紧密相关。鉴于诉讼模式传统的区别，此种批评是否同样适用于我国的“单方审查”的实践？本文认为，无论是当事人主义诉讼模式抑或是职权主义模式的国家，原告所拥有的反驳对方当事人证据的权利均应得到尊重与保障。如我国行政诉讼程序对当事人辩论权的保障。[2]该权利行使愈充分，双方当事人对证据的质疑和辩驳愈彻底，法官获取的信息量愈大，诉讼过程和诉讼结果的公正性愈强。

（二）沃恩索引借鉴之思考

基于上文的分析，无论是我国的国家秘密不予公开案件抑或是美国国家安全信息豁免公开案件，均存在相通的难题，即如何在保障国家秘密安全性的基础上，缓和原告的信息劣势并促进诉讼的对抗性。沃恩索引制度之所以存在借鉴意义正是因为该制度所寻求解决的问题与上述难题相对应。通过提高被告的举证责任，要求其明确阐述涉案信息的相关背景内容和具体豁免理由，并实现内容与理由的一一对应，该制度基于原告与司法机关足够的反驳与审查基础。

值得注意的是，将沃恩索引制度引入我国存在一个根本性的障碍，即我

[1] 郑春燕：“政府信息公开与国家秘密保护”，载《中国法学》2014年第1期。

[2] 我国《行政诉讼法》第10条规定，“当事人在行政诉讼中有权进行辩论”。

国司法机关不具备审查行政机关定密决定适当性的权力，故要求行政机关阐述具体的豁免理由并不可行，也并无实际价值。

在《美国信息自由法》第一豁免条款之下，无论是通过宣誓陈述书、秘密审查抑或是沃恩索引，法院需要判断的问题是：涉案信息是否已经在事实上定密，以及定密行为是否符合行政命令中规定的标准。前者是从事实上对定密的事实状态进行的判断，后者是在实质上评估定密行为的正当性，包括定密是否符合程序以及定密是否符合实体性的“损害标准”。〔1〕相比可知，我国最高人民法院在高瑞华案、蔡迅诉中华人民共和国司法部案等案件中均明确表示定密适当性并不属于人民法院的审判职权范围。〔2〕以刘淑华诉中华人民共和国住房和城乡建设部案为例，该案中，原告请求法院对涉案信息定密合法性与适当性进行审查，最高人民法院认可行政机关在国家秘密定密问题上的专业知识和特别权力，并明确指出只要定密符合法定程序要求，法院应当对定密决定予以尊重。〔3〕

在国家秘密不予公开案件中，核心的争议问题是：涉案信息是否适用国家秘密豁免规定，该问题可进一步分解为三个子问题：其一，涉案信息是否已事实定密；其二，涉案信息定密是否符合程序要求；其三，涉案信息定密理由是否正当。根据上文分析可知，在 1974 年《美国信息自由法》修正之前，在以明克案为代表的案件中，司法机关限于对前两个问题的审查，而在 1974 年修正案推翻明克案后，司法审查在理论上拓展至第三个子问题。我国目前对此类案件的司法审查与美国在 1974 年修正案出台之前的司法审查较为类似。

---

〔1〕 See 5 U. S. C. § 552 (b) (1).

〔2〕 高瑞华与天津市蓟县人民政府政府信息公开案，最高人民法院（2016）最高法行申 1352 号；蔡迅与中华人民共和国司法部政府信息公开案，最高人民法院（2018）最高法行申 11129 号。高瑞华案中，最高人民法院称“国家秘密确定权和国家秘密争议的裁决权具有专属性，再审申请人对涉案政府信息是否属于国家秘密持有异议，亦不属于行政审判职权范围”。同样明确主张法院不具备审查定密决定的还可参见郑洪与上海市住房和城乡建设管理委员会、住房和城乡建设部政府信息公开及行政复议案，上海市第一中级人民法院（2019）沪 01 行申 51 号。

〔3〕 刘淑华与中华人民共和国住房和城乡建设部政府信息公开案，最高人民法院（2017）最高法行申 4100 号。该案中，最高人民法院称“我国行政诉讼法虽然确立的是对被诉行政行为的全面审查原则，但对于被诉行政行为据以作出的事实判断，行政机关基于专业知识和专属业务的天然优势而具有判断权和裁量权，只要是行政机关通过正式程序确立的国家秘密，人民法院应当予以尊重”。

因此，即便是引入沃恩索引制度，该制度所发挥的作用也将受制于我国国家秘密不予公开案件独特的司法审查状况，其价值将主要体现于对第二个子问题的审查上，即要求行政机关向法院及原告提供更为明确、详尽的定密程序描述，如定密时间、定密主体、密级、保密期限等内容。

结　论

沃恩索引制度作为美国信息自由诉讼的重要程序工具，其主要机制在于强化行政机关的举证责任，要求其对涉案信息和豁免理由进行具体描述，为原告进行有效反驳提供基础，从而还原诉讼的对抗性和增强司法审查的有效性。

基于我国国家秘密不予公开案件的特殊性，我国可借鉴的是沃恩索引的核心作用机制，可为完善我国国家秘密豁免公开案件的司法审查提供较为和缓的变革思路，避免触及司法权与行政权边界问题的探讨。通过进一步强化行政机关的举证责任，要求其对于涉案信息的定密状态和定密程序作出更为详尽的说明与描述，为原告从定密程序层面进行有效反驳提供基础，并促进对定密事实和定密程序更为有效的司法审查。

政府信息公开中个人隐私的界定与保护

石聪正*

【摘　要】政府信息公开本身存在着保障公民知情权的公共利益和保护个人隐私权的个人权利的张力。2019年新冠肺炎疫情中包含大量个人隐私的疫情信息被公布，给相关权利人的合法权益造成了重大的损害，这暴露出《政府信息公开条例》并没有很好地调和两者之间的关系，忽视了对个人隐私的保护，存在着个人隐私界定不清、主动公开欠缺保护机制、现有保护规定粗糙等问题。大数据时代下，个人隐私的关注点应从传统概念的“空间”转向包含更广阔的以“识别”为核心的信息隐私，将信息隐私纳入个人隐私的保护范围，从而更好地适应时代发展的需要。同时应以本次疫情为借鉴，利用比例原则、正当程序原则在《政府信息公开条例》中建立起以权利人同意为前提的公开原则，对豁免与豁免的消灭加以实体和程序上的限制，进一步完善救济程序。

【关键词】政府信息公开　个人隐私　信息隐私　制度构建

导　语

政府信息公开的信息是指行政机关制作或者获取的，能够以一定形式记录、保存的所有信息，这其中当然包括个人隐私。[1]随着大数据时代的到来，

* 石聪正，中国政法大学2019级法律（法学）硕士。

[1]《政府信息公开条例》第2条规定：“本条例所称政府信息，是指行政机关在履行行政管理职能过程中制作或者获取的，以一定形式记录、保存的信息。”

个人信息的收集、获取越来越方便，而风险社会的需要，又使得信息公开的及时性、有效性成了政府工作的重中之重。这无形之中更加剧了信息公开和隐私保护之间的张力。

在本次新冠肺炎疫情暴露出的众多问题之中，信息披露与隐私保护的困境尤为凸显。许多行政机关播报疫情信息时，会选择公布确诊病例的性别、年龄、活动轨迹、活动范围等，虽然在很大程度上缓解了普通公众的无端恐慌。但伴随疫情信息，尤其是患者信息被日渐详尽地披露，基于对病毒的恐慌而引发的非理性“恐鄂”，已经使很多个体饱受污名化对待和无差别歧视，甚至直接受到了语言、肢体等攻击。[1]当然，在大数据广泛应用、个人信息泄露日益严重的今天，如何定义个人隐私也成为新的挑战。我们须需进一步明晰政府信息公开中个人隐私的边界，从而设计出更加完善、科学的公开和保护机制。

一、政府信息公开中个人隐私公开存在的问题

《中华人民共和国政府信息公开条例》（以下简称《政府信息公开条例》）实施以来，在信息公开过程中侵犯个人隐私的案例层出不穷，行政机关更是为了自身行政的需要而任意适用相关条款。学界因此对信息公开中个人隐私保护的问题提出了许多质疑和批评，有论者认为《政府信息公开条例》中关于个人隐私的规定成为行政机关滥用权力拒绝公开的借口，[2]也有的论者认为知情权与隐私权的紧张关系仍然未能有效缓解。[3]虽然2019年修订的《政府信息公开条例》增加了以“不得对第三人合法权益造成损害”作为限制公开的标准，力图解决固有问题，但是本文认为还是存在明显不足的。

（一）信息公开中“个人隐私”的界定不清

2019年修订的《政府信息公开条例》第15条规定了行政机关对个人隐私

---

〔1〕 赵宏：“数据抗疫中患者的信息披露与隐私保护”，载中国宪治网，http://calaw.cn/article/default.asp? id=13552，最后访问时间：2020年3月6日。

〔2〕 叶必丰：“具体行政行为框架下的政府信息公开——基于已有争议的观察”，载《中国法学》2009年第5期。

〔3〕 章剑生：“知情权及其保障——以《政府信息公开条例》为例”，载《中国法学》2008年第4期。

公开的范围,[1]根据该条规定,实践中判断是否属于应当公开的个人隐私,首先需要识别信息是否属于“个人隐私”。虽然我国承认对“隐私权”的保护,[2]但是其实际内涵和外延仍然十分模糊,并没有明确的法律条文加以规定。“个人信息”概念的出现,又加剧了识别困难,立法似乎想要将两者进行区分,[3]行政、司法实践中却又很难做到。这就使得需要公开的信息可能会因属于个人隐私而豁免,而有些属于个人隐私的信息却又不当地被认定为一般信息而公开,给第三人合法权益造成了损害。

(二) 主动公开欠缺对个人隐私的保护机制

《政府信息公开条例》目前只在依申请公开中规定了涉及个人隐私信息如何处理的措施,提出了相应的保护机制,但是在政府主动公开中并未规定任何相关条款。同时,政府信息公开又将“公开为常态,不公开为例外”作为原则,这在一定程度上加重了行政机关对个人隐私保护的漠视。这一问题更是在本次疫情中扩大化,行政机关不加考虑地公布确诊患者的个人信息,没有考量其是否属于患者的隐私,以及是否对第三人合法权益真正造成了损害,从而暴露出了主动公开个人隐私保护机制的欠缺。

(三)《政府信息公开条例》现有规范对个人隐私的保护过于粗糙

即使《政府信息公开条例》在第 15 条、第 32 条规定了对第三人个人隐私公开的保护,但是目前来看其实质判定、程序设计都太过粗糙,并不能实际有效地保护公民个人隐私不被公权力侵犯。

首先实质判定上。《政府信息公开条例》中将“第三人合法权益”“公共利益”作为个人隐私公开豁免和豁免无效的实质判断标准,即在以个人隐私作为公开例外事项之后,又以公共利益作为决定性因素,两者共同厘清信息公

---

[1] 《政府信息公开条例》第 15 条规定:“涉及商业秘密、个人隐私等公开会对第三方合法权益造成损害的政府信息,行政机关不得公开。但是,第三方同意公开或者行政机关认为不公开会对公共利益造成重大影响的,予以公开。”

[2] 《民法典》总则编民事权利第 110 条,以及人格权编第 990 条都规定了自然人享有“隐私权”。

[3] 《民法典》第 111 条明确规定“自然人的个人信息受法律保护”,与第 110 条的“隐私权”从法律条文上作出了明确的权利概念区分,应属两种不同的权利分别受到相应保护。同时第四编第六章中新增设隐私权和个人信息保护专章,第 1032 条和第 1034 条也尝试着将隐私权与个人信息作出了不同的定义。

开的范围。[1]故对“合法权益”“公共利益”的理解成为豁免与否的关键。然而，对这两者概念的理解是具有相对性的，[2]无法精准地确定，最多只能借助于实践中出现的案例来具体分析，从而根据案例的集合形成某种稳定的判断模式。这就导致了同一条文中“个人隐私”“第三人合法权益”“公共利益”均出现了概念的不稳定，行政机关权力滥用、擅用的空间增大。

其次程序设计上。一是程序中立性不足，判断是否豁免以及豁免是否无效，均由行政机关自己决定，同时判断理由与作出是否公开决定的机关又是同一的。这实际容易导致这样一种情况，即只要行政机关认定属于可以公开的范围，无论第三人理由如何，最后均不妨碍决定公开，反之亦然。二是程序参与性不足，在个人隐私公开中，对“损害第三人合法权益”以及“公共利益造成重大影响”的审查判断均以书面形式完成，没有当事人参与程序的任何余地。三是程序公开性不足，对第三人公开，告知只在依申请公开中有征求意见的规定，且仅规定 15 日异议时间，第三方未回应则可直接由行政机关决定是否公开，实际很难确保当事人真正知悉，但信息公开的不可逆性往往使第三人合法权益无意中受到损害。如武汉返乡人员信息的泄露，使很多无辜的返乡人员莫名收到陌生人的谩骂、电话信息骚扰等。这些归根结底，都是制度的漏洞以及行政机关对个人隐私保护的漠视造成的。

二、从“空间”到“信息”个人隐私范围的再界定

隐私权的发展其实经历了一个逐渐形成到完善的过程，并且仍然随着社会经济的变化而不断变化。隐私权最早由美国学者沃伦和布兰代斯于 1890 年在《论隐私权》（The Right to Privacy）一文中提出，将其定义为一种“免受外界干扰的、独处的”权利，从而日益引起学界、司法实务界的广泛关注。[3]经过多年的发展，人们虽然对隐私的概念达成了一些基本共识，但是“隐私权是一个发展的概念，是否还有其他利益的侵害可以归入隐私权这一属概念，是

〔1〕 王敬波：“政府信息公开中的公共利益衡量”，载《中国社会科学》2014 年第 9 期。

〔2〕 如公共利益的观念随着国家结构与人们对国家行为合法性理解的变化而变化，国家个人关系的变化也会使人们对公共利益概念的理解产生变化。参见［英］迈克·费恩塔克：《规制中的公共利益》，戴昕译，中国人民大学出版社 2014 年版，第 17 页。

〔3〕 王利明：“隐私权概念的再界定”，载《法学家》2012 年第 1 期。

以后要考虑的问题”,[1]故对隐私权涵义的争议是一直存在的。如今，随着大数据和网络信息时代的到来，明显地出现了一些新的信息形式，如活动轨迹、电子通信联系方式等，这些信息如何定位、是否属于隐私权又成为十分棘手但又不得不面对的问题。本文认为应适时地扩大传统隐私权的范围，将以识别为核心的“信息隐私”引入，重新界定个人隐私的范围，方能适应时代发展的需要，从而更好地解决个人隐私保护的问题。

（一）传统隐私权概念的局限与发展

沃伦和布兰代斯提出隐私权时，美国的自由主义政策正盛，政府对社会管理的参与较少，对隐私的侵犯主要来自私主体对私人生活的非法搜集、刺探和公开，故传统隐私权保护法主要考虑的是隐私权人与其他人（义务主体）在隐私保护与言论表达自由、知情权实现等方面的利益衡量，国家尚未以独立的利益主体身份登场。[2]同时，传统隐私法更多强调的是“隐”与“私”，即强调个人的隐匿空间不被人侵入从而保证私人生活的安宁与自由，以空间作为保护自身隐私的边界。然而智能终端和数字技术击破了传统隐私权中“隐”存在的物理界限，技术实现了对个人生活的全方位监控，空间防护和物理遮蔽已无法实现对个人隐私的全然保护。[3]现在可以轻而易举地利用大数据勾勒出个人的“人物画像”，通过识别监控系统了解你的一举一动，即使不侵入个人的空间，你的一切痕迹也已在互联网暴露无遗。传统隐私权已然无法适应万物互联的信息时代，无法对抗“硬技术”对“私主体”的入侵。

在此局限下，许多学者开始考虑重新界定个人隐私的范围，将“具有消极、静态、阻碍他人获取与个人有关的信息等待性”的传统隐私权，扩展到“具有支配权和主动权”特点的积极、动态的现代隐私权。[4]因此，现代隐私权就不得不去处理信息技术发展带来的个人隐私主动暴露的问题，以保护权利人仍然能对自己的隐私享有支配性和主动性。这面对的第一个、也是最主要的问题就是如何处理数量庞杂、种类繁多的个人信息与个人隐私的关系。

---

[1] [美] 理查德·A. 波斯纳:《论隐私权》，常鹏翱译，载梁慧星主编:《民商法论丛》第21卷，2001年第4号，金桥文化出版（香港）有限公司2001年版，第345页。

[2] 张新宝:“从隐私到个人信息：利益再衡量的理论与制度安排”，载《中国法学》2015年第3期。

[3] 蔡星月:“个人隐私信息公开豁免的双重界限”，载《行政法学研究》2019年第3期。

[4] 吕艳滨:《信息法治——政府治理新视角》，社会科学文献出版社2009年版，第211页。

就整体而言，个人信息这一概念远远超出了隐私权的范畴。从 20 世纪 70 年代开始世界各国开始建构本国的个人信息保护法制，以解决现代隐私权概念下个人信息保护的难题，其中有两种权力基础最具代表性：一是以美国为代表的信息隐私权，二是以德国为代表的信息自决权。[1]美国以信息隐私权为出发点进行立法，是从实用主义出发的，并未对个人信息和隐私权作严格界分，而以德国为代表的大陆法系由于在法律上未能解决好个人信息权与隐私权之间的严格界分问题，这就使得对个人信息和个人隐私的保护难以周全。[2]所以，本文认为，一是法律上真正严格界分个人信息和隐私十分困难，二是在我国目前也暂无单独个人信息权相关立法的情况下，将“信息隐私”引入我国法律实践是十分必要和可行的，通过巧妙规避个人隐私和信息概念的界定，以解决我国目前关于个人隐私保护的实际问题。

（二）以识别为核心的“信息隐私”

信息隐私的确立最开始是为了扩大传统隐私概念以适应信息时代的需要，从而防止行政机关随意收集、滥用个人信息，侵犯隐私。确定信息隐私的最佳方案则是将以“识别”为核心要素的个人信息纳入隐私保护的范围。

1. “信息隐私”产生之源流

信息隐私的概念肇始于美国，系美国法上“information privacy”的翻译，美国侵权行为法上并无侵害信息隐私的侵权行为，信息隐私主要出现在公领域，属于宪法保护的范围。[3]20 世纪 60 年代以来，由于计算机的普及使用，美国发展到信息社会，政府和民间机构开始广泛运用计算机收集个人资料，这些信息也成为政府决策和商业机构运营的重要依据和保证。于是美国提出了建立“国家资料中心”的设想，拟将以计算机储存、处理由联邦政府各个机关所收集的全部个人信息，促使传统社会向透明化社会过渡。[4]但是公众注意到透明化虽然带来了政府管理的便捷，也造成了对个人权利特别是个人隐私的侵害，最终这一计划遭到了公众普遍的反对而流产。不过，这一事件

---

〔1〕 张娟：“个人信息的公法保护研究”，中国政法大学 2011 年博士学位论文，第 18 页。

〔2〕 王利明：“论个人信息权的法律保护——以个人信息权与隐私权的界分为中心”，载《现代法学》2013 年第 35 卷第 4 期。

〔3〕 王泽鉴：“人格权的具体化及其保护范围·隐私权篇（中）”，载《比较法研究》2009 年第 1 期。

〔4〕 参见齐爱民：“美国信息隐私立法透析”，载《时代法学》2005 年第 2 期。

也引起了美国人对政府任意收集个人信息从而侵犯公民隐私的警觉。在此基础上，1974 年美国制定隐私权保护法时，就立法背景作了以下说明：个人的隐私权直接受到联邦政府收集、使用、保有个人信息的影响；电脑和其他先进的信息贮藏和检索手段的使用，大为扩张了侵犯个人隐私的可能性，滥用这样的信息系统可能影响个人生活的各个方面；个人隐私权受到美国宪法的保护；为了保护这个权利，制定法律控制联邦行政机关所保持的个人记录系统是必要的。[1]信息隐私权的概念由此在公法领域被确定下来，成为保护个人隐私不被公权力机关侵犯的重要权利基础。

不过需要注意的是，美国虽然采用了信息隐私的概念，但是美国法上关于隐私权的概念是开放性的，即采取的是大隐私权的概念，不仅包括名誉权、肖像权等具体人格权，还承担了一般人格权的功能，故在隐私中基本包含个人信息是逻辑上的必然。[2]换言之，并不需要对个人信息加以特别区分。这在随后也暴露出了弊端，即当时美国电子商务和以收集和分析个人信息为主的软件行业不断建立，对个人信息的过于保护反而也影响了这些行业本身的发展，同时也不利于政府的一般行政管理。所以，本文认为需要对可以作为信息隐私的个人信息加以限定，从而保持两者之间的平衡。

2. “信息隐私”的核心要素——识别

根据上文所述已经明确，并不是所有的个人信息均可归入信息隐私之中。若将所有个人信息均归类为可保护的隐私范围，则无论是行政机关还是普通私主体，其一般情况下的信息利用都将举步维艰，同样有违信息时代下社会发展的需求。我们需要进一步界定何种个人信息可归为信息隐私。

定义信息隐私的核心要素应是“识别”。我们必须接受科技进步使得我们无法总是用固有的法律概念和判断标准去恰当地解释一个新的事物，这时我们可以同样借助科技的概念和力量来重新建构对应的法律规范。“识别”是信息技术领域的一个常用术语，即通过代码来完成对某一标的信息的发现和标记，其运作逻辑是寻找既有信息与特定标的之间的确定联系并进行标识。我

〔1〕 齐爱民：“美国信息隐私立法透析”，载《时代法学》2005 年第 2 期。转引自国家保密局法规处：《美国保密法律制度》，金城出版社 2000 年版，第 74 页。

〔2〕 参见王利明：“论个人信息权的法律保护——以个人信息权与隐私权的界分为中心”，载《现代法学》2013 年第 35 卷第 4 期。

们若将该术语转换到法律语境，其运作逻辑并无二异，即为揭示出既有信息与特定个人之间的确定联系，以文字、符号或特定标示为依据，将此人与他人区别并标示出来，信息得以“特定个体的专属信息”的形式呈现。〔1〕质言之，“识别”不再关注具体的信息，而是关注特定的“标的”，即在个人隐私中体现的特定“个体”。此时，信息隐私可能不再只是传统意义上单一的某条信息，而是多种信息的集合，若该条信息或信息集合可以有效地将个体从群体中分辨出来，即“识别”出来，则可归入信息隐私之中。

具体到政府信息公开的实践中，如何确定案例中公开的信息是否属于信息隐私，有学者提出了“个人敏感信息”概念来加以判断。所谓个人敏感信息，指一旦遭到泄露或修改，会对标识的个人信息主体造成不良影响的个人信息，〔2〕究其本质其实也是以“识别”作为敏感信息的核心要素，强调信息对个人主体的标识。故与上文提到的判断标准实属一致。在此基础上，分析个人敏感信息具体类型应当包括“健康信息、身份证号码、金融信息、通信信息、生物特征信息、精确地理位置”等九类。〔3〕本文认为，对其类型的具体区分虽然对实践操作有所裨益，但是若以识别为判断标准，即使不考虑未来科技进步所带来的个人信息类型的新变化，这九类是否囊括了全部信息隐私仍然有待斟酌；并且出于对实际情况的复杂性考量，单种类型的信息可能并不具有识别的可能，反而需要上述多种信息的组合才可标识出个人信息主体，对其产生不良影响。所以，实践中若想通过列举来界定信息隐私的范围，本文认为是不可能的，仍然需要以核心要素来对每个个案加以分析，从而判断是否属于信息隐私。

（三）我国利用“信息隐私”重新界定个人隐私的依据

我国利用以“识别”为核心的信息隐私重新界定个人隐私，不仅具有理论上的基础，还符合实际的需要，《政府信息公开条例》本身也有其应用的空间，可以说有着充足的适法性。

1. 理论基础

首先，以识别为核心的“信息隐私”具有科学上的理论基础。以识别作

---

〔1〕 蔡星月：“个人隐私信息公开豁免的双重界限”，载《行政法学研究》2019年第3期。

〔2〕 孔繁华：“政府信息公开中的个人隐私保护”，载《行政法学研究》2020年第1期。

〔3〕 参见胡文涛：“我国个人敏感信息界定之构想”，载《中国法学》2018年第5期。

为信息隐私的判断标准根本上遵循了信息技术的逻辑思路，通过选择、对比、分析、标识的路径实际降低了“隐私”概念的模糊性，赋予了法律概念一种科学上的确定性和客观性，有利于解决概念不稳定的问题。其次，“信息隐私”具有法律上的理论基础。科学上的确定性与客观性不仅解决了概念的模糊问题，也较好地满足了法律规范所要求的“一般性、清晰性与不矛盾性”〔1〕。其法律逻辑使得一般正常人均可依据确定的信息内容判断出该信息能否识别出特定个体，从而保证了规范适用的一般性、清晰性、不矛盾性，“同案不同判”“前后矛盾”的情况可以大大减少。最后，“信息隐私”可以实现科技与法律的良性循环。利用科技思路解决法律面临的科技问题是未来法律发展的一大趋势，同时法律的优化必然会推动科技更好地服务人类，而不是使其成为侵害个人的合法权益的工具。未来随着算法技术的不断优化，信息控制者一旦认识到在法律上区分隐私信息与非隐私信息的重要标准，便可以充分利用区块链、人工智能等技术开发识别与反识别系统，可以自动筛选政府信息公开的条目与内容，从而实现科技与法律的良性循环。

2. 实际需要

从实践看来，我国法律整体对隐私权的概念界定不清，并且还处于一种老旧的传统隐私权的范畴之中。与美国 20 世纪 60 年代开始步入信息时代相比，我国信息化进程起步较晚，家庭计算机的普及与应用也是到了 21 世纪才开始，所以最初立法条文对隐私权的理解明显仍然停留在“空间”的层面，忽视了信息时代信息技术的影响，更不用说能预想到如今大数据的广泛应用。

另外，相比于国外隐私权的专门立法，如 1970 年《美国公平信用报告法》、1974 年《美国隐私权法》、1978 年《美国金融隐私权法》、1995 年《欧盟关于涉及个人数据处理的个人保护指令》以及各成员国自 20 世纪 70 年代以来自己制定的个人信息保护法，〔2〕我国一是没有专门的立法规定，只是相

〔1〕 富勒提出了造法事业的八条失败之路，并指出了与之相对应的一套规则系统，即八种法律上的卓越品质，如今将这八条品质称为富勒的八项法治原则，具体为“一般性、颁布、不得溯及既往、清晰性、不矛盾性、不得要求不可能之事、连续性、官方行动与公布规则的一致性”。参见［美］富勒：《法律的道德性》，郑戈译，商务印书馆 2005 年版，第 55~107 页。

〔2〕 参见姚朝兵：“个人信用信息隐私保护的制度构建——欧盟及美国立法对我国的启示”，载《情报理论与实践》2013 年第 3 期。

关条文有所提及；二是领域与层次太过单一和狭窄，即目前只在民法、刑法中对隐私权或个人信息有所保护，所保护的也只是私主体之间对个人隐私的侵犯，并没有在公权力领域对行政机关侵害隐私权的行为有专门的规制，更不用说针对具体行业、具体领域隐私问题的专门立法。

然而，我国目前信息化进程如此之快，科技突飞猛进，在大数据、云计算等领域甚至已经居于世界前列，而立法滞后与现实紧迫问题的张力更催生了我国法律须及时作出改变的实际需要。

3. 自身适法性

"信息隐私"概念虽然没有在我国法律中明文出现，但是我们可以从法律中找到为其预留的存在空间，从《政府信息公开条例》的规定中我们可以推知"信息隐私"在政府信息公开中是完全自洽的。

其一，《政府信息公开条例》第 2 条规定要求公开的是"信息"，其本身的内涵和外延应该更广泛，但是第 15 条豁免时却一直使用"个人隐私"的表述，"个人隐私"这一概念范畴与"信息"相比明显过窄，因此保护范围本身是不周延的。以识别为核心的"信息隐私"是个人信息的一类，与《政府信息公开条例》中要求公开的"信息"在概念上具有一致性，故将其纳入"个人隐私"之中并不与《政府信息公开条例》概念相冲突，并且只有将"信息隐私"纳入个人隐私之中来解释才能使保护范围变得完整。

其二，2019 年修改《政府信息公开条例》时，将之前立法中种类豁免——完全个人隐私，变成了损害豁免——个人隐私中存在不损害第三方合法权益的，实际上是一种考量了信息隐私的体现。由此我们可以推知，信息隐私的出现使得单纯种类豁免不再适用，若是传统的个人隐私概念，无论对于何种隐私的侵犯都势必会造成第三方合法权益的损害。但是，正因为考量了信息隐私，使得并不是全部信息都可被认为是会造成第三方合法权益损害的情况，只有信息构成信息隐私的情况才会对第三方合法权益造成侵害。如针对新冠肺炎疫情公布确诊病例的活动范围、活动轨迹、年龄、性别等，属于信息隐私，但是不会造成对第三方合法权益的损害，属于可以公布的个人隐私，但是有的还公布了电话、身份证信息、联系方式、家庭具体住址，则造成了损害属于需要豁免的范围。

三、政府信息公开中个人隐私保护制度的建构

至此，我们完成了个人隐私的重新界定，将以识别为核心的“信息隐私”也纳入了隐私保护的范围，从而扩大了传统隐私权的内涵，以适应时代发展的需要。然而这只能说完成了一半的任务，我们知道了保护的是什么，还要解决怎样保护的问题。《政府信息公开条例》虽然是一部以鼓励政府信息公开为原则的法律，但是也要注意到其根本的立法目的就是防止行政机关因信息不公开、不透明而任意妄为、滥用权力，那么一旦涉及公民个人隐私问题，我们也应注意公权力的肆意侵入，防止其公开泛滥而损害公民合法权益。

（一）建构的理论依据：行政法的基本原则

行政法的基本原则是行政法的灵魂，是指导和规范行政法的立法、执法以及指导、规范行政行为的实施和行政争议的处理的基础性规范，它贯穿于行政法具体规范之中，同时又高于行政法具体规范，体现行政法的基本价值理念。〔1〕任何行政规范的建构都离不开行政法基本原则，所以改进《政府信息公开条例》中个人隐私保护制度的理论基础也必然来自基本原则。我国将行政法基本原则区分为实体性基本原则和程序性基本原则两种，本文认为个人隐私保护制度的建构所需依据的主要是实体性基本原则中的比例原则，以及程序性基本原则中的正当程序原则。

1. 比例原则

政府信息公开在个人隐私问题上本身包含一组利益衡量，即以公众知情权为核心的公共利益与以特定主体隐私权为核心的个人权利之间的二元平衡。比例原则的应用则是在这一逻辑张力之间找到平衡点，其基本路径是：首先要求所采取的手段要能够达到所追求的目的（妥当性）；其次保证所采取的手段在诸种可供选择的手段中是最温和的（必要性）；最后还要对手段行为的实际利益与人民付出的相应损害进行利益衡量，满足属于人民能够合理忍受的程度（法益相称性）。〔2〕

考量公开属个人隐私的信息是否损害“第三人合法权益”或不公开对

〔1〕参见姜明安：“行政法基本原则新探”，载《湖南社会科学》2005年第2期。

〔2〕参见余凌云：“论行政法上的比例原则”，载《法学家》2002年第2期。

“公共利益有重大影响”时，亦应遵循上述思考路径。以新冠肺炎疫情后期政府信息公开为例，政府大量减少了个人具体信息的公开，多采取通报人数信息等模糊信息的方式对公众起到警示作用，即使出现可能造成重大传染风险的个人，不得不针对该特定个体公开通报时，也只公开其活动路径，并不将其当前具体居住地址加以公布。这些举措显然是在遵循比例原则下所采取的最优措施，既能满足公众知情权的需要，最大程度降低预防传染的难度和风险，又考虑了特定个体的合法权益，不对其生活安宁造成更大困扰。

2. 正当程序原则

《政府信息公开条例》关于个人隐私条款中诸多概念存在不确定性，如“第三人合法权益”“公共利益”等，这在前文已有论述，那如何确保该条款适用的正确与正当也是我们重新建构时面临的棘手问题。程序本位主义认为程序并不只是实现某种实体目的的手段或工具，其本身也有自己独立的内在价值，“程序价值”使得对某一规范正当结果的独立标准不再重要，只要存在有关形成结果的过程或者程序正当性和合理性的独立标准即可，我们恰当遵守和实际执行这一正当程序，那由它产生的结果就应被视为是正确和正当的。〔1〕正当程序原则可以有效避免《政府信息公开条例》中模糊概念的独立价值判断，通过程序的适当与完善来保证结果的正确和正当，而这也是我们目前《政府信息公开条例》中所欠缺的。

现代法律程序所要实现的最低限度的程序正义要求至少应当包括三项，即程序中立性、程序参与性和程序公开性。程序中立性要求决定程序法律结果的法律主体应当处于中立地位，不得偏私；程序参与性是指权益可能受法律结果直接影响的法律主体应当有充分的机会有意义地参与法律程序的过程，对法律结果有能发挥影响的可能；程序公开性即要求法律程序的每一步骤和阶段都应以当事人和公众看得见的方式进行。〔2〕我们若要依从正当程序原则的要求，则须通过程序的中立性、参与性、公开性来重新审视如何设置政府信息公开中的个人隐私条款。

---

〔1〕 参见周佑勇：“行政法的正当程序原则”，载《中国社会科学》2004 第 4 期。

〔2〕 参见周佑勇：“行政法的正当程序原则”，载《中国社会科学》2004 第 4 期。

(二) 基本原则上的具体制度建构

“制度是一些人为设计的、形塑人们互动关系的规则体系。”[1]规则体系只有经过理论基础的验证和不断检视，才能引导其下所有人员的意识和行为朝良性的方向发展。根据上述行政法基本原则的检视，本文认为应对《政府信息公开条例》作如下改进。

1. 公开应以权利人同意为前提

无论是行政机关的主动公开，还是其他个体的依申请公开，凡是涉及个人隐私内容的信息均应以告知权利人并履行征求同意的程序之后才可继续进行。质言之，行政机关不得不经过权利人的参与而直接以“公开不损害其合法权益”或“不公开将损害公共利益”等理由主动公开。这既是程序参与性的需要，又是程序公开性的要求。

由于《政府信息公开条例》规定的个人隐私公开范围只排除了“对第三方合法权益造成损害的”，故若无损害则无论是依申请还是主动公开均可绕过权利人，由行政机关自主决定。这一现行规定易造成权利人处于无知、无辜的状态，此时，权利人可能遭受权利侵害，而且不能给权利人采取措施以减轻损害的机会，实际上这也不符合比例原则中最小损害的要求。本次来自武汉的返乡人员信息泄露即是最明显的例子，许多返乡人员在回乡途中就无辜地遭受了电话、微信骚扰、辱骂等。

前车之鉴，后事之师。行政机关在公开与个人隐私有关的信息时，应以权利人的知情同意为前提，只有在权利人不同意之时才可行使自身判断是否存在豁免与豁免消灭的权力。具体到“同意”的方式，则可兼采“明示”与“默示”两种情况。“明示”同意即行政机关欲将持有的信息公开，则须先通知征求权利人意见，权利人此时明确表示同意；而“默示”则比较特殊，应允许行政机关在收集信息过程中明确告知相对人该信息属于将公开的政府信息，对此权利人没有明确表示反对，即视为同意。默示同意主要针对的是信息量较大的情况，若公开时再一一征得同意，成本过高故不宜采取。

---

〔1〕［美］道格拉斯·C. 诺斯：《制度、制度变迁与经济绩效》，杭行译，格致出版社、上海三联书店、上海人民出版社 2008 年版，第 3 页。

2. 豁免及豁免的消灭——实体与程序的限制

（1）实体的限制。

一是判断的主体要限制，即不能令判断豁免与否的行政机关与最终决定公开的行政机关一致，不能令判断豁免与否的机关与判断豁免消灭的机关一致。这两种情况的一致均会导致个人隐私豁免条款的搁置甚至消亡，同时也是对程序中立性的严重违背。《政府信息公开条例》并没有规定具体由哪一部门负责审查豁免及豁免消灭的理由，统称为“行政机关”自己决定。本文认为从行政机关内部考虑，可以将这一权力移交给行政机关内的法制部门，尤其首先判断是否满足豁免的条件，若不满足豁免条件，则由最终决定公开的部门直接公开，若满足豁免条件，则再由决定公开的部门审查是否不公开会对公共利益造成重大影响，以此将上述两种情况的主体相区分。此外，还应适当考虑引入外部上级机关或主管机关的监督，可以将重大疑难问题的隐私豁免及豁免消灭的判断权交由上级机关或主管机关行使。

二是判断的内容要限制，判断是否“损害第三人合法权益”以及是否“对公共利益造成重大影响”要符合比例原则，即使最终决定要公开，也要尽量减少对权利人合法权益的影响，采取最温和的方式，对于与公开所维护的公共利益无关紧要的信息则应不予公开。本次疫情若是以预防传染病传播的公共利益作为公开个人隐私的理由，则应避免公开确诊患者的姓名、相貌、联系方式、家庭住址、年龄、性别等信息，应强调的是其活动范围和活动路径，其余信息则是与公共利益无关紧要的信息。

（2）程序的限制。

一是对豁免以及豁免的消灭均应书面告知相关人，书面告知内容应包括公开的信息内容、公开或不予公开的理由和依据以及最重要的公开的时限。对于公开时限的告知是《政府信息公开条例》当前缺少的，目前只在依申请公开中规定了决定予以公开的，将公开的政府信息内容和理由进行告知。但是信息时代的兴起，由于互联网信息储存方式的便利性，许多个人信息一旦公开则永久留痕，所以需要设置一个公开时限，其本质上是确保公民享有对行政机关收集个人信息的“删除权”。

二是对于豁免以及豁免消灭的决策过程，应保有权利人及其他相关人拥有参与决策的程序，如听证制度。目前《政府信息公开条例》只是在依申请公开中规定了书面征求意见，并且15个工作日内未提出意见的，则由行政机关自己决定是否公开，这明显有违正当程序原则的程序参与性要求。故应在程序中设立，权利人或其他相关人认为有必要的，可以通过听证或其他程序制度参与决策的过程。

四、救济程序的完善

《政府信息公开条例》规定了向上一级行政机关或者政府信息公开工作主管部门投诉、举报，依法申请行政复议或者提起行政诉讼等救济手段，但是信息公开具有不可逆性，故权利人若申请救济，这期间需要暂停公开有关信息，等作出终局裁判时，再决定是否继续公开。另外，若权利人因政府信息公开受到损失，针对政府的违法行为应当明确其可以提起行政赔偿之诉。

结　语

维特根斯坦曾在他写给好友的信中描述过这么一幅景象："有人从关着的窗户看出去，不能解释一个过路人的奇怪运动。他不知道外面是哪种风暴在肆虐，也不知道那人只是吃力地想站稳。"[1]在互联网、大数据、云计算等技术快速发展的今天，每一个人随时都可能因个人信息的泄露被卷入外面的风暴之中，而身处屏幕之外自以为安全宁静的我们，更多的是冷眼旁观。本次疫情中每一个确诊的患者、来自武汉的返乡人员，都只是无辜微小的个体，他们本身已然是不幸的了，却又因权利保护的不当而遭受肉体以及心灵的再一次创伤。法律不应是冷冰冰的条文，它应当饱含着对每一个个体权利的关注，对每一个弱小之人的温情。希望能借本文，引起大家对政府信息公开中个人隐私保护的思考和关注，实现公共利益和私人权益的和谐共生，这既是我国治理能力进步的体现，也是法律本身的价值追求。

---

〔1〕［英］瑞·蒙克：《维特根斯坦传——天才之为责任》，王宇光译，浙江大学出版社2011年版，第171页。

论违法行政行为已执行的裁判

李羿的*

【摘　要】行政主体作出行政行为后，行政行为本身所蕴含的效力使得该行政行为以实现自身预设的法律效果为目标。确认性和形成性行政行为一经作出即实现法律效果；下命性行政行为或需要行政机关采取相关执行行为以实现法律效果。在行政行为已执行后，法院对于该类行为的救济需要考察行政行为的效力理论与我国行政诉讼裁判体系。拘束力或执行力的实现并不等于行政行为效力的实现，而且与行政行为是否客观存在也无关联；能否恢复原状不应成为法院选择裁判方式的依据。对该类行为的裁判，以撤销判决为宜。

【关键词】已执行　确认违法　不具有可撤销内容　恢复原状

行政诉讼中，法官选择一个合适的裁判类型至关重要。修改后的《中华人民共和国行政诉讼法》（以下简称《行政诉讼法》）虽然没有直接引入诉讼种类的概念，但通过对判决方式的丰富和整合，事实上完成了诉讼类型化的改造。[1]由于我国立法并未明确规定行政诉讼需要遵循"诉判一致"的原则，因此，法院在审理过程中，对于原告提起的各种诉讼请求，可以对不合适的部分进行转化，最终作出合理的判决。这一判决类型的选择对于救济原

* 李羿的，中国政法大学2018级宪法学与行政法学专业硕士。

〔1〕李广宇：《理性诉权观与实质法治主义》，法律出版社2018年版，第275页。

告的权利、监督行政机关依法行政有着不可磨灭的意义。[1]根据《行政诉讼法》的规定，各类判决类型对应着不同违法形态、不同类别的行为。本文所称的违法行政行为已经被执行完毕这一状态，应该如何选择裁判方式，立法文本并未言明。本文立足于司法实践，结合制度规定、理论观点，对违法行政行为已执行的性质及其裁判与救济问题进行研究，以期对司法实践具有一定的指导。

一、司法实践的争议

（一）行政拘留与可撤销[2]

2014 年 12 月 29 日，万宁市公安局接警后对杨作波与其同村村民王雄相邻种植农地发生砍伐香蕉树现场进行了调查，并分别对王雄和杨作波作了笔录。2015 年 1 月 13 日，被告向原告作出拟作行政处罚告知并当场将原告送往万宁市公安局治安拘留所执行行政拘留 5 日。同日，被告将对原告进行传唤并进行行政拘留 5 日的情况告知了杨作辉（原告之弟）。原告不服被告的行政处罚决定，于 2015 年 1 月 21 日向万宁市人民政府提起行政复议。2015 年 3 月 10 日，万宁市人民政府作出万府复决字〔2015〕4 号《行政复议决定书》，维持了被告作出的上述决定。原告遂向万宁市人民法院提起诉讼。

一审法院经过审理认为：被告作出的行政拘留决定主要证据不足，违反法定程序，原告要求判决撤销该处罚决定的请求应予支持，但因该行政拘留处罚已经执行完毕，已不具有可撤销内容。因此，对该行政拘留的处罚行为依法应确认违法。

被告不服该判决向海南省第一中级人民法院提起上诉，海南省第一中级人民法院经过审理认为：原审判决认定事实清楚，但以上诉人作出的上述行政拘留处罚已执行完毕、已不具有可撤销内容为由判决确认上诉人作出的上述行政拘留处罚行政行为违法，适用法律、法规错误，应予纠正。因此判决撤销一审法院作出的判决，同时判决撤销被诉《行政处罚决定书》。

---

〔1〕 正如不履行法定职责判决本身即包含了撤销被告原有的不履行职责行为的意思，因此，针对原告提出的撤销被诉行政行为的诉求，法院无需根据原告的诉讼请求进行裁判，而可以径行作出不履行法定职责判决。这一裁判方式能更加直接高效地保护当事人的合法权益。

〔2〕 参见（2015）海南一中行终字第 37 号行政判决书。

（二）开除决定与可撤销[1]

2014年7月28日，朱丽丽因犯交通肇事罪，被沭阳县人民法院判处有期徒刑一年，缓刑一年。2014年8月29日，沭阳县教育局以朱丽丽犯交通肇事罪，被判处有期徒刑为由，依据《事业单位工作人员处分暂行规定》第22条的规定，作出沭教发（2014）21号《关于开除朱丽丽公职的决定》。朱丽丽不服，于2014年12月23日向法院提起行政诉讼，要求撤销沭阳县教育局作出的开除公职决定。

一审法院经过审理认为：被告对原告作出的开除公职处分决定结果正确；开除公职决定关系原告重大利益，未依法听取其陈述申辩，程序严重违法；鉴于该处分决定已经执行，不具有可撤销内容，故应确认程序违法。因而根据《最高人民法院关于执行〈中华人民共和国行政诉讼法〉若干问题的解释》（已失效）第57条第2款第2项的规定，判决被告沭阳县教育局作出的沭教发（2014）21号《关于开除朱丽丽公职的决定》程序违法。

原告不服此判决向宿迁市中级人民法院提起上诉，宿迁市中级人民法院经审理认为：根据《行政诉讼法》第70条的规定，行政行为违反法定程序的，应予撤销。一审判决认定沭阳县教育局作出的开除决定已经执行，不具有可撤销内容没有法律依据，应予纠正。因此判决撤销一审法院作出的判决，并撤销被诉行政行为，即沭阳县教育局作出的《关于开除朱丽丽公职的决定》。

二、问题的界定

上述两个案例有着共同之处，都属于法院判决前，被诉行政行为的内容已经实现，且一审法院确认被诉行政行为违法，而二审法院撤销被诉行政行为的情形；同时，两个案例中一审的裁判依据都认为被诉行政行为属于《行政诉讼法》或是《最高人民法院关于执行〈中华人民共和国行政诉讼法〉若干问题的解释》（已失效）中规定的“不具有可撤销内容”[2]的情形。案例一中虽然一审和二审作出了不同的判决结果，这一结果如果从申请赔偿的角

---

[1] 参见（2015）宿中行终字第00033号行政判决书。

[2]《行政诉讼法》第74条第2款第1项规定，（1）行政行为违法，但不具有可撤销内容的。《最高人民法院关于执行〈中华人民共和国行政诉讼法〉若干问题的解释》（已失效）第57条第2款第2项规定，（2）被诉具体行政行为违法，但不具有可撤销内容的。

度来说，相对人已经达到了救济目的，似乎无论采用撤销判决还是确认违法判决均无可厚非；但在案例二中，同样以认定被诉行政行为违法为前提，确认行政行为违法与撤销行政行为呈现出了不同的救济结果，可以说，只有二审中的撤销行政行为才是相对人所希冀的判决结果。

这种同案不同判的现象并非偶然。经过笔者在中国裁判文书网的检索可以看出，我国法院的判决存在着诸多行政行为已执行后的裁判方式选择的问题，大量存在于行政拘留处罚、开除处分、房屋征收以及违法建筑强拆等领域的诉讼中。由于我国《行政诉讼法》并不要求原告的诉讼请求与法院的裁判一一对应，〔1〕法院可以根据案件的具体情况采取不同于相对人要求的判决方式。因此在这里，需要回答的一个问题是：法院应该如何选择被诉行政行为的裁判方式。这一问题需要界定两个概念：何为行政行为已执行？裁判方式的选择争议点为何？

（一）何为行政行为已执行

对这一问题进行界定前，需要明确，本文所讨论的行政行为已执行来自对于我国现有的司法实践和学术讨论用语。在笔者看来，这一概念称作“具体行政行为的完成”“行政行为已实现”或许更加合适，但为了不引起相关的学术隔阂，笔者使用更加熟悉的“行政行为已执行”这一概念。同时，行政行为并非指的是我国包括行政合同、行政事实行为在内的行政行为，而是限定于与德国行政作用概念、台湾地区行政处分概念更加类似的狭义的具体行政行为的概念。而已执行则是指行政行为已经实现其法律效果，无论这种法律效果的实现是否属于执行的原因。以下详细述之。

1. 行政行为的拘束力

行政行为一经作出，除非在特殊情况下，即对外产生效力，这一论断是行政行为的成立与生效的体现。在行政行为的效力中，根据学界通说，包括公定力、拘束力与执行力。根据行政行为的内容，行政行为可以区分为形成性的行政行为、确认性的行政行为和下命性行政行为。〔2〕行政行为已执行关乎行政行为的拘束力与执行力。行政行为的拘束力是指“行政行为一经作出，其

---

〔1〕 邓刚宏：“我国行政诉讼诉判关系的新认识”，载《中国法学》2012年第5期。

〔2〕 赵宏：《法治国下的目的性创设——德国行政行为理论与制度实践研究》，法律出版社2012年版，第298页。

内容对相关人员产生的法律上的约束效力，有关人员必须遵守和服从”。[1]在确认性行政行为和形成性行政行为中，因其不需要相对人遵守或行政机关强制执行以实现其法律效果，因此该两类行政行为除非有相关附款等，否则一经作出即实现其所欲实现的目的。

2. 行政行为的执行力

行政行为的执行力是指行政行为成立、生效后，行政主体依法有权采取强制手段使行政行为的内容得以实现。我国台湾地区学界认为，行政行为的执行力或称行政处分的执行力是指“于行政处分的相对人不履行所课予的义务或不作为义务时，行政机关不待法院之确认判决，即有权直接以行政处分为执行名义，自行对义务人为强制执行”。[2]通过上述定义可以看出，讨论存在执行力的行政行为必须限定于需要当事人履行相关义务的行为，即课予相对人特定作为、不作为或容忍义务的行政处分，[3]也即德国、日本、我国台湾地区学界所定义的下命处分，即下命行政行为。根据《行政诉讼法》和《中华人民共和国行政强制法》的相关规定，上述下命性行政行为的执行力体现在以下四个方面：行政机关无需经过相对人的同意即可执行、行政机关可以自行执行、行政机关可以申请法院执行、一般情况下行政复议与行政诉讼不停止行政行为的执行。根据以上规定，相对人在诉讼中可能面临着行政行为作出即意味着执行完毕、行政相对人起诉前行为已经执行完毕和法院审理过程中行政行为已经执行完毕等情形。法院最终裁判时，所面对的被诉行政行为即成为法律效果已经实现的行政行为，即本文所称的行政行为已执行。

在此处，我们需要区分被诉行政行为是已经执行完毕的行政行为还是该行政行为的执行行为。已经执行完毕的行政行为和该行为的执行行为有本质区别。如果原告起诉行政行为，则意味着原告的诉讼请求是要求法院否定该行政机关作出的、以文本等形式作为载体的一个行政决定。如果因为该行政行为的执行过程造成了当事人合法权益的损害，则属于针对该执行行为而提起的诉讼。在大多数情况下，执行行为多属于事实行为，如果执行行为本身

[1] 张尚鷟主编：《走出低谷的中国行政法学——中国行政法学综述与评价》，中国政法大学出版社 1991 年版，第 153 页。

[2] 翁岳生主编：《行政法》（上册），中国法制出版社 2002 年版，第 691 页。

[3] 赵清林：“也谈行政行为的执行力”，载《甘肃政法学院学报》2008 年第 1 期。

对原告的合法权益造成损害的，原告可以就该执行行为提起诉讼并请求赔偿，此时面对这一事实行为，法院适用确认违法判决无疑。

（二）裁判方式的选择争议点

对于行政行为已执行的裁判，如果该行为被认定为合法，则判决驳回诉讼请求即可，此处并不存在争议点。但如果行政行为经过审理被法院认定为违法，且这种违法不属于可以判决确认违法的程序轻微违法，也不属于判决确认无效的重大且明显违法，即一般违法的状态，究竟是选择撤销判决还是"不具有可撤销内容"的确认违法判决？对这一问题的认识体现在撤销判决与确认违法判决的体系定位之上，也体现在对于行政行为已经执行后的状态认定上。

三、执行完毕与恢复原状的考量

裁判方式的选择主要受到行政行为的效力、现有法律规定等方面的约束，本文将首先对现有的主要观点进行分析，指出其存在的漏洞与缺陷之处。

（一）现有学说的观点——能否恢复原状作为判断基点

通过对学界观点的梳理可以发现，学界对行政行为已执行的救济缺乏单独的研究，对于这一问题的判断通常主要集中于判决类型的区分与"不具有可撤销内容"的解释之上。理论基础在于行政行为的执行力，即行政行为有效成立后，对其内容可以依法采取一定强制手段，使之完全实现的效力，行政行为的内容有为相对人设定义务者，该义务必须为相对人所履行，如果相对人不自觉履行，行政机关可以依法强制执行。行政行为执行力的存在是因为其代表国家，是国家意志的体现，但并不排除相对人声明异议权。学者认为，这一执行力在现实中通过行政行为的执行转化为确定的法律状态，此时行政行为的"内容一经实现就不可逆转或是经过一定的利益衡量而不宜逆转，从而导致该具体行政行为的内容绝对化，即该具体行政行为不得改变"，[1]"内容一经实现就不可逆转"即指所谓的不可恢复原状。进一步来说，"损害不可恢复原状"是"不具有可撤销内容"的适用情形之一，[2]因为"处分撤销诉

〔1〕 叶平："不可撤销具体行政行为研究"，载《行政法学研究》2005年第3期。

〔2〕 张继峰："论不具有可撤销内容行政行为的法律适用"，载《行政法学研究》2006年第4期。

讼之目的，在于废弃行政处分之效力，以解除当事人权益免受该处分效力之影响”，[1]而如果被诉具体行政行为对原告造成的损害结果已经不可恢复原状，“废弃行政处分之效力”就没有必要，“解除当事人权益免受该处分效力之影响”也已经不可能。[2]在有关诉讼类型的研究中，学者也认为，行政处理在判决前已经终结，包括被其他行为取代、执行完毕、期限届满等，因此只能适用确认违法判决而不能适用撤销判决。[3]梁凤云法官在其博士论文中也认为，“不具有可撤销内容”的情形也不仅仅限于论者对于事实行为的讨论，实际上还包括一些非要式的已执行完毕的限制人身自由、限制财产流通的强制措施行政机关自觉回复原状等。[4]

（二）司法实践的观点

与学界长久以来对这一问题的忽视不同，由于我国在行政诉讼中确立了“诉讼不停止执行制度”，因此正如前文所述，司法实践中对这一问题存在着裁判方式选择不一的情况，以下分述之。

1. 行为是否已经执行完毕

通过对相关司法判决的梳理可以发现，法院多将已经执行完毕的相关行政行为界定为“不具有可撤销内容的行政行为”，笔者在此选出行政拘留和违法建筑拆除这两个观测点，选取部分案例对于司法实践中裁判方式的选择进行分析。

因行政拘留决定一经作出即开始执行，执行完毕后当事人才会提起行政诉讼要求法院进行撤销。如在“毛军诉石河子市公安局城区分局治安行政处罚纠纷”案[5]中，一审法院认为“被告适用该第一款之规定对原告作出拘留 15 日的行政处罚，适用法律错误，但该行政处罚中确定的拘留措施已经执行完毕，不具有可撤销的内容”，[6]因此判决确认行为违法。原告不服提起上诉，请求二审法院纠正一审错误裁定，依法撤销石河子市公安局城区分局的

---

〔1〕 翁岳生主编：《行政法》（下册），中国法制出版社 2002 年版，第 1362 页。

〔2〕 张继峰：“论不具有可撤销内容行政行为的法律适用”，载《行政法学研究》2006 年第 4 期。

〔3〕 王贵松：“论我国行政诉讼确认判决的地位”，载《政治与法律》2018 年第 9 期。

〔4〕 梁凤云：“行政诉讼判决研究”，中国政法大学 2005 年博士学位论文。

〔5〕 （2015）兵八行终字第 18 号行政判决书。

〔6〕 （2015）兵八行终字第 18 号行政判决书。

行政处罚决定书。新疆生产建设兵团第八师中级人民法院经过审理后秉持了同样的观点，认为“被上诉人对上诉人处15日的拘留违反法律规定应予撤销，但该行政处罚决定已执行完毕，没有可撤销的内容，原审法院依法确认被诉行政处罚决定违法并无不当。上诉人关于撤销被诉行政处罚决定的上诉请求于法无据，本院不予支持”。〔1〕在“蒋明旺与鄱阳县公安局治安行政处罚及行政赔偿再审案”〔2〕中，江西省高级人民法院同样认为“由于该处罚决定已执行完毕，不具有可撤销内容，应确认该具体行政行为违法”。〔3〕

2. 行为是否已经执行完毕，且标的物是否已经不存在

在有关违法建筑拆除的相关判决中，不同法院也展现了不同的裁判方式。如在“孙玉与包头市九原区人民政府限期拆除房屋案”〔4〕中，法院认为“由被告包头市九原区人民政府作出限期拆除房屋的公告行为不符合上述法律规定，超越了法定职权，依法应予撤销。但因原告孙玉的房屋已被拆除，判决撤销并责令有权机关重新作出已无实际意义，且已不具有可撤销的内容”，〔5〕因而判决确认被告作出的限期拆除房屋的公告违法。而另有法院认为，房屋是否已被拆除并非选择裁判方式的考虑因素，在“林炳长与温州市洞头区住房和城乡规划建设局行政命令案”〔6〕中，虽然建筑在起诉前已经被拆除，但二审法院浙江省温州市中级人民法院认为：被诉限期拆除通知明确“责令林炳长于2014年5月31日拆除涉案建筑”，系具有实质行政处理内容的行政行为，不符合《行政诉讼法》第74条规定的判决确认违法的情形。原审法院以不具有可撤销内容判决确认被诉限期拆除通知违法，适用法律错误，本院予以纠正。〔7〕最终判决撤销已被执行完毕的这一被诉行政行为。

3. 不需要执行的行政行为

如前所述，开除职位、开除学籍等形成性行政行为和行政登记等确认性行政行为无需执行或相对人遵守，一经作出就视同法律效果已经实现。对于

---

〔1〕（2015）兵八行终字第18号行政判决书。

〔2〕（2014）赣行再终字第2号行政判决书。

〔3〕（2014）赣行再终字第2号行政判决书。

〔4〕（2015）包行初字第59号行政判决书。

〔5〕（2015）包行初字第59号行政判决书。

〔6〕（2016）浙03行终188号行政判决书。

〔7〕（2016）浙03行终188号行政判决书。

这种情况，有法院以不具有可撤销内容为由，进而作出确认违法判决。如上述“朱丽丽与沭阳县教育局行政处罚案”中，一审法院以开除决定已经执行，不具有可撤销内容为由作出确认违法判决。殊不知开除决定作为形成性行政行为，无所谓执行的问题，因其一经作出，相关的人事关系就已经不存在了，而不需要行政机关的执行。对于这种情况，法院将其视为已经执行完毕的行政行为进行裁判无可厚非。但如果以已经执行完毕为由而不撤销，仅确认违法，则此两类行政行为在诉讼中根本无法适用撤销判决，进而无法满足原告的诉讼请求。因此，在这种情况下，以已经执行完毕进而适用确认违法判决明显是错误的。

四、适用确认违法判决及其论证的批判

（一）将执行完毕与不具有可撤销内容关联

1. 什么是不具有可撤销内容

如上所述，学理和司法实践对于已执行行政行为如何裁判，其主要争议就在于能否适用“不具有可撤销内容”这一条款进行评价。对于条款的适用必须以对该条款进行合理的解释以明确其含义为前提。学界通说认为，之所以设立确认违法判决在于被诉行政行为可能存在着“不能撤销”和“撤销不能”的情形，即“行政行为违法，但又不需要、不适宜判决撤销或者责令履行的，可以判决确认违法”。〔1〕在解释何为不具有可撤销内容上，学者多认为，这一条款适用于被诉行政行为属于事实行为的情形，如江必新等认为：如果被诉行政行为不具有可撤销内容而在事实上无法撤销的，则应作出确认违法判决。这种情况主要是指行政事实行为。〔2〕有学者对这一条款的适用情形进行了扩充，认为该条款的适用包括：……被诉具体行政行为已消解的，即于法院作出判决之前具体行政行为由于执行完毕、行政机关自行撤销等原因而消灭的。〔3〕章剑生教授对这一条款进行分析时认为：撤销判决是消灭被

〔1〕何海波：《行政诉讼法》，法律出版社 2016 年版，第 453 页。

〔2〕江必新主编：《中华人民共和国行政诉讼法理解适用与实务指南》，中国法制出版社 2015 年版，第 342 页。

〔3〕张旭勇：“行政诉讼确认判决研究”，载章剑生主编：《行政诉讼判决研究》，浙江大学出版社 2010 年版。

诉行政行为的法效力，若被诉行政行为没有法效力或者它的法效力已经消失，那么撤销判决也就失去了适用的对象。[1]

对上述学者的分析，可以将其主要观点归结为“如果行政行为法效力已经消灭或者行政行为已经消灭，则只能确认违法而不能撤销”。这一表述与司法实践中的做法类似。但法效力的消灭或行政行为的消灭究竟为何？执行完毕是否会导致行政行为的消灭？这是两个需要回答的问题。行政行为的消灭，对其进行文义解释，应指的是行政行为客观上已不存在，我国台湾地区学界将其称为“行政行为的废弃”，指“行政机关或者行政法院，排除行政处分法律效力之行为”。[2]根据该行为分为合法和违法不同，可以分为废止或者撤销，如上述学者所举例子之行政机关的自行撤销。因此，当行政机关撤销或者废止某一行政行为时，就这一行为来说，其效力不复存在，其行为本身也不复存在。因此，将法律效力的消灭等同于行政行为的消灭是合适的。

2. 执行力或拘束力的实现并不意味着法律效力的消灭

上述有关表述将“执行完毕”与“行政机关自行撤销”并列，却无理论依据。如前所述，执行完毕意味着行政行为的拘束力或执行力实现。这种实现并非意味着法律效力的消灭。无论根据日本、德国还是我国通说，将行政行为效力分为公定力、确定力、拘束力和执行力或将其分为形式存续力、实质存续力、构成要件效力和确认效力，[3]可以看出：面向相对人的行政行为的拘束力与执行力的实现都不会导致其他效力实现，更不会导致其整体效力的消灭。这一实现与行政行为是否客观存在更无关联。我国台湾地区司法界和学界对此皆有经典的论述。“‘司法院’大法官释字二一三号解释”认为：撤销行政处分为目的之诉讼，乃以行政处分之存在为前提，如在起诉时或诉讼进行中，该处分事实上已不存在时，自无提起或续行诉讼之必要。由此可见，我国台湾地区司法界也认为，行政行为的客观存在是提起撤销诉讼的前提，如若其客观上已经不存在，则不能适用撤销诉讼。我国台湾地区学者林明锵也认为：在实务上行政处分纵使执行完毕，原则上其效力（含构成要件

[1] 章剑生：《现代行政法总论》，法律出版社2014年版，第523页。

[2] 陈敏：《行政法总论》，新学林出版有限公司2011年版，第1352页。

[3] 德国对行政行为的效力作此区分，与日本的名称虽然不同，但其中无非对于相对人、行政机关、其他机关、一定法律状态的约束或者确认。

效力、存续力、拘束力、执行力）皆未消减（除执行力外）。[1]前文案例中，即使一个行政拘留决定已经执行完毕，与行政机关自行撤销这一拘留决定也当然属于两种不同的法律状态，因为第一种情况下行政拘留决定仍然客观存在；限期拆除房屋的决定作出后，房屋虽然已经被拆除，但这一因此将“执行完毕”与“行政机关自行撤销”所导致的法律后果等同，实属不正确。

（二）反向论证——恢复原状作为补救措施

如前所述，相关学者将执行完毕后能否恢复原状作为裁判中选择撤销判决与确认违法判决的考量。此种观点显然受到我国台湾地区翁岳生学者颇深影响，因我国台湾地区“行政诉讼法”之立法所谓：其确认已执行而无回复原状可能之行政处分或已消灭之行政处分为违法之诉讼，亦同。[2]我国大陆地区诸多观点吸取了台湾地区的相关做法，对确认违法判决中的“不具有可撤销内容”条款作相同解释。我国台湾地区学者对这一规定也有特殊的解释，认为无回复原状不仅指事实上无可能，同时指法律上无可能，且两个条件必须同时满足方可适用该条款。[3]

同时，我国《行政诉讼法》第76条规定，人民法院判决确认违法或者无效的，可以同时判决被告采取补救措施。在民法上，补救措施包括停止侵害、排除妨碍、消除危险、恢复原状等。在行政法上，面临着行政机关采取行政行为的方式对相对人等产生的不利之影响，补救措施表现为返还财产、恢复原状等方式。[4]在立法上，将恢复原状作为补救措施放置在确认判决之中，也即立法原意为：能否恢复原状，是法院作出了确认判决后继续判决被告采取补救措施的客观要件，而非法院判决撤销还是确认违法的考量因素。将这一确认后的客观要件作为选择裁判方式的要件，与我国行政诉讼法的相关规定不一致。

（三）域外立法作为论证的补强

笔者从行政行为的效力角度对于行政行为已执行的救济方式进行了阐述。

---

〔1〕林明锵：“大学自治与法律保留”，载《月旦法学杂志》2001年第10期。

〔2〕我国台湾地区“行政诉讼法”第6条第1项。

〔3〕林明锵：“大学自治与法律保留”，载《月旦法学杂志》2001年第10期。

〔4〕陈思融：“论行政诉讼补救判决的适用——基于104份行政裁判文书的统计分析”，载《中国法学》2015年第2期。

但在我国《行政诉讼法》中对于确认违法判决的定位不明、"不具有可撤销内容"条款的适用方式不明的情况下，单纯从行政行为效力的角度分析可能只是一种应然，笔者从域外立法政策的选择上佐证上述论证。

确认判决并非我国行政诉讼法的独创。如前所述，我国台湾地区"行政诉讼法"也规定了有关确认判决的内容。而在大陆法系的诸多国家，也有着与我国类似的确认违法判决的规定。《德国行政法院法》第 113 条规定：如果具体行政行为违法且原告权利因此受到了侵害，法院应撤销具体行政行为及相关的复议决定。如果具体行政行为业已执行完毕，则法院也可以依申请宣布行政机关应当以及如何进行执行回转……如果具体行政行为之前被撤回或被以其他方式终结，则在原告对作出此项确认具有正当利益的情况下，法院基于申请以判决形式宣布具体行政行为原系违法的。〔1〕在此处，德国立法首先将执行完毕纳入撤销判决的体系中，同时将被撤回或者其他方式作为适用确认违法判决的基础。《澳门特别行政区行政诉讼法典》在"确认权利或受法律保护之利益之诉"一章中对于确认诉讼的提起限定了客观条件，其第 100 条第 2 款规定，对已作出之事实行为或已作出而属无效或法律上不存在之行政行为未有提起司法上诉时，亦得提起上款所指之诉。这一规定也限定了提起确认之诉的情形为：事实行为、无效行为和法律上不存在之行政行为。

五、结语：撤销判决作为行政行为已执行的合适判决方式

对于此类诉讼的裁判必须坚持确认类行政诉讼的补充性原则，即只有确认某种法律关系存在或者不存在的一般确认之诉，才是"真正的"确认之诉，其他的确认之诉，比如确认无效之诉，继续确认之诉，以及情势判决中的确认违法判决等，都不过是撤销之诉、义务之诉、给付之诉等诉讼类型的变种。〔2〕在判决体系中，除非主观或者客观上存在"撤销不能"和"不能撤销"的情形导致无法通过撤销诉讼达到目的时，才能采用确认违法诉讼。

对行政行为已执行或称为行政行为法律效果实现的救济，关系着"实质性解决行政争议"和当事人权利保护的无漏洞，以及行政诉讼裁判体系的融

---

〔1〕 刘飞译：《德国行政法院法》，载何海波编：《中外行政诉讼法汇编》，商务印书馆 2018 年版。

〔2〕 李广宇：《理性诉权观与实质法治主义》，法律出版社 2018 年版，第 415 页。

洽自治。选择不合适的裁判方式，不仅仅在法理上难以说通，而且导致法院有借确认违法但不撤销之方式袒护行政机关之可能。撤销判决这一结论立足于行政行为效力理论与我国《行政诉讼法》之体系解释结果，符合了该类行为虽已执行完毕但效力依然存在、行政行为本身依然客观存在的事实。

第五部分

法与经济学

表决权拘束协议效力问题研究

——基于契约法与组织法双重视角展开

林　敏*

【摘　要】 对表决权拘束协议的有效性，以及表决权拘束协议是否具有组织法效力，能在多大程度上影响公司治理这一问题，各国公司法规定各不相同。我国立法未对表决权拘束协议效力问题进行明文规定，而司法实践则倾向于承认此类协议的有效性，并将强制履行作为协议的救济手段。随着公司法发展，法律不应固守“表决权与所有权不得分离”原则，而应在满足一定条件之前提下承认表决权拘束协议的有效性，以满足商业实践的需要。在承认表决权拘束协议的有效性的前提下，基于法人人格的拟制性和公司组织规则的不完全性，为维护公司人合性和保护股东利益，在商事组织中，以股东协议为代表的成员合同和以公司章程为代表的组织规则的效力不应该被严格区分，应承认表决权拘束协议可为组织规则的补充和替代，与公司章程一同构成公司的自治性规则，对公司发生组织法效力。

【关键词】 股东协议　表决权拘束协议　组织法效力

随着经济的高速发展，为实现融资及公司控制关系多样化，公司法中一股一票、禁止表决权与收益权分离的原则正不断遭遇挑战。挑战主要来源于

* 林敏，中国政法大学 2018 级法律（法学）硕士。

两个方面，一是多元化的类别股不断出现，如在科技公司中广受欢迎的双重股权结构或阿里巴巴的合伙人制度；[1]二是投票权征集、表决权信托、表决权拘束协议等投票权行使方式不断推陈出新，股东开始通过契约对表决权的行使进行安排。[2]

表决权拘束协议（voting agreement），系指公司全体或部分股东，就股东表决权的行使缔结契约，约定在股东（大）会上，就全部或特定公司事项以特定方式进行投票的协议。[3]此类协议对公司治理影响巨大，一方面，股东可通过协议创设公司表决制度，以满足股东目的，实现公司自治；另一方面，表决权拘束协议使公司控制权与股份所有权产生了背离，股东不能按照自己的判断自由投票，表决权行使必须交由他人决定，这可能会不当加重公司治理的代理成本，引发控制权滥用的风险。如何平衡自由与管制，是对诸如"表决权放弃协议"等协议是否有效这一问题进行回答的关键。

一、问题的提出

表决权拘束协议在实践中并不罕见，[4]且随着公司实践的推进衍生了诸多变种，引发广泛关注的"创业板借壳上市第一股"中的"表决权放弃协议"正是一例证。2019 年 9 月 16 日，上市公司达志科技发布公告：公司控股股东蔡志华以及公司第二大股东刘红霞拟将公司 16.68%的股份以 5.13 亿元转让给湖南衡帕动力合伙企业，且原实控人声明将不可撤销地永久放弃行使

〔1〕 参见朱慈蕴、沈朝晖："类别股与中国公司法的演进"，载《中国社会科学》2013 年第 9 期。

〔2〕 参见朱慈蕴、神作裕之："差异化表决制度的引入与控制权约束机制的创新——以中日差异化表决权实践为视角"，载《清华法学》2019 年第 2 期。

〔3〕 表决权拘束协议这一概念在不同的国家及不同的时期所涵盖范围不同。狭义的表决权拘束协议是指全体或部分股东达成的，股东应就全部或特定的股东大会事项，按照约定的方式行使表决权的一种契约，而广义的表决权拘束协议，还包括股东与公司外部的非股东之间就表决权的行使达成的协议。本文在狭义的范围内使用表决权拘束协议这一概念。参见刘俊海：《股份有限公司股东权的保护》，法律出版社 2004 年版，第 270 页；梁上上："表决权拘束协议：在双重结构中生成与展开"，载《法商研究》2004 年第 6 期。

〔4〕 如在家族企业或股东人数较少的非公开公司中，股东常通过协议对股东表决权重新配置，以安排公司经营管理事务，争夺或分配公司控制权。而在上市公司中，表决权拘束协议具体表现为"一致行动人"制度。我国《上市公司收购管理办法》第 83 条规定："本办法所称一致行动，是指投资者通过协议、其他安排，与其他投资者共同扩大其所能够支配的一个上市公司股份表决权数量的行为或者事实。"

公司41.2%的股份表决权，权益变更后，自然人王雷控制的湖南衡帕动力合伙企业凭借表决权优势成为达志科技的新任实际控制人，[1]达志科技将形成新的公司控制权格局：原实控人持有公司50.04%的股份，但仅拥有8.84%的表决权，而新进实控人将持有16.68%股份及对应的表决权，获得公司控制权[2]。且不论此操作得否实现"创业板借壳上市"之目的，原控股股东不可撤销地永久放弃公司41.2%的股份表决权这一声明是否有效？这一声明不可撤销地永久放弃表决权的行为是否会不当加重公司治理的代理成本，是否有"表决权买卖"之虞，是否违反公共政策？[3]若达志科技公司原控股股东违反其"放弃表决权"的声明，在股东大会上进行表决，公司可否将其表决计入表决权数？若原控股股东违约进行表决，新进实控人可否诉请撤销股东大会决议？这些问题仍有待回答。

由于公司法缺乏必要的制度供给，目前我国法院对表决权拘束协议等股东协议仍然按照合同法一般规定与基本原则进行裁判，承认表决权拘束协议的有效性，并对违约救济方式持较为宽松的态度，普遍认为协议可以强制执行。在张国庆、周华康诉华电公司决议纠纷案中，华电公司向张国庆定向增发股份，而前提是张国庆需承诺，在华电公司股份上市之前，股东大会对决议事项进行表决时，其所持股份的表决权行使方向需与大股东胡达保持一致。华电公司及其股东胡达、张国庆三方签订《股份认购协议》与《期权授予协议》，对上述事项予以载明，并经董事会商议后，就此事项形成华电公司董事会决议。后华电公司召开股东大会，在大股东均投票赞成股东大会各项议案的情况下，张国庆未按协议约定表决，对各项议案均投出反对票。华电公司根据上述协议约定，将张国庆所投反对票改为赞成票，使其与大股东胡达投票方向保持一致，并形成股东会决议。原告张国庆向法院起诉，称股东会将其所投反对票记为赞成票的行为侵害其投票权，违反法律规定，要求撤销案

[1] 参见"达志科技上市刚满3年就要易主"，《上海证券报》2019年9月17日报道，载 http://news.cnstock.com/paper，2019-09-17，1227627.htm，最后访问时间：2020年4月7日。

[2] 参见"创业板借壳上市第一股要来了？尚未煮成熟饭"，《每日经济新闻》2019年9月20日报道，http://emwap.eastmoney.com/news/info/detail/20190920，最后访问时间：2020年4月7日。

[3] 参见"达志科技上市刚满3年就要易主"，《上海证券报》2019年9月17日报道，载 http://news.cnstock.com/paper，2019-09-17，1227627.htm，最后访问时间：2020年4月7日。

涉股东会决议。[1]法院经审理认为：双方缔结表决权拘束协议的目的是确保股东一致行使表决权，协议条款不违反法律法规的禁止性规定，不会对公司和其他股东的合法权益造成侵害，应为合法有效。有效的合同对缔约各方均具有拘束力，协议各方应依约行事。张国庆未依协议约定，未与大股东胡达一致行使表决权，是对在先承诺的违反，华电公司股东大会根据表决权拘束协议约定，将张国庆违约投出的反对票统计为赞成票，符合合同约定。案涉股东大会决议不具有可撤销情形。[2]

本案中，法院对表决权拘束协议的有效性认定和能否以强制执行作为救济手段皆持较为宽松的态度。但我国公司法学界也有学者提出反对意见，认为表决权拘束协议作为公司法上的合同具有特殊属性，法院的裁判忽视了公司合同的团体性，也忽视了公司具有独立法人地位，没有对公司程式和公司内部治理要求给予尊重。[3]首先，表决权拘束协议的内容和目的皆在于影响公司治理，因而，协议是否只要满足合同一般生效要件即为有效？应否结合公司法规范与原理对其有效性进行判断？其次，公司是一个重视程序和结构问题的决策组织。公司决议是公司意思形成的过程，股东通过在股东会上进行表决，将股东意志"加总"汇合成公司意志，公司是否有权依照股东协议直接将股东所投赞成票改为反对票？再次，表决权拘束协议作为私人间契约，何以突破合同相对性，对股东会决议发生影响？如果不加限制地允许协议干扰公司决议，是否动摇公司形式乃至公司法存在的根基？

表决权拘束协议在公司实践中引发的争论，主要是围绕协议的效力问题展开，逻辑上可依次提炼为三个问题：

第一问：表决权拘束协议是否有效，对此类协议的有效性进行判断的规则为何？

第二问：在承认协议有效的前提下，表决权拘束协议是仅能在契约相对方间发生债的效力，还是可对公司发生组织法效力？

第三问：在对前两问进行回答的基础上，立法与司法应如何防范表决权拘束协议引发的表决权与所有权分离所产生的代理成本和滥用控制权的风险？

---

〔1〕 张国庆、周正康与江西华电公司决议撤销纠纷案二审民事判决书（2016）赣05民终12号。

〔2〕 张国庆、周正康与江西华电公司决议撤销纠纷案二审民事判决书（2016）赣05民终12号。

〔3〕 参见周游："公司法语境下决议与协议之界分"，载《政法论坛》2019年第5期。

本文围绕这三个问题对表决权拘束协议的效力问题进行研究。

二、表决权拘束协议的有效性及其审查规则

（一）表决权拘束协议的有效性

在美国早期司法裁判中，基于表决权不得与所有权分离原则，法院普遍判决表决权拘束协议无效。其原因有二：第一，法院认为股东对公司负有信义义务，应为公司最大利益独立行使表决权，如果表决权与股权分离，将表决权行使完全交由他人决定，则违背了股东对公司的信义义务；〔1〕第二，表决权与所有权分离会带来巨大的代理成本。公司法规定股东享有表决权，是因为股东作为公司剩余财产索取权人，具有最适当的动机去作出需要自由裁量的决策，〔2〕因此在设计表决制度时，法律也应该确保股东拥有的表决权与股东对公司的剩余利益所有权成比例分配，以使拥有表决权的股东对于公司具有行使表决权对应的利益，为股东提供适当的投票诱因，〔3〕否则表决权有被滥用的风险。

随着公司法实践的发展，反对表决权与所有权分离的立场逐步被瓦解。美国法院逐渐肯定表决权协议的有效性。首先，法院不再要求股东必须为公司最大利益独立行使表决权，而是认为股东仅对公司负有一般信义义务，即不滥用表决权损害公司或公司其他股东、债权人利益。只要股东不是基于非

---

〔1〕 如在 Bridgers v. Staton 案中，法院认为，不论是股东还是其代理人，行使表决权时都应以公司最大利益为目的，且每一个股东自由判断如何行使表决权亦是其他股东之权利。如果股东合并行使表决权，并使表决权无法撤回，相关契约违反公共政策而无效。Bridgers. v Staton，150 N. C. 216，63 S. E. 892，893（1909）.

〔2〕 参见［美］弗兰克·H. 伊斯特布鲁克、丹尼尔·R. 费希尔：“公司法中的投票问题”，载［美］弗兰克·H. 伊斯特布鲁克等：《公司法的逻辑》，黄辉编译，法律出版社2016年版，第304~345页。本文就表决权拘束协议的讨论亦是在股东享有公司投票权的基础上展开，当然随着公司利益相关者理论和公司社会责任理论的兴起，股东以外的利益相关者是否享有公司投票权在学界已经产生争论，但毫无疑问，股东享有公司投票权仍然是世界公司法的主流观点和公司实践的一般情况，故受主题与篇幅受限，本文对其他主体享有公司投票权等问题不予讨论。

〔3〕 作者举例认为：如果某公司股东只拥有20%的股权，却拥有100%的表决权，因而其行使表决权增进公司利益的动力只有五分之一，因为其他股东承担了绝大多数的成本，反之，拥有五分之四剩余索取权的股东虽有促进公司利益的动机，却没有表决权。同时表决权与剩余索取权不相匹配的股东，有更大的诱因不当行使表决权，掠夺公司财产。参见［美］弗兰克·H. 伊斯特布鲁尔、丹尼尔·R. 费希尔：《公司法的经济结构》，罗培新、张建伟译，北京大学出版社2014年版，第73页。

法目的，即拥有行使表决权的广泛自由，包括将表决权交由他人行使。其次，美国立法与司法逐渐承认表决权协议在可能造成负面影响的同时，也对公司治理有一定的正面作用，允许股东通过协议对表决权与所有权进行分离，进而在公司中构架差异化表决制度。这实际上有深层次的经济原因和现实需要：第一，"股东同质化"正逐步向"股东异质化"演进。股份平等、一股一权最优的结论是建立在股东是偏好同质的群体，拥有同样的利益、目的与能力的假定上的，[1]然而实际上公司股东的投资目的、参与公司治理能力、持股比例及利益偏好等有显著的异质化特征，[2]不同的股东之间基于经济上或法律上的原因，利益诉求可能各不相同甚至完全相反。股东不同的利益需求迫使股权利益不能再被视为一个不可分离的整体，需要通过一定的方式对股权进行分离，以使股东可以各得其利，[3]通过股权利益分离可以让各方各取所需，有效降低投融资成本，[4]实现融资方式的多样化[5]。第二，对于特定公司，一股一权未必是最优的制度设计，甚至会导致公司治理效率低下。将表决权交由能发挥其最大功效者行使，可能更有利于公司发展。如在创业公司或科技公司中，通过发行类别股或表决权拘束协议等在公司中构建差异化表决架构，实际上是对人力资本价值的一种认同，公司创始人通过协议锁定公司控制权，可以更好地发挥其技术优势或管理优势，也有助于鼓励公司创始人专注于公司的长远发展，为股东谋求长期价值而非短期利益。[6]

公司法不再严格禁止表决权拘束协议或表决权信托的效力，某种程度上折射的是"表决权与所有权不得分离"这一传统公司法原则对现代商事实践

〔1〕 参见冯果："股东异质化视角下的双层股权结构"，载《政法论坛》2016年第4期。

〔2〕 参见李志刚：《公司股东大会决议问题研究——团体法的视角》，中国法制出版社2012年版，第8页。

〔3〕 参见周游："股权的利益结构及其分离实现机理"，载《北方法学》2018年第3期。

〔4〕 例如，公司创始人和投资人对公司的控制利益和经济利益偏好各不相同，公司创始人希望把持公司控制权，而相较于参与公司经营管理，一般投资者则更关注投资收益。强制性的一股一表决权结构并不能满足股东的不同偏好，而使股东的投资选择和公司融资方式只能受限于单一渠道，公司创始人和投资人可以通过表决权拘束协议对公司控制权和股权收益进行分配，约定投资人放弃一定数量的表决权，或投资人表决权行使方向需与公司创始人一致，而投资人获得的回报是取得更多的公司分红，或得到投资公司的机会。这样可以使公司在获得融资的同时，公司创始人仍得控制公司，而投资人则可获得更多的投资回报。

〔5〕 参见冯果："股东异质化视角下的双重股权结构"，载《政法论坛》2016年第4期。

〔6〕 参见冯果："股东异质化视角下的双重股权结构"，载《政法论坛》2016年第4期。

需要的让步，体现了公司法从管制到自由的立法趋势。但表决权与所有权分离所带来的公司代理成本增加、控股股东滥用控制权风险提高问题，也值得关注。美国法院普遍肯定表决权协议的有效性，但同时也从协议的目的、效果等方面对具体表决权拘束协议进行审查，以确保表决权协议没有侵害公司整体及未参与协议股东之权益。

（二）表决权拘束协议有效性审查规则

公司契约作为特别私法中的公共契约，合同不自由是其主要特点，〔1〕其意思自由和自己决定会受到更多的限制，以避免对公司治理产生不当的影响，对表决权拘束协议的有效性进行审查，要更多关注其“可契约的空间”以及“不可契约的维度”。〔2〕表决权拘束协议的本质属性是一种契约，首先应依据合同法法规和基本原则对其有效性进行审查。例如缔结协议的各方股东应为完全民事行为能力人，应基于真实意思表示缔结合同，不得存在欺诈、胁迫等情形，表决权拘束协议不得违反法律和社会公共利益等。〔3〕同时，作为公司法中的组织性契约，表决权拘束协议也应受到公司法的规制，可以发挥《合同法》第 52 条第 5 款〔4〕的引致条款作用，引入公司法规范，对表决权拘束协议进行有效性审查。具体而言，可从以下三个方面对具体表决权拘束协议的有效性进行审查。

1. 目的规制

司法实践中，如果股东达成表决权拘束协议是为达致非法目的，则通常会被法院认定为无效。如果股东以损害其他股东或公司利益为目的缔结表决权拘束协议，则相关协议应属无效。同时股东不得以规避法律强制性规定为目的缔结表决权拘束协议，当公司法规定，就某公司事项进行表决时，特定股东不得参加该事项的表决，那么该股东不能就该特定事项与公司其他股东

〔1〕 参见蒋大兴：“公司法中的合同空间——从契约法到组织法的逻辑”，载《法学》2017 年第 4 期。

〔2〕 参见蒋大兴：“公司法中的合同空间——从契约法到组织法的逻辑”，载《法学》2017 年第 4 期。

〔3〕 参见何昕：“表决权拘束协议的初步研究”，载《金融法苑》2018 年第 3 期。

〔4〕《合同法》第 52 条规定：“有下列情形之一的，合同无效：（一）一方以欺诈、胁迫的手段订立合同，损害国家利益；（二）恶意串通，损害国家、集体或者第三人利益；（三）以合法形式掩盖非法目的；（四）损害社会公共利益；（五）违反法律、行政法规的强制性规定。”

签订表决权拘束协议，对股东表决权的行使作出约定。[1]我国台湾地区法院一度认为，基于操纵公司的目的缔结的表决权拘束协议应为无效，股东不得以争夺或分配公司控制权的目的缔结表决权拘束协议。[2]而近年来我国台湾地区法院已不再坚持前述裁判观点，允许股东之间缔结表决权拘束协议，以实现对公司控制权进行争夺的目的。[3]美国判例法亦认为股东有权利将其利益和表决权联合，以实现对公司的控制和实施特定的公司政策与行为，[4]法律并不限制股东通过表决权拘束协议取得公司控制权或将其作为争夺手段，而是禁止控股股东滥用公司控制权。

2. 内容与效果规制

理论上，股东仅能在股东自治的合理范围内，通过股东协议对公司事务进行约定，不得逾越股东自治的边界，不得涉及公司法强制性规定规范的事项。例如，根据公司法学者爱森伯格的分类，公司信义义务规则即属于公司法强制性规定[5]，因而表决权拘束协议内容不得违反公司信义义务规则，如

---

〔1〕 如果公司股东签订的是在一段时期内就一般公司决议事项共同行使表决权的表决权拘束协议，则要注意在需要回避表决时将该股东的意见排除。如我国《公司法》第16条规定：“公司向其他企业投资或者为他人提供担保，依照公司章程的规定，由董事会或者股东会、股东大会决议；公司章程对投资或者担保的总额及单项投资或者担保的数额有限额规定的，不得超过规定的限额。公司为公司股东或者实际控制人提供担保的，必须经股东会或者股东大会决议。前款规定的股东或者受前款规定的实际控制人支配的股东，不得参加前款规定事项的表决。该项表决由出席会议的其他股东所持表决权的过半数通过。”公司为股东或实际控制人提供担保的，必须经股东（大）会同意，且该股东在这一特定事项上的表决权被排除。如果接受公司担保的股东意图缔结表决权拘束协议，影响该公司担保事项的公司决议结果，则相关表决权拘束协议应属无效。

〔2〕 法院认为：“表决权拘束契约乃股东基于支配公司之目的，自忖仅以持有之表决权无济于事，而以契约结合多数股东之表决权，冀能透过股东会或董事会之决议，以达成支配公司所运用之策略。若股东间得于事前订立表决权拘束契约，则公司易为少数大股东所把持，对于小股东甚不公平，更易使有野心之股东，以不正当手段缔结此种契约，达其操纵公司之目的，不特与公司法有关股东会或董事会决议规定之原意相左，且与公序良俗有违，自应解为无效。”参见我国台湾地区“最高法院”96年度台上字第134号民事判决。

〔3〕 如我国台湾地区“最高法院”105年度重上字第621号民事判决指出：“股东间表决权之约定，并不当然导致选举董事前有威胁、利诱不法情事发生，未必系以不正当手段缔结此种契约，达其操纵公司之目的，苟不违反法律强行规定或公序良俗。”参见我国台湾地区“最高法院”105年度重上字第621号民事判决。

〔4〕 Manson V. Curtis, 233 N. Y. 313, 119 N. E. 559 (1918).

〔5〕 参见［美］M. V. 爱森伯格：《公司法的结构》，载王保树主编：《商事法论集》（第3卷），法律出版社1999年版。

《德国股份法》第136条规定，如果公司董事会或监事会和公司股东缔结表决权拘束协议，约定股东必须依照其指令行使投票权，那么此协议无效。[1]此规范旨在避免董事会或监事会通过协议影响股东表决权的行使，进而控制股东（大）会，使公司的治理结构遭到破坏，不当加重公司治理的代理成本。

在英国著名的 *Russell v. Nortbern Bank Development Corp.* 案中，法院确定了一个重要原则：对公司法定权利进行约束的公司章程或股东协议对公司不具有约束力。[2]公司 Tyrone Brick 与公司其中四名股东签订了一项协议，约定公司以任何方式发行新股或变更当前已发行的股份所附权利，都需要协议股东一致书面同意。后公司考虑增加公司股本并发行股票红利。参与协议的股东 Russell 提起诉讼，请求法院发布禁令，禁止其他股东对该事项的讨论及表决，要求其他股东拒绝投票。法院认为，协议对公司不发生效力，增发资本属于公司法定权利，不得通过股东协议进行限制。[3]

3. 信义义务规制

就表决权拘束协议而言，参与协议的股东可以追求自身利益，但其不得以对整个公司利益不利或对其他少数股东有害的方式投票或行事。如果表决权拘束协议构成对其他股东的欺压或排挤，侵害小股东权益或损害公司利益，则其有效性将受到严格的司法审查。特别是在强调人合性的有限责任公司中，股东间信义义务愈加被强调。[4]由于控股股东在公司中的控股地位，公司法一般对控股股东规定了更为严格的信义义务，避免控股股东利用控股权压迫中小股东。如果表决权拘束协议一方是控股股东，则应关注其缔结表决权拘

〔1〕 参见［德］托马斯·莱赛尔、吕迪格·法伊尔：《德国资合公司法》，高旭军等译，法律出版社2005年版，第252页。

〔2〕 Jauncy 勋爵认为：公司不能通过章程或其他方式（如表决权协议）剥夺公司改变公司章程的权力。See Katherine Reece Thomas & Christopher Ryan, The law and practice of shareholders' agreement, (fourth editors), LexisNexis, 2014, p. 101.

〔3〕 Russell v. Northern Bank Development Corporation Ltd. and others (1992) BCLC 1016. 有学者认为英国法院这一判决自相矛盾，如果股东需要按照表决权协议约定投票，则实际上也是间接限制了公司的法定权利。See Katherine Reece Thomas & Christopher Ryan, *The Law and Practice of Shareholders' Agreement* (fourth edition), Lexis Nexis, 2014, p. 101.

〔4〕 Sebastian Mock, Kristián Csach and Bohumil Havel, Shareholders' Agreements between Corporate and Contract Law, Sebastian Mock, Kristián Csach and Bohumil Havel, International Handbooks on Shareholders' Agreements, 2018, DE GRUYTER, p. 36.

束协议是否造成对小股东的排挤和欺压。更应注意的是，如果股东通过表决权拘束协议组成表决权集团，实际上在公司形成控股地位，则在表决权行使时也会受到更严格的信义义务审查。

公司法的信义义务规制要求股东不得约定以纯粹经济利益为对价的表决权拘束协议。目前世界各国基本禁止表决权买卖，股东通过投票换取特定报酬违反了良好道德。表决权买卖无效的规定不仅是为了消除腐败，更是为了保护股东对公司的忠诚义务，如果股东在投票时有特殊利益，那么他就是把个人利益置于公司利益之上，这种投票应被视为不公平的。〔1〕

三、效力深度：表决权拘束协议能否对公司产生拘束力

在对表决权拘束协议的有效性予以承认的前提下，应讨论的是有效的表决权拘束协议具有何种效力。表决权拘束协议的本质是合同的一种，一般而言，根据合同的相对性，协议仅能约束缔约当事人，对外不具有法律效力，即使是全体股东之间达成的协议，也不能当然地对作为独立法人的公司产生拘束力。然而表决权拘束协议作为公司法上的合同，其缔约主体皆是公司成员——股东，而协议内容亦不仅是股东间私人利益（right）的交换，更是股东对公司权力（power）进行安排，是商法（或公司法）所独有的契约，〔2〕具有一定的特殊性。公司法是一种典型的团体法，是公司成员组建公司这一团体而应该遵循的特别私法，不能仅依照民法的规则和理论对其进行规制。〔3〕不应简单依据“债的相对性”等合同法基本原则对表决权拘束协议的效力问题进行讨论。“深度问题”讨论的是表决权拘束协议作为一种股东间契约，其能否和公司章程等组织规则一样对公司产生拘束力，即讨论表决权拘束协议在公司治理架构中的效力定位。

（一）组织规则、股东协议与公司自治规范

在公司中，组织规则系指对公司内部管理和组织行为进行规制的规则，

〔1〕 See Katherine Reece Thomas & Christopher Ryan, *The Law and Practice of Shareholders'Agreement* (fourth editors), LexisNexis, 2014, p. 101.

〔2〕 参见张谷：“商法，这只寄居蟹——兼论商法的独立性及其特点”，载《清华法治论衡》2005年第2期。

〔3〕 参见叶林：“私法权利的转型——一个团体法视角的观察”，载《法学家》2010年第4期。

具体表现为公司法、合伙企业法等商事组织规范以及公司章程等法定公司文件,〔1〕而股东协议则是股东就公司成员间关系、公司内部权力的分配以及公司事务的管理等事项所订立的协议〔2〕。理论上，组织规则与股东协议分属不同概念。但在公司实践中，股东常通过表决权拘束协议等股东协议对公司权力分配、公司运行程式制定等公司决策管理事项作出规定，股东协议不可避免地与公司法规则、公司章程等组织规则发生交互和冲突,〔3〕股东协议和组织规则已经难以从概念上简单区分〔4〕。某种程度上，作为公司法定、章定治理安排的替代或补充的表决权拘束协议,〔5〕在公司治理过程中已经成为公司自治性规则的一部分。

相较于为所有企业提供标准规范的《公司法》等商事组织法，公司可以通过公司自治性规则，在法律规范之下构建公司治理的私人秩序〔6〕。此种公司自治规范也被称为公司宪章，2006 年《英国公司法》对“公司宪章”进行了定义，认为“公司宪章”不仅包括公司章程，也涵盖股东特别决议和股东协议。〔7〕有学者认为，从定义理解，公司章程这一法律概念可以区分为形式意义的公司章程和实质意义的公司章程，前者是公司法规定的公司设立和运行必备的公司文件，而后者则是指对公司、公司内部各机关（如股东会、董事会、监事会）以及公司成员都能产生拘束力的，规范公司内部管理、组织、决策等的自治性规则。〔8〕公司自治性规则的表现形式不仅包括（形式意义上的）公司章程，也包括股东协议、公司书面决议等公司文件，其和“公司宪

〔1〕 参见许德风：“组织规则的本质与界限——以成员合同与商事组织的关系为重点”，载《法学研究》2011 年第 3 期。

〔2〕 参见张学文：“股东协议制度初论”，载《法商研究》2010 年第 6 期。

〔3〕 许德风教授认为，对公司的决策和管理，股东常常以协议而不是公开的章程确定。参见许德风：“组织规则的本质与界限——以成员合同与商事组织的关系为重点”，载《法学研究》2011 年第 3 期。

〔4〕 参见楼秋然：“有限责任公司中的股东协议效力问题研究”，载《河南财经政法大学学报》2019 年第 2 期。

〔5〕 参见楼秋然：“有限责任公司中的股东协议效力问题研究”，载《河南财经政法大学学报》2019 年第 2 期。

〔6〕 参见张学文：“股东协议制度初论”，载《法商研究》2010 年第 6 期。

〔7〕 参见［英］保罗·戴维斯，沙拉·沃辛顿：《现代公司法原理》，罗培新译，法律出版社 2016 年版，第 63~77 页。

〔8〕 参见施天涛：《公司法论》，法律出版社 2014 年版，第 124 页。

章”或“实质意义的公司章程”是同一法律概念。表决权拘束协议等股东协议，作为公司章程等组织规则的替代和补充，是公司自治的重要依据。

（二）表决权拘束协议具有组织法效力之正当性

《公司法》第43条第1款规定：“股东会的议事方式和表决程序，除本法有规定的外，由公司章程规定。”其规范意旨有二：其一，在公司意思形成的过程中，尤其是在议事和表决过程中，程序正义有着重要的价值，[1]决策结果的正当性离不开决策过程的正当性。为了保障各方面的合法权益，公司法对议事方式和表决程序作了原则性的规定。其二，虽然公司被拟制为具有无差异的人格，但实践中各公司实际情况有较大差异性。对特定公司而言，何种决议程序是最恰当的，并无统一的答案。仅由公司法对表决方式、议事程序进行原则性规定，可能不利于公司的发展和股东之间的协作，要保障股东会的议事和表决的具体实施和操作，因此法律允许公司章程对法定股东会议事程序、表决方式进行修改和补充。

“由公司章程规定”或“公司章程另有规定的除外”的表述，仅是在公司法中明确法律强制和股东自治的边界，并不意味着股东仅能在公司章程中对此类事项进行规定。有学者指出，从世界范围内的公司法立法看，对股东协议可以有两种不同的立法模式，第一种是将股东协议制度明确规定于公司法等组织法之中，明确股东协议的规范范围和效力强度，第二种则是不在公司法等组织法中系统性地规定股东协议制度，而是对法律强制和股东自治的界限加以明晰，在股东自治的范围之内，即是股东协议可对公司发生组织法效力的空间。目前世界上大部分的国家和地区（包括我国公司法），都采取了第二种立法例。[2]申言之，在我国立法例下，只要属于股东自治范围内的事项，股东都可以通过股东协议进行规定。所以股东协议能否对公司发生拘束力的主要难题，在于明晰法律强制与公司自治的界限。

《公司法》第43条明确规定了股东会的议事方式和表决程序可以由股东通过公司章程另行规定，可见此应是公司自治的范畴，其立法目的在于明晰公司表决制度管制和自治的界限，而非规定此类事务仅能由公司章程进行规

---

〔1〕 参见周游：“公司法语境下决议与协议之界分”，载《政法论坛》2019年第5期。

〔2〕 参见楼建波：“股东协议——一个有用的分析框架”，载王保树主编：《商事法论集》（第25卷），法律出版社2015年版。

定。美国学者爱森伯格认为，大体上公司法规则可以分为三类，分别是“结构性规则”“分配性规则”和“信义性规则”，[1]而其中的结构性规则主要是调整公司内部权力机关和公司成员之间的权力配置问题，爱森伯格认为，在封闭公司中，股东对公司治理享有充分信息，是自身利益的最佳判断者，相反，立法和司法则无法对股东达成合意时的背景情况进行公平判断，因此，结构性规则在封闭公司中一般以赋权型或补充型为主。在封闭公司决策、管理以及股东间关系的适用上，股东协议可以等同于公司的组织规则，[2]表决权拘束协议等股东协议并非着眼于股东个体权利的约束，其深层次的目的是影响公司权力结构、改变股东之间的权力（表决权）配置，这种对公司表决制度的调整，应属于公司自治的范畴。不论是通过公司章程抑或表决权拘束协议等股东协议，对公司做出决策所依据的表决规则进行规定，皆应得到法律尊重，允许其对公司发生组织法效力。

具体而言，表决权拘束协议作为组织规则的替代和补充，得以对公司产生拘束力，有以下几个理论依据。

1. 公司契约论

就公司的本质而言，法经济学家认为公司并不是一种具有某种真实人格的实体，而是组成企业的各种要素的集合，公司投资者、管理者、雇员和债权人通过契约关系，自愿结合成为公司，并通过复杂的合同对其各自的权利义务进行安排。[3]根据公司契约论，公司作为独立的实体只是一种拟制，公司的实质是由协调公司各方参与人之间权利义务关系的明示或默示的合同组成的一个合同束（A Nexus of Contracts）。[4]

公司契约论为我们理解公司和公司法的本质，以及研究表决权拘束协议等成员合同，提供了一个新的方法和视角。相较于专注要约、承诺等形式要

〔1〕 参见［美］M. V. 爱森伯格：《公司法的结构》，载王保树主编：《商事法论集》（第3卷），法律出版社1999年版。类似的划分还可参考加拿大学者布莱恩将公司法规范划分为许可适用规范、推定适用规范和强制适用规范三种类型，参见［加］布莱恩·R. 柴芬斯：《公司法：理论、结构和运作》，林华伟译，法律出版社2001年版，第233~284页。

〔2〕 如果股东协议会对公司债权人等第三人的利益产生影响时，股东协议则只对缔约股东有拘束力，不能影响这些利益第三人的利益。

〔3〕 参见施天涛：《公司法论》，法律出版社2014年版，第20~24页。

〔4〕 参见黄辉：“对公司法合同进路的反思”，载《法学》2017年第4期。

件的法律意义上的契约，经济学意义上的契约并不局限于规范各方利益交换的交易合同，而是具有更广泛的意义，可以囊括公司参与人基于意思自治而达成的各种各样的安排。〔1〕根据公司契约论，公司契约的本质是公司各方参与人之间相互交错、长期稳定的协作关系，此种协作关系更为强调效率与安全，而非形式要求。〔2〕公司章程与股东会决议等一定意义上也可以视为股东间的契约安排。〔3〕表决权拘束协议等股东协议，是股东通过磋商、谈判后达成的一致意见，其不仅仅是法律意义上的契约，也有经济学上的契约的属性，实际上是股东之间一种具有相互期待的“协作”，是对公司表决制度的一种“安排”。因此，表决权拘束协议的拘束力以及围绕着此类协议的各种义务，都是基于公司参与人之间的“社会关系”而发生，表决权拘束协议也随着这种“社会关系”的变化而修正或重新形成。对协议的拘束力的讨论，也应尝试把此种社会关系（公司参与人之间的关系）纳入协议的诠释中。〔4〕股东协议之本质是股东对公司治理结构和内部权力分配的调整，内容与目的都在于影响公司经营与治理。股东协议与公司章程、公司决议等共同组成公司“契约网”，共同调整公司内部关系，股东间的此种“协作”“安排”，如果不损害公司和其他利害相关者权益，则应得到尊重。

2. 公司人格的拟制性

公司是一个兼具资合性与人合性的组织，不可能抽象于其成员而存在，其独立于股东，具有独立法人地位，只是一种相对的独立性。认为股东协议因债的相对性仅能在股东间发生效力而不能对公司产生拘束力，只是对公司独立主体地位形成的表层理解。如果僵化认定股东协议仅能在股东之间发生效力而对公司无效，可能会忽视公司的人合性。首先，实践中公司股东与公司某种程度上具有事实上的同一性。比如封闭公司中并没有严格的公司治理

〔1〕参见施天涛：《公司法论》，法律出版社 2014 年版，第 20~24 页。

〔2〕Oliver Williamson, “Transaction Cost Economics: The Governance of Contractual Relations”, 22 Journal of Law and Economics 233-261 (1979). 转引自黄辉：“对公司法合同进路的反思”，载《法学》2017 年第 4 期。

〔3〕参见罗培新：《公司法的合同解释》，北京大学出版社 2004 年版，第 135~144 页。

〔4〕正如苏永钦教授指出的，基于“关系性的契约理论”，契约对契约外的社会关系依赖甚深，不能将两者剥离讨论。参见苏永钦：《走入新世纪的私法自治》，中国政法大学出版社 2002 年版，第 68~72 页。

程式要求，由于股东人数较少，公司投资者和管理者界限并不分明，股东常亲自参与公司管理。股东和公司并没有本质的分离，封闭公司意志很大程度上等同于股东意志，具有更强的人合性特征。其次，法人人格具有拟制性，如汪洋就认为，法人对外进行法律行为时，应采法人实在说，而在处理法人内部行为时，则应该采法人拟制说 。在公司内部，公司各方参与人相互之间的关系，有时并不取决于公司法或者具有独立主体地位的公司，而是取决于其相互之间的契约安排，僵化地将公司视为一个实体，可能会掩盖股东与公司之间关系的本质。[1]最后，对于大部分中小企业，股东投资结合成团体的根本目的在于营利，[2]公司具有独立主体地位，是公司的外在特征（或者说是主要处理公司外部关系），股东作为公司的资本提供者和公司所有者，公司是股东投资和营利的工具，则是公司的内在特征。如果将公司和股东截然区分为两个独立主体，严格禁止股东协议的组织法效力，则可能掩盖协议背后潜藏的股东利益，导致不公平的裁判结果。

3. 组织规则的不完全性

许德风老师认为，公司内部决策管理的不完全性是股东协议得对公司发生组织法效力的深层依据。[3]表决权拘束协议等股东协议成为公司组织规则的替代和补充的根本原因在于：传统的组织规则——公司法规范和章程，无法提供充足的事前、事后规制，[4]而股东协议可以为股东提供一个重新协商谈判的空间，更有利于达成有效的公司治理。

---

〔1〕 参见［美］弗兰克·H. 伊斯特布鲁克、丹尼尔·R. 费希尔："公司契约论"，载［美］弗兰克·H. 伊斯特布鲁克等：《公司法的逻辑》，黄辉编译，法律出版社 2016 年版，第 17 页。如吉尔森等学者则更为极端地认为，调整非公开公司的法律可能根本不属于公司法范畴，将其视为合同法之特别法更为合适。参见 Ronald J. Gilson, Separation and Function of Corporation Law, Berkeley Business Law Journal, Vol. 2, pp. 141, 152 (2005). 转引自周游："公司法语境下决议与协议之界分"，载《政法论坛》2019 年第 5 期。

〔2〕 一般而言，公司以营利为目的，没有其他存在的目的，当然有学者认为公司应承担更多的社会责任。这一看法赞同者有之，反对者亦有之，如两位诺贝尔经济学奖得主哈耶克和弗里德曼即旗帜鲜明地对公司的社会责任表示反对。参见朱庆育：《民法总论》，北京大学出版社 2016 年版，第 418 页。

〔3〕 许德风："组织规则的本质与界限——以成员合同与商事组织的关系为重点"，载《法学研究》2011 年第 3 期。

〔4〕 参见楼秋然："有限责任公司中的股东协议效力问题研究"，载《河南财经政法大学学报》2019 年第 2 期。

我国公司登记机关通常对公司章程进行实质审查，[1]如果公司章程对自治抑或他治界限并不明晰的公司事项作出规定，公司登记机关一般会拒绝办理登记，并责令公司修改公司章程后再行登记。[2]这导致我国绝大多数公司只是遵循法律所提供的模本，公司章程未能对公司内部权益配置及纠纷处理发挥应有作用。[3]因此股东常通过股东协议而非公司章程对此类事项进行规定。[4]在我国公司实践中，作为组织规则的公司章程本身存在不完全性。[5]

在大陆法系国家，公司章程表现为一个需要公示登记的、统一的公司书面文件，但在英美法系国家，公司章程由章程大纲和章程细则两份文件组成。[6]前者是公司设立和日常运行必备的法律文件，法律规定其必须进行公示登记，主要调整公司的对外事务；而后者主要对公司内部事务进行调整，如协调公司成员的利益、分配公司内部机关权责、规范公司运行程式等，公司章程细则一般无需登记，法律对章程细则的内容也基本不作限制。[7]相较于将章程条款区分为绝对必要记载事项和相对必要记载事项，将章程分为两个文件，可以更好地发挥公司章程作为公司自治法的作用。[8]我国公司法没有采取公司章程两分论的立法形式，但如果我们对股东协议持更为灵活、开放的态度，将股东协议视为公司章程的补充，实质上可以使股东协议类似于英美法系国

---

〔1〕 在公司设立过程中，我国各地工商局都有一套格式章程，要求公司设立申请人从工商局官网下载此格式章程，并按照此格式，填写公司章程，如果设立股东意图根据自己实际需要，对格式章程进行修改调整，那么其需要和当地工商局先行沟通协调，而根据各地实际情况，各地工商局都设立人调整公司章程的宽容度则有所不同。参见朱锦清：《公司法学》（上），清华大学出版社 2017 年版，第 135 页。

〔2〕 参见王建文："论我国引入公司章程防御性条款的制度构造"，载《中国法学》2017 年第 5 期。

〔3〕 参见周游："从被动填空岛主动选择：公司法功能的嬗变"，载《法学》2018 年第 2 期。

〔4〕 参见朱利："股东协议与公司章程'任意性条款'的关系初探"，载《政法学刊》2017 年第 4 期。

〔5〕 参见楼秋然："有限责任公司中的股东协议效力问题研究"，载《河南财经政法大学学报》2019 年第 2 期。

〔6〕 参见朱慈蕴："公司章程两分法论——公司章程自治与他治理念的融合"，载《当代法学》2006 年第 5 期。

〔7〕 参见朱慈蕴："公司章程两分法论——公司章程自治与他治理念的融合"，载《当代法学》2006 年第 5 期。

〔8〕 参见朱慈蕴："公司章程两分法论——公司章程自治与他治理念的融合"，载《当代法学》2006 年第 5 期。

家的章程细则，起到补充规范公司内部治理的作用。有学者亦指出，在满足一定条件的情况下，可以将股东协议视为公司章程的附件，而使其对全体股东具有拘束力。[1]

四、效力强度：表决权拘束协议与股东大会决议的效力冲突

“强度问题”主要关注表决权拘束协议的效力强弱，主要是协议和公司决议之间的效力冲突问题，股东（大）会决议撤销之诉是效力对比的直接体现。某种程度上，“深度问题”和“强度问题”是两个依次递进的问题，如果认为表决权拘束协议仅能在缔约股东之间产生债的效力，则守约方仅能请求损害赔偿。只有在表决权拘束协议具有组织法效力的前提下，法院方有可能通过强制履行（撤销相关股东大会决议）或指定性执行的方式对守约方进行救济。

（一）表决权拘束协议与公司决议效力冲突的两种思考进路

1. 合意原则与多数决的对决

公司决议是公司意志的形成，以“多数决”为原则，而股东协议是股东双方法律行为，以“合意”为基础，因此有学者将“根据股东协议撤销公司决议”的司法裁判形象地比喻为“合意原则与多数决的对决”[2]“协议杀死决议”[3]。就协议能否“杀死”决议，各国公司法规定各不相同。如韩国与英国公司法认为，不能因私人间的交易造成团体法律关系的混乱，表决权拘束协议不能对公司发生拘束力，[4]违背协议的救济仅限于赔偿，而不能要求具体履行，以股东表决违反股东协议的约定为由撤销股东（大）会决议[5]。相反，美国公司法、德国判例和主流学说都承认了表决权拘束协议在

---

〔1〕 参见楼建波：“股东协议——一个有用的分析框架”，载王保树主编：《商事法论集》（第25卷），法律出版社2015年版。

〔2〕 吴建斌：“合意原则何以对决多数决——公司合同理论本土化迷思解析”，载《法学》2011年第2期。

〔3〕 周游：“公司法语境下决议与协议之界分”，载《政法论坛》2019年第5期。

〔4〕 参见［韩］李哲松：《韩国公司法》，吴日焕译，中国政法大学出版社2000年版，第379页。

〔5〕 参见［美］保罗·戴维斯、沙拉·沃辛顿：《现代公司法原理》，罗培新译，法律出版社2016年版，第63-77页。

公司法上的效力，并允许将强制履行作为救济方式。[1]

就协议能否"杀死"决议，我国公司法学界亦有两种截然不同的观点。赞成说认为：第一，由于公司内部决策与管理机制存在不完全性，在大多数有限公司以及股东人数较少的股份公司中，股东经常通过股东协议而非公司章程或公司决议的方式对各自权利义务和公司事务进行安排。为保护股东利益，提高公司治理水平，应该肯定成员合同对公司的拘束力，违反股东协议约定的股东（大）会决议可撤销。[2]第二，采用损害赔偿方式进行救济，主观任意性较大，在司法实践中难以根据客观标准计算赔偿金额。且股东协议存在特殊性，如果不能强制履行，则股东缔结协议的目的（如争夺公司控制权）便难以实现，这无异于宣告合同无效。[3]而反对说则认为：第一，"协议代替治理"在公司实践中大量涌现，将使公司内部决策和运行机制被架空，公司内部管理将与外部市场交易的运行无异，本应由组织机制决定的事项都将演变成无止境的契约纠纷，公司将丧失决策功能和效率功能。[4]第二，公司决议需要遵循特定的程序性规定，股东（大）会决议存在股东协议无法替代的程序性价值，这是彰显公司人格的必须。如果不加限制地允许协议干扰公司治理，将会动摇公司独立人格。[5]第三，如果允许股东在公司这一法律架构之外，通过协议又构建一个平行的权利义务空间，事实上就是从外部加强了股东的权利和地位，不利于公司其他利害关系人利益的保护。

"合意原则"与"多数决"对决的背后，实际上是"实质正义"与"公司程式"之间的冲突。一方面，公司程式是彰显公司法价值和保护公司独立人格的必须，如果任由私人协议践踏公司程式，干扰公司治理，则会架空组织运行机制，危及公司的独立主体地位；另一方面，股东间通过股东协议约定各自权利义务和分配公司权力，协议背后隐含的是股东真实的利益，如果

[1] 参见许德风："组织规则的本质与界限——以成员合同与商事组织的关系为重点"，载《法学研究》2011 年第 3 期。

[2] 参见许德风："组织规则的本质与界限——以成员合同与商事组织的关系为重点"，载《法学研究》2011 年第 3 期。

[3] 参见梁上上："股东表决权：公司所有与公司控制的连接点"，载《中国法学》2005 年第 3 期。

[4] 参见陈群峰："认真对待公司法：基于股东间协议的司法实践的考察"，载《中外法学》2013 年第 4 期。

[5] 参见周游："公司法语境下决议与协议之界分"，载《政法论坛》2019 年第 5 期。

严格限制股东协议的效力范围和效力强度，则可能导致实质的不公。如何平衡股东实际利益保护和公司程式价值，是股东协议和公司决议效力冲突应解决的关键问题。

2. 表决权拘束协议与公司决议行为瑕疵制度

“合意原则与多数决的对决”这一表述，概括了股东协议和股东（大）会决议效力冲突的基本面，但表决权拘束协议作为一种特殊的股东协议，可以从另一个角度对此问题进行思考。就公司内部关系观察，可以将公司内部结构按主体划分为三个层次：作为团体整体的公司，作为团体机关的股东（大）会、董事会、监事会，以及作为团体成员的股东。〔1〕根据表现形式，股东协议可以分为两种类型：一种股东协议直接对公司事务、经营管理、股东间权利义务进行规范；另一种则是以表决权拘束协议、表决权信托为代表的限制投票权的约定。〔2〕公司法规定，股东会是公司的权力机关和意思形成机关，通过股东会决议的形式决定公司意志。股东会由股东组成，股东在股东会上对公司事项进行辩论、商议，并最终通过投票的方式，形成集体决议决定公司事务（或选出公司管理者），行使其作为公司所有者对公司的管理性权利。〔3〕股东会决议实际上是经由特定计数规则，将股东意志加总成为集体意志，将成员的意见转化为团体决议。〔4〕实际上表决权拘束协议并不直接对公司事务进行调整，而是通过契约对股东表决权行使方向进行限制，进而影响股东会决议的结果，间接地达到影响公司事务的目的。从这个角度观察，股东缔结的表决权拘束协议，实际上指向的是公司决议的形成过程，而非结果，其重点调整的法律关系，实际上是股东与作为公司意思形成机关的股东会之间的关系，而非调整作为公司成员的股东和作为团体整体的公司之间的关系，如果我们突破公司内部主体层次来讨论表决权拘束协议和股东会决议

〔1〕 参见李志刚：《公司股东大会决议问题研究——团体法的视角》，中国法制出版社 2012 年版，第 51~53 页。

〔2〕 相较而言，因第一类协议对公司组织行为、经营管理有更直接的影响，效果显著，应用也更广泛。See Robert B. Thompson, O'Neal and Thompson's Close Corporations and LLCs, Thomson/West, 2005, pp. 5-8. 转引自许德风：“组织规则的本质与界限——以成员合同与商事组织的关系为重点”，载《法学研究》2011 年第 3 期。

〔3〕 参见邓峰：《普通公司法》，中国人民大学出版社 2009 年版，第 106-145 页。

〔4〕 参见周淳：“组织法视阈中的公司决议及其法律适用”，载《中国法学》2019 年第 6 期。

的法律效力问题，则发生混乱是难免的。

上述讨论为我们提供了另一个可能的思考进路，表决权拘束协议能否“杀死”股东会决议，问题的关键并不仅是“合意原则”与“多数决”之间的对决，并不仅是股东协议内容和股东（大）会决议内容之间的冲突，表面的冲突之下还隐藏着另一个核心问题——表决权拘束协议能否构成公司表决规则？股东（大）会上股东违反表决权拘束协议约定进行表决，进而形成股东大会决议，这一股东大会决议是否存在程序上的瑕疵？

（二）回应实践：表决权拘束协议对公司决议的影响

按照合同约定内容，可将表决权拘束协议划分为两种类型。第一种类型的表决权拘束协议是针对某一次或某一种类型的公司股东大会特定决议事项，对股东表决权的行使方向进行安排；[1]第二种类型的表决权拘束协议则是抽象约定股东表决权的行使。[2]两种不同类型的表决权拘束协议，某种程度上对应着上述两种不同的思考进路。

1. 对特定表决事项进行约定的表决权拘束协议

此类表决权拘束协议的实质，是股东通过协议对股东表决权行使方向进行限制，在特定事项上对资本多数决规则进行调整，进而影响股东大会决议的形成，以实现合同目的。对特定表决事项进行约定的表决权拘束协议与直接对利益分配和公司事务进行约定的一般股东协议（如缔结股东协议约定分红比例，约定公司董事、经理的选派股东协议）没有本质差异，都是股东利益分配和保护的真实体现。而讨论此种表决权拘束协议与股东大会决议的效力冲突，实际上讨论的是这种协议背后的股东利益应在多大程度上得到保护的问题。

股东在进入公司之际会对自身投资有一个预期利益估计，此种利益期待是股东投资的基础。[3]公司法不仅保护股东的法定权利，也应保护股东在公

---

〔1〕 如公司大股东甲为吸引投资人乙投资公司，与乙缔结表决权拘束协议，承诺在股东大会选举公司董事时，甲将投票选举乙为公司董事，保证乙得以参与公司的经营管理。

〔2〕 如甲乙股东约定，在一段时期就全部公司决议事项，股东大会表决时，甲名下股份表决权行使方向都将与乙一致。

〔3〕 参见 Harkamal Atwal, Self-Interest, Justice and Reciprocity in Unfair Prejudice, UCL Jurisprudence Rev., 2004, p. 270.，转引自李建伟：“股东压制的公司法救济：英国经验与中国实践”，载《环球法律评论》2019 年第 3 期。

司中的合理期待。[1]股东的利益期待可以通过股东协议等更具灵活性的私人契约进行体现。如 *McQuade v. Stoneham* 一案[2]中，大股东 Stoneham 为吸引小股东 McQuade 入股公司，与 McQuade 达成协议，约定由 McQuade 担任公司财务经理一职，并向其作出最低回报的保证：财务经理的月薪为 7500 美元。担任公司职务和获得薪酬，实质上便是小股东进入公司时所抱有的预期利益之一，是大股东通过协议对小股东作出的保证，也是小股东投资公司的前提。然而，法院判决认为，经理任免和薪酬决定是公司董事会的事务，股东不能通过协议改变公司内部权力分配，因此此类协议对公司不发生效力。这一判决受到公司法学者的强烈批评，如弗兰克·H. 伊斯特布鲁尔认为，法院没有考虑股东缔结协议的原因和经济基础，直接裁定合约无效，实质上是对大股东的背信行为的鼓励，将严重侵害小股东权益，使大股东当初利诱 McQuade 入股公司的承诺沦为一纸空谈。这一导致实质不公的判决，很难说是在维护什么公共政策。[3]

不论是认为经营权与所有权分离的背景下，董事会应享有独立决定公司事务的权力，不应受股东的不当干扰；抑或强调遵循法定程式形成的股东会决议，具有程序性价值，股东合意不得"对决"公司多数决，其目的皆在于维护公司程式，保护公司独立主体地位不受破坏。然而，法律对待法人的态度，是为追求法人团体社会价值的利用，而不是造法人为自然人，[4]赋予公司独立主体地位的根本目的仍在于服务股东利益，促进社会发展，这实际上体现了一种法律功利主义的思想。在实践中，我们更应该站在功能的视角去理解公司独立人格，而不是仅从概念上理解公司独立人格。对表决权拘束协议效力的审查，归根到底应考虑的是股东间应当如何分配利益才是正当的，而不是尊不尊重公司的独立实体地位。股东与公司之间的关系，不是严格按照公司法的规定设计和发展的，如果为了保护一个制度上的概念，而造成股

---

〔1〕 参见张学文："英美法中的股东合理期待原则"，载《比较法研究》2011 年第 4 期。

〔2〕 参见［美］弗兰克·H. 伊斯特布鲁尔、丹尼尔·R. 费希尔：《公司法的经济结构》，罗培新、张建伟译，北京大学出版社 2014 年版，第 265~266 页。

〔3〕 参见［美］弗兰克·H. 伊斯特布鲁尔、丹尼尔·R. 费希尔：《公司法的经济结构》，罗培新、张建伟译，北京大学出版社 2014 年版，第 265~266 页。

〔4〕 参见江平、龙卫球："法人本质及其基本构造研究——为拟制说辩护"，载《中国法学》1998 年第 3 期。

东间的实质不公，则未免本末倒置。

2. 抽象约定表决权行使方向的表决权拘束协议

就股东对表决权行使进行抽象约定的表决权拘束协议，我国司法裁判普遍认为：如果股东在股东大会上表决方式违反先前缔结的表决权拘束协议约定，相关股东会决议应予撤销。在一起股东未按照在先协议约定的表决比例进行表决的公司决议纠纷中，法院认为：公司股东之间实际上是通过股东间协议而非公司章程明定的方式，来对股东会表决方式进行规定，这一约定对股东和公司都有拘束力。而股东会决议的表决方式违反了股东间协议的约定，违反了我国《公司法》第22条规定，因此法院判决相关股东会决议应予撤销。[1]法院撤销股东会决议援引的裁判依据是《公司法》第22条，[2]本条规定对股东会决议效力瑕疵的无效和可撤销进行了区分，决议行为无效的事由主要集中于决议内容违反法律法规而存在的严重瑕疵，决议行为可撤销的事由主要集中于决议程序瑕疵。

在组织法视角下，对公司决议效力的评价，实际上是对公司意思形成的方式的评价，亦即形成公司意思的议事程序是否正当。[3]法院就该法律适用隐藏的裁判观点是：股东未按照表决权拘束协议约定方式投票，与股东（大）会表决方式违反法律、行政法规或者公司章程一样，属于决议程序瑕疵，股东可诉请撤销该决议。[4]在肯定表决权拘束协议作为公司组织规则的替代和

---

〔1〕（2013）沪二中民四（商）终字第733号判决书。

〔2〕《公司法》第22条第1款和地2款规定："公司股东会或者股东大会、董事会的决议内容违反法律、行政法规的无效。股东会或者股东大会、董事会的会议召集程序、表决方式违反法律、行政法规或者公司章程，或者决议内容违反公司章程的，股东可以自决议作出之日起六十日内，请求人民法院撤销。"

〔3〕同时，表决行为的瑕疵与决议效力瑕疵并无必然联系，表决权人表决行为瑕疵不当然影响公司决议行为的法律效力。参见王雷："公司决议行为瑕疵制度的解释与完善"，载《清华法学》2016年第5期。

〔4〕就此有两种可能的解释，第一种解释是法院认为股东缔结的表决权拘束协议的实质上是对公司章程的修改，确定了特别的表决方式，股东会表决方式与表决权拘束协议约定相悖，实质上是违反了公司章程，因而该股东会决议可撤销；第二种解释是法院类推适用《公司法》第22条，认为表决权拘束协议与法律、行政法规和公司章程具有同等效力，股东会表决方式不得违反股东表决权拘束协议确定的表决方式，否则相关股东会决议可撤销。公司章程修改需要经过法定的程序，而事实上股东亦无修改章程的意思表示，所以在司法裁判中，法院仍将表决权拘束协议与公司章程视为两个不同的公司文件。所以唯一的解释是，法院认为股东可以通过表决权拘束协议构建公司表决规则，且与公司章程具有同等的法律效力。

补充，具备组织法效力的前提下，应当承认，在满足一定条件下，表决权拘束协议可构成公司表决规则，进而如果股东在股东（大）会上的表决违反了之前缔结的表决权拘束协议约定，则应视为决议程序存在瑕疵，相关股东（大）会可予以撤销。

评价公司决策是否程序正当，不仅要评价决策过程是否符合特定的程序性规定，亦要视其程序设定是否符合公司内部法定和约定的分权和制衡架构。〔1〕如果股东会作出的决议，实际上违背了公司真实的权力分配和制衡结构，则可视为决议程序瑕疵。公司章程是公司成员对公司内部权力分配的重要公司文件，但是公司章程不可能揭示公司权力的范围与分配的一切内容，因此我们必须结合公司章程之外的其他公司文件（如股东协议、股东书面决议等），来对公司内部的权力分配和制衡结构进行研究，或者在此背景中解读和理解公司章程。〔2〕公司股东基于某些安排，通过表决权拘束协议，对股东表决权行使方向进行安排，不仅是重新确定了公司表决架构，亦反映了对公司内部权力结构的重新分配，如果法律将此种协议安排排除在公司治理之外，可能会导致股东间的权力分配安排被忽视，而曲解了公司内部真实的制衡关系和权力结构。〔3〕如果股东在股东（大）会上的表决方式违反了在先表决权拘束协议规定的表决制度，实际上也违背了公司真实的权力分配和制衡结构，相关股东会决议应视为存在程序瑕疵，股东可诉请法院撤销该股东（大）会决议。

（三）影响表决权拘束协议效力强度的因素

为避免私人契约不当侵袭公司治理，表决权拘束协议应满足一定的要件要求，方能成为公司章程的替代或补充，产生组织法上的效果——撤销表决方式与协议约定相悖的股东（大）会决议。

1. 是否公示

有学者认为，“在某些情况下，股东协议应认为是不具备公司法上的效力的，除非在公司公证机关登记”。这是因为股东间的表决权协议属于私人间契

〔1〕 参见周游：“公司法语境下决议与协议之界分”，载《政法论坛》2019 年第 5 期。

〔2〕 参见［澳］斯蒂芬·波特姆利：《公司宪治论——重新审视公司治理》，李建伟译，法律出版社 2019 年版，第 1~10 页。

〔3〕 参见周游：“公司法语境下决议与协议之界分”，载《政法论坛》2019 年第 5 期。

约，不为公司其他股东及公司外部利益相关人知悉，如果允许私人间契约无限制地影响公司决议，会造成股东会决议效力的不稳定，侵害未缔约股东等第三人的权益。而如果表决权拘束协议进行了登记或者以附录形式记载于公司章程之中，则应认为此类表决权拘束协议具有对抗效力，因为其已经为公司及公司其他股东所知悉。由于我国立法未对股东协议制度作出规定，表决权拘束协议目前还难以通过在公司登记机构备案登记之方式完成公示。所以原则上只要股东通过适当方式，使非协议股东知悉表决权拘束协议事项，也应视为已公示。〔1〕

2. 表决权拘束协议的缔约表决权比例

表决权拘束协议能否“杀死”股东（大）会决议，不仅应考虑其是否登记公示，还应审查违约表决的表决比例是否会影响公司决议的形成。股东表决行为的意思表示被团体决议行为的意思表示所吸收，〔2〕某一股东表决行为存在瑕疵，〔3〕与公司决议行为瑕疵分属不同法律范畴，不会当然影响股东（大）会决议行为的效力，〔4〕这是区分股东的个人行为与公司作为团体的行为的必须。只有当某一表决行为因瑕疵而被撤销后，将使得股东（大）会决议因不满足公司法法定或公司章程章定的决议通过的一定足数的情况，方可影响决议的效力，使其被撤销或被认定为不存在。〔5〕股东违反表决权拘束协议约定进行表决，这一违约表决行为并不能当然影响股东（大）会决议效力。只有股东违约表决的表决比例足以影响公司决议的结果，亦即违反表决权拘束协议的股东所投赞成票或反对票是关键性票数时，才能发生公司决议撤销的法律效果。

---

〔1〕 如上市公司通过公告的形式，对公司股东间的一致行动协议或表决权联合协议进行披露；或表决权拘束协议由全体股东一致缔结；或者类似张国庆诉华电公司案中，公司董事会就表决权拘束协议事项形成董事会决议，皆可视为协议已完成公示。如果长期以来在股东会表决时，表决权拘束协议缔约股东皆按合同约定一致行使表决权，或统一行使表决权的表决团体已为公司其他股东知悉，则已经成为表决惯例的表决权拘束协议亦应被视为已公示。

〔2〕 参见王雷：“公司决议行为瑕疵制度的解释与完善”，载《清华法学》2016 年第 5 期。

〔3〕 股东的表决行为被撤销，一般涉及的即是撤销权人（股东）意志自由维护的问题，或是旨在为行为人（股东）提供更正错误的机会。参见朱庆育：《民法总论》（第二版），北京大学出版社 2016 年版，第 233~236 页。

〔4〕 参见蒋大兴：“重思公司共同决议行为之功能”，载《清华法学》2019 年第 6 期。

〔5〕 参见梁上上：《论股东表决权：以公司控制权争夺为中心展开》，法律出版社 2005 年版，第 52 页。

3. 公司的公共性维度

有学者认为，公司的独立性与公司公共性程度息息相关，当公司公共性程度增强时，股东意志与公司意志分离程度较大，公司的独立地位应得到充分的尊重和保护，法律应当避免股东意志不当侵袭公司独立主体地位；而当公司公共性程度降低时，公司与股东分离的程度就越低，则在公司治理中更应当坚持股东导向模式。〔1〕所以在公共性程度较低的封闭公司中，应该允许公司和股东更为自由地设置适合自身的表决规则和决议程序，且设置的方式应该更为开放。而随着公司规模扩大，公共性程度增强，股东自由则应逐步让位于公司独立地位维护与股东和公司利益相关者权益的保护，应限制表决权拘束协议对公司决议的影响，以避免股东间的私人契约破坏公司程式，损害公司独立主体地位和第三人的合法权益，从而产生负外部性。

我国台湾地区"公司法"有关表决权拘束协议的立法、修法进程，也反映了表决权拘束协议的效力强度应随着公司公共性程度的增强而削弱的观点。早期，我国台湾地区仅承认表决权拘束协议在公司并购时的效力。〔2〕随着经济社会的高速发展，表决权拘束协议在公司经营管理中被广泛使用，2015 年我国台湾地区增订"公司法"，明定闭锁性股份有限公司股东得订立表决权拘束契约及表决权信托，〔3〕表决权拘束协议可以全面适用于公司实务，而不仅限于企业并购过程。2018 年 7 月，我国台湾地区通过"公司法"部分条文修正草案，承认表决权拘束协议在非公开发行股份有限公司中的效力，但仍明文规定排除表决权契约和表决权信托在"公开发行股票公司"中的适用。〔4〕纵观我国台湾地区"公司法"的修法历程，可以发现，随着公司规模愈大、

〔1〕参见邓峰：《代议制的公司：中国公司治理中的权力和责任》，北京大学出版社 2015 年版，第 204 页。

〔2〕我国台湾地区 2002 年"企业并购法"第 10 条第 1 项规定："公司进行并购时，股东得以书面契约约定其共同行使股东表决权之方式及相关事宜。"

〔3〕我国台湾地区"公司法"第 356-9 条规定："股东得以书面契约约定共同行使股东表决权之方式，亦得成立股东表决权信托，由受托人依书面信托契约之约定行使其股东表决权。"

〔4〕我国台湾地区"公司法"第 175-1 条规定："股东得以书面契约约定共同行使股东表决权之方式，亦得成立股东表决权信托，由受托人依书面信托契约之约定行使其股东表决权。股东非将前项书面契约、股东姓名或名称、事务所、住所或居所与移转股东表决权信托之股份总数、种类及数量于股东大会开会 30 日前，或股东临时会开会 15 日前送交公司办理登记，不得以其成立股东表决权信托对抗公司。前二项规定，于公开发行股票之公司，不适用之。"

公司公共性愈强，立法者对赋予股东表决权拘束协议效力的态度便愈发谨慎。法院在对表决权拘束协议的有效性及效力强度进行审查时，也应当遵循这一规律，对股东人数较多的股份有限公司或上市公司中表决权拘束协议的效力，应该持更为谨慎的态度和采取更为严格的审查标准。

结　论

张谷教授认为："商法并不是与民法毫不相干的、绝缘般地独立，而是像寄居蟹与空螺壳的关系，既有共享的空间，相互地利用，看似一体，实际上是两个不同的个体。"〔1〕表决权拘束协议的效力问题，即可看作这一结论的一个绝佳注脚。表决权拘束协议具有双重属性，其不仅是股东分配私人权益的合同，更是对公司权力分配和治理结构进行安排的公司自治性规则，这决定了在对表决权拘束协议进行研究时，应该在公司法与契约法双重视角下展开，且应重点关注团体法规则和理念的运用。

随着公司实践与社会经济的发展，立法和司法皆不应再固守表决权与所有权不得分离原则，只有承认表决权拘束协议的有效性，允许股权权益一定程度地分离，才能满足商业实践需要，提高公司治理水平。但这并不意味着所有表决权拘束协议一律有效，就前述达志科技大股东为出售公司股份，转移公司控制权而承诺的"表决权放弃"的声明，实质上是经契约对公司控制权进行重新安排，使公司控制权得由股份承买方湖南衡帕动力合伙企业掌握，进而实现借壳上市的目的。法律虽不禁止股东间通过表决权拘束协议争夺公司控制权，或对其进行重新分配，但达志科技属于上市公司，具有较强的公共性，大股东对公司及其他公司股东负有信义义务，如果大股东通过"表决权放弃协议"永久放弃表决权，从而实现转移公司控制权的目的，有违公司信义义务规定，同时，达致科技原控股股东所做的"表决权放弃"声明具有的极强的强制和排他效果，与通过私人契约发行无表决权类别股无异，将使仅占公司16.68%的第二大股东永久把握公司控制权，这一公司治理结构变化对中小股东以及公司债权人等利益相关者影响巨大，应该受到严格的司法审查，避免公司实际控制人滥用公司控制权损害公司和中小股东利益。本文认

---

〔1〕 张谷："商法，这只寄居蟹——兼论商法的独立性及其特点"，载《清华法治论衡》2005年第2期。

为，原则上这一“表决权放弃协议”应属于无效。

表决权拘束协议具有公司自治规则的属性，基于法人人格的拟制性和公司组织规则的不完全性，为维护公司人合性和保护股东合法权益，表决权拘束协议等股东协议和以公司章程为代表的组织规则的效力不应该被严格区分，应承认表决权拘束协议是组织规则的补充和替代，与公司章程一同构成公司的自治性规则，对公司发生组织法效力。评价公司决议是否程序正当，不仅要评价决议程序是否符合公司程式要求，更要评价决议程序是否符合法定和约定的公司内部权力结构。实际上，对表决权拘束协议组织法效力的讨论，关键在于我们如何看待公司？如何在股东自治和司法管制之间寻求平衡？甚至关键在于我们持何种“公司法哲学理念”。

其一，自由还是管制？在公司管制主义的立场上，基于公共利益的考量，为更好地保护公司和公司各方参与者的合法权益，公司法会对公司自治进行一定的限制，典型体现为强调公司法中的强制性规定、尊重公司程式的要求和维护公司主体地位，其所对应的即是公司治理的相对不自由，[1]股东通过协议参与公司治理将受到更多限制，表决权拘束协议的有效性和效力将受到更为严格的司法审查和限制；而在自由主义的立场上，公司法规则被视为默示条款，股东间可以通过缔结协议来取代公司法条款，对其各自权益和公司内部权能进行处置。这时候表决权拘束协议更倾向于被认定为有效且可对公司发生拘束力。自由主义和管制主义并非完全地对立冲突，如何平衡私人治理和国家管制，使股东协议和公司法规范相辅相成，共同促进公司治理发展，是研究表决权拘束协议首先应当解决的命题。

其二，我们如何理解公司？公司是财产还是主体？[2]当以客体或财产的视角看待公司时，公司被看作是股东手臂的延伸，公司治理问题将更多通过契约法进行解释，股东自治、股东行动主义等思想正是这一立场的体现。[3]法院将更为关注表决权拘束协议背后的真实合意和股东利益保护。如果公司被视为一个独立主体，承认公司独立利益的存在，将公司利益与股东利益相

---

〔1〕 参见蒋大兴：《公司法的观念与解释Ⅰ》，法律出版社2009年版，第7~8页。

〔2〕 参见邓峰：“作为社团的法人：重构公司理论的一个框架”，载《中外法学》2004年第6期。

〔3〕 参见蒋大兴：《公司法的观念与解释Ⅰ》，法律出版社2009年版，第7~8页。

区分，[1]在此立场下，公司法将更加强调公司作为一种人格主体、一种商事组织的地位，公司法规范和公司章程等组织规则的重要性将得以彰显，通过表决权拘束协议影响公司治理的行为将受到严格的审查，以避免公司程式和公司独立主体地位受损。因而，对表决权拘束协议效力问题的认定，重要的理论基础在于如何理解公司。

---

〔1〕 参见邓峰："作为社团的法人：重构公司理论的一个框架"，载《中外法学》2004 年第 6 期。

第六部分

军事法学

自主武器系统的定义问题研究

——以国际人道主义法为视角

王子涵*

【摘　要】自主武器系统（Autonomous Weapon System，AWS）作为人工智能技术在军事领域的典型应用，引起了国际社会的广泛关注。不同国家、组织就其定义问题存在争议。联合国《特定常规武器公约》（Convention on Certain Conventional Weapons，CCW）框架下持续进行的多次会谈为自主武器系统定义的讨论提供了有利的平台，但各利益攸关方仍未能就此形成一致意见。本文将以国际人道主义法（International Humanitarian Law，IHL）为视角，通过对现有定义的分析，归纳总结自主武器系统的本质特征，并以此为依据进行定义标准的解析与重构，从自主性与功能性两类特征出发，对自主性与自动化、人机交互、系统自我学习能力及关键功能等要素深入剖析。此外，明确自主武器系统的法律性质，肯定"工具论"视角下将自主武器系统定性为武器或作战方法与手段，从而作为武装冲突客体存在的合理性与合法性的观点；同时否定"智能体"思路下将自主武器系统视作"战斗员"的观点。厘清自主武器系统的定义现状、定义标准和法律性质，有利于增强对相关概念和特征的理解，更能为国际人道主义法规则的适用提供合理依据。

【关键词】自主武器系统　自主性　关键功能　国际人道主义法

---

* 王子涵，中国政法大学 2018 级军事法专业硕士。

一、自主武器系统定义的现状与分析

目前关于自主武器系统的研究大多集中于其对国际人道主义法的冲击与挑战方面，而作为核心的定义问题常常被忽略，国际社会难以就此达成一致意见。联合国《特定常规武器公约》框架下，包括红十字国际委员会（International Committee of the Red Cross，ICRC）及多国政府在内的利益攸关方就此问题展开了多次专家会谈，报告显示既有定义仍在关键功能、自主性、人机关系等方面存在分歧。针对既有定义存在的分散性、片面性等问题，对自主武器系统定义的现状加以分析，有利于实现对其本质特征的钩元提要。

（一）ICRC 指导性定义

ICRC 在 2016 年 4 月举行的《特定常规武器公约》致命性自主武器系统专家会议上提交了关于自主武器系统的相关意见，将自主武器系统定义为：任何具有自主关键功能（critical functions）的武器系统，即能够选择（搜索、探测、识别、跟踪）和攻击（对目标使用武力、压制、破坏或摧毁）而不需要人工干预的武器系统。[1]即在最初由人类操作人员发射或激活后，武器系统本身能够利用传感器——计算机编程（软件）——武器这一链条结构承担原本由人类控制的关键功能。从定义本身来看，似乎任何武器系统只要满足“独立选择和攻击目标”的条件，就应囊括在 ICRC 所述的自主武器系统之中。ICRC 以“关键功能”为标准，从较为宽泛的视域对自主武器系统进行了定义，且这一定义是相当中立的，它并没有声称一个具有自主化特征的系统本身是被禁止的。

该定义同时暗含了更深层次的人机交互的特征，任何能够在不受人类操作员干预的情况下进行选择（具有系统选择所需的任何能力）和攻击（具有系统部署的任何手段、方法或弹药）的系统都可以被称为自主武器系统。从 ICRC 的角度来看，关注人类的角色定位过程和人机交互关系可以为人们理解和关注自主武器系统提供一个更接地气的途径，而不是一个纯技术型的自主。从这个意义上说，该定义并不是要预先判断可以被认为合法或不合法的武器

---

〔1〕 ICRC, Views of the International Committee of the Red Cross on Autonomous Weapon System, submitted to Convention on Certain Conventional Weapons Meeting of Experts on Lethal Autonomous Weapon Systems 11-15 April 2016, Geneva, p. 1.

系统的自主性程度究竟是什么，相反，ICRC 建议各国通过评估使用武器系统进行攻击所需要的人力控制的类型和程度来确定自主武器系统应限制的范围，而这种限制首先应体现为是否符合国际人道主义法的要求。

但是，为了确保所有新型作战手段和方法都符合国际人道主义法规定，各国必须根据《第一项附加议定书》第 36 条进行法律审查。鉴于这一义务，ICRC 的定义对第 36 条的审查义务以及对任何额外的测试和后续认证提供了进一步的支持。ICRC 指出：

“进行第 36 条审查的要求充分了解武器的能力并预见其效果，特别是要通过试验加以证明。但如果自主武器系统变得更加复杂，或由于在其行动中获得更多的自由，从而产生不可预测性，那么这些审查和测试就会越来越困难。”〔1〕

由此可见，ICRC 给出的定义虽未强调适用于自主武器系统的国际人道主义法（IHL）的具体规定，但明确表示任何自主武器系统的使用都必须按照国际人道主义法的要求进行。每一个正在发展、部署和使用自主武器的国家都应主动承担起确保自主武器系统符合国际人道主义法这一重任。

（二）不同国家的工作性定义

各国政府和其他利益攸关方在针对自主武器的讨论中提出了一些工作性定义，如表 1 所示（出于代表性和针对性考虑，以下所列未能详尽）。

表 1　不同国家的工作性定义

国别	定义	核心与标准
荷兰	自主武器系统是指在没有人工干预的情况下，能自主选择并与符合预定标准的目标交战，且遵循人工决定部署的一种武器，但前提是攻击一旦发起，就不能被人工干预阻止〔2〕	1. 将人工干预限制在目标锁定阶段。 2. 排除选择和攻击等关键功能的人工干预。 3. “不可召回”似乎意味着，在没有人类干预的情况下进行选择和攻击，但可以被召回或停止的武器系统将不是自主武器

〔1〕 CCW/GGE. 1/2017/WP. 2 of 9 October, p. 81.

〔2〕 Government of the Netherlands, 2017, “Examination of Various Dimensions of Emerging Technologies in the Area of Lethal Autonomous Weapons Systems, in the Context of the Objectives and Purposes of the Convention”, document CCW/GGE. 1/2017/WP. 2 of 9 October, para. 5.

续表

国别	定义	核心与标准
法国	致命性自主武器是完全自主的系统，意味着完全无人监督，切断了与军事指挥链间的任何联系（包括通信或控制）。其发射平台（delivery platform）将能够移动以适应其陆地、海洋或空中环境，并在没有任何人类干预的情况下瞄准和发射致命执行器（子弹、导弹、炸弹等），同时极有可能拥有自我学习的能力〔1〕	1. 自主与自动化的严格区分。 2. 切断与指挥、监控等人为链接的联系。 3. 强调自主武器系统发射平台对可能发生的环境变化的适应能力及其本身在经过部署后的自我学习能力
英国	自主武器系统能够理解更高层次的意图和方向，并能从这种认识和对环境变化的适应性出发采取适当的行动。系统具备决策能力，能从多种备选办法中决定一项行动方针。自主武器系统的行动不依赖于人类的监督和控制，但这些监督和控制可能仍然存在〔2〕	1. 强调自主武器系统的认知能力，具体包括：理解人类的意图；语境意识和感官感知；目标取向等。 2. 决策能力是“自主”的核心。一个自主的系统可以在不受人类监督或控制的情况下，从各种行动过程中自行做出决策。这可能受到特定环境或任务的限制，但不受观察系统行为的人的存在与否的影响
美国	该武器系统一旦被激活就可以选择目标并与之交战，无需操作人员的进一步干预，包括人为监督下的自主武器系统。其设计允许人类操作员独立于武器系统的操作之外，但激活后系统可以选择和攻击目标，无需进一步的人力投入〔3〕	1. “自主”与“半自主”的联系与区别。 2. 虽然作出“决定”的能力必然要求一个武器系统具有使其能够执行这项任务的各种功能，但美国并不完全根据这些能力的存在或不存在来界定自治，不关注自主本身存在与否。 3. 强调自主性体现在目标的选择和攻击层面

不同国家的定义可能由各国人工智能技术发展水平参差不齐所致，但根

〔1〕 Dustin A. Lewis, Gabriella Blum and Naz K. Modirzadeh, War-Algorithm Accountability, *Harvard Law School Program on International Law and Armed Conflict*, *Research Briefing*, August 2016.

〔2〕 U. K. Ministry of Defence., Joint Doctrine Note 2/11: The UK Approach to Unmanned Aircraft Systems, 2011), pp. 2-3.

〔3〕 Department of Defense Directive 3000.09, November 11, 2012, GLOSSARY, PART II. DEFINITIONS. autonomous weapon system, p. 13.

本上是其在国际社会中不同利益和立场的反映，因此可能存在片面性和较强的针对性。例如，荷兰政府的工作定义明确了人类在预设目标特征、选择目标和武器、规划和评估潜在附带伤害的要素等“更广泛的回路”中发挥的重要作用，但同时也将“自主武器系统”的标签限制在极少数自主性程度较弱的系统上，比如没有通信功能的或自主潜水器系统等。这似乎意味着即使再有野心的国家也没有理由发展一个本质上不受人类控制的武器系统。

对此，法国政府的定义则企图通过系统具有“自我学习能力”来暗示：即使不受人类控制，自主武器系统依然极有可能符合国际人道主义法的要求。它规定了哪些类型的系统应该被认为是“自主的”，也间接地更全面地说明了什么是“自主”。同时在一定程度上限定了哪些不是自主武器系统，具体包括：现有的自动化系统；以任何形式的通信或控制连接到“军事指挥链”的系统；以任何方式进行监督，或能够“人为干预或验证”的系统；不具备自我学习能力的系统。这就为“自主化”与“自动化”标示了一条鲜明的界限。预先编制程序的系统，在没有任何适应、变化或自由裁量权的情况下，以特定的方式行事，将被视为是自动的，而不是自主的。

致命性自主武器最有可能具备自我学习能力，因为潜在军事场景的复杂性和多样性导致无法进行“预先编程”。系统发射平台对环境变化的适应能力和系统具备的自我学习能力意味着自主武器将极有可能在完全符合国际人道主义法要求的情况下，独立于编程阶段预定义的标准选择目标。但同时应注意到，在该定义下，只有部署后能够继续自我学习的系统才被认为是自主的，而其他任何拥有机器学习能力但在部署后不再继续学习的系统将被认为是自动的。这就引出了一些关于机器学习和设计选择的关键问题。系统自我学习本身是不可预测的，我们无法预知自主武器将如何在给定的模型中学习，以及它会如何将这种学习外推到新环境中。然而，系统自我学习后“独立于编程阶段预定义的标准”选择目标的情况并不是不可避免的。此时，在部署之前是否冻结学习就成为一种技术设计选择。

英国政府提出的概念着重强调了自主武器的最新情况。与 ICRC 的立场相似，英国更关注自主武器系统所需的认知能力和人机交互特征，其优势在于对未来战场上人工智能潜在能力的前瞻性思考。目前，英国正在研究人类和人工智能如何互动以及如何实现“意识共享”，从而理解对方的行动、目标、意图和推理。然而，鉴于人工智能目前的技术水平，我们尚不清楚这种“意识共享”在技术上是否可行。尽管在自然语言处理、让人工智能学习语言含义以及非语言线索和社会习俗等方面取得了重大进展，但在人工智能研究中，实现强大的“意图识别”仍存在技术障碍。

此外，与法国政府相比，英国政府的定义中没有涉及“致命性”一词，也没有讨论自主武器系统是否应该包括非致命性武器或者其他特定类型武器，如防御类武器系统。在其他论坛上，英国曾表示，如 Phalanx“密集阵”近防武器系统，在没有人类参与的情况下获取和打击目标，是其一贯立场的例外，体现了英国政府对人类决策权的认同立场。〔1〕也就是说，英国武器的操作将始终处于人类控制之下，作为人类监督、权力和责任的绝对保障。虽然武器系统可以在自主模式下运行，但总是有人参与设置适当的参数。〔2〕

美国国防部 2012 年发布的《3000. 09 号指令》（Directive 3000. 09）对自主武器系统的定义似乎是一种功能主义的定义，与 ICRC 的定义有相似之处，但侧重点不同。美国政府的定义优势在于它的全面性和对细节的关注，无论是技术的精确性以及用于支撑设计、开发、收购、测试、评估等各项程序的强大的算法类型，都来源于整个国防部关于自主系统的规定。然而，由于美国的定义是嵌入在国防部的政策中的，其目的是在美国内部就自主和半自主系统的开发和使用进行落地式讨论，因此，这一定义需要与该政策指令的其他几个要素一起考虑。

《3000. 09 号指令》聚焦于“自主武器系统”与“半自主武器系统”〔3〕的联系。与 ICRC 的功能导向法不同，美国并不关注“自主性”的存在问题，而是把重点放在自主武器系统的决策层面，强调武器系统在选择和攻击上的决策作用，以及目标的“选择”是“确定一个单独的目标或一组特定

〔1〕 Article 36, 2016, “The United Kingdom and Lethal Autonomous Weapons Systems: Analysis of UK Government Policy Statements on Lethal Autonomous Weapons Systems”, http://www.article36.org/wp-content/uploads/2016/04/UK-andLAWS.pdf.

〔2〕 United Kingdom Ministry of Defense, 2017, Unmanned Aircraft Systems, Joint Doctrine Publication 030.2, p.43, https://www.gov.uk/government/uploads/system/uploads/attachment_data/file/640299/20170706_JDP_030.2_final_CM_web.pdf.

〔3〕 Department of Defense Directive 3000.09, November 11, 2012, GLOSSARY, PART II. DEFINITIONS. semi-autonomous weapon system, p.14.

的目标”。[1]该定义下，任何特定的自主武器系统所拥有的使其作出决定的技术对任务本身而言也是特定的。单纯的功能方面的自主性并不意味着该系统是一个“自主武器系统”。自主性应存在于目标的选择和对该目标的打击效果方面。如果选择属于操作者，那么系统就是半自主的。如果激活之后的选择属于武器系统本身，那么它就是自主的。

然而，《3000.09号指令》并未明确，如果目标识别软件库中有不止一种类型的目标对象时该如何选择。例如，如果一个武器系统能够识别阿帕奇直升M1坦克和爱国者拦截导弹，此时系统若对“狩猎”对象进行攻击，是否构成了定义所述的“选择”？还是因为指挥官想摧毁其中一个或所有目标，所以在发射时已经作出了选择？如果是后者，系统将由于指挥官精准的选择而丧失自主性特征。

与其他国家作出的工作性定义不同，中国政府目前尚未就自主武器系统给出明确的定义，而是就自主武器系统的典型特征加以描述，如自主性、致命性、自我学习能力等。值得一提的是，在关于自主性程度的立场问题上，我国强调自主武器系统应具备完全自主性。[2]由此可窥见，我国政府相对谨慎的态度一定程度上反映了对自主武器系统在实际应用中的担忧。

综上，不同国家对自主武器系统的定义看似包罗万象，对比之下实则暗含了不同利益和立场驱使下战略博弈的本质。到目前为止，各利益攸关方虽未就自主武器系统的概念达成一致意见，但争议本身的存在会促进相关问题的讨论，从而使自主武器系统这一争议对象的本质特征在不断的研究与探讨中逐渐清晰。

二、解析与重构：自主武器系统的定义标准

暂且忽略不同利益攸关方的战略博弈目的，综合比较现有的自主武器系统定义，都离不开若干争议词汇，例如自主性与自动化、人为干预、关键功

---

〔1〕 Department of Defense Directive 3000.09, November 11, 2012, GLOSSARY, PART II. DEFINITIONS. semi-autonomous target selection, p. 15.

〔2〕 Position Paper submitted by China, Group of Governmental Experts of the High Contracting Parties to the Convention on Prohibition or Restrictions on the Use of Certain Conventional Weapons Which May Be Deemed to Be Excessively Injurious or to Have Indiscriminate Effects, 11 April 2018, CCW/GGE.1/2018/WP.7, para. 3.

能等，这些词汇体现了功能导向、技术导向及人本导向下不同国家、组织的立场，但也暗示自主武器系统的两大本质特征：自主性与功能性。本部分内容将以现有定义为依据，从自主性与功能性出发，对自主武器系统的定义标准进行解析与重构，以期在一定程度上厘清自主武器系统的概念及相关特征。

（一）自主性

1. 自主性与自动化

自主性作为自主武器系统的典型特征，其含义在定义中的重要性不言自明。何为自主性？从技术导向出发，自主性外化为人工智能技术在军事武器领域的典型运用，内化为武器系统运行中人类干预的程度与方式。自主是一种外在特性，而不是一种系统内在所特有的，它可以应用于任何武器系统或任何系统的不同部分。提高自主水平可以适用于每一个武器系统，正如提高自动化水平已经成功应用于前几代武器一样。上述一些国家在针对自主武器的相关讨论中，希望仅根据技术特征就自动化系统和自主化系统作出明确的区分，却忽略了技术发展和创新的步伐将很快会使当前的“技术状态”过时。

对此，ICRC 选择了一种看似模糊实则清晰的定义方向，将注意力集中在“关键功能”上，而并没有就自主或自动化加以赘述；法国强调自主与自动化的明确界限；美国则通过“自主”和“半自主”的概念对自主武器系统的定义进行了延伸。然而直到目前，能否从技术层面划出自主与自动化的界限尚不清楚，自主性显然打破了自动化“如果这样，必然那样”的简单逻辑，但过分纠结于二者的区别实际上无益于对自主武器的界定，相反可能陷入语义逻辑的怪圈。正如裁军研究所第一次观察报告所指出的，以技术为中心的框架往往具有排他性，许多国家政府因为对技术了解不充分而无法平等地参与对话。[1]

2. 人机交互

自主武器系统的自主性与“人类干预”在诸多既有定义中呈现出功能上的“互斥”关系。从人本导向来看，自主性是人类把对武器在某种程度上的

---

〔1〕 UNIDIR, 2014, Framing Discussions on the Weaponization of Increasingly Autonomous Technologies, UNIDIR Resources no. 1, pp. 7-8; and UNIDIR, 2014, The Weaponization of Increasingly Autonomous Technologies: Considering how Meaningful Human Control might move the discussion forward, UNIDIR Resources no. 2, p. 3.

控制和决策授权给机器，也就是说，自主性的实现暗含人机交互的前提。完全的自主意味着人类的决策空间被取代，武装冲突中的生杀大权被机器掌控。这提出了关于人类在使用武力和决定生死决策中的作用和责任等深刻的伦理问题，比如我们是否愿意将生死决定权外包给机器？这是否是对人类生命神圣性和人类尊严的严重冒犯？

在《特定常规武器公约》（CCW）框架下进行的讨论中，似乎出现了一种新的协商一致的意见，即不应完全将目标选择和交战决定授权给机器。因此，在上述各国政府给出的工作性定义中，多数认为无论自主性如何在关键功能上起作用，仍应保有一定程度的人类监督。CCW 将这种关系分类描述为："人在回路之内"与"人在回路之外"，[1]以及"有意义的人类控制"[2]的概念或美国国防部指令中所述"适当水平的人类的判断"[3]等说法都佐证了这一点。

从 ICRC 的意见报告来看，它呼吁维持对武器系统和使用武力的人的控制，以满足法律和道德上的要求。国际人道主义法关于敌对行为规则的执行具有一定程度的人为控制或参与。虽然国际人道主义法规定了国家和武装冲突各方的义务，但其规则最终是由人类主体执行的，这些主体在实施攻击时有责任遵守这些规则，并且必须对违反行为承担责任。因此，对自主武器系统的运作进行某种程度的人为控制，将人类的意图转化为武器系统的运作，将始终是确保遵守国际人道主义法的必要条件，但这确实可能会在技术上限制合法的自主水平。

3. 自我学习能力

人类通过输入数据的形式对自主武器系统加以授权，但当系统具备较高程度的自主性时，其对数据的运用方式和路径不同、数据之间可能存在的一些未知关系，以及与之相关的技术细节都可能导致系统在给定目标之外"选择"新的目标，从而错误地识别了某些对象，导致不可预测的后果。法国政

---

〔1〕 CCW, Report of the 2016 Informal Meeting of Experts on Lethal Autonomous Weapons Systems (LAWS), p. 5.

〔2〕 CCW, Report of the 2016 Informal Meeting of Experts on Lethal Autonomous Weapons Systems (LAWS), p. 3.

〔3〕 Department of Defense Directive 3000. 09, November 11, 2012, GLOSSARY, PART II. DEFINITIONS. human-supervised autonomous weapon system, p. 14.

府的报告已经注意到了这一点。

自主武器系统的自我学习本质上是机器学习，系统可以从人类输入数据的细节出发总结人脑本身的生物学习机制，并通过严格数学化的形式加以运用。[1]也就是说，机器学习系统可以通过模拟神经网络和类似的结构，综合分析数据的数学性质和不透明内部参数之间的复杂关系得出新的结论。这就意味着即使是运行该系统的研究人员，也无法完全理解系统的潜在学习逻辑。由此可知，系统的自我学习是随机的，不可预测的，且不受人类经验或期望的限制。目前虽还没有任何证据可对系统自我学习能力或行为的存在提出正式的证明，但大部分技术障碍的破除只是时间问题。

然而，正如前文所述，系统自我学习后另选目标的情况并不是不可避免的，此时，在部署之前是否冻结系统学习能力就成为一种技术设计选择。此外，辩证地看待系统的自我学习能力，其不可预测性只是一个方面，另一方面，自主武器系统可能通过自我学习实现对环境变化或突如其来事件的适应与反应能力，从而使自主武器系统在变化莫测的现实冲突状态下仍有可能符合人道法关于区分原则和比例原则的要求。

综上，毫无疑问，我们当然支持人工智能技术的发展与进步，但其宗旨仍应是“服务”而非“主宰”，因此对自主武器系统的认知首先须在其自主性与人类干预之间寻求一种平衡，从武器审查的角度出发，判断这种平衡的最低限度标准应是其运行过程是否能够实现对国际人道主义法相关规则的遵循。

（二）功能性

以功能为定义构成要件的分析旨在明确哪些功能对系统对目前的任务而言是“关键”的，以及系统究竟是进攻性还是防御性的问题。

1. 关键功能：选择与攻击

在 ICRC 指导性定义中并未提供“自主”一词的确切定义，而是采用了“关键功能”这一表达方式，因此，此处所述“关键功能”可能同时存在于自动化系统和自主系统中，二者作为连续体而存在。也就是说，该定义并不损害对武器系统类别的管制或禁止。在如此宽泛的概念下，就自主武器系统

---

〔1〕 余殷博：“基于人工智能下的机器学习历史及展望”，载《电子技术与软件工程》2017 年第 4 期。

的所有关键功能达成某种形式的协议显得十分必要。这些关键功能在自动和自主系统中本质是相同的，但由于在确定的界限或确切的阈值方面存在技术困难，这些功能可能在性质或程度上发生潜在的变化。而“关键功能”的存在本身会使得对完全自主武器的定义失去意义。

从武装冲突的现实情况出发,“关键功能”下“选择与攻击”中的“选择”一词可能存在着循环性或自成闭合回路的情况。ICRC 定义下的“选择”阶段应包括“侦察”“识别”“跟踪”等其他能力。然而，这些术语在概念上是不同的，尽管它们可能需要相同或类似的硬件和软件技术作为支撑。例如，检测目标是感知目标的存在，而选择目标则是在潜在的目标对象中进行筛选。

以“选择”一词为例，可以有不同的理解方式，例如,“选择”可能意味着人工先行“选择”了目标库的所有目标特征，而机器只是将该特征匹配到目标库。或者也可能意味着攻击前进行选择时，系统在一组预先选择的目标中进行选择。如果我们从第一种认知出发定义“选择”，那么很少有系统能够真正地实现自主。如果是第二种认知，自主的范围就会有所扩大。而对“攻击”一次的理解逻辑思路同上。

显然，在定义中直接体现系统不同功能涵盖的具体任务是不现实的，也违背了下定义本身对简洁扼要的要求。然而，自主武器系统运行过程中，关键功能上的任何一处疏漏都将造成不可预测和不可挽回的严重后果，下定义者应谨慎考虑每一功能可能的任务路径，尤其是在法律界定的过程中，不同的行为都将与责任清晰对应。

2. 军事意图：进攻性与防御性

既有定义大多数从“关键功能”和自主性程度方面对自主武器本身的特征加以描述。然而，自主武器系统作为人工智能技术在军事领域的应用，其军事作用不容忽视。理论上，从军事意图和主、被动性考虑，自主武器系统可以被分为进攻性和防御性两种。但据笔者所知，到目前为止还没有任何设计和编程使任何武器系统能够自行决定攻击目标（人类)。正如地雷无法自动引爆，没有机器能够从一开始就决定为什么、何时、何地以及如何开始冲突或发起一场战争，除非它被编程授予这样的权利。

几乎所有现行的自主武器系统都被设计成定点防御或区域防御武器系统，即对外来威胁作出反应。这类系统可以对导弹威胁作出反应，但不能单独发动攻击。例如，美国已经设计操作地面武装机器人，比如特种武器观察侦察直接行动系统（Sword），现已部署在阿富汗，用于探测和拆除临时爆炸装置。它是第一种武器化的无人地面运载工具。这样的机器人系统限制了内置的人工智能，由士兵远程操作。以色列研发了一种针对无线电辐射的“Harop”炸弹，这种炸弹可以游荡长达 6 个小时。它作为一种弹药，但同时利用自身自动控制无线电发射。另有三星 Techwin 公司开发的哨兵机器人，目前，韩国沿着其与朝鲜边界使用了这一系统，该机器人可以从 3.5 公里外探测目标，但目前最后的射击命令是由人类操作员下达的。〔1〕

此外，所谓的“铁穹”系统；反导系统，如末段高空区域防御（THAAD，萨德）；防空系统，比如 S-400；还有一些基于机器人技术的系统，比如无人机、无人地面和水下飞行器；等等，它们都能够自主导航，但不能选择和攻击目标。这些系统表明，人类可以设计和开发类似的系统，使其具有在无人干预或监督下发射的能力，即在外部功能上具备攻击性，但由于它们不可能单独发动攻击，就仍不能称作进攻性自主武器。

诚然，战争形态会随着军事技术的发展而变化。无论是环境变化的海战、空战甚至太空站，还是手段变化的生化战争、核战争甚至网络战争，都体现了不同时期、不同技术力量对战争形态的推动。〔2〕但这始终未脱离国际人道主义法默认的对冲突双方主体的界限，无论是何种形式的冲突，其当事方应为有敌对意向的国家或组织。自主武器系统作为机器主动对人类或其他目标发起进攻显然打破了国际人道主义法存在的常识和伦理基础。

就功能维度而言，现有的定义中还存在其他角度的看法，例如致命性与非致命性的界定。这组对立特征的存在看似十分必要，实则殊途同归。单从语义分析来看，所谓非致命性，在武装冲突中应存在两种认识：首先，从杀伤程度来看，是指不必消灭对方的人员和装备，通过“软杀伤、软破坏”的形式使对方丧失或减弱作战能力，例如激光武器〔3〕；其次，从攻击目标来看，则意味着武器系统必须以人为目标，而不能适用于反物质性武器、对抗

---

〔1〕 Ajey Lele, A military perspective on lethal autonomous weapon systems, Perspectives On Lethal Autonomous Weapon Systems, *UNODA Occasional Papers* , Vol. 2017, No. 30.

〔2〕 盛红生、肖凤城、杨泽伟：《21 世纪前期武装冲突中的国际法问题研究》，法律出版社 2014 年版，第 109 页。

〔3〕 连鲁军：“发展中的非致命性武器”，载《国防科技》2003 年第 9 期。

系统或非动力系统。同理，致命性的含义也一目了然。

目前《特定常规武器公约》（CCW）框架下的讨论对象似乎更倾向于致命性自主武器，尤其是法国政府的定义中直接使用了“致命性”一词，中国政府也持类似观点。诚然，非致命性武器在科技高速发展的今天已被运用在武装冲突中，其目的在于威慑恫吓对方以减少人员伤亡，例如美军部队在“联合盾牌”行动中使用的骚乱控制剂、低动力霰弹枪等新型非致命性武器。〔1〕但正如现有的非致命性武器瞄准目标却造成附带死亡一样，日益自主的非致命性武器也有可能造成死亡作为次要或附带效应。退一步讲，即使技术水平和编程足以使自主武器系统实现万分精确的定位打击而无附带伤亡，抛开致命性而论，非致命性武器所谓的心理威慑作用也就变成了空谈。因此，笔者认为，致命性是武装冲突中自主武器系统和其他武器系统的显著功能，但就自主武器系统本身的定义而言，与其他功能性标准相比，致命性与非致命性在定义构成中的必要性略显不足。

由此可见，下定义的作用在于突出事物特征，揭示事物本质。对自主武器系统的定义标准进行解析与重构，旨在从自主武器系统的典型特征出发，阐述具备何种特征才能被纳入自主武器系统。而自主武器系统作为国际人道主义法视角下必然被审查的对象，其法律性质为何，需进一步探讨。

三、国际人道主义法视角下自主武器系统的法律性质

法律天然的滞后性使得传统的国际人道主义法无法预见人工智能技术下自主武器系统的发展，因此现有的国际人道主义法体系中尚不存在关于规制自主武器系统的具体条约或相关规则，但这并不影响国际人道主义法对包括自主武器系统在内所有武器系统的适用性。〔2〕目前，关于自主武器系统的法律性质问题存在不同声音，大部分观点认为自主武器系统仍应作为武器即工具的一种加以规制，但另有观点认为自主武器系统可作为智能体存在。〔3〕导

〔1〕 知远：“非致命性武器体系与驻外部队防护”，载《军事文摘》2016 年第 15 期。

〔2〕 “Report of the 2018 Group of Governmental Experts on Lethal Autonomous Weapons Systems,” CCW/GGE. 2/2018/3, August 31, 2018, https://www.unog.ch/80256EDD006B8954/（httpAssets）/20092911F6495FA7C125830E003F9A5B/$file/2018_ GGE+LAWS_ Final+Report.pdf, p. 5.

〔3〕 CCW, Report of the 2014 Informal Meeting of Experts on Lethal Autonomous Weapons Systems (LAWS), p. 4.

致分歧的根本原因在于人机关系的不确定性，系统的自主性特征一定程度上模糊了国际人道主义法视角下武装冲突中主体与客体的界限，而如此不清晰的定位必然会阻碍未来自主武器系统使用的归责路径。因此，明确法律性质，不仅是判断系统合法性的重要依据，同时对由自主武器系统使用而产生的责任问题产生重大影响。

（一）“工具论”路径——武器或作战方法与手段

工具论视角下对自主武器系统进行语义分析，其性质应为具有自主性的武器或一种承载武器的平台或国际人道主义法所称的作战方法与手段。“工具论”观点认为，机器人很难复制或模仿包括道德思想、情感认知等在内的人类意识，因此机器在当下仍然是为人类所用的工具。也就是说，自主武器系统依旧作为武装冲突中的客体加以限制。

国际人道主义法下不同体系对武器的规则各异。条约法体系下，例如《不扩散核武器条约》《禁止生物武器公约》《特定常规武器公约》等，均强调对特定武器的限制或禁止。目前该体系下尚未就自主武器系统的具体规制问题达成有效共识。但自主武器系统作为一种武器平台，一旦将条约法下禁止或限制的任何特定武器以自主武器系统作为载体加以运用，同样会违反相关条约。而在习惯法体系下，《第一附加议定书》明确禁止使用不分皂白的武器和可能引起不必要痛苦和过分伤害的武器。可见，工具论视角下自主武器系统的法律性质定位为国际人道主义法的适用提供了合理性，至于系统本身的合法性问题，仍要从其研发、设计、使用等各个方面逐一进行审查。

（二）“智能体”路径——战斗员

“智能体”观点认为，具备完全自主性的武器系统将不再处于任何方式的人类监督与控制之下，具有自我判断和决策的能力。[1]更有学者认为，自主武器系统在武装冲突中应具有战斗员身份。[2]适用于同一对象的国际人道主义法规则从与武器相关的条约与习惯法规则转变为与交战者相关的规则，这将给国际人道主义法带来更加严峻的挑战。

---

〔1〕 CCW, Report of the 2014 Informal Meeting of Experts on Lethal Autonomous Weapons Systems (LAWS), p. 4.

〔2〕 Ugo Pagallo. Robots of Just War：A Legal Perspective, *Philosophy&Technology*, Sept, 2011, Vol. 24 Issue 3, p. 315.

《第一附加议定书》明确了战斗员的概念，国际人道主义法赋予了战斗员以特定的权利、义务及责任，而它们的存在以战斗员即人类的生命为默认前提，即使具备完全自主性也定然不能与生命同一而论。

无论从法律还是伦理角度出发，笔者都更认可“工具论”观点。比如，从自主武器系统使用可能产生的责任问题来看，现代国际刑法责任模式以个人责任为主，而现有的理论无法回答系统作为主体应当如何承担责任及承担何种责任。而“工具论”观点下则不存在这种障碍。此外，法律是最低限度的道德，国际人道主义法所述区分原则、比例原则及马尔顿条款等，本质上都是对武装冲突中交战者道德底线的要求，但在现实冲突中，我们尚且无法保证人类作为交战者对这些原则的遵守，又如何要求自主武器系统拥有道德上的共情能力？

结　论

人工智能技术发展势如破竹，未来的自主武器系统必将在更多功能上实现自主性。对自主武器系统的定义问题的探讨也应随着技术的进步和相关理论的完善而不断深入。然而，下定义的目的是表达对事物本质的认识与态度，即在禁止、放任与限制之间实现选择或平衡。自主武器系统的定义问题亦是如此，关键功能的自主性程度和人机关系是整个定义须关注的焦点。本文立足于国际人道主义法，对自主武器系统的定义现状、定义标准及法律性质进行了解析、评价与重构。然而，如何实现自主武器系统定义的准确性与统一性，需要国际社会及有关学者不断研究与探讨，在争鸣中实现共鸣。

第七部分

体育法学

领域法视野下的体育法

孔维都*

【摘　要】体育法学术地位归属问题和体育法学学科归属问题是体育法研究的根本性问题，是建构体育法学理论体系的基础问题。诸如体育行政法论、教科文法律部门论、综合体育法论、行业法论、独立法律部门论都未能解决体育法学术地位的归属问题，而领域法学的出现则解决了上述问题。体育法是领域法，体育法学是领域法学的一项子学科。

【关键词】体育法　领域法学　部门法学

引　言

如果询问一名法科生是否知道体育法学这门课程，恐怕没有多少人会知道。截至2013年，在我国开设法学专业的高等院校中，只有中国政法大学在本科阶段开设了体育法学这门课程。[1]我国早在1995年就已经通过了《中华人民共和国体育法》（以下简称《体育法》），但是体育法学课程并未在全国的法学院校开展，究其原因是体育法学的学科地位在法学范畴内一直处于不确定的状态。那么更进一步追问，为什么体育法学的学科地位会处于这种状态？这其实与我国传统法律体系下的部门法或法律部门的划分有着密切的联

* 孔维都，中国政法大学2019级法律（法学）专业硕士。

〔1〕 韩勇："在路上：中国体育法学向何处去"，载《体育与科学》2014年第6期。

系。而已有体育法学学科地位的研究都是从传统部门法角度去寻求一席之位，但结果不尽如人意。经过分析得出，基于传统部门法研究范式所固有的弊端，传统部门法并不能为新兴的体育法学提供学科地位归属的支撑，所以我们试图突破原有的部门法研究范式，依据最近提出的领域法学研究范式去论证体育法学的学科地位。

一、什么是体育法学

这里需要说明的是，体育法与体育法学是两个不同的概念，但是两者又有着十分密切的联系。论证两者的关系需要从部门法与法学学科的关系出发。法律部门一般又称为部门法，现有的法理学教科书一般将部门法理解为：对一个国家现有法律规范依据特定的标准进行划分，具有相同调整对象或调整方法的法律规范的统称。法学学科是我国 13 种一级学科门类之一，在法学一级学科之下又有 10 个二级法学学科，这些二级法学学科的划分深受部门法划分的影响。回到体育法学与体育法的关系，体育法学着眼于学科角度，学界普遍认为体育法学属于法学范畴；体育法则是从部门法角度出发进行阐述，虽然体育法是否能够成为一门独立的部门法存在争议，但想要论证体育法学学科的地位，就要论证体育法在整个法律体系中的学术地位归属。同时，体育法与体育法学在某些领域并不能明确划分，所以阅读本文会有一种双面论证的感觉。基于体育法与体育法学的密切关系，体育法学学科地位归属影响着体育法的研究发展，而体育法学学科地位的归属又取决于体育法的学术地位归属。

体育法学是体育与法学结合形成的跨学科领域的新兴交叉学科，相关研究从 20 世纪 80 年代开始。体育法学的研究是伴随着中华人民共和国第一部《体育法》草案的启动而逐渐展开的。关于体育法学研究的第一篇文献的题目为“体育法学”，文章主要对体育法学与体育法的关系、创建体育法学的意义、体育法学研究的内容这三部分内容进行阐述。[1]研究之初学界就对体育法学是什么的问题、体育法学性质的问题以及体育法学学科归属的问题进行论证，这也表明该问题是体育法学研究最根本的问题，是每一位体育法研习

〔1〕 石刚：“体育法学”，载《体育教学与科研》1984 年第 3 期。

者都无法避免的问题，同时该问题也是构建体育法学理论的基础性问题。关于体育法学研究阶段的具体划分，有三阶段划分说和两阶段划分说。三阶段划分说为：改革开放初期的逐渐起步（1980—1995 年）——《体育法》促进下的广泛开展（1995—2005 年）——研究组织推动下的日趋繁荣（2005 年至今）。[1]两阶段划分说为：体育法学形成与初步发展（1984 年—20 世纪末）——由法解释学向法社会学转变（21 世纪初至今）。[2]这两种观点在学界有着广泛的影响，对此，我们认为无论是三阶段划分说还是两阶段划分说都是值得商榷的。前述划分节点主要是依据历史进程中的标志性事件，这种划分方法无可厚非，只是在体育法学的学科性质和地位归属等基本理论问题都处于不确定的状态下，以此对一个新兴交叉学科的研究阶段进行划分，其合理性与科学性是有待考究的。

体育法学的概念问题是每位体育法研习者都不可回避的问题。关于体育法学概念的界定没有较大争议，认识基本一致，只是在《体育法》颁布前后相关概念会略有不同。在《体育法》颁布之前主要是石刚[3]、谢香道、利子平[4]等学者在其文章中阐述体育法学的基本概念，大致可以概括为：体育法学是将法律调整应用到体育领域的科学，是一门研究体育法规的科学。《体育法》颁布之后有王孟林[5]、于善旭[6]、董小龙、郭春玲[7]等学者在其文章中进一步阐述体育法学是体育学与法学的结合，是一门新兴的交叉学科，法学范畴涵摄体育法学。[8]作为体育学与法学相结合的交叉学科，体育法学的基础学科定位学界对其是有争议的。一种观点认为既然体育法是体育学与法学的结合那么体育学自然而然应当成为体育法学的基础学科；另一种观点认为体育学与法学是两个不同的学科，其调整对象、研究方法等都不同，体

[1] 于善旭："改革开放以来我国体育法学研究的进程于评价"，载《河北师范大学学报（哲学社会科学版）》2012 年第 6 期。

[2] 韩勇："中国体育法学研究从法解释学到法社会学"，载《体育科学》2010 年第 3 期。

[3] 石刚："体育法学"，载《体育教学与科研》1984 年第 3 期。

[4] 谢香道、利子平："体育法学初探"，载《江西大学学报（哲学社会科学版）》1987 年第 3 期。

[5] 王孟林："体育法学初探"，载《北方论丛》1996 年第 2 期。

[6] 于善旭："我国体育法学研究的现状于展望"，载《天津体育学院学报》1997 年第 2 期。

[7] 董小龙、郭春玲：《体育法学》，法律出版社 2018 版，第 3~4 页。

[8] 卢元镇：《体育人文社会科学概论高级教程》，高等教育出版社 2003 版，第 349 页。

育法学是以体育法为研究对象，更加注重法学层面，所以体育学不应当是体育法学的基础学科。

学界虽然关于体育法学属于法学范畴的观念基本达到了统一认识，但关于体育法学属于法学范畴的哪一领域或者部门并未得到统一回答。要回答该问题必须回答体育法在整个法律体系中的地位。关于体育法的地位论述有以下几种理论：体育行政法论、教科文法律部门论、综合体育法论、行业法论以及独立法律部门论。

二、体育法学术归属论证

（一）体育行政法论

体育行政法论的主要观点是将体育法归属到行政法部门，[1]这种理论虽然认同体育法调整对象的多样性和复杂性，但还是将体育法归属到行政法部门。这种理论在《体育法》颁布初期得到一些学者的认同，并不乏相关文章对其进行论证。我们认为该理论的形成与《体育法》的制定历史背景密切相关。《体育法》颁布时，我国正处于由计划经济体制向市场经济体制转型过渡时期，而《体育法》草案是在20世纪80年代草拟，所以《体育法》不可避免地具有计划经济时期行政管理的特点。《体育法》第2条规定："国家发展体育事业……"第7条规定："国家发展体育教育和体育科学研究……"第11条第1款规定："国家推行全民健身计划……"第24条规定："国家促进竞技体育发展……"以及在《体育法》"法律责任"一章中，虽然只有6个法律条文但是每一个法律条文都规定了相应的行政责任，并且在第47条和第48条专门规定行政责任。这些条文反映出由国家调控体育活动，在体育活动中表现出强烈的行政色彩。这种强烈的行政色彩正是将体育法归属到行政法部门的依据所在，但是这种支撑依据是脆弱的。因为即使《体育法》规定的内容具有浓厚的行政管理色彩，但是正如前述所言，体育法调整的对象是比较复杂的，相应地其调整的关系也是复杂多元的。诚然行政管理关系在《体育法》刚颁布时期占比较大，但还是存在民事关系和刑事关系。行政法部门调整的对象是行政法律关系，并不能涵盖体育法领域的民事关系和刑事关系

[1] 汤卫东：《体育法学》，南京师范大学出版社2000版，第10~11页。

部分，这种简单地将体育法归属到行政法部门是不合理的。随着体育法研究的深入，学者们提出应当抛弃《体育法》是体育法学中的基本法、管理法的观点，并提出《体育法》应当是“体育事业促进法”〔1〕，《体育法》应以保障公民体育权利为核心〔2〕等观点，以及在公共事务社会化管理和“放管服”改革大背景下，全国性单项体育协会管理体制改革必然选择法治化改革路径。作为独立民事主体，全国性单项体育协会必须与运动项目管理中心脱钩，与体育行政部门建立契约型合作关系。〔3〕此外还有中国足协与国家体育总局脱钩，中国篮协与国家体育总局篮管中心脱钩。这些理论研究与体育管理体制改革对体育法应归属行政法部门的观点造成冲击。

（二）教科文法律部门论

随着社会的发展，教育、科学、文化、体育、卫生等领域也得到了快速的发展，并逐渐形成了一定的影响力，并有形成独立法律部门的趋势，同时基于教科文卫属性的相似性，可以将其合并成一个独立的法律部门，即教科文法律部门。〔4〕这种理论是认识到体育法并不能单独地归属到某一部门法内，但基于传统部门法研究范式的弊端，体育法也不能成为一个独立的法律部门，所以将与体育法类似的其他新兴交叉学科结合在一起称为教科文法律部门。我们认为这种理论也存在弊端。首先，部门法研究范式是法律移植的产物，虽然部门法划分理论被一些学者诟病，但部门法的划分经过几十年的本土化，也在不断地被完善，并且部门法研究思路在中国法学领域已经颇有影响，提出新的教科文法律部门为体育法寻求归属是艰难且长期的。部门法研究范式确立之后不乏文章指出，传统部门法范式并不能为新兴交叉学科提供学术归属，并建议增设新的法律部门以调整适用，但是这些建议并没有引起较大的影响。原因一方面在于这些新兴交叉学科一般处于法学边缘地带，并未能引起足够的重视；另一方面新兴交叉学科众多，如娱乐法、传播法、互联网法、财税法、航空航天法、教育法、卫生法、体育法等，如果按照上述逻辑，极

〔1〕 田思源：“我国体育法修改理念分析——兼论体育事业促进法的制定”，载《法学杂志》2006年第6期。

〔2〕 田思源：“体育法修改的核心是保障公民体育权利的实现”，载《天津体育学院学报》2011年第2期。

〔3〕 袁钢：“全国性单项体育协会改革的法制化路径”，载《体育科学》2019年第1期。

〔4〕 于善旭：“试论体育法在我国法律体系中的地位”，载《体育与科学》，1990年第3期。

有可能会出现每个新兴交叉学科为了寻求学术归属而要求单独成为一个法律部门，这样会造成法律部门的泛化。其次，传统部门法划分标准为调整对象和调整方式，教科文法律部门是教育、科学、文化、体育、卫生等领域的结合，其调整对象更是无法统一。因为仅就体育法而言，其调整对象不仅包括民事关系、行政关系、刑事关系甚至在一些方面传统部门法的调整对象并不足够将其涵摄。而如果将教科文法律部门的调整对象界定为“特定或一定的教科文关系”则会使调整对象更加空化和抽象，并不利于部门法及新兴交叉学科的发展。

（三）综合体育法论

综合体育法论认为体育法只是运用已有的部门法规则调整体育行为的结果，并没有形成一个系统完善的“体育法”法律体系。[1]这种理论与“体育法仅是采用其他实体法领域基本的法律概念，并将其运用到体育行业”[2]的观点颇为相似。无论是国外还是国内，这种观点都是质疑体育法存在的最主要理由，认为体育法是拼接而成的，没有独立的“内核”，是法律适用不同领域的产物，这种以领域划分法律并没有实际意义。我们认为这种观点是值得商榷的，因为认为体育法是法律适用不同领域的产物以及是已有实体法的拼接，这样的观点是没有认识到体育法较之于其他传统部门法以及其他新兴交叉学科所不具有的特殊性。这种理论只是将已有法律部门的法规机械地应用到体育领域来解决体育纠纷，并没有认识到体育自治在解决体育纠纷中发挥的作用，即没有充分认识到司法途径解决体育纠纷与体育自治解决纠纷的相互关系。体育自治与司法介入之间的权衡是体育法发展的重要因素。司法过度“介入到体育非法律纠纷中，使得具有高度自治传统的体育行业的私权领地行将崩溃，同时也是违背内部救济用尽的原则”。[3]加之体育纠纷一般会涉及体育运动本身的性质及其规则的专业性内容，所以在司法实践中关于体育纠纷的案件司法机关一般都会慎重考量。此外，从国际视角出发，国际奥委会、国际体育仲裁院、世界反兴奋剂机构以及国际单项体育联合会共同构建

---

〔1〕 郭树理：《体育纠纷的多元化救济机制探讨》，法律出版社 2004 年版，第 2 页。

〔2〕 Micheal J. Cozzillio & Mark S. Levinstein, *Sport Law*, 1997, p. 7.

〔3〕 茅铭晨：“介入与止步——司法权在体育纠纷中的边界”，载《北京体育大学学报》2014 年第 1 期。

了现阶段国际体育法律秩序。这些国际体育法律秩序的制定较多地依据体育行业规则以及各单项体育联合会的章程，且国际体育法律秩序并不是单一的国际公法性质或者国际私法性质，它是具有国际公法与国际私法以及软法性质的全新的体育法律秩序。这些法律秩序正是国际奥委会以体育自治为基础力求构建的独立国际体育法律秩序。由此可见体育法并不是机械地适用已有的实体法来解决体育领域的法律问题。

（四）行业法论

体育已经成为生活中占据重要地位的行业，体育行业自身具有特殊性，并且体育行业涉及众多传统部门法，无法将其归入某一法律部门，因此体育法是独立的法律部门，属于行业法范畴。[1]这种理论是依据晚近提出的行业法理论，为体育法的学术归属提供了新的研究思路。行业法与我们下文要采用的领域法有相似之处，两者都是最近提出的一种新的法学研究思路，但是两者也各有不同。行业法是以行业为划分依据，但并不是所有已经出现的法学学科都已经形成一个行业。所以我们认为体育法是行业法这种观点值得商榷，因为有些领域并不能使用行业进行描述，如海洋、社会等。这样一些新兴交叉学科无法用行业法界定其学术地位，如海洋法。如果将体育法归属到行业法，其理论的弊端会影响体育法的发展。此外行业法并未明确提出针对的对象。最后行业法并没有具体阐述与传统部门法的关系。

（五）独立法律部门论

已有研究表明关于体育法独立法律部门地位的论证主要从以下几个角度出发。第一，“从我国体育法的调整对象和法律渊源角度出发，都是具备相对独立性”。[2]第二，“体育法能够成为独立的法律部门，最根本的原因在于体育法调整对象的特殊性。体育法的调整对象是现有部门法所无法涵摄的，体育关系的多元决定着调整对象的复杂特殊”。[3]第三，“体育”在社会生活中的影响力是促使体育法成为独立法律部门的重要因素，同时，国际和国内形成的相对独立的规则体系是体育法成为独立法律部门的基础性条件。体育法

〔1〕 周青山：“论体育法的行业法属性”，载《武汉体育学院学报》2017年第11期。

〔2〕 朱琳：“论我国体育法独立部门法地位的确立”，载《贵州民族学院学报（哲学社会科学版）》2005年第4期。

〔3〕 梁发龙、刘华：“体育法学刍议”，载《武汉体育学院学报》1994年第2期。

可以成为独立法律部门是因为其调整对象的特殊性，该特殊性表现在体育法律关系主体之间的权利义务，并不能够完全由传统部门法理论予以涵摄。有些法律关系既不是民事法律关系也不是行政法律关系，如裁判员与运动员之间的权利义务关系。[1]学界关于部门法划分标准的基本认识是该法律的调整对象，同时辅之以调整方法。[2]虽然传统部门法研究范式会造成部门法之间的封闭进而造成严重的学科壁垒问题，并且它并不能为新兴的交叉学科提供学术归属，这些问题为相关学者诟病，但是部门法研究这样的思路在中国法学领域已经颇有影响，完全摒弃是不可能也是不明智的。我们这里并不过多地论证部门法划分的弊端。上述对体育法独立法律部门地位的论证都是从传统部门法调整对象的角度出发。我们认为上述论证内容值得商榷。

首先，仅仅从体育在社会生活中所发挥的重要影响力和国际与国内已经形成相对完善的法律规范体系规制体育去论证体育法的独立法律部门地位是远远不够的。体育自身的影响力并不能直接作用于体育法是独立法律部门的论证上，体育法是以体育法律关系为调整对象，而不是直接以体育自身为调整对象。国际与国内已经形成相对完善的法律规范体系只是从外在层面上进行论证。所以为了科学合理地论证体育法独立法律部门的地位，就必须进行更多的证明，而不能仅从法律影响体育的发展角度出发论证。

其次，有些体育法的调整对象并不能归入任何一个现有法律部门，所以体育法的调整对象就具有特殊性，应当成为一个独立的法律部门。事实上，如果根据上述的逻辑，现有的法律部门不会只有七个，众多与法学相结合的新兴交叉学科都可能成为一个独立的法律部门。因为我们完全可以依据新兴交叉学科研究对象具有的特殊性，进而将其界定为独立的法律部门。例如娱乐法中的主持人与艺人之间的关系既不属于民商事关系，也不属于行政管理关系，所以娱乐法也应当成为独立的法律部门。这样的逻辑对任何一门新兴的交叉学科如教育法、卫生法、体育法、互联网法、娱乐法、传播法、财税法、金融法、海洋法、航天航空法都是可以适用的，甚至一些传统部门法中的法律都可能脱离已有的传统部门法成为一个新的部门法。这样就会出现部门法泛化的现象。

---

〔1〕 肖永平、钱静："体育法法律地位的重新审视"，载《学习与实践》2014年第3期。

〔2〕 吴祖谋：《法学概论》，武汉大学出版社1988年版，第72页。

再次，我们承认体育法调整的对象具有一定的特殊性，该特殊性可能无法在已有传统部门法调整对象中寻求依据，这更多的是传统部门法研究范式的弊端所造成的。关于新兴交叉学科调整对象的特殊性能够使其成为独立法律部门的标准或依据并没有明确，且作为新兴交叉学科，其所调整的对象并不是单一的，它必然会与传统部门法调整对象有交叉，这也间接阻止其成为独立法律部门。所以我们认为体育法调整对象特殊性的程度是否可以支撑体育法的独立法律部门地位是值得考究的。

最后，从调整方法的角度来看，体育法的调整方法有民商法部门调整方法、行政法部门调整方法、刑法部门调整方法、体育仲裁、体育自治等调整方法。除体育自治外，其余调整方法都未跳出传统部门法调整方法的范围。新兴交叉学科调整方法有着与调整对象相同的困境，其调整方法并不是单一的，虽具有一定的特殊性但也有传统部门法调整方法。体育行业自治调整方法在体育法所占的比例是否足以使体育法成为独立的法律部门也是值得商榷的。

综上，从体育行政法论、教科文法律部门论、综合体育法论、行业法论、独立法律部门论的角度都未能为体育法学术地位归属寻求归宿。因此，我们需要为体育法再寻找新的理论指导体系以解决该问题。领域法学是最近提出的全新法学理论，它区别于传统的部门法划分，是我国法学理论研究的新的成果。下面我们将从领域法学的角度去论证体育法的学科属性。

三、领域法学研究范式

（一）领域法的主要内涵

领域法学，是以问题为导向，以特定经济社会领域全部与法律有关的现象为研究对象，它是新兴、交叉领域“诸法合一”的有机结合，与传统部门法学同构而又互补。[1]我们认识领域法学理论需对此进行以下几点解释：第一，以问题为导向。问题导向是领域法学研究范式中的核心内容，问题来源的领域是开放和宽广的。它可能来自于传统的法律部门也有可能来自于新兴

---

〔1〕 刘剑文：“论领域法学——一种立足新兴交叉领域的法学研究范式”，载《政法论丛》2016年第5期。

的交叉学科，甚至是跳出法学范畴在政治学、经济学以及社会学中出现问题而在体育法中予以反映。以问题为导向的领域法学重视法律实践中问题的解决，所以领域法学对于问题解决途径的多样性就有一定的要求。不仅是传统法律途径的解决即“诸法合一”，而且更加注重非诉讼纠纷解决机制以及各个领域内特殊的纠纷解决方式。第二，领域法学研究对象是领域法现象。作为新兴交叉学科其研究对象是复杂多样的，因为其是不同领域与法学的结合，自然研究对象不再局限于已有的传统部门法研究对象，而是扩展到整个领域内。第三，领域法学研究方法的多元。研究对象的多样复杂影响着领域法学研究方法的多元，既有传统部门法研究方法，又包含领域内特殊的研究方法。第四，领域法学解决了新兴交叉学科一直未能解决的学术归属问题。

（二）体育法是否为领域法

基于传统部门法研究范式的弊端，一些新兴交叉学科并不能简单地归属到某一法律部门，且众多新兴交叉学科现阶段并不能成为独立法律部门，这时领域法学的价值就彰显出来。体育法也是如此。体育法具有交叉性、复合性、多元性、复杂性、开放性的特质，其调整对象体育关系本身就具有多元复合性，所以体育法是领域法，体育法学是领域法学的一项子学科。

首先，从领域法学所针对的领域定位来讲，是交叉学科、新兴学科。体育法是体育与法学的结合，它研究的领域包括体育管理法律制度：学校体育管理、社会体育管理、竞技体育管理、体育科技管理。社会体育法律制度：全民健身法律制度、锻炼标准制度、国民体育测定和监测制度。学校体育法律制度：学生伤害事故中的法律责任。竞技体育法律制度：运动员和裁判员权利义务关系、运动竞赛的基本制度。体育社团、体育产业、体育知识产权和体育纠纷解决机制研究：内部处理和调解、体育诉讼、体育仲裁。

其次，领域法学以问题为导向。在初期的体育法研究文献多是沿用传统法学的研究模式套入到新兴的体育法，虽然这样能够快速地丰富体育法的研究成果，但其科学性与合理性值得商榷。而随着体育法的不断发展，体育法逐渐转向具体问题的研究上。如结合侵权法的内容研究学校体育侵权案件以及结合劳动法的内容研究运动员的转会合同问题等，更侧重于对体育纠纷问题的解决，契合领域法学的以问题为导向。

再者，领域法学不仅涉及单一法律部门领域，它是多元的。正如刘剑文在《论领域法学——一种立足新兴交叉领域的法学研究范式》一文中所阐述的“诸法合一”。不可否认，体育法涉及许多不同的实体法，正是基于体育法调整对象的复杂、广泛、多元、特殊，其所适用的实体法也是多元丰富的。第一，合同法。合同法在体育商业领域扮演着重要的角色，它包括体育赞助合同、运动员代言广告合同等。体育商业化运作模式的快速发展深刻影响合同法在体育领域的广泛适用。第二，劳动法。此次疫情期间欧洲各足球俱乐部以及中超关于球员降薪问题无疑绕不开劳动法。第三，侵权法。体育侵权纠纷是体育纠纷中的一种，主要表现在学校体育中以及社会体育中的体育侵权行为。第四，行政法。这里更多涉及体育主管部门与各单项协会以及俱乐部、运动员之间的体育行政管理关系。当然除了上述内容还包括知识产权法、刑法等。

最后，领域法学是包容和开放的。体育法法律位阶之上有宪法，同时又有其他法律处理纠纷，既担负体育强国重任又要兼顾体育权利保障，是一个兼顾各法律部门以及其他学科的体育法规范体系。综上，体育法是领域法，体育法学是领域法学的一项子学科。

结　语

体育法学术地位归属问题和体育法学学科归属问题非常具有学术研讨价值，因为这是每一位体育法的研习者都无法回避的问题，也是体育法研习者必须论证的问题。同时这个问题涉及体育法研究的正当性问题，是建构体育法学理论体系的基础问题。通过剖析我国体育法发展历程，论证我国体育法在中国特色社会主义法律体系下学术地位归属，解决体育法发展进程中的基础问题，确立体育法在法律体系中的地位，加强对体育法学学科的探究，完善中国特色社会主义法律体系。

从体育行政法论、教科文法律部门论、综合体育法论、行业法论到独立法律部门论都未能解决体育法学术地位归属问题，而领域法学的出现解决了上述问题。领域法学的出现帮助体育法研习者找到了论证体育法地位归属的出路。我们提供一种论证体育法地位归属的新思路，旨在解决体育法和体育法学发展的根本问题，促使体育法在领域法的研究范式下取得进一步的发展。

兴奋剂检查主体的告知义务研究

卢　桐*

【摘　要】兴奋剂检查告知是兴奋剂检查程序中非常关键，也十分重要的一环，与运动员切身利益有着密切的联系。兴奋剂检查主体告知义务的切实履行，不仅能有效保护运动员的知情权、程序参与权与实质参赛权，还能促进兴奋剂检查制度的发展与完善，减少运动员因兴奋剂而违规的争议的发生。但实践操作中，因缺乏统一的国际规则，有关兴奋剂检查主体告知义务的规定散见于不同文件；因此而产生的运动员违规争议也愈发激烈，上诉至国际体育仲裁庭（CAS）案件的判决结果亦无法统一。通过解读现行反兴奋剂规则，发现目前该领域存在检查主体告知义务规范模糊、告知内容不恰当、告知责任不明确、告知形式不合规等一系列问题。建议准确把握兴奋剂检查告知的主体、对象、内容、形式，了解告知合法要件，充分运用书面笔录完成告知程序，并明确检查告知的法律效力、检查主体的法律责任与运动员拒检权的行使。

【关键词】兴奋剂检查　告知义务　正当程序　拒绝检查

引　言

2018年发生的“孙杨拒检案”，近期终于暂告一段落，国际体育仲裁庭（CAS）对孙杨作出了禁赛8年的上诉审裁决，这也引起了社会尤其是体育法

* 卢桐，中国政法大学2018级宪法学与行政法学专业硕士。

学界的广泛关注。该案最大的争议点是：运动员是否有权以兴奋剂检查官资质不合规（未履行身份告知义务）为由拒绝检查。据世界反兴奋剂机构（WADA）制定的《检查和调查国际标准》（International Standard for Testing and Investigations，ISTI）第5.3.3条及第5.4.1条之规定，样本采集人员应持有样本采集机构提供的官方文件，以证明采样人员具备从运动员处采集样本的授权。主检查官（DCOs）还应持有标明其姓名、照片和证件有效期的补充身份文件。同时，检查主体（样本采集机构、检查官或陪护员）负有将以下内容告知运动员的义务，如：（1）进行检查所依据的授权文件；（2）样本采集类型以及样本采集前需要遵守的条件；（3）运动员的权利义务……[1]

考虑到兴奋剂检查对运动员的基本权利（人身权、隐私权和财产权等）带来的影响，上述告知义务规范的正确履行将是确保运动员样本真实可靠的保障，也是其程序参与权、知情权、参赛权得以实现的前提。然而，目前不论是国际还是国内规则，仅在检查程序环节规定了检查人员实施兴奋剂检查时，应当出示兴奋剂检查证件、官方授权书及履行其他内容的告知义务。但对于检查人员违反此类义务时是否需要承担责任？在该情况下，运动员能否据此拒绝兴奋剂检查？兴奋剂检查主体告知义务不作为所造成的程序瑕疵，是否会对运动员兴奋剂违规认定结果产生影响，有何影响，等等，规则均未提及。实践中，围绕兴奋剂检查主体告知义务不作为产生的争议也愈发激烈，上诉至CAS案件的判决结果亦无法统一。[2]可以说，目前体育界的兴奋剂检查告知制度还没有真正建立起来，检查主体告知义务的不明确和相应责任的缺失，不仅使运动员的很多权利难以实现，还会对其已有的合法权益造成侵害。

一、兴奋剂检查告知义务的基本理论

（一）权力对权利的义务：兴奋剂检查告知义务

告知义务本质上也是一种法律义务，与告知对象的知情权相对应。目前，

[1] World Anti-Doping Agency, International Standard for Testing and Investigations (ISTI 2017), R. 5. 3. 3, R. 5. 4. 1, pp. 43-45.

[2] 目前CAS对运动员有利的判决，See generally CAS 2011/A/2671, CAS 2009/A/1892, etc. CAS对运动员不利的判决，See generally CAS 2012/A/2791, CAS 2013/A/3077, CAS 2016/A/4700, CAS 2008/A/1470, etc.

立法实践中涉及告知义务的设定，可概括为以下几类：（1）经营者的告知义务（消费者知情权）；（2）用人单位的告知义务（劳动者知情权）；（3）投保人的告知义务（保险人知情权）；（4）行政机关的告知义务（行政相对人知情权）。其中，前三类可纳入“权利对权利的义务”范畴，即义务本身是权利的一个要素。这三者有一个共同特征，均基于契约而产生，契约双方基于诚实信用原则，一方对另一方负有告知、协力等附随义务。而行政机关告知义务则与之不同，其属于“权力对权利的义务”，其产生并非基于平等主体之间订立的契约，而是由权利派生出来的公权力对权利负有的义务，该义务具有职责性。行政机关作为公权力主体，其权力来源于私主体的权利让渡，作为私主体的行政相对人则因此承担着服从公权力主体的义务，以换取公共服务及资源的提供。不过与此同时，公权力从派生之日起，也就肩负着保障私权利、服务公益的责任。行政机关需要通过履行告知义务，来赢得私权利主体的信任和支持，从而保证自身的稳定存在与发展。

基于上述分析，告知义务大致可分为两类：权利对权利的义务与权力对权利的义务。[1]当然，这里不排斥权利对权力、权力对权力之间也可能存在如实说明的义务，如公权力之间低层级对高层级机关的如实报告义务，但这并非一般意义上的“告知”，所以不在本文讨论范畴。关于第一类“权利对权利的告知义务”，更多是诚实信用原则的体现，基于平等主体之间的信息不对称而产生，一方主体拥有另一方无法拥有的信息，立法为平衡二者利益从而附以信息优势一方对另一方承担告知义务。反观兴奋剂领域的检查告知义务，其显然非基于诚实信用原则而附加，这里的检查主体与检查对象（运动员）之间不存在信息不对称问题。之所以规定检查主体负有告知义务，是因为其在实施兴奋剂检查过程中，可能会侵犯运动员的住宅、人身自由、隐私、休息等基本权利，甚至威胁到其就业权（参赛权）的实现。所以为保障上述权利不受任意侵犯，有必要保证检查程序的合规正当，检查主体在检查时有义务让运动员或必要第三人知晓其身份、行为依据、行为内容、法律后果等。它所保障的是运动员的知情权、程序参与权，也是运动员正常参加比赛、保护自身权益的前提。

---

〔1〕胡平仁：“法律义务新论——兼评张恒山教授《义务先定论》中的义务观”，载《法制与社会发展》2004年第6期。

如此看来，兴奋剂检查告知义务更倾向于为一种“权力对权利的义务”。虽然从严格意义上讲，反兴奋剂组织非公权机关。[1]但是在现如今体育行业，专业运动员靠体育谋生，举国体制下部分赛事的成功与失败也开始带有政治影响，尤其在反兴奋剂领域，攸关运动员的身体健康，还被认为触及公共领域的健康政策。[2]所以不管是 WADA，还是其他反兴奋剂组织，我们都已经不能仅仅理解为非政府组织或是单纯的社会团体。在这里，运动员为获得参赛资格，必须承认反兴奋剂规则并接受这些规则的约束；[3]其需要将部分人身自由权、隐私权、休息权等让渡给兴奋剂检查机构，作为回报，以换取参赛资格和机构提供的公平竞争的参赛环境。而兴奋剂检查机构也由此获得了对运动员进行尿检和血检的权力，与此同时，它也肩负着保障运动员基本人权及服务公益（健康政策、体育纯洁）的责任，告知义务则属于该责任之一。

（二）权力主体告知义务的设定基础：正当程序

为权力主体附加义务的理念即制约权力、保障权利，而实现上述理念有一个十分重要的理论，即由英国自然正义原则演变而来的正当程序原则。正当程序的经典表述是：未经正当法律程序，不得任意剥夺任何人的生命、自由与财产。其核心是剥夺权利，任何公权主体，其行使权力均需具备正当性，不能任意行权。[4]尤其在行政法律关系中，公民、法人或者其他组织作为行政相对人，他们所面对的是具备周密组织和强制执行手段的行政机关。为了保护相对人的合法权益，有必要平衡二者关系，确保行政机关在执法工作中遵守必要的正当程序要求：若相关行为可能影响相对人权益，则应履行事先告知义务，向相对人说明行为的依据、理由，听取其陈述申辩，并告知享有的救济途径等。一方面，可以提高公权力的权威性，增加相对人对公权力的

---

〔1〕《世界反兴奋剂条例》导言中规定，本条例所指反兴奋剂组织包括国际奥林匹克委员会、国际残疾人奥林匹克委员会、各国际单项体育联合会、国家奥林匹克委员会和残疾人奥林匹克委员会、重大赛事组织机构和国家反兴奋剂组织。

〔2〕参见林泰：“论国际行政类型界分”，载《河北法学》2012 年第 11 期。

〔3〕《世界反兴奋剂条例》导言中规定，如同竞赛规则一样，反兴奋剂规则是治理体育比赛环境的一种体育规则。承认这些规则，并受这些规则的制约，是运动员或其他当事人的参赛条件。

〔4〕［美］约翰·V. 奥尔特：《正当法律程序简史》，杨明成、陈霜玲译，商务印书馆 2006 年版，第 66~72 页。

认可度；另一方面，可以确保公权力的正当行使，避免个人权利被随意侵犯。这其中即蕴含了行政告知义务。

通过上述分析可知，反兴奋剂检查主体的告知义务与行政告知义务相似，在类型上均可视为“权力对权利的义务”。而且，已有研究认为，应将全球反兴奋剂行为纳入国际行政的调整范畴，运用行政法有关“权力制约”和“权利保障”的理念对反兴奋剂组织的行为进行规制。[1]因此，将正当程序原则用于兴奋剂检查主体告知义务的确立是不言自明的。如《世界反兴奋剂条例》（WADC）所规定的兴奋剂违规行为情形众多，要求运动员清楚熟悉全部规则及每一种违规情形与后果，对运动员的要求实在太高，此时检查主体即有义务告知运动员需要遵守的程序规则及未予遵守的可能后果。2009 年意大利两名职业篮球运动员，就曾因在检查过程中离开兴奋剂检查站去往隔壁冲凉，而被指控触犯意大利奥委会《反兴奋剂规则》第 2.3 条规定的“逃避样本采集行为”，但检查官在此过程中并未明确反对，且未将违规后果充分告知运动员，运动员以“不清楚程序规则”为由提出抗辩并得到仲裁庭支持。[2]其中，仲裁庭所依据的理由即 ISTI 第 5.4.1 的规定，检查主体须充分告知运动员需要遵守的样本采集程序以及不遵守可能带来的后果。这正是将正当程序导入兴奋剂检查程序后的体现。基于正当程序，兴奋剂检查主体对运动员负有告知义务，运动员也因此具备独立的人格，而非任检查权自由支配的客体，没有运动员参与的检查程序就是一种不正当的检查程序。当然，正当程序的实现，仅有义务性的规定远远不够，义务的履行还需要责任的保障：如果兴奋剂检查主体作出的告知行为违反了法定程序（包括告知错误和未告知），将产生不利于检查主体的后果，并可成为运动员提起救济的正当理由。

综上，运动员作为弱小的个体，其在面对这些具有垄断性质的反兴奋剂组

---

〔1〕 随着全球化的进一步深入，全球公共问题进一步凸显。为实现全球治理，各种类型的国际组织或机构在其中承担着公共管理职能，其权力不断扩大，作用和影响也在不断增强，甚至可以直接面对私人主体行使权力。反兴奋剂领域，各组织对运动员制定检查计划、实施检查、作出禁赛处罚的行为，均属于机构直接面对私人主体行使权力的行为。参见林泰、赵学清：“全球治理语境下的国际行政法”，载《南京社会科学》2011 年第 3 期。［美］本尼迪克特·金斯伯里、尼科·克里希、理查德·B. 斯图尔德：“全球行政法的产生（下）”，范云鹏译，载《全球法律评论》2008 年第 6 期。

〔2〕 CAS 2009/A/1892, WADA v. CONI, Ronaldo Sylvester Slay & Guillermo Jose Diaz Gonzalez, http://jurisprudence.tas-cas.org/Shared%20Documents/1892.pdf，最后访问时间：2020 年 3 月 29 日。

织时，个体永远都显得无力。[1]所以将正当程序导入兴奋剂检查程序后，其提出的要求——即检查主体对运动员实施兴奋剂检查负有各项告知义务，尤其在可能影响到运动员参赛权时——所彰显的力量将对平衡反兴奋剂组织与运动员之间的利益起到重要作用。

二、规范探索：兴奋剂检查告知义务的主要内容

（一）兴奋剂检查告知义务的主体

兴奋剂检查属于反兴奋剂管制工作中的重要一环，按照 WADC 的释义，其包括了检查计划制订，样本的采集、收存及运送。顾名思义，在此过程中需要向运动员履行告知义务的主体即样本采集人员（Sample Collection Personnel），具体包括检查官（Doping Control Officers，DCOs）、采血官（Blood Collection Officers，BCOs）和陪护员（Chaperones）。检查官是经样本采集机构培训和授权，履行 ISTI 项下赋予 DCOs 职责的官员；采血官指有资格并已获得样本采集机构授权从运动员身上采集血液样本的官员；陪护员，则是经样本采集机构培训并授权履行特定职责的官员，包括以下一项或多项职责：通知被挑选的受检运动员，陪同并观察运动员直至到达兴奋剂控制站，陪同并观察在兴奋剂控制站的运动员，见证及核实样本的提供过程等。[2]在我国，上述人员被统称为“检查官”，适用《兴奋剂检查官管理办法》等规定，常规为尿样检查，只有在进行血样检查时，“检查官”才特指具备医师或护士资格的兴奋剂检查官。按照规定，为保证兴奋剂检查的专业性及检查结果的客观真实，上述检查主体在实施兴奋剂检查前，均应出示有效证件和样本采集机构授权书，并履行 ISTI 规定的告知事项。

（二）兴奋剂检查告知的对象

从理论上看，兴奋剂检查告知的对象应当是与检查行为有法律上利害关系的人，即运动员。且 ISTI 第 5 章关于检查主体告知义务规定的章节标题为“Notification of Athletes”，所以一般认为“被选中参加药检的运动员”为检查

[1] 席志文：“冲突与平衡——涉嫌兴奋剂违规运动员参赛权利保障问题研究”，中国政法大学 2012 年硕士学位论文。

[2] World Anti-Doping Agency, Sample Collection Personnel Recruitment, Training, Accreditation and Re-Accreditation Guidelines, V. 3. 0, October 2014.

主体告知的对象。除此之外，ISTI 第 5.3.8 条还规定，当出现以下情况时，样本采集机构、检查官、陪护员应当考虑在通知运动员之前通知相关第三方：(1) 运动员为未成年人，(2) 运动员残疾，或 (3) 运动员需要口译人员。因此，在特殊情况下，运动员的翻译人员、代表或队医等也可能被纳入被告知人范围。

（三）兴奋剂检查告知的内容

关于兴奋剂检查主体告知义务的内容，主要就是一些与被告知人（运动员或相关第三方）有利害关系的事项。对此，ISTI 第 5.4.1 条规定，"当初次接触开始后，样本采集机构、检查官或陪护员，如情况许可，应确保运动员和/或一个第三人被通知：对运动员进行样本采集；进行本次采集所依据的授权文件；样本采集类型以及样本采集前需要遵守的条件；运动员的权利；运动员应履行的义务；兴奋剂检查站的位置；如运动员在提供样本前选择进食或进食液体，其风险自负；不要过度补水，因为可能会延误合适样本的生产；运动员在向样本采集人员提供尿样前不得排尿"。总的来说，可概括为以下三类。

一是，告知兴奋剂检查主体的身份。兴奋剂检查人员的身份确定，是兴奋剂检查合法性的前提，也是运动员配合检查的条件。如果检查主体不履行其实施检查的身份告知义务，运动员出于知情权、隐私权等基本权利的维护，有权予以拒绝检查。对此，ISTI 第 5.3.3 条也规定，样本采集人员应持有样本采集机构提供的官方文件，用以证实他们获得从运动员处采集样本的授权，例如一份来自于检测机构的授权书。检查官（DCOs）还应携带含有其姓名、照片和证件有效期的补充身份文件（例如来自样本采集机构的身份标识卡、驾驶证、健康证、护照或类似的有效证件）。告知兴奋剂检查主体身份，大多是以出示身份证件、工作授权证件等形式表现出来的。这不仅是对兴奋剂合法检查的要求，也是文明检查的需要。二是，告知兴奋剂检查流程及注意事项（运动员义务及违规后果），如有关进食、排尿、检查期间不得离开检查主体视线范围等的规定。尤为重要的，在运动员行为可能违背样本采集程序时，检查主体应及时告知违规后果、法律依据与理由。在可能构成 WADC 规定的"逃避、拒绝、未完成样本采集"或"篡改/企图篡改兴奋剂管制"行为的情况下，还需让运动员在《拒检表格》（Refusal Forms）上签字（《拒检表格》

上写有运动员的行为已构成违规及所要面临的处罚等内容)。[1]三是，告知运动员依法享有的权利和救济方法。在国际行政概念日趋凸显的情况下，兴奋剂检查制度也应在一定程度上彰显公法框架内民主与法治的精神。在检查主体行使检查权时，不仅要使利害关系人（运动员或相关第三方）知晓检查行为的存在，而且还要让他们知悉检查过程中所享有的法律权利，如存在语言障碍时有获得翻译的权利，以便充分保障运动员后续申辩权与救济权的实现，让具有权力性质的兴奋剂检查权自觉接受监督，落实正当程序原则。

（四）兴奋剂检查告知的形式

根据 ISTI 等检查细则规定，兴奋剂检查告知义务的履行在大多情况下都是有形式要求的。不同于行政告知制度，兴奋剂检查告知义务的履行基本是在现场直面运动员完成的，故以书面形式送达告知的情况较少。习惯上，公众也会认为兴奋剂检查告知以口头形式为主。但其实不然，WADA 制定的《检查官培训工具指南》第 5 章“运动员告知程序”规定，涉及兴奋剂检查告知的事项均需记录在《兴奋剂检查表》告知栏内，最终交由运动员签字确认。且《兴奋剂检查表》上记录有运动员的权利和责任，运动员在签字确认时可一并知悉，如果运动员拒绝检查，检查官还应要求运动员在表格特定框内写下拒检理由并签字。[2]由此可见，虽然兴奋剂检查告知义务以口头形式履行，但最终会以书面形式呈现在《兴奋剂检查表》中交由检查官和运动员双方确认。从检查权的严肃性和与运动员权益的联系性上考虑，书面告知优于口头告知，即有具体证据证明检查主体告知义务的履行及履行方式，避免争议双方出现扯皮的现象。对于检查主体是否充分履行告知义务，可以“运动员是

〔1〕 World Anti-Doping Agency, Doping Control Officer's Training Tool Kit, Version 3.0, May 2011, pp. 87-89. “如果运动员不按照要求提供样本或拒绝跟随陪护员前往兴奋剂检查站，陪护员应：(1) 向运动员出示兴奋剂检查表，并说明他/她需要提供兴奋剂检查样本；(2) 告知运动员不遵守规定可能带来的后果；(3) 立即通知 DCO；(4) 要求运动员在评价栏中写下他/她拒绝检查的原因，并在第四部分的兴奋剂检查表上签字”。

〔2〕 World Anti-Doping Agency, Doping Control Officer's Training Tool Kit, Version 3.0, May 2011, pp. 41-44. “涉及兴奋剂检查告知的以下事项应记录在《兴奋剂检查表》告知栏内：(1) 所需检测的类型：检查尿液和/或血样，(2) 检查日期，(3) 检查地点，(4) 告知时间，(5) 陪护员的签字，并要求运动员在该告知栏内签字。如果运动员拒绝提供样本，应要求运动员在特定框中写下理由，并在第 4 节的《兴奋剂检查表》上签字。DCO 应确保运动员了解其权利和责任，详见《兴奋剂检查表》告知栏的背面……”

否在检查表告知栏内签字”为标准进行判断。

（五）兴奋剂检查告知的法律后果

检查告知本身是一种法律行为，是兴奋剂检查程序中的一环，每一类告知行为都有其法律意义，也因此会产生相应的法律后果，即影响兴奋剂检查行为的效力。兴奋剂检查主体依法履行告知义务的行为合法有效，检查结果亦真实可采；检查主体没有履行告知义务的，则应对检查主体产生相应不利的法律后果，这种不利后果根据情节轻重也会有所不同，但目前规则并无具体规定。在“孙杨拒检案”一审中，国际泳联兴奋剂法庭（FINA Doping Panel，DP）作出认定，当晚针对孙杨进行检查的三人中有两人未获得适当授权（无法出示授权文件），因此使得整个样本采集活动不合法，也即不存在合法的血样，继而运动员一方砸碎血样保险箱的行为，也与违规行为擦肩而过。[1]明显地，DP 裁定违反兴奋剂检查告知义务的法律后果，将导致具体检查行为无效。相应地，运动员的拒检行为也不构成违规。但上述结论在后续的 CAS 上诉审中被推翻，CAS 仲裁庭专家组一致认为，即使检查程序违规，运动员也应该在保持血样完整的前提下，事后对检查官身份和采集样本的合规性等提出质疑，而非在了解对相关后果的警告之后，作出摧毁样本容器的举措并由此导致之后的样本检测无法进行，就此认定孙杨构成“篡改兴奋剂管制”。[2]从中我们可以看出，目前不仅国际规则层面缺乏对“兴奋剂检查告知的法律后果”的规范，CAS 对于检查告知程序违法的容忍程度也非常高，一般告知不作为或告知错误很难直接导致检查行为无效，运动员也不能因此拒绝检查。

三、规范评析：现行兴奋剂检查告知制度存在的问题

通过分析现行兴奋剂检查规范现状，目前兴奋剂检查告知制度主要存在以下几方面的问题：

---

〔1〕 Sun Yang FINA Doping Panel Report, FINA DOPING PANEL, 3 January 2019, https://assets.documentcloud.org/documents/6192550/sunyangdoping201819-1.pdf，最后访问时间：2019 年 12 月 22 日。

〔2〕 CAS 2019/A/6148, WADA v. Sun Yang & FINA, https://www.tas-cas.org/fileadmin/user_upload/CAS_Award_6148_website.pdf，最后访问时间：2020 年 3 月 7 日。

（一）身份告知义务规范模糊

关于身份告知义务，往往最容易受到兴奋剂检查人员的忽视。在实践中，运动员与检查主体也常常围绕“授权文件及手续是否齐全”发生争执，但与此同时，立法关于此类义务的规范还不够明晰，更不利于告知义务的履行。如上所述，ISTI 第 5. 3. 3 条规定，样本采集人员应持有并出示由样本采集机构提供的官方文件（official documentation），用以证实他们可得从运动员处采集样本的授权，例如来自于检测机构的一份授权书，主检官还应持有其他补充身份文件。虽然 ISTI 明确了检查主体的身份告知义务，但对该告知义务的具体履行方式存有疑义：每一位参与检查的官员（包括主检官、采血官和陪护员）均应人手一份各自的官方授权文件，并在告知程序中分别向运动员出示，还是共同出示一份来自检测机构的授权书即可？

这一问题也成为“孙杨拒检案”的争议焦点。2018 年 9 月 4 日，国际兴奋剂检查管理公司（International Doping Tests & Management，IDTM）派三名工作人员至孙杨处对其实施兴奋剂赛外检查，三名人员包括主检官（DCO）、采血助理（Blood Collection Assistant，BCA）和尿检官/陪护员（Chaperone/Doping Control Assistant，DCA）。当晚，三名工作人员出示给孙杨的资质文件如下：（1）FINA 作为检测机构于 2018 年出具给采样机构 IDTM 的格式授权书，但授权书上没有写明孙杨及三名检查人员的姓名；（2）DCO 的 IDTM 身份文件及个人身份文件；（3）BCA 的初级护士证；（4）DCA 的居民身份证。运动员方即认为，根据《ISTI 血样收集指南》第 2. 5 条规定，“采样人员中的每一位个体需受培训并被授权以实施其各自分配的职能”，也即“采样人员”中每一位成员均应出具授权文件；[1]而本案 DCA 及 BCA 均未出示 IDTM 出具的正式授权文件，所以 DCA 不能按程序进行尿液采样，已被 BCA 采集的血样也不能被带走检测，运动员拒绝检查的行为不构成违规。但是上诉方 WADA 认为，根据 ISTI 第 5. 3. 3 条，样本采集人员（Sample Collection Personnel）作为一个整体，出具检测机构（FINA）向采样机构（IDTM）发出的一份授权书即可，同时 DCO 需要出示其他补充身份证明，但规则并未对 BCA 和 DCA

〔1〕 WADA，ISTI Blood Sample Collection Guidelines，p. 11. http://www.chinada.cn/u/cms/www/201504/25215529qqe1.pdf，最后访问时间：2020 年 3 月 1 日。

做额外证件要求，所以本次检查符合 ISTI 规定。[1]此处，明显 ISTI 规则和《ISTI 血样收集指南》的规定存在冲突，至少从字面理解上，后者比前者要求更高。对此，WADA 方请出了参与编撰 ISTI 的工作人员 Stuart Kemp 作为专家证人出庭，证明如 WADA 官网所示，运动员方所依赖的《ISTI 血样收集指南》作为“guideline”仅是对“最佳实践”的建议，而非与 ISTI 具备同等效力的强制性规定。[2]最终，CAS 采纳了 WADA 方的解释，认为 DCA 与 BCA 遵守了 ISTI 项下规定的身份告知要求，检查行为合规。

从中我们可以看出，ISTI 身份告知规则的模糊性及其与《ISTI 血样收集指南》规范的不一致是导致检查人员与运动员对规则的理解有歧义从而产生程序瑕疵的根本原因。但“孙杨拒检案”中的仲裁裁决显然通过规则解释对检查人员采取了相对宽松的标准，这从运动员权益日益增长和人权关切的角度来看，是不符合反兴奋剂严格执法趋势的，也必将加剧 WADA 权力无限扩张和运动员基本权利保障之间的失衡状态。

（二）被告知对象拒检规定不明

检查主体告知瑕疵可能会影响到兴奋剂检查行为的效力，但运动员能否因此直接针对检查行为采取抵制行动拒绝检查，这是构建兴奋剂检查告知制度中一个不能绕开而又不易解开的问题。对此，WADC 第 2.3 条规定了，“逃避样本采集，或在接到兴奋剂检查通知后，无正当理由（compelling justification）拒绝、未能完成样本采集或者其他逃避样本采集的行为”构成兴奋剂违规。根据文字解释，运动员具备正当理由拒绝样本采集的，则不应视为兴奋剂“拒检”行为。可以说，WADC 在一定程度上肯定了运动员的拒绝权，但是规则并未就“正当理由”进行明确，即何为正当理由？我们无从得知。所以实践中，对于正当理由的把握及运动员拒检争议的认定，仲裁庭往往享有较大的裁量空间，这也造成个案认定存在很大的不确定性。

从 CAS 的案例来看，其对于上述可作为抗辩的“正当理由”的认定往往

---

[1] CAS 2019/A/6148, WADA v. Sun Yang & FINA, https://www.tas-cas.org/fileadmin/user_upload/CAS_Award_6148_website.pdf，最后访问时间：2020 年 3 月 7 日。

[2] “Guidelines provide signatories with recommended practices for several aspects of anti-doping programming. These model guidelines are not mandatory, but offer technical guidance to ADOs in the implementation of programs.” https://www.wada-ama.org/en/resources，最后访问时间：2020 年 3 月 1 日。

持限制性态度，即普遍不支持运动员针对兴奋剂检查行使拒绝权。在 CAS 2005/A/925 案中，仲裁庭明确指出："毫无疑问，我们认为，反兴奋剂检测和 DC 规则的内在逻辑均要求并期望，无论何时，只要身体上、卫生上和道德上允许，样本均应被提供，而不管运动员之反对。如果不是这样，运动员将会系统性地以任意理由拒绝提供样本，使得检查无从谈起。"〔1〕以此案为基础，CAS 后续形成诸多判例，均强调一个原则，即对于"正当理由"应进行限制性解释（restrictive interpretation of compelling justification），"无论何时，只要身体上、卫生上和道德上允许，就没有适用正当理由的空间"。〔2〕什么叫做身体、卫生、道德上允许呢？这里有个例子，在 *USADA v. Jonathan Page* 案中，Jonathan Page 因在自行车比赛中摔倒造成脑震荡，错过了赛后检查，方构成错过赛后检查的正当理由。〔3〕在 CAS 2012/A/2791 案中，仲裁庭更是直接列举以下行为不足以构成 WADC 第 2.3 条下拒绝检查的正当理由：（1）感觉受到不公平干扰（CAS 2008/A/1564）；（2）检查官的授权/身份具有不确定性（CAS 2008/A/1470）；（3）兴奋剂检查官涉嫌"侵犯性"行为（CAS 2004/A/714）；（4）一项紧急而重要需要事先处理的事件。〔4〕其中，第四个理由即属于检查主体告知瑕疵的一种，当然 CAS 没有明确裁定检查主体告知瑕疵一定不构成运动员拒检的正当理由，只是对这一抗辩理由采取了非常严格的审查原则。如上所述，CAS 更倾向于认定在反兴奋剂领域，运动员无条件接受检查是原则，即使对告知等程序有异议，仍应当先配合检查，同时可在记录表上写明他对所作的采样是"持异议的"（under protest），再进行事后投诉，而不能直接拒绝检查。〔5〕只有在极端情形下，检查程序才会自始无效，

---

〔1〕 CAS 2005/A/925, Laura Dutra de Abreu Mancini de Azevedo v FINA, para. 75.

〔2〕 CAS 2013/A/3341, WADA v. Daniel Pineda Contreras & Chilean Olympic Committee (COC), http://jurisprudence. tas-cas. org/Shared%20Documents/3341. pdf，最后访问时间：2020 年 3 月 9 日。

〔3〕 United States Anti-Doping Agency v Jonathan Page, AAA No 77 190 16 09 JENF, 4 Feb 2009, https://www. usada. org/sanction/cycling-athlete-oliveira-receives-appeal-decision-from-cas-panel/，最后访问时间：2020 年 3 月 9 日。

〔4〕 CAS 2012/A/2791, WADA v. Norjannah Hafiszah Jamaludin et al. & Malaysia Athletic Federation (MAF), p. 12, http://jurisprudence. tas-cas. org/Shared%20Documents/2791. pdf，最后访问时间：2020 年 3 月 10 日。

〔5〕 CAS 2013/A/3341, WADA v. Daniel Pineda Contreras & Chilean Olympic Committee (COC), para. 12, p. 21, . http://jurisprudence. tas-cas. org/Shared%20Documents/3341. pdf，最后访问时间：2020 年 3 月 10 日。

运动员方可拒绝检查，例如三名检查人员从未得到授权，纯属冒充检查招摇撞骗，而运动员在实践中很难证明。

如此，规则的模棱两可加上 CAS 的限制性解释态度，也使得运动员陷入两难：拒绝检查可能存在巨大的违规风险，不拒绝检查又有可能影响到样本检查结果的真实性，最终不利于运动员抗检拒检争议的解决。

（三）告知主体责任制约缺乏

“有权力就必然有责任，责任与权力是同一事物之一体的两面。”〔1〕根据卢梭的“社会契约论”思想，权力来源于社会成员，成员出于共同利益，自愿让渡部分权利，从而派生出权力后交由某一主体（政府、社会团体……）行使。作为约定的条件，上述主体行使权力也必须代表成员意志与利益，遵守法定或意定程序，否则该行为就失去正当性，并须承担由此产生的责任，这也是责任理念的政治学基础。〔2〕所以，任何权力都不能脱离责任而独立存在，兴奋剂检查作为一项权力，检查主体在行使的同时也必须承担相应的义务与责任。检查主体不按法定的程序履行告知义务，是对正当程序的违背与对运动员合法权益的侵犯，理应产生对己不利的法律后果。

此处的不利后果主要指兴奋剂检查主体所应承担的内部行政责任及法律责任。检查人员在进行兴奋剂检查过程中，故意或过失地不履行告知义务，将违反检查程序要求，损害运动员基本权益。特别是，如果连检查人员不具有相应资质且未向运动员出示证明完整的检查授权，都无须承担程序违规的法律责任，那运动员必将陷入对反兴奋剂机构可能出现的黑箱执法的恐惧之中。目前，在 WADA 于 2018 年 4 月出台的《签约方合规国际标准》中，样本采集的过程不符合 ISTI 要求属于第 2 类不合规行为，原则上应承担的后果包括签约方失去 WADA 的特权，失去国际赛事举办权，反兴奋剂活动被监管等。〔3〕但实践中，反兴奋剂机构对检查主体告知程序瑕疵或违规的包容度很高，上述责任往往难以落实。孙杨案中，运动员方也曾强调，该案主检官 2017 年曾

〔1〕谢晖：《法学范畴的矛盾辩思》，山东人民出版社 1999 年版，第 265 页。

〔2〕参见孟昭阳、赵锋：“论行政告知制度”，载《中国人民公安大学学报》2004 年第 1 期。

〔3〕WADA, INTERNATIONAL STANDARD CODE COMPLIANCE BY SIGNATORIES, https://www.wada-ama.org/sites/default/files/resources/files/isccs_april_2018_0.pdf，最后访问时间：2020 年 3 月 9 日。

因未具备有效资质证明被运动员投诉过，但该投诉至今未决。虽然我国《兴奋剂检查官管理办法》第38条对检查官出现的失职违规行为规定了四种处罚类型：诫勉谈话、通报批评、停职检查、取消检查官资格，但并未对具体的违规行为种类进行肯定或否定式列举。所以，加之反兴奋剂领域尚未建立起真正的检查告知制度，实践中的告知瑕疵行为往往很难视作违规，上述责任制约条款对告知主体的适用空间亦不大。

（四）告知瑕疵法律后果不清

因"告知瑕疵"一般存在于兴奋剂检查过程中，我们在对其法律后果进行研究前，有必要先厘清兴奋剂检查行为本身的性质。与行政检查类似，关于兴奋剂检查的法律性质也存在两种争议，一种是将其认定为事实行为，即检查本身只是服务于检查结果的确定，是反兴奋剂管理机构实施兴奋剂监管作出处罚的过程性行为，不具有实质意义，也不会对运动员权利义务产生实质影响。[1]另一种是认定为具体行为，兴奋剂检查虽然不像兴奋剂违规结果认定、处罚决定那样直接对运动员施加义务，但检查行为本身亦具有拘束力，甚至多数情况下具有单方面强制性。[2]这种强制性即表现为运动员对兴奋剂检查行为一般不得拒绝，否则构成兴奋剂违规，并将由运动员承担不予配合的不利后果。

对此，笔者认为，兴奋剂检查在整体上兼具事实行为与具体行为的特征，一方面其是服务于后续检查结果作出的程序性行为，另一方面其本身也可能对运动员的权利义务产生重大影响。所以，告知瑕疵受其影响也可以分为两类：告知实体瑕疵和告知程序瑕疵。前者主要指没有告知和告知对象错误，在此情况下，我们将检查行为视作"具体行为"，运动员可直接针对检查行为本身的效力提出质疑。告知实体瑕疵产生的后果使得检查主体实施的行为无法达到预期目的，可能导致整个检查活动归于无效，从而对运动员的行为也不会产生约束力。因此，运动员在检查过程中理应可以"正当理由"拒绝检查，或者在检查表中写明他对所作的采样是"持异议的"，待检查结束后，单独就检查告知行为提起申诉，主张救济。而告知程序瑕疵下，检查行为更多

---

〔1〕 参见薛刚凌："论行政行为与事实行为"，载《政法论坛》1993年第4期。

〔2〕 参见姜明安主编：《行政法与行政诉讼法》，北京大学出版社1999年版，第258页。

体现事实行为的特征，即程序瑕疵本身不影响运动员知悉检查主体的身份、检查行为的内容及违规的法律后果等。如告知步骤缺失：检查主体仅进行了口头告知，而未在检查表中予以书面记录并要求运动员签字确认。如此，基于检查秩序的维护与检查效率的要求，运动员不能直接拒绝检查，只能等到检查程序结束后，对检查结果不服的，可以请求结果管理组织或仲裁机构予以审查，组织听证。

所以，不同类型的告知瑕疵，其产生的法律后果亦会不同。告知程序轻微瑕疵的，不影响样本采集的效力；告知程序严重违规，如无授权或超越职权的，将导致检查程序无效，运动员拒检也不应视为违规。但无论如何，检查主体不履行告知义务，都应引起对检查行为的否定性评价。目前，ISTI 规定了检查主体在初次接触运动员时负有的各项告知义务，但是，如果检查主体在检查过程中出现告知瑕疵，其对检查行为本身的效力影响，对运动员违规认定结果的影响，ISTI 和其他反兴奋剂规则尚未提及。

四、几点建议：兴奋剂检查主体告知义务所生争议的解决

（一）于 WADA：明确规则有关告知义务的模糊地带

要想在兴奋剂检查实践中减少告知义务所生争议的发生，或使该类争议得到适当解决，首先面临着国际规则的明确化。这一点，还需要 WADA 从实践争议中不断总结经验，推动有关告知义务规则的进一步细化。

1. 身份告知义务的履行：授权文件的明确出示

整个兴奋剂法律规制体系是建立在“严格责任”基础上的，其适用于运动员违规认定，更适用于反兴奋剂检查主体自身。在 *USA Shooting & Quigley v. Union International de Tir* 案中曾确立了这样一个原则，“由于反兴奋剂斗争之艰巨，需要适用严格责任，但规则的制定者和执行者必须首先从严要求自己。可能影响运动员权益的规则必须是可预测的，来自获得适当授权的机构，它们不应该是过程中模糊增生的产物。运动员和反兴奋剂组织不应该面对只能根据少部分内部人士多年实践才能理解、相互矛盾甚至排斥的规则”。[1]而上

〔1〕 Jack Anderson, A detailed analysis of the legal arguments in WADA v. Sun Yang & FINA-a very public hearing, [2019-11-28], https://dev.lawinsport.com/topics/item/a-detailed-analysis-of-the-legal-arguments-in-wada-v-sun-yang-fina-a-very-public-hearing, 最后访问时间：2020 年 3 月 12 日。

文提及，目前有关兴奋剂检查主体履行身份告知义务的形式尚未得到统一：ISTI 规范本身存在模糊性，“采样人员”应视为一个整体，共同出示一份来自检测机构的授权文件，还是“采样人员”中每一位官员均应出示各自授权文件？不同主体对此有不同理解，孙杨案中 WADA 与 CAS 持第一种理解，运动员方则持第二种理解。显然，这样的规则在适用过程中产生了歧义，考虑到规则的制定权和解释权均在 WADA，这对于运动员来说将是极为不公且不利的：运动员被严格要求遵守反兴奋剂规则，但兴奋剂检查程序被模糊解释后宽泛地适用于检查主体，明显违背了上述原则所确立的“对体育组织制定规则的明确性和可预见性”要求。

2019 年《运动员反兴奋剂权利法案》第 11.0 条规定：“样本采集过程中，运动员有权查看兴奋剂检查官的身份，有权要求获得与样本采集过程相关的其他信息，有权被告知样本采集所依据的授权……”[1]《ISTI 血样采集指南》第 2.5 条规定：“采样人员中的每一位个体需受培训并被授权以实施其各自分配的职能。”被告知检查主体身份及资质作为运动员基本权利已得到法案明文规定，虽然指南不具有强制执行力，但其作为 WADA 认可的做法，如果得到遵守确实可以在实践中为运动员提供更高的权利保护，也与一直以来反兴奋剂领域严格执法和保障运动员人权的基本精神相契合。虽然要求每一位检查官均出示授权文件在管理成本上加重了反兴奋剂组织的负担，但于保护运动员免受反兴奋剂黑箱执法的恐惧及增强包括运动员在内的各界人士对 WADA 的认同感，这样的成本付出是值得的。否则运动员被要求严格遵守反兴奋剂规则，但检查人员宽松地适用检查程序，无疑使得反兴奋剂领域这杆权利与权力对垒的天平更加失衡。因此，笔者建议 ISTI 明确每位样本采集人员须具备对应的授权资质及检查机构颁发的身份文件，并在检查之初向运动员出示。该授权文件可以人手一份，也可统一在一份授权书上写明参与检查活动的全部检查人员信息，考虑到每次兴奋剂赛外检查的不确定性和突击性，授权文件可以在具体运动员姓名处留白，待具体检查时由主检官手动填写。文件具体格式可以由 WADA 在《检查官培训工具指南》（Doping Control Officer's Training Tool Kit）中列明一份授权文件的模板，供实践参考。

---

〔1〕 WADA, Athletes' Anti-Doping Rights Act, https://www.wada-ama.org/sites/default/files/resources/files/athletes_ antidoping_ rights_ act.pdf，最后访问时间：2020 年 3 月 12 日。

2. 运动员针对告知瑕疵的拒检权："正当理由"的适当列举

首先，在细化运动员拒检规定之前，有一个需要厘清的问题，即运动员到底有没有拒绝检查的权利？这一问题在立法上其实已经明了，从 WADC 第 2.3 条关于"逃避、拒绝或未完成样本采集"的规定中即可看出，目前国际规则承认运动员在反兴奋剂检查过程中享有拒绝检查的权利，只是该权利的行使必须满足"正当理由"之要求。WADC 的规定在一定程度上也符合我国公法领域有关"公民拒绝权"的立法精神。其实，我国行政法学界早年间也曾围绕"公民拒绝权"的承认与行使产生过争议：一方面公民拒绝权的行使不能过于任意，否则将不利于行政执法工作的开展与社会的稳定；但另一方面，承认公民在面对部分重大且明显违法行政时的拒绝权，是程序正义的体现，也是尊重公民对法律的判断，立法与司法不应使该权利的享有形同虚设，无行使之余地。[1]对此，我国行政立法是这样解决的，其首先确立了大的原则，即公民不得拒绝与阻挠行政机关依法行政，每位公民对行政执法均负有配合义务，但在此原则之外，部分立法还结合管辖实践规定了各自领域的公民拒绝权，并明确该权利行使的特定情形。如《中华人民共和国行政处罚法》第 49 条规定，不出具政府统一制发的罚款收据，当事人有权拒绝缴纳；《中华人民共和国银行业监督管理法》第 34 条更具体到，检查人员少于两人或未出示合法证件与检查通知书的，相关机构有权拒绝检查等。[2]对此，笔者认为，反兴奋剂领域运动员针对告知瑕疵拒检权的行使不妨参考我国行政法领域承认"公民拒绝权"的实践，对符合拒检"正当理由"的情形在规则中进行适当列举，即对哪些告知不当情形运动员有权拒绝检查，且不构成兴奋剂违规进行规定。这样一来，既可以给检查主体以警示，规范其检查活动，避免因告知程序不当导致行为无效，同时也可以给仲裁庭在个案审查运动员拒检行为的正当性予以参照适用，最后还可以帮助运动员对检查告知程序规则进行更好的理解，降低其行使拒检权的风险，维护兴奋剂检查秩序的稳定性。

具体哪些告知瑕疵可列为运动员拒检的正当理由，建议可从以下三个方

---

〔1〕参见何海波："公民对行政违法行为的藐视"，载《中国法学》2011 年第 6 期；夏金莱："质疑无效行政行为及相对人的抵抗权"，载《政府法制》2004 年第 22 期；章志远："行政法上的公民拒绝权研究——以人权三种存在形态理论为分析视角"，载《苏州大学学报》2010 年第 3 期。

〔2〕参见《中华人民共和国行政处罚法》第 49 条、第 56 条，《中华人民共和国农业法》第 67 条，《中华人民共和国税收征收管理法》第 59 条，《中华人民共和国银行业监督管理法》第 34 条等。

面进行考量：第一，告知瑕疵行为违规的明显性，究竟是完全未履行告知义务，还是履行过程中存在轻微瑕疵？如果轻微瑕疵不影响检查主体身份的确定和运动员权利的行使，那么运动员不应直接拒绝检查。第二，告知瑕疵行为发生后，其他救济措施的有效性如何？如果该告知瑕疵行为在某种程度上侵犯了运动员的权益，但该权益可通过事后救济措施予以弥补，那么运动员当下也不应该直接拒检。第三，相关公共利益的重要性考量，即将该告知瑕疵行为造成的不利影响与运动员拒绝检查可能对兴奋剂检查秩序带来的损害进行比较，如果后者的利益维护更重要，则运动员拒检权的行使不具有正当性。综合考虑后，建议将“告知实体瑕疵行为”列为运动员拒检权行使的正当理由，并在规则中予以体现。具体可概括为，在检查主体没有出示证件表明身份或告知的对象发生错误（如在特殊通知程序中，即运动员为未成年人、残疾或需要口译人员的情况下，未通知相关第三方）时，运动员有权拒绝检查。如果仅为轻微的告知程序瑕疵，如出示的授权书格式存在问题，不影响检查主体身份的确定，则行使拒检权将不具备正当理由。

（二）于检查人员：善用书面笔录全面履行告知义务

实践中，“兴奋剂检查主体未履行告知义务”，常常成为受到违规指控的运动员或其他人员的抗辩理由，如检查主体未出示授权文件、未告知违规后果，而检查主体一方则主张已充分履行义务。因此，“兴奋剂检查告知义务履行与否”往往成为此类运动员违规案件的争议焦点。鉴于运动员对其抗辩事实和情况的举证证明为优势证据标准，低于反兴奋剂组织的“令人放心满意（comfortable satisfaction）”标准。[1]所以，如果检查主体仅通过口头履行告知程序，因缺乏书面证据证明自身“已正确履行告知义务”，那么认定结果将对其产生不利影响。

上述争议产生的很大原因，往往在于检查主体在履行告知义务时不注重“书面告知笔录”的制作。例如，在初次接触运动员时，部分检查人员往往忽视先证明自己的身份和告知运动员相关权利义务，并同时记录下来，以致在后续争议中无法表明检查主体是否进行了告知程序。部分虽然事先出示了身份及授权文件，但未在《兴奋剂检查表》告知栏内注明“检查官出示授权文

[1] 参见张鹏：“国际体育仲裁院仲裁证明标准研究”，载《中国体育科技》2018年第4期。

件，告知身份后，进行兴奋剂检查”；或虽已在表中注明，但没有让运动员签字确认。此外，还有一些检查人员在运动员行为可能违背样本采集程序时，未及时告知违规后果、法律依据与理由，或已告知但未让运动员在《兴奋剂检查表》中写明拒绝检查或未能完成样本采集程序的原因并签字，对运动员的陈述与申辩也不注重记载。[1]对此，笔者认为，既然ISTI规定兴奋剂检查主体在进行检查前，负有告知运动员身份、权利义务、违规后果等各项义务。那么，通过书面形式将告知的内容记录清楚交由运动员签字确认，远远要比简单的“口头告知”更为妥当。这不仅有利于运动员充分了解情况，在检查过程中维护自身权利，也有利于提高兴奋剂检查主体的责任意识，便利仲裁庭进行证据审查。

（三）于运动员：尽量配合检查慎用私力救济

虽然笔者支持运动员对于存在告知实体瑕疵的检查行为理应享有拒绝检查的权利，但该权利的行使终究面临较大的法律风险，因为这在公民救济形态中，始终属于一种私力救济，此类救济因其行使方式所具有的不可预测性，目前也尚徘徊于法治的边缘，而非主流救济形式。[2]万一运动员事后得不到仲裁庭的支持，将追悔莫及。以运动员拒检权的行使为例，其在行使之前首先需对检查告知行为是否构成实体瑕疵进行主观判断，这一判断完全基于运动员方自身对国际规则的理解，其是否正确还要接受仲裁机构的检视，也即运动员行使拒检权的同时仍承担着被认定为兴奋剂违规的风险。万一运动员的理解是错误的，这样的风险到底有多大呢？答案是长达8年的禁赛期。WADC第10.3.1条规定了运动员首次拒绝检查的最长禁赛期为4年。WADC第10.7.1条又规定，运动员第二次再发生上述行为的，先将第二次违规视为第一次发生确定禁赛期，再给予该禁赛期两倍的禁赛期，即禁赛期翻倍，且不考虑第10.6条规定的任何缩减。因此，如果运动员第二次存在消极拒检或暴力抗检行为，其可能被认定违反WADC第2.3条或第2.5条规定，此时禁赛期可达8年。正因为后果如此严重，2019年1月3日，国际泳联兴奋剂法

〔1〕 See World Anti-Doping Agency, Doping Control Officer's Training Tool Kit, Version 3.0, May 2011, pp. 43.

〔2〕 参见李余华、丁汪洋：“论违法行政行为的私力救济及其应对”，载《新余学院学报》2015年第4期。

庭（DP）在对“孙杨拒检案”作出的裁定中也写道，运动员将自己的整个体育生涯维系于战胜一个复杂而有争议的问题，实在是一个“巨大而愚蠢的赌博”。〔1〕

而且，通过上述分析我们可以看出，不论是CAS之前的实践，还是近期的孙杨拒检事件，CAS及各国际单项体育联合会的普遍态度是，运动员在任何情况下均先遵从检查官的指令提供样本，即使是“持异议地”提供。然后运动员所有的抱怨和抗议均可以在兴奋剂检查表中填写清楚，而不是在对兴奋剂检查流程的某一方面有疑虑时，去冒有可能被认定为违规的风险而消极或暴力拒绝检查。

结 语

虽然，兴奋剂检查告知义务仅仅是检查主体与运动员（或相关第三方）之间诸多权利义务关系中的一项附随义务，但是其涵盖范围广、内容多，从检查官与运动员初次接触开始一直延续到检查程序结束之后，检查官需要表明身份、告知检查依据、未遵守检查程序的法律后果等，从实体层面的反兴奋剂规则到程序层面检查检测规范都或多或少有所规定。它以“正当程序”“权力制约”和“权利保障”为理论基础，是为平衡反兴奋剂组织与运动员之间的地位不对称而作出的制度设计，也是反兴奋剂法律规范（ISTI等）明确规定的检查主体的法定义务。但目前不论是国际层面还是国内层面，对检查主体的告知义务缺乏重视，因此兴奋剂检查告知理论的构建亦缺少坚实的基础。在实践过程中，难免存在告知义务规范模糊、告知责任不明确、告知方式不合规等系列问题。准确把握兴奋剂检查告知的主体、对象、内容、方式、时间，了解告知的合法要件，充分运用书面笔录完成告知程序，明确检查告知的法律效力、检查主体的法律责任及运动员拒检权的行使将有力推动国际层面反兴奋剂检查告知制度的完善和发展，也以期为我国将来针对反兴奋剂检查领域的立法作出有益探索。

---

〔1〕 “Staking an entire athletic career on being correct when the issue is complex and contentious is a huge and foolish gamble.” See Sun Yang FINA Doping Panel Report, FINA DOPING PANEL, 3 January 2019, p. 56.

第八部分

卫生法学

活体器官移植“供体—受体”关系的法律规制研究

曹　幸*

【摘　要】交叉移植、非亲属间的活体器官移植客观上能够起到挽救病患生命健康的积极效果，但因与我国现行法律规范存在价值冲突，遂引发广泛的法律与伦理争议。活体器官移植立法完善应基于防范器官移植、保障生命健康、符合伦理道德等考量因素，对“供体—受体”关系应当以亲属关系为基础构建基本关系范围圈，并且预留关系范围圈的缺口，即允许基本关系范围圈外的特殊情形存在，区分一般情形与特殊情形而分别适用严格程度不同的程序与实体审查标准，并基于属地原则建立统一的器官移植委员会以发挥对器官移植伦理审查的实效性。

【关键词】活体器官移植　交叉移植　器官买卖　伦理　亲属关系

一、活体器官移植的现实拷问

器官移植与抗生素的发现被认为是20世纪最重大的两个医学成就，其中器官移植更是被称为“20世纪医学之巅”。[1]器官移植是一种医疗行为。“移植是基于医疗目的、摘除身体上的一个组织或器官并把它移置于同一个体或同种另一个体或不同种个体的相同部位或不同部位，以达到治疗目的的手

---

* 曹幸，中国政法大学2019级法律（法学）专业硕士。

〔1〕 参见刘长秋：《器官移植法研究》，法律出版社2005年版，第1页。

术。”〔1〕这一定义同时涵盖了器官移植的三大种类，即自体移植、同种异体移植、异种移植。本文所讨论的器官移植系指同种异体移植，即以医疗为目的，用手术方法切取某一人体器官移植到另一人体内，替换其已损伤的病态的或衰竭的器官，以救治其疾病。至2008年，中国内地已有164家医院被批准能够独立开展国际上所有类型的器官移植手术，已经走在世界的前列。〔2〕根据器官的来源途径的不同，器官移植分为遗体器官移植和活体器官移植。〔3〕活体器官移植是指供移植的器官来源于仍然存活的捐献人。与遗体器官移植相比，活体器官移植在手术成功率、受体成活率等方面都具有其医学优势，因而一度受到欢迎，并且如果供体和受体之间的亲缘关系越密切，其配型和手术成功的概率就越大。〔4〕

活体器官移植是医学科技进步的产物，该技术的运用挽救了大量严重病患的生命健康，同时该技术也面临安全性、伦理性、社会性等诸多问题，例如排异反应、手术风险、器官交易黑市，等等。其中，交叉移植、非亲属间移植，我国台湾地区所谓“法律杀人”〔5〕等现实案例与现象由于与现行法律规范关于“供体—受体”关系的限制性规定存在价值冲突，因此存在较大法律争议和伦理争议，从而引发社会各界的广泛关注。由上述现实问题引出，本文对活体器官移植“供体—受体”关系的立法考量因素、我国以及域外法规定进行研究，并提出“供体—受体”关系的立法完善建议。

二、活体器官移植“供体—受体”关系的立法规制

1991年颁布的《世界卫生组织关于器官移植的指导原则》第3条声明：“活体器官捐献中，捐献者一般应该是与受体有亲缘关系的人，在骨髓移植和其他可再生组织移植中可有例外。”世界上绝大多数国家器官移植立法普遍对活体器官移植的捐献者（供体）与接受者（受体）之间的关系作出限定，活体器官捐献移植只能发生在法律限定的特定“供体—受体”关系范围内，至

〔1〕 黄丁全：《医疗法律与生命伦理》，法律出版社2015年版，第562页。

〔2〕 参见解志勇主编：《卫生法学通论》，中国政法大学出版社2019年版，第328页。

〔3〕 参见王岳主编：《医事法》，人民卫生出版社2019年版，第307页。

〔4〕 Gerald Dworkin，“The Law Relating to Organ Transplantation in England”，*The Modern Review*，Vol. 33 No. 4（July 1970），pp. 354-355.

〔5〕 参见吴宪明：“活体器官移植可以无条件施行吗？”，载《医事法学》2001年第9卷第2期。

于"供体—受体"关系的具体范围，各国有不同的规定。

（一）限定"供体—受体"关系范围的立法考量因素

1. 器官交易风险防范

在世界范围内，绝大多数国家确立了禁止器官商品化的法律规则。学术界主流的看法是坚决否认器官的商品化倾向。因为器官商品化将引发严重的社会及伦理问题。器官商品化违背人的尊严，是把人从目的降低为单纯的手段；容易滋生犯罪，加剧不平等，给弱势人群带来风险和伤害；更使得器官捐赠崇高的爱的价值不复存在。[1]从法律属性上分析，人的器官存在于人体之内时乃人体有机体的一部分，属于权利主体人格的载体，不能成为法律上权利客体，亦不符合物权法上的"物"的属性。但脱离人体的器官是否当然属于民法上之"物"，理论上争议颇多。杨立新教授主张对物进行类型化并加以不同的法律规制，从而建立法律物格制度。物格分为生命物格、抽象物格和一般物格，其中生命物格是具有生命的物的法律物格，是民法物格中的最高格。脱离人体的器官或组织应当置于法律物格中的最高格，即生命物格，"对它的保护力度不同于一般物，其移转时有特殊规则的要求，这样才能既满足医学上抢救病患的急需，又能够符合社会伦理、道德要求，维护文明社会秩序，为创设脱离人体的器官或组织的民法规则奠定基础。"[2]刘家安教授认为伦理性是物的特征之一，[3]脱离人体的器官只能在非常有限的意义上被视为法律上的物，其具有很强的伦理性，与人格尊严、公序良俗密切关涉且不得任意处分，脱离人体的器官可以被无偿捐赠而不能像普通动产一般自由买卖。

各国普遍对"供体—受体"关系设定限制，是为防范器官买卖的道德风险而设计的法律过滤装置。出于人性的考量，在无亲密关系的"供体—受体"关系中，相比于无私奉献的捐献者，具有获利动机的供体的出现概率明显更大，在此种情况下发生器官买卖的可能性较高。法律为尽可能排除器官买卖，而将"供体—受体"关系限制为一定的亲密关系范围内，在该限定的亲密关

[1] 参见韩大元：《生命权的宪法逻辑》，译林出版社2012年版，第127页。

[2] 杨立新、曹艳春："脱离人体的器官或组织的法律属性及其支配规则"，载《中国法学》2006年第1期，第52页。

[3] 参见刘家安：《物权法》，中国政法大学出版社2015年版，第15页。

系范围内发生器官买卖的概率较低，有助于遏制器官商品化。

2. 生命健康权益保障

生命健康保障原则是卫生法的基本原则之一，这一原则贯穿于卫生法的全部领域，对卫生立法起着根本性指导作用。[1]具体在器官移植立法领域，器官移植本身是一种医疗行为，是以治疗疾病为目的的一种医学技术手段，保障生命健康是器官移植行为以及器官移植立法的逻辑起点和最终目的。器官移植法有两个重要的目标，一是确保为治疗目的提供稳定的人体器官供应；二是防止人体器官的商业交易。前者要求在公共政策制定上鼓励尽可能多的器官捐献；后者要求管理机构在移植中对商业考量的影响保持警惕。[2]防止器官交易与保障生命健康均属器官移植法律规制的立法考量因素，二者原本并行不悖，但是具体在“供体—受体”关系范围的法律限定中，这两个因素之间形成了张力关系。立法主要基于防止器官交易风险的考量，以亲疏关系为基准，将“供体—受体”关系加以限制至一定范围内，对超出此关系范围外的活体器官捐献移植评价为非法，但有时超出法定关系范围外的供、受体之间的活体器官移植客观上达到了挽救生命、恢复健康的效果。一味禁止此类情形下活体器官移植可能导致等待器官移植的患者生存机会减少，与保障生命健康权益原则形成紧张关系。实践中出现的交叉移植等现象就反映了此种紧张关系。因此，防范器官买卖和保障生命健康二者是法律设定“供体—受体”关系限制时必须综合考量的因素。并且，在任何时候，保障生命健康权益都是首要考量因素。

3. 符合伦理道德

活体器官移植容易引发伦理争议，只有保证活体器官移植是出于捐献者自愿、符合家庭伦理以及社会一般人的价值观念。伦理道德符合性是活体器官移植的相关立法的重要考虑因素。

（1）捐献者自由意志的充分保证。摘取活体器官系对供体身体完整性的破坏，若无不法性阻却事由，即符合故意伤害罪或杀人罪的构成要件。但若捐

〔1〕参见解志勇：“卫生法基本原则论要”，载《比较法研究》2019年第3期，第4页。

〔2〕Jinal Dadiya, “Mothers Who Donate And Mothers Who Sell—False Dichotomies In The Regulation Of Living Organ Transplantation”, *Socio-Legal Review*, Vol. 13 No. 1 (2017), p. 54.

赠决定源于捐赠者自由意志支配下的知情同意或曰“承诺”〔1〕，便得以阻却不法。由此，保证捐赠意志的自主性是活体器官移植合法性的关键要素。而亲缘关系内的活体器官移植捐赠者更容易受到家庭内部的情感和精神压力而造成捐献决定的意志瑕疵。因而立法将供体、受体关系限定在特定亲缘关系范围内的同时，更要对捐赠者的自由意志予以充分保障和关切。

（2）自由意志的家庭伦理制约。“人的本质是一切社会关系的总和”，而家庭关系是现阶段社会关系的核心，器官移植尤其是活体器官移植包含诸多伦理问题而不仅仅是单纯的医疗手段，在卫生法的板块中，其更多的是作为医疗伦理法的规制对象而非医事法的范畴。〔2〕在活体器官移植中，捐赠决定不单单是捐赠者自由意志所支配的个人事项，而存在捐赠决定背后的家庭伦理因素制约。因为，捐赠者个人作为家庭成员一分子担负着家庭责任，活体器官移植对捐赠者的健康风险会影响其家庭义务〔3〕的承担和履行，家庭其他成员的意志对捐赠决定在实然和应然层面均有一定影响。在某些情形下，比如家庭成员与捐献者的意思表示不一致的情况下，陌生关系间的捐献将可能引发家庭与社会对捐赠者“利他”与“利家”之间关系的伦理争议，立法将“供体—受体”关系限定在特定亲缘关系内也是基于减少伦理争议的考量，因为在此关系内，“利他”与“利家”基本重叠归属于家庭共同体利益中，不至于引发较大伦理争议。

（二）我国立法对“供体—受体”关系的限定

1. 实证法规范的具体规定

我国对活体器官移植的“捐赠者—接受者”关系限定的范围比较严格，仅限于近亲属之间，《人体器官移植条例》第10条规定：“活体器官的接受人限于活体器官捐献人的配偶、直系血亲或者三代以内旁系血亲，或者有证据证明与活体器官捐献人存在因帮扶等形成亲情关系的人员。”原本“因帮扶等形成亲情关系”可能为非亲属间的活体器官移植预留了空间，然而2009年出

〔1〕［德］乌尔斯·金德霍伊泽尔：《刑法总论教科书》，蔡桂生译，北京大学出版社2015年版，第116页。

〔2〕解志勇主编的《卫生法学通论》将卫生法法律体系划分为五个子法律群，分别是医事法、药事法、公共卫生法、健康保障法和医疗伦理法，器官移植法是医疗伦理法的重要内容。

〔3〕婚姻家庭法设置有夫妻间的扶助义务、父母对子女的教育抚养义务、子女对父母的赡养义务等。

台的《卫生部关于规范活体器官移植的若干规定》（以下简称《活体器官移植规定》）第2条又规定，“因帮扶等形成亲情关系：仅限于养父母和养子女之间的关系、继父母与继子女之间的关系”。而把所谓“帮扶”亲情关系范围限定于养、继父母子女的拟制血亲关系。由此确立了非亲属间活体器官移植的“绝对禁止”立法模式。

2.“供体—受体”关系范围的立法缺陷

第一，存在合法性质疑。《活体器官移植规定》第2条是否合法有效不无疑问。有学者质疑该规定第2条对《人体器官移植条例》第10条的规定进行严格限缩的规定，“既可以理解为进一步细化和限定，又可以理解为有违反上位法之嫌”。[1]如果认为《活体器官移植规定》第2条与《人体器官移植条例》第10条相冲突，那么根据上位法优于下位法的法律适用原则，应排除《活体器官移植规定》第2条的适用。

第二，与生命健康保障原则相背离。生命健康保障原则是卫生法的基本原则之一，且是最为核心的基本原则，其对卫生法的全部领域起着统率性、概括性的指导作用，器官移植活动作为医事法和医疗伦理法所规制的对象也不例外。我国现行法规范对活体器官移植供体、受体间关系范围确立了严苛的限制规定固然是有其现实原因，即防范器官买卖的考量。但是防范器官买卖的目标追求不应当悬于生命健康保障原则之上，而是应当在首先保障生命健康权益的基础上防范器官交易的风险。如果立法忽略这种人们普遍认可的价值位阶，那么该法律将得不到严格的执行，违反该法律的行为也会得到人们或执法者的宽容。在《人体器官移植条例》和《活体器官移植规定》出台以后出现的一些非亲属间的“交叉移植”在实践中获得各方面默许[2]便是例证之一。

第三，精细化程度较低，未作类型化合理区分。首先，现行器官移植法对活体器官移植供体、受体关系近乎一刀切地限定在一定关系范围内，对超出此范围的情形采取严格禁止态度，未规定特殊情形。其次，不同器官的活体器官捐献的医疗手术风险不同。

---

〔1〕刘炫麟：“非亲属活体器官交叉移植的法律与伦理问题研究”，载《中国医学伦理学》2017年第10期。

〔2〕参见王岳主编：《医事法》，人民卫生出版社2019年版，第309页。

（三）域外法对“供体—受体”关系的限定

1. 我国台湾地区

我国台湾地区于1987年制定颁布“人体器官移植条例”，后经多次修正，最近一次修订是在2015年。我国台湾地区“人体器官移植条例”第8条规定了自活体摘取器官之条件，第四项条件限定了供体与受体间关系的范围，即“受移植者为捐赠者五亲等以内之血亲或配偶”。2002年该“人体器官移植条例”修订，将血亲的范围自三亲等以内放宽至五亲等以内。血亲包括五亲等以内的直系血亲与旁系血亲，而配偶限定于“应与捐赠者生有子女或结婚二年以上。但待移植者于结婚满一年后始经医师诊断须接受移植治疗者，不在此限”。[1]

该条文还对部分肝脏的活体器官移植的条件作出更宽泛的特殊规定。首先，对于捐赠部分肝脏者为成年人和未满十八岁已结婚者，供体、受体关系范围由五亲等以内血亲放宽至五亲等以内之“亲属”，由此包括了血亲和姻亲。其次，部分肝脏活体移植的捐赠者的资格范围有一般规定之“年满二十岁以上”放宽至十八岁以上的未成年人，其中未结婚者捐赠部分肝脏须经其法定代理人之书面同意。同时，值得注意的是，该法第8条还确立了“交叉移植”的合法性。[2]

总体比较来看，我国台湾地区的“器官移植法”规定的活体器官移植供体、受体关系范围比大陆法规范限定的范围要更宽一些。我国台湾地区规定配偶捐赠的，须结婚二年以上或有子女，且婚后始得确诊的，不受结婚年限与有否子女之限制。较之《活体器官移植规定》确定的结婚三年以上或有子女的条件限定更宽泛。

2. 我国香港地区

我国香港地区最新近修行的2018年版本《人体器官移植条例》第4部“对在生人士之间的器官移植的限制”第5A条规定了活体器官移植的亲属范

〔1〕 Allan M. Concejero and Chao-Long Chen, "Ethical Perspectives on Living Donor Organ Transplantation in Asia", *Liver transplantation : official publication of the American Association for the Study of Liver Diseases and the International Liver Transplantation Society*, Vol. 15 No. 12 (2009), p. 1660.

〔2〕 我国台湾地区“人体器官移植条例”第8条规定：“肾脏之待移植者未能于第一项第四款规定范围内，觅得合适之捐赠者时，得于二组以上待移植者之配偶及该款所定血亲之亲等范围内，进行组间之器官互相配对、交换及捐赠，并施行移植手术，不受该款规定之限制。”

围，有关器官的受赠人须与其捐赠人有血亲关系；或在该项移植时，是其捐赠人的配偶，而两人的婚姻已持续不少于 3 年。此外，该条具体列举了具备血亲关系的人，包括（a）亲生父母及亲生子女；（b）其同胞兄弟姊妹，或其同父异母或同母异父兄弟姊妹；（c）其亲生父母的同胞兄弟姊妹，或其亲生父母的同父异母或同母异父兄弟姊妹；及（b）及（c）段所述的任何兄弟姊妹的亲生子。此外，非亲缘关系的器官移植如获人体器官移植委员会事前批准也可进行。

3. 日本

依据《日本民法典》第 725 条所界定的亲属概念，日本器官移植法规定，原则上，活体器官移植的捐献者须是接收者的：（a）六亲等以内的血亲；（b）配偶；（c）三亲等以内的姻亲。此为原则性一般规定，同时允许有超出上述亲等范围的亲属关系以及无血缘关系而有情感关系的活体器官移植的例外情况〔1〕。据报道，存在一些特殊案例，比如，接受者的妻子的祖父成为捐赠者，以及朋友作为活体器官捐献者。但是，这些特殊情形需要经过严格的个案审查批准（case-by-case review）。此外，日本不允许非定向的无血缘和情感关系的完全利他主义活体器官捐献。日本厚生劳动省于 2007 年根据 1997 年《日本器官移植法》制定的指导方针包含了关于活体器官移植的身份鉴别的规定。如果供体是受者的亲属，即法律规定的原则性一般情形，那么移植的实施者必须通过官方文件（如家庭登记和居住证）来确认他们的关系。如果不能确认，则团队必须咨询机构委员会（如伦理委员会）以使用其他文件和材料确认他们之间的关系。如果是非亲属间或者超出限定亲属范围的特殊情形，相关适当的机构委员会（如伦理委员会）必须特别考虑批准每一项协议，以避免器官买卖并保证捐献决定的自愿同意。〔2〕

4. 印度

1994 年的《印度人体器官移植法》规定，依据该法成立授权委员会作为监管机构有权根据法案批准两种特定的活体器官捐赠：（1）近亲捐赠：允许

---

〔1〕 Shunichi Kato, "Ethical guidelines of the Japan society for the transplantation", *Nippon rinsho. Japanese journal of clinical medicine*, Vol. 63 No. 11 (2005), p. 1900.

〔2〕 Kaori Muto, "Organ Transplantation as a Family Issue: Living Liver Donors in Japan", *International Journal of Japanese Sociology*, Vol. 19 No. 1 (2010), p. 40.

活体器官捐赠的两种方式之一是允许活体器官在“近亲”之间进行。“近亲”限定为仅包括其配偶、子女、父母、兄弟姐妹、祖父母和孙辈。(2)利他性捐赠：该条例允许的另一类活体器官捐赠，包括由爱心、感情和利他主义引起的捐赠。[1]所有不属于《印度人体器官移植法》对近亲的定义的个人之间的捐赠案件应当由监管机构审查，即由授权委员会事先同意。授权委员会须审查活体器官移植是否建立在捐献者对接受者有爱或依赖或其他特殊基础之上的[2]。

横向观察域外法的规定，很多国家和地区立法规定的活体器官移植的供体与受体的关系范围要宽于我国大陆地区，并且较多立法例都在亲缘关系范围的一般规定外，还规定非亲属关系的例外情形经严格的特别审批后认可后才可进行。域外法的规定可对我国活体器官移植“供体—受体”关系的立法完善提供参考样本和借鉴意义。

三、我国活体器官移植“供体—受体”关系立法完善

（一）对活体器官移植整体上仍应秉持保守立场

所谓秉持保守立场，是对活体器官移植采取不鼓励，也不过分宣扬的态度。有学者认为应当建立人体器官捐献激励法律制度，对器官捐献者予以物质激励和精神激励，诸如合理补偿，社会尊重等，具体有“为捐献者建立纪念册”“升学求职可以加分”“评选先进模范优先”等。[3]显然，这些激励措施是针对活体器官移植而言的，其妥当性值得商榷。

对活体器官移植和遗体器官移植两种类型应区分讨论，不能笼统地谈确立器官捐献激励制度。激励活体器官移植忽略了各国立法包括和我国法律规范中关于活体器官移植仅限于特定关系范围的一般规定。配偶之间捐献移植肾脏，父母捐献肾脏给患病子女，这些在一定亲属关系范围内发生的器官捐献移植本身就有情感、家庭共同体利益、法定义务等作为最充分最强大的激

---

〔1〕 Jinal Dadiya, “Mothers Who Donate And Mothers Who Sell—False Dichotomies In The Regulation Of Living Organ Transplantation”, *Socio-Legal Review*, Vol 13 No. 1 (2017), pp. 56-57.

〔2〕 蔡昱：《器官移植立法研究》，法律出版社 2013 年版，第 407 页。

〔3〕 倪正茂、李惠主编：《中国生命法学评论（第 1 卷）》，上海社会科学出版社 2015 年版，第 66 页

励因素，无需法律额外设立激励机制。可以设立补偿制度，但是补偿（compensate）也不同于激励（incentives）。

此外，尽管理论和定义上，活体器官移植是在不损害捐献者健康的前提下进行的，但是基于科学不确定性这一科学研究中的一般原理和普遍特征，[1]不损害具有相对性，活体器官移植总是或多或少会对捐献者日后的健康、生活造成现实或潜在的不利影响，且捐献者还需承担移植手术中风险。[2]一旦发生现实损害，对于捐献者以及捐献者的家庭都是损失巨大。从“成本—收益”的角度分析，只有发生在亲属间或特定亲密关系间的活体器官移植才可在整体上保持成本与收益的平衡或收益大于成本。在亲缘关系间的移植中，捐献者可获得亲情的维系、家庭共同体利益的维持和促进等收益，与健康受损和手术失败的风险成本可大体上抵消或弥补。而在非亲缘关系的活体器官移植中，对于捐献者个体而言成本都是大于收益的。基于此理由，即便活体器官移植可以发生在非亲缘关系中，法律对此也不应当予以激励或宣扬。

遗体器官移植是捐献捐赠者去世后的遗体器官以供移植，所以不存在前述对于捐赠者生命健康之风险和损害，并且遗体器官捐献移植不限于特定关系范围内，且捐赠的遗体器官是进入器官库按规则统一分配，不能预先设定特定的接受对象，更加体现“利他主义的礼物”属性。“从伦理上来说，遗体器官捐献具有远较活体器官捐献的优越性，它应当成为今后器官捐献发展的主导方向。”[3]遗体器官捐献应是器官移植的主要供体来源也应是器官移植的主流趋势。遗体器官移植主要阻碍之一是传统观念作用下的捐献意识较弱，公民尸体器官捐献率处于世界倒数位，[4]器官来源短缺的问题严重，建立遗体器官捐献激励制度是必要和妥当的。因此，立法不应当激励活体器官移植，而应确立遗体器官捐献激励制度，主要依靠遗体器官捐献解决器官捐献移植领域内的供给严重不足、供求失衡问题。

（二）“供体—受体”关系范围的重构

目前，我国人体器官移植法关于活体器官移植的关系范围限定过窄，且

---

〔1〕参见褚晓琳：“论海洋生物资源养护中的预警原则”，厦门大学2008年博士论文。

〔2〕参见刘长秋：《器官移植法研究》，法律出版社2005年版，第11页。

〔3〕刘长秋：“我国《人体器官移植条例》的修改完善”，载《四川警察学院学报》2015年第2期。

〔4〕参见郑恒：“中国器官捐献激励机制研究”，浙江大学2017年博士学位论文。

并未规定特殊情形以便灵活处理，容易遭遇价值冲突无法调和的窘境，为此应当从以下三个方面层层递进，重构“供体—受体”关系范围。

1. 亲属关系为基础的基本关系范围圈：侧重于防范器官交易

《人体器官移植条例》第 10 条将供体与受体之间的亲属关系范围限定为“配偶、直系血亲或者三代以内旁系血亲”，《活体器官移植规定》又将配偶的范围限缩为“仅限于结婚 3 年以上或者婚后已育有子女的”；卫生部的规定意图很显然是为了防止不具有亲属关系的人为规避法律禁止性规定，临时结婚而进行活体器官移植，由此防范潜在的器官商品交易风险。这一目的具有现实合理性，但是这一规定显然明显侧重于防止器官买卖的目标，而进一步限缩了可能进行活体器官移植的范围，对挽救、恢复待移植患者的生命健康更为不利。生命健康保障原则应当是包括规范器官移植活动在内的卫生法的首要基本原则，如果活体器官移植供体、受体之间的关系范围设定得过分狭窄，则显然是过分偏重其他价值考量因素的而忽视生命健康权益保障。因而在保障生命健康权益的基础前提下，侧重于防范器官交易，可将基本关系范围圈依适度扩大的思路重构。

第一，配偶的限定条件修改为结婚二年以上或婚后育有子女，但婚后确诊患病须进行移植治疗的，不受此限。为防范和抑制为达成器官移植而临时结婚及可能隐藏于背后的潜在器官商业交易因素，有必要对配偶关系附加限定条件。将结婚时间限定为二年以上相较三年以上并无实质差别，均能起到防范临时结婚的效果且能适度扩大关系范围。借鉴台湾地区立法规定，结婚后方始确诊患疾病并经诊断需进行器官移植治疗的可以不受结婚时长的限制，这一规定较为合理，可以排除临时结婚和器官交易的因素，并能扩大器官配对和移植的可能关系范围。至于如何确定“婚后确诊患病须进行移植治疗”则属于证明问题，需要制定包含证明主体、证据内容、证明标准、证明程序等证明规则。

第二，血亲范围放宽至直系血亲与五代以内旁系血亲。计划生育是我国的基本国策，自 20 世纪 70 年代以来实施的计划生育对缓解资源压力，控制人口数量，促进经济社会可持续发展起到重要作用，但这一政策也产生了一些问题，如人口老龄化加剧，社会和家庭养老压力大，计划生育特殊家庭的出现等。计划生育政策也导致家庭核心成员数量减少，家庭结构简化，“独生子女家庭本质上是风险家庭”〔1〕，在当今社会普遍的的简单结构的“小家庭”中一旦出现待移植患者，在三代以内的旁系血亲寻找到配型和移植成功的供体的成功率较低。因此，可借鉴台湾地区立法经验，将旁系血亲的范围放宽至五代以内，以扩大配型和移植成功的概率。〔2〕同时，上述血亲包含依据《收养法》和《婚姻法》等法律规范建立的养父母子女、继父母子女等拟制血亲关系。

2. 预留关系范围圈的缺口：着眼于生命健康权益保障

《人体器官移植条例》第10条的思路其实是正确的，关系范围除配偶、直系血亲及三代内旁系血亲之间外，还包括“因帮扶等形成亲情关系的人员”，尽管该表述存在规范性、法律性、精确性方面不足的问题，但其立法原意是在亲属关系范围圈内留下了一个缺口以便特殊情形下之灵活处理。但是《活体器官移植规定》的限缩规定将此缺口堵死，以至于形成完全闭合的关系范围圈，分别在圈内、圈外的受体和供体丧失可能建立移植联系的渠道，由此导致某些特定情形下生命健康权保障“可望而不可即”的窘境。

根据法的效力位阶原理和《立法法》的规定，部门规章在没有法律或者国务院的行政法规、决定、命令的依据情形下，尚且不得设定减损公民、法人和其他组织权利或者增加其义务的规范。《活体器官移植规定》作为部门规范性文件更无权限对《人体器官移植条例》做限缩规定，因为这种限缩规定实质上是限制了部分公民的生命健康权的充分实现。对该规范性文件需要依法纳入到合法性审核和法律清理工作中。

所谓预留关系范围圈的缺口，是指在限于亲属关系范围的原则性规定外，允许有特殊情形。此种特殊情形可包括超出法定亲属关系范围外的其他亲缘关系，如姻亲或其他远亲。也可包括有其他亲密关系，如同居伴侣。至于活体器官移植的特殊类型——交叉移植，在排除商业交易的因素后也应允许进行。匈牙利有一项统计调查研究，在该国1973~1996年进行的1325起肾脏移植手术，其中尸体器官移植为1237起，活体器官移植为78起，这78位捐赠者中

〔1〕穆光宗：“独生家庭本质上是风险家庭”，载《中国企业家》2014年第9期。

〔2〕参见李娜玲：“关于活体器官移植的立法思考”，载《医学与哲学（人文社会医学版）》2011年第12期。

愿意捐献给血亲及配偶的人占100%，愿意捐献给朋友的占63.3%。[1]这表明，非亲属间的活体器官移植是存在现实需求的，并无理由充分否定有特定亲密关系间的活体器官移植。

3. 关系范围圈缺口的过滤机制：防范器官交易与保障生命健康的衡平

上述关系范围圈预留缺口并非通畅无阻、放任自流，而需要另外设置相应的屏障和过滤机制，即上述其他亲缘关系、亲密关系、交叉移植等特殊情形下的活体器官移植，需要经过形式程序和实质标准更为严格审慎的审核批准。由此既尽量保证器官移植的顺利进行，也保障待移植患者的生命健康。

目前，医疗机构进行器官移植的审查批准都是由医疗机构内设立的人体器官移植技术临床应用与伦理委员会进行，但是目前由该机构的审查能力和有效性效果还不尽满意。现实中出现的活体器官交易大多通过伪造亲属证明材料进行，现有的医疗机构伦理委员会不具有独立审查该类材料真实性的能力，也缺乏与公安部门、卫生行政部门、民政部门的沟通协调机制，大多只能进行形式性审查，[2]由此难以够对捐赠意愿的自愿性、亲属关系的真实性以及是否存在器官买卖等情形进行实质性有效审查。

可以考虑以区县为单位设立一个独立于医疗机构的人体器官移植委员会，隶属于县级卫生行政部门主管，对于所辖区域内医疗机构所进行的器官移植进行审查批准。该人体器官委员会可配备一个专家库，专家库由医学、法学、伦理学界专业人士组成。每项器官移植由专家库中抽选的专家组进行审查批准，专家组的内部人员规模、专业比例应合理设置。

人体器官移植委员会针对尸体器官移植和活体器官移植分别设定不同的审查程序和标准，并且对于活体器官移植中的配偶、血亲间移植的一般情形与其他亲缘关系、亲密关系、交叉移植等特殊情形也分别设计合理差异化的审查程序和标准。一般情形下的审查内容主要是亲属关系证明文件（如结婚证、户籍证明）等的真实性合法性以及捐赠决定的自主性；特殊情形下的审

---

〔1〕 E. Toronyi, et al, "Attitudes of Donors towards Organ Transplantation in Living Related Kidney Transplantations", *Transplant international: official journal of the European Society for Organ Transplantation*, Vol. 11 Suppl. 1, p. 482.

〔2〕 参见严佳垒、袁蕙芸："我国活体器官捐献的伦理问题研究"，载《中国医学伦理学》2017年第5期。

查内容侧重于亲缘关系、亲密关系等事实内容的客观真实性以及捐赠意愿的自主性、移植的非商业交易性，需要一系列直接、间接证据证明，证据材料须充分、确实，举证义务由供体受体双方承担。总体上，特殊情形的审查程序和标准较一般情形更为严格。当然以上各类型的移植都必须审查移植手术的可行性、妥当性。同时，应构建多部门合作机制，建立人体器官移植委员会与公安、民政部门的沟通、协助与合作机制，以保障审查的实质性、有效性，所属的卫生行政主管部门可对人体器官移植委员会的运行进行监督、统筹、协调。

结 语

活体器官移植“供体—受体”关系限定需衡量生命健康保障、器官交易防范、合伦理性等因素，通过对我国现行法规范以及与域外法的比较、分析，本文认为对“供体—受体”关系应当以亲属关系为基础构建基本关系范围圈，并且预留关系范围圈的缺口——允许基本关系范围圈外的特殊情形存在，并通过建立人体器官移植委员会对器官移植进行技术、伦理审查，尤其是对特殊情形应当进行更为严格、审慎的审查、批准。

我国《人口与计划生育法》的完善对策

张玉鹏*

【摘　要】计划生育法律制度是我国的一项重要制度，在放开二孩的当下，《人口与计划生育法》的修改完善值得探讨。通过法律解释、文献研究、横向的比较研究和纵向的历史研究，本文认为：计划生育法律制度是国家以人口调控为核心，基于经济发展、公民权利保障、人类可持续发展等多重考量，对夫妻的生育行为进行动态干预的法律制度。在放开二孩的当下，要推动计划生育制度顺利实施，《人口与计划生育法》需要明确计划生育的内涵，完善与计划生育内涵不相适应的条款。执法环节，国家要改变强力手段，通过加强监督确保国家给付义务的履行。同时还要动员社会力量，通过保险、基金等手段分担实行计划生育制度的部分成本。

【关键词】计划生育　放开二孩　完善对策

引　言

从1978年至今，计划生育作为一项法律制度在我国已经实施了四十余年。四十年间，我国人口与计划生育法律制度经历了从收紧再到放开的变迁。我国计划生育的核心内涵究竟是什么？我国目前放开二孩的人口政策是否说明计划生育在当代已经丧失了存在意义？面对当下计划生育实施中的问题，

* 张玉鹏，中国政法大学2019级法律（法学）专业硕士。

如何寻求当今社会夫妻生育自由与国家生育调控之间的耦合点和分界点，在尊重夫妻生育自由的前提下，合法合理且有效干预生育，使生育、人口符合社会可持续发展的要求？本文旨在对这些问题进行回应，以正确认识计划生育并推动其在当下有效实施。

一、计划生育的内涵解读

大多数国家都支持计划生育，但我国的计划生育与国外理解的计划生育存在着天壤之别。[1]在《中华人民共和国宪法》（以下简称《宪法》）《中华人民共和国人口与计划生育法》（以下简称《人口与计划生育法》）等现有法律中，并没有对计划生育作出明确界定。人们通常理解的“计划生育”是指一对夫妇只生育一个孩子。但是，我国现行《人口与计划生育法》第18条规定，“国家提倡一对夫妻生育两个子女”。可见，一对夫妻生育两个孩子依然属于计划生育的内容，很明显，通常的理解是有问题的。因此，要探讨“计划生育”这项法律制度的内涵，恐怕还要结合《宪法》《人口与计划生育法》的有关规定，通过文义解释、体系解释、历史解释、目的解释等方法对法律进行解释并归纳概括。

（一）文义解释：国家干预生育的行为

1. 不同语境下“生育”的含义

生育在不同的语境下具有不同的内涵。在非法学特别是医学的视角下，它有广义和狭义之分。广义的“生育”指生殖和养育，包括孕育生命和抚养孩子的过程。[2]“生育是指妇女从怀孕期开始到胎儿娩出母体的整个过程，分为产前、产中、产后三个阶段。”[3]而狭义的生育，仅指生殖、生产孩子。很明显，“计划生育”中的“生育”应该采用广义的定义。在法学视角下，“生育”的内涵被置于权利义务责任的语境下，生育不仅是一种自然现象，一种

---

[1] 《世界人口行动计划》指出，所有夫妇和个人都有自由和负责任地决定生育孩子数量和生育间隔并为此而获得信息、教育和方法的基本权利，这就是外国人所说的计划生育。参见［丹麦］卡塔琳娜·托马瑟夫斯基：《人口政策中的人权问题》，毕小青译，中国社会科学出版社1998年版，第73~76页。转引自王贵松：“中国计划生育制度的合宪性调整”，载《法商研究》2008年第4期。

[2] 罗潇：“法律规制视野下的当代中国生育行为研究”，西南财经大学2014年博士学位论文。

[3] 转引自姚宏主编：《医疗与生育保险》，中国劳动社会保障出版社2005年版，第260页。转引自罗潇：“法律规则视野下的当代中国生育行为研究”，西南政法大学2014年博士学位论文。

人体的机能，更是一种社会现象，折射着“社会责任”。因此，法学视角下，“生育是指具有生殖权利能力和行为能力的自然人在一定的社会条件下繁衍新生命的社会现象”。[1]

2. 法规范视域下“计划”的含义

我国现行《宪法》第25条规定：“国家推行计划生育，使人口的增长同经济和社会发展计划相适应。”现行《人口与计划生育法》第2条规定“我国是人口众多的国家，实行计划生育是国家的基本国策。国家采取综合措施，控制人口数量，提高人口素质……”我国《宪法》中多次出现了“计划”一词，除“计划生育”一处外，还有“社会发展计划”“国家计划”等几种表述。这些“计划”，有的是名词，有的是动词，虽然词性不同，但是基本内涵还是一致的，即在行动以前预先拟定（的）具体内容和步骤。可见，“计划”意味着有国家或地方政府等公权力的介入。此外，《人口与计划生育法》第2条中“国家采取综合措施”也体现出“计划”一词的国家干预的意味。

（二）历史解释：多重考量下的动态干预

1. 政策规制时代

新中国成立初期，人口与计划生育问题并没有受到太多重视，但政府有关部门制定的经济政策多有鼓励公民多生的导向。1956年，毛泽东提出：“除少数民族地区以外，在一切人口稠密的地方，宣传和推广节制生育，提倡有计划地生育子女，使家庭避免过重的生活负担，使子女受到较好的教育，并且得到充分的就业机会。”1957年，毛泽东又指出：“人类要控制自己，做到有计划地增长。”同年，马寅初发表了《新人口论》，倡导生育节制。1960年12月18日，中共中央、国务院发出了《关于认真提倡计划生育的指示》，明确提出“节制生育是我国社会主义建设中既定的政策”。1966年，我国将计划生育列为基本国策。1973年，人口控制列入了国民经济计划。[2]

2. 政策法律融合规制时代

1978年计划生育的基本国策载入宪法，计划生育从政策上升为法律的高度。1978年《宪法》第53条第3款规定：“国家提倡和推行计划生育。”1982

[1] 罗潇：“法律规制视野下的当代中国生育行为研究”，西南财经大学2014年博士学位论文。

[2] 崔瑞兰主编：《医学伦理学》，中国中医药出版社2017年第2版，第170页。

年《宪法》第25条规定："国家推行计划生育，使人口的增长同经济和社会发展计划相适应。"同时第49条第2款规定"夫妻双方有实行计划生育的义务"。从"提倡和推行"到"推行"，国家在宪法层面的宣示表明，我国推行计划生育的力度进一步加强。2001年12月29日，《人口与计划生育法》正式通过。至此，计划生育有了单行法的规制，从宪法抽象层面逐渐落地具体实施。该部法律第18条规定，国家提倡一对夫妻仅生育一个孩子。2013年11月，《中共中央关于全面深化改革若干重大问题的决定》提出"启动实施一方是独生子女的夫妇可生育两个孩子的政策"。2015年12月27日，《人口与计划生育法》修改，第18条规定，国家提倡一对夫妻生育两个子女。2015年10月29日，中共十八届五中全会公报正式宣布推行"全面二孩"政策，即所有夫妇，无论城乡、区域、民族，都可以生育两个孩子的政策。

3. 小结：计划生育内涵深厚

计划生育从经济政策到人口政策，反映出我国计划生育与人口调控的目的联系日益紧密；从国家领导人、人口学者的意志、认识到国家政策再到基本国策，我国对计划生育的重视程度、推行程度不断加强；从着眼于我国领土范围到着眼于整个人类社会，反映出我国计划生育的价值考量更加深远，制度使命更加艰巨。从政策规制到法律法律规制，从宪法到单行法，我国计划生育的实施更加规范文明、有法可依。当下政策与法律融合规制的现象表明，我国计划生育既具有法律的强制力保障其落地实施，又有政策的灵活性调和其不断完善，以应对复杂的现实需要。通过历史梳理，笔者认为，计划生育内涵深厚，涉及面广，但计划生育的历程反映出的核心内涵较为明显。计划生育制度是指国家基于经济发展、人口调控、公民权利保障、人类可持续发展等多种因素的考量，长期、动态干预生育的一项法律制度。正是这种干预的动态性决定了其同时作为基本国策的政策性——适时调整而非一成不变，以实现《宪法》第25条规定的"使人口的增长同经济和社会发展计划相适应"。[1]

（三）目的解释：以人口调控为核心

从上文的法律规范和历史梳理中可以看出，我国计划生育自上升为一项

〔1〕参见王贵松："中国计划生育制度的合宪性调整"，载《法商研究》2008年第4期。

法律制度以来，就与人口密切联系。诚然，除了人口因素之外，还有经济因素、权利因素甚至是人类社会长远发展等因素，但人口因素是核心。经济因素是“昨日”之考量，是支撑人口存续的基础端；权利因素是“今日”之考量，是人口存在的核心状态；而人类社会长远发展则是“明日”之考量，是人口发展的最远端。人口因素将过去、当下与未来进行集中体现，将另外三种因素进行有机统一。

笔者以现行与计划生育有关的两部主要法律为分析样本，从中一窥计划生育与人口调控的关系。第一是《宪法》。现行《宪法》第 25 条规定：“国家推行计划生育，使人口的增长同经济和社会发展计划相适应。”从中可以得知，计划生育为的是达到人口增长与经济社会发展相协调的状态。在《宪法》中，人口调控是计划生育的目的。第二是《人口与计划生育法》。首先，从法律名称上就可以直观看出人口与计划生育的紧密联系。其次，《人口与计划生育法》第 1 条规定，“为了实现人口与经济、社会、资源、环境的协调发展，推行计划生育……”这一条与《宪法》一致，两者是目的与手段的关系。《人口与计划生育法》第 2 条第 1 款规定，“我国是人口众多的国家，实行计划生育是国家的基本国策”。两者似乎有种原因与结果的关系，此处“计划生育”的限制生育的意味更浓厚，与上文对“计划生育”的理解似乎不一致。但是，本条第 2 款紧接着又继续规定，“国家采取综合措施，控制人口数量，提高人口素质”。这一规定再次回归了两者目的与手段的关系。最后，从立法体例上看，除生育调节、实行计划生育的奖励与社会保障、计划生育技术服务等内容外，人口发展规划的制定与实施占据重要一章，并且置于总则之后、其余各章之前的位置。综上可见，人口关涉多种因素，计划生育的目的在于实现人口与诸多因素的协调发展。人口调控，既是计划生育最直接的出发点，也是计划生育最根本的落脚点。笔者认为，将人口调控定位于计划生育法律制度的核心，最为恰当。

综上所述，我国的计划生育法律制度的内涵可以概括为：国家以人口调控为核心，基于经济发展、公民权利保障、人类可持续发展等多重考量，对夫妻的生育行为进行动态干预的法律制度。一方面，人口调控是计划生育的核心目的，因而计划生育法律制度具有长期性。另一方面，因其干预具有动态性，计划生育法律制度在不同时代都能保持旺盛的生命力。

二、《人口与计划生育法》实施中的问题与原因

（一）计划生育制度实施中的问题

法律只有落实到实践中才能充分发挥其存在的价值。我国的计划生育法律制度虽然在建构上具有深远意义，但是在落实的过程中依旧存在问题。

1. 生育实践与制度规范冲突

计划生育制度在落实中最大的问题表现为，生育实践与制度规范的背离。独生子女时代，公众讨论中普遍存在“反计”之声，超生现象屡见不鲜。“单独二孩”时代，截至 2014 年底，全国共有 106.9 万对单独夫妇申请再生育，远低于当时国家卫计委所做的“200 万”预估数量；另经，上海市卫计委统计，上海进入婚育年龄的女性，有 90%都符合双独或单独的政策，但申请二孩的比例还不足 5%。[1]全面放开二胎后，四成多的网友表示不愿意生二胎，有些省份甚至达到九成多，正处于生育黄金时段的 80 后、90 后不愿生二胎的意愿更是明显。[2]可见，无论过去还是当下，计划生育制度频频遇冷，百姓生育意愿与国家法律政策之间存在冲突。

2. 强力执法手段弊端明显

诚然，计划生育作为一项法律制度，国家可以凭借强制力保证其贯彻落实，但是强力手段并不总是如想象中的那么强有力。一是限制生育时代强力手段力量有限。贯彻独生子女的生育政策时代，国家通过生育许可制、缴纳社会抚养费等诸多手段推动计划生育的实施，暂且不论学者对这些措施的争议，单从这些措施的实施效果上看，超生人口不在少数，并没有完全达到预期的理想效果。二是鼓励生育时代强力手段失灵。如果说强力手段对于控制生育尚能有所效果的话，面对当下百姓不生育的问题，强力手段则明显处于失灵状态。一方面，面对生育的代价与不生育的不利后果，公民往往更倾向于选择后者。另一方面，在公民权利意识日益增强的当下，强力手段引发的纠纷日益增多。

---

〔1〕 参见周天：“争议单独二胎遇冷，学者倡立即放开生育”，载财新网，http://china.caixin.com/2015-02-25/100785280.html，最后访问时间：2019 年 12 月 28 日。

〔2〕 许玲然：“全面放开二胎，生还是不生？”，载《联合日报》2015 年 11 月 4 日，第 001 版。

（二）计划生育制度实施受阻的原因

计划生育实施过程中存在的上述两个问题，并不是截然对立、毫无关联的。第一个问题是基础问题，第二个问题是衍生问题。将两个问题归结到一点，是公民生育意愿的问题。而影响公民生育意愿的原因主要有以下两个方面。

1. 观念因素

生育观念是影响公民生育意愿的主观因素。限制生育时代，传统生育观念占主导。在多子多福，养儿防老，“不孝有三，无后为大”，传宗接代等生育观念的影响下，生命价值论占据上风，公民生育意愿强烈。因此，常常形成超生之势。在经历大范围的限制生育的计划生育政策之后，社会的生育文化、人们的生育观念逐渐改变。加之，专心事业、个人幸福、丁克等观念的影响，公民逐渐形成现代生育观。公民更加追求个人自由，生命质量论占据上风，生育意愿减弱，与当前鼓励生育的法律和政策产生冲突。

2. 经济社会因素

经济社会因素是影响公民生育意愿的客观因素。限制生育时代，经济发展水平低，生产和抚育子女的总成本低，人口本身是重要的生产力。基于增加劳动力的考虑，在传统生育观念的影响下，公民普遍愿意生育。鼓励生育时代，经济发展水平高，养老等社会保障制度逐渐健全，生育以增加劳动力的需求减弱。与此相对应的是：一是生的阶段妇幼计生服务及待遇有待完善。部分地区基层计生与妇幼技术服务资源整合还未到位，人才短缺、服务水平低。新增生育假奖励和生育津贴落实困难。[1]二是育的阶段公共服务发展不完善。高质量的托管机构缺乏；“入园难”问题普遍存在；儿童的医疗卫生条件不健全，儿童医院、医师、用药短缺严重；[2]教育资源分配不均衡……最重要的是，怀孕、产检、生产、抚养、教育等的高昂成本以及大城市生活、住房等的压力，让不少家庭望而却步。可见，经济社会因素严重影响了公民生育意愿。

---

〔1〕 参见《国家卫生计生委办公厅关于〈人口与计划生育法〉监督检查工作情况的通报》（国卫办监督函［2017］184号）。

〔2〕 参见李欣：“我国家庭生育意愿及影响因素探究”，载《新西部》2019年第11期。

全面实施二孩后，大量高龄产妇纷纷选择生育。[1]此种行为表明，传统生育观念依旧对公民生育行为起着重要影响，现代生育观毕竟只是少数人的想法，多数人选择不生育，最根本的还是经济、社会客观因素的阻碍。这也正是《宪法》第25条突出强调“国家推行计划生育，使人口的增长同经济和社会发展计划相适应”的原因。

三、当前《人口与计划生育法》的完善对策

（一）完善计划生育的法律规定

《人口与计划生育法》并没有明确计划生育的内涵，导致现行《人口与计划生育法》中的一些规定偏离计划生育的核心内涵，许多条款依旧留有独生子女时代限制生育的色彩，容易误导公众，且与当下的二孩政策不相符合。《人口与计划生育法》虽于2015年12月进行了修改，但是依旧存在不足。建议继续修改与计划生育内涵不相适应的条款，以使计划生育制度有法可依、更好落实。

1. 明确计划生育的内涵

在《人口与计划生育法》的总则中明确计划生育的核心内涵。建议增加一条作为总则部分的第二条，即计划生育是国家以人口调控为核心，基于经济发展、公民权利保障、人类可持续发展等多重考量，对夫妻的生育行为进行动态干预的行为。如此，有利于消除部分公民对计划生育的误解，更好地引导公民正确认识并积极践行计划生育制度，以推动此项制度的顺利实施。

2. 修改与内涵不相适应的条款

细化部分与计划生育内涵不相适应的条款。具体来说，第18条规定，国家提倡一对夫妻生育两个子女。而第19条和第34条分别规定，“实行计划生育，以避孕为主。国家创造条件，保障公民知情选择安全、有效、适宜的避孕节育措施”，“计划生育技术服务人员应当指导实行计划生育的公民选择安全、有效、适宜的避孕措施。对已生育子女的夫妻，提倡选择长效避孕措

〔1〕黄蓉芳等：“全面二孩实施半年全国孕产妇死亡率出现升高趋势”，载《广州日报》2016年9月29日。

施”。此两条存在问题有：一是如前所述，计划生育不等于限制生育，而是由法律动态干预夫妻的生育自由，单纯规定“以避孕为主”恐怕有失妥当。二是在尚未实现两个子女的情况下，“避孕为主”“长效避孕”的要求与现行人口与计划生育制度存在冲突。因此，可以考虑将现行两个法律条款整合修改。第19条修改为“对已生育符合法律规定数量的子女的夫妻，提倡选择长效避孕措施。国家创造条件，保障公民知情选择安全、有效、适宜的避孕节育措施。第34条修改为“计划生育技术服务人员应当指导实行计划生育的公民选择安全、有效、适宜的避孕措施”。

当然，当前已有的修改也存在弊端，即随着人口形势、计划生育政策的频繁变动，涉及生育子女数量的条款需要及时修改，导致人口与计划生育的法律需要频繁修改，法律的稳定性受到影响。笔者认为，我国在今后的立法修改中，或许应该更加注重立法技术，处理好法律的稳定性与法律与时俱进的关系。

（二）汇聚多元力量柔性执法

针对当前人口形势，全面落实当前的计划生育法律制度（也即二孩政策）刻不容缓。过去实施计划生育暴露出的问题启示我们，推动计划生育制度的有效实施，关键是发挥制度优势，汇集多方力量，用好国家给付、社会分担等柔性手段。同时，马克思主义唯物论启示我们，物质决定意识。改变公民生育意愿降低的现状，关键是从影响公民生育意愿的客观因素入手。如此，方能妥善平衡夫妻生育自由与国家干预的冲突，顺利落实计划生育制度。

1. 监督推动国家给付计生服务的落实

随着社会经济的发展，人们更加注重生命质量，这要求国家要积极作为，履行国家给付义务，为计划生育的落实提供相应的保障。

第一，完善与计划生育息息相关的妇幼服务。妇幼健康服务是计划生育服务的重要组成部分。《人口与计划生育法》第11条要求，人口与计划生育实施方案应当规定加强母婴保健的措施。特别是随着不孕不育的频发，计划生育与卫生健康事业的联系日益密切。《基本医疗卫生与健康促进法》第24条第1款、第80条和第15条第2款规定，国家应建立健全妇幼健康服务体系，为妇女、儿童提供保健及常见病防治服务，保障妇女、儿童健康。并且，各级人民政府应将医疗卫生与健康促进经费纳入本级政府预算，用于保障基本医疗服务、公共卫生服务等的发展，免费向全体公民提供基本公共卫生服务。

第二，要深入执行《人口与计划生育法》第 26 条、第 31 条、第 32 条[1]，《中华人民共和国母婴保健法》第 28 条[2]的有关规定。法律的生命力和权威在于实施。根据《宪法》第 89 条[3]和第 107 条[4]，国务院和县级以上地方各级人民政府具有依照法律规定的权限，管理计划生育等行政工作的义务。《人口与计划生育法》第 6 条也规定，国务院计划生育行政部门、县级以上地方各级人民政府计划生育行政部门是推动计划生育落实的具体部门。因此，中央和地方的各级政府的计划生育主管部门是落实计划生育的第一责任人，要协调财政等相关部门，做好统筹规划，推动法律有关规定得到落实。对于不作为、懒作为、滥用职权、玩忽职守的政府有关部门及人员，要严格按照《人口与计划生育法》第 39 条、第 40 条[5]等的规定追究责任。

关于推动法律切实落地的措施，笔者认为，与对一般行政行为的监督不同，国家给付义务的履行不能依靠行政复议和行政诉讼途径。因为存在受案

---

〔1〕《人口与计划生育法》第 26 条规定：妇女怀孕、生育和哺乳期间，按照国家有关规定享受特殊劳动保护并可以获得帮助和补偿。公民实行计划生育手术，享受国家规定的休假；地方人民政府可以给予奖励。第 31 条规定：各级人民政府应当采取措施，保障公民享有计划生育技术服务，提高公民的生殖健康水平。第 32 条规定：地方各级人民政府应当合理配置、综合利用卫生资源，建立、健全由计划生育技术服务机构和从事计划生育技术服务的医疗、保健机构组成的计划生育技术服务网络，改善技术服务设施和条件，提高技术服务水平。

〔2〕《中华人民共和国母婴保健法》第 28 条规定：各级人民政府应当采取措施，加强母婴保健工作，提高医疗保健服务水平，积极防治由环境因素所致严重危害母亲和婴儿健康的地方性高发性疾病，促进母婴保健事业的发展。

〔3〕《宪法》第 89 条规定："国务院行使下列职权：……（七）领导和管理教育、科学、文化、卫生、体育和计划生育工作；……"

〔4〕《宪法》第 107 条规定："县级以上地方各级人民政府依照法律规定的权限，管理本行政区域内的经济、教育、科学、文化、卫生、体育事业、城乡建设事业和财政、民政、公安、民族事务、司法行政、计划生育等行政工作，发布决定和命令，任免、培训、考核和奖惩行政工作人员。"

〔5〕《人口与计划生育法》第 37 条规定："国家机关工作人员在计划生育工作中，有下列行为之一，构成犯罪的，依法追究刑事责任；尚不构成犯罪的，依法给予行政处分；有违法所得的，没收违法所得：(一) 侵犯公民人身权、财产权和其他合法权益的；(二) 滥用职权、玩忽职守、徇私舞弊的；(三) 索取、收受贿赂的；(四) 截留、克扣、挪用、贪污计划生育经费或者社会抚养费的；(五) 虚报、瞒报、伪造、篡改或者拒报人口与计划生育统计数据的。"《人口与计划生育法》第 40 条规定："违反本法规定，不履行协助计划生育管理义务的，由有关地方人民政府责令改正，并给予通报批评；对直接负责的主管人员和其他直接责任人员依法给予行政处分。"

范围的门槛。即便放开受案范围，也存在原告资格、起诉条件等阻碍，甚至可能会引发滥诉、影响社会稳定。因此，应该主要依靠有权机关对行政机关的外部监督推动法律得到落实。根据《中华人民共和国监察法》（以下简称《监察法》）第11条〔1〕、第15条〔2〕，监察委员会应该对政府的依法履职行为进行监督。具体到实践中，一是明确监督主体。根据《监察法》第12条〔3〕，监察委员会可以向各地方政府的计划生育行政主管部门派驻监察专员。并且，笔者认为，为达到良好的监督效果，此监督专员应该知晓计划生育有关的法律规定，明晰国家、各级政府的具体给付义务，增强监督专员的专业性，以更好地监察有关部门和人员的工作。此外，应该发挥改革后纪委、监察专员办、审计部、党委巡察办合署办公的优势，集中监察力量，实现有效监督。二是细化监察手段。借鉴新公共管理理念的有益成分：启动随时监督机制，详细检查计划生育部门对法律规定的给付义务的计划制订情况、执行情况。合理利用各项指标，使各项计划的执行情况量化可视，增强监督的可操作性。同时引进问卷调查，以公民对计划生育部门服务的满意度为重要参考，衡量给付义务的履行情况，确保法律得到不折不扣的执行。三是明确责任追究。坚持责任到人，对于不依法履行职责的公务人员，应该依据计划生育有关法律规定以及《行政机关公务员处分条例》的有关规定追究其相应的法律责任。

---

〔1〕《监察法》第11条规定："监察委员会依照本法和有关法律规定履行监督、调查、处置职责：（一）对公职人员开展廉政教育，对其依法履职、秉公用权、廉洁从政从业以及道德操守情况进行监督检查；（二）对涉嫌贪污贿赂、滥用职权、玩忽职守、权力寻租、利益输送、徇私舞弊以及浪费国家资财等职务违法和职务犯罪进行调查；（三）对违法的公职人员依法作出政务处分决定；对履行职责不力、失职失责的领导人员进行问责；对涉嫌职务犯罪的，将调查结果移送人民检察院依法审查、提起公诉；向监察对象所在单位提出监察建议。"

〔2〕《监察法》第15条规定："监察机关对下列公职人员和有关人员进行监察：（一）中国共产党机关、人民代表大会及其常务委员会机关、人民政府、监察委员会、人民法院、人民检察院、中国人民政治协商会议各级委员会机关、民主党派机关和工商业联合会机关的公务员，以及参照《中华人民共和国公务员法》管理的人员；（二）法律、法规授权或者受国家机关依法委托管理公共事务的组织中从事公务的人员；（三）国有企业管理人员；（四）公办的教育、科研、文化、医疗卫生、体育等单位中从事管理的人员；（五）基层群众性自治组织中从事管理的人员；（六）其他依法履行公职的人员。"

〔3〕《监察法》第12条第2款规定："各级监察委员会可以向本级中国共产党机关、国家机关、法律法规授权或者委托管理公共事务的组织和单位以及所管辖的行政区域、国有企业等派驻或者派出监察机构、监察专员。"

值得注意的是，国家给付义务是有限度的。笔者认为，国家给付义务只要满足法律规定的最低限度的要求即可。因为，社会法治国与自由法治国并不是截然对立的，社会法治国要以自由法治国为基础。国家给付义务的过度膨胀会扼杀公民的自主创造性和劳动积极性，〔1〕从长远来看，必将阻碍社会的可持续发展。

2. 社会分担部分生育成本

《人口与计划生育法》第 41 条规定的社会抚养费虽然饱受争议，但是还是能够为我们解决当下夫妻生育意愿不足的问题提供思路。事实上，社会抚养费在一定程度上存在合理性。因为作为社会中的人，从出生、养育、抚育到教育都需要占用和消耗社会资源，需要社会公共服务提供保障。这给我们带来的启示是，面对当下育龄夫妻因生育成本高昂而生育意愿不足的现状，在不增加国家财政负担的情况下，可否考虑通过将部分生育成本社会化，提升生育意愿。

事实上，将部分生育成本社会化具有法律依据。《人口与计划生育法》第 7 条、第 15 条和第 21 条规定，〔2〕社会团体、企业事业组织和个人应当协助政府开展计划生育工作。《基本医疗卫生与健康促进法》第 12 条也规定，国家鼓励和支持公民、法人和其他组织通过依法举办机构和捐赠、资助等方式，参与医疗卫生与健康事业，满足公民多样化、差异化、个性化健康需求。

具体来说，可以通过以下途径将部分生育成本社会化。

一是生育保险制度。2018 年新修改的《社会保险法》第六章有关生育保险的条款规定，将之前的基本医疗保险基金与生育保险基金单独建账核算改为目前的生育保险基金与基本医疗保险基金合并建账及核算。实践证明，此

〔1〕 陈征："国家征税的宪法界限——以公民私有财产权为视角"，载《清华法学》2014 年第 3 期。

〔2〕《人口与计划生育法》第 7 条规定，工会、共产主义青年团、妇女联合会及计划生育协会等社会团体、企业事业组织和公民应当协助人民政府开展人口与计划生育工作。第 15 条规定，国家根据国民经济和社会发展状况逐步提高人口与计划生育经费投入的总体水平。各级人民政府应当保障人口与计划生育工作必要的经费。各级人民政府应当对贫困地区、少数民族地区开展人口与计划生育工作给予重点扶持。国家鼓励社会团体、企业事业组织和个人为人口与计划生育工作提供捐助。任何单位和个人不得截留、克扣、挪用人口与计划生育工作费用。第 21 条规定，实行计划生育的育龄夫妻免费享受国家规定的基本项目的计划生育技术服务。前款规定所需经费，按照国家有关规定列入财政预算或者由社会保险予以保障。

种做法不仅有利于提高行政效率，降低管理运行成本，还扩大了生育保险覆盖面，增强了生育保障功能，确保参保人生育待遇。此外，试点城市的实践还表明，两孩生育政策实施后生育保险基金支出大幅增加，两基金合并实施的共济效应有效缓解了因此带来的基金赤字问题。〔1〕因此，应该严格落实新修改的《中华人民共和国社会保险法》，继续扩大基本医疗保险和生育保险合并实施的地区，以缓解生育成本问题。

另外，笔者认为，或可考虑提高用人单位生育保险费的缴费比例。因为一方面，如前所述，广义的"生育"指生殖和养育，包括孕育生命和抚养孩子的过程。另一方面，严格落实现行计划生育制度必然带来家庭生产、抚育、教育子女成本的大幅提升。因此，可考虑将生育保险中的"生育"做广义的理解，以更有力地缓解夫妻因生育成本高昂而生育意愿不足的问题。此外，即便不对"生育"作广义理解，实践中生育保险基金赤字也要求提高缴费比例。加之，《中华人民共和国社会保险法》第 54 条第 2 款规定，生育保险待遇包括生育医疗费用和生育津贴。可见，此举对于解决目前的生育津贴落实困难也有积极意义。当然，此种举措在实行中可能面临来自用人单位的较大阻力。也可以考虑改变生育保险的缴费方式，由个人和单位共同缴纳保险费。

二是成立计划生育基金会。建议由中国计划生育协会组织成立计划生育基金会，向社会自然人、法人和其他组织募捐财产，用于资助有意愿实行二孩政策但在经济成本上有困难的家庭。具体来讲：首先，借助社会力量解决生育成本问题具有法律依据。《中华人民共和国慈善法》第 3 条和第 5 条〔2〕规定，可以通过慈善活动发展卫生事业，国家鼓励各主体参与慈善活动。计

---

〔1〕"国务院关于生育保险和职工基本医疗保险合并实施试点情况的总结报告"，载中国人大网，http://www.npc.gov.cn/npc/c12491/201812/3e0d9327768d444796ae78f6b82ca814.shtml，最后访问时间：2019 年 12 月 29 日。

〔2〕《中华人民共和国慈善法》第 3 条规定："本法所称慈善活动，是指自然人、法人和其他组织以捐赠财产或者提供服务等方式，自愿开展的下列公益活动：

（一）扶贫、济困；

（二）扶老、救孤、恤病、助残、优抚；

（三）救助自然灾害、事故灾难和公共卫生事件等突发事件造成的损害；

（四）促进教育、科学、文化、卫生、体育等事业的发展；

（五）防治污染和其他公害，保护和改善生态环境。"

第 5 条规定："国家鼓励和支持自然人、法人和其他组织践行社会主义核心价值观，弘扬中华民族传统美德，依法开展慈善活动。"

划生育是公共卫生领域的重要组成部分，在国家给付不足以应对现实困难时，可以通过慈善活动、借助社会力量解决部分生育成本问题。其次，中国计划生育协会是合适的发起主体。中国计划生育协会是党和政府联系广大育龄群众和计划生育家庭的桥梁和纽带，是协助政府落实计划生育基本国策、促进人口长期均衡发展与家庭和谐幸福的重要力量。《中国计划生育协会发展规划纲要（2016年—2020年）》〔1〕规定，中国计划生育协会负有帮扶计划生育家庭的职责。2016年，习近平总书记在中国计划生育协会“八代会”召开之际作出重要指示，要求中国计划生育协会认真履行肩负的职责，切实做好宣传教育、生殖健康咨询服务、优生优育指导、计划生育家庭帮扶、权益维护和流动人口服务等各项工作。〔2〕再次，利用基金会组织形式具有优势。《中华人民共和国慈善法》第8条第2款规定，慈善组织可以采取基金会、社会团体、社会服务机构等组织形式。基金会的目的是为全人类的明天服务，与计划生育的目的存在一定的耦合之处。基金会采用法人为主体的治理模式，能够筹集到高于其他非营利机构的资金，具有可持续发展能力。并且，我国有专门的《基金会管理条例》，有利于对基金会开展合法合规的管理和运营。综上，成立计划生育基金会，筹集社会资金缓解生育成本过高具有可行性。

四、结　论

计划生育法律制度是国家对夫妻生育行为的动态干预。以往生育实践与制度规范的背离暴露出国家通过强力手段执法的缺陷。当前，有效推进计划生育的实施，立法层面需要明确计划生育的核心内涵。执法层面，应以国家给付义务的履行为执法手段，通过加强监督，确保给付实现。同时借助社会力量，利用保险、基金等手段减轻公民的生育成本，以应对人口问题，充分发挥计划生育制度的当代价值。

---

〔1〕“中国计划生育协会发展规划纲要（2016年—2020年）”，http://www.chinafpa.org.cn/jgsz/fzgy/，最后访问时间：2020年1月15日。

〔2〕中国计生协简介，http://www.chinafpa.org.cn/jgsz/jsxjj/201812/t20181228_42817.html，最后访问时间：2020年1月15日访问。

第九部分

教育法学

高校行政诉讼被告资格新探

——以我国司法实践中的“授权组织论”为切入点

孙 瑜*

【摘 要】 自田永案后，高校可以作为被告参与行政诉讼的观点基本上已经被我国司法实践广泛接受，然而基于该案提出的“授权组织论”而赋予高校被告资格不仅存在形式和实质逻辑上的诸多漏洞，也无法解决实践中的困境与难题。重新审视我国高校在行政诉讼中的被告资格，应当明确其在行政法上的法律地位，运用公共行政理论和大陆法系“公务法人”的概念，重新搭建我国高校与行政诉讼被告关系的桥梁。

【关键词】 被告 授权组织论 公共行政 公务法人

田永诉母校北京科技大学拒绝为其颁发学位证、毕业证一案（以下简称田永案）是我国司法实践中尤其是教育行政诉讼领域具有里程碑意义的案件，该案开启了我国高校作为行政诉讼被告的先河，同时也标志着我国司法权逐渐开始介入公立高校的内部治理。自该案后，随着高校作为行政诉讼被告案件数量的不断增加，高校的被告资格在司法实践中基本上得到确认，但是基于什么原因使得高校拥有参加行政诉讼的被告身份、高校在什么条件下可以作为行政诉讼的被告在理论界和实务界仍然存在较大的争议。本文从田永案

* 孙瑜，中国政法大学2018级宪法学与行政法学专业硕士。

入手，通过分析该案法官和部分学者对于“授权组织论”的解释，探究该观点的逻辑漏洞，并重新诠释高校作为行政诉讼被告的原因与逻辑。

一、田永案与“授权组织论”的提出

1999年田永以北京科技大学为被告向海淀区人民法院提起行政诉讼，原因是该校拒绝向其颁发学位证和毕业证。在这一案件中，法院首先面临的问题就是北京科技大学作为普通高校是否能作为行政诉讼的被告，尽管当时原被告双方并没有将此问题作为争议焦点，但是在没有前例遵循的情况下，判断高校能否作为被告纳入行政诉讼是该案能否进行实质审理的前提，自然也就是法官无法回避的问题。从根本上来说，行政诉讼是行政相对人针对行政主体向人民法院提起的诉讼。根据《中华人民共和国行政诉讼法》（以下简称《行政诉讼法》）的规定，要提起行政诉讼的前提是行政相对人认为行政主体的行政行为侵犯了其合法权益。〔1〕因此，从这个角度而言，要想将田永和北京科技大学之间的教育纠纷纳入行政诉讼的审查范围，必然要先论证高校的行政诉讼被告资格，这也就意味着法院需要对行政主体的外延、行政行为的判断作出全新的解释。

对于这一问题，海淀区人民法院作出的回应是确认北京科技大学的行政诉讼被告资格，并将高校定性为“法律、法规授权的组织”。法院的判决理由是：“根据我国《教育法》等相关法律、法规之规定，我国高校对学生的学籍管理、处分等事项享有专属权力，并且承担着向学生颁发学历、学位证书的职责，这一职责是其代表国家行使的。”就此看来，教育行政管理关系是海淀区人民法院对高校与学生之间关系的定性，在这一定性下，学生认为高校的行为尤其是涉及基本权利的行为侵犯其权益，可以以高校为被告向法院提起诉讼，因此高校可以作为被告参与行政诉讼。〔2〕从这一判决理由中我们可以总结出法院的论证逻辑为：首先分析高校颁发毕业证、学位证的性质，其符合通常行政权所具有的“单方性和强制性”，因此应当属于行政权。而高校所拥有的这些权力又是由《中华人民共和国教育法》（以下简称

〔1〕 参见《行政诉讼法》第2条。

〔2〕 参见指导案例38号：田永诉北京科技大学拒绝颁发毕业证、学位证案，【法宝引证码】CLI. C. 3775817

《教育法》）等相关法律法规授予的，具体而言，北京科技大学代表国家行使这些权力，因此北京科技大学可以定义为行政法意义上的“法律、法规之授权的组织”，[1]从而将学生与高校的此类争议纳入行政诉讼的审查范围。从海淀区人民法院的论证逻辑来看，要想将高校作为行政诉讼的被告，只要证明其属于“法律、法规授权的组织”即可，因此在高等学校与授权组织之间建立必然的逻辑联系[2]成为解决这一问题的核心。但是对于这一核心问题，法院的证成理由却并不充分，甚至存在诸多的逻辑漏洞，为何这样一个存在逻辑错误的观点能被我国司法实践广泛接受呢？

二、“授权组织论”的逻辑误区

对于“授权组织论”这一观点的逻辑问题分析，主要从形式和实质两方面展开。在形式上，分析法院的判决理由以及学者的辩护，探究对这一观点目前比较公认的逻辑证成是否严谨；在实质上，结合授权组织自身的性质和高校权力来源，分析“授权组织论”的立论点是否正确。

（一）形式逻辑误区：无法证成

通过分析上述法院的判决理由，我们已经得出法院的论证逻辑是：首先分析高校颁发证书的性质，其符合通常行政权所具有的“单方性和强制性”，因此应当属于行政权。而高校所拥有的这些权力又是由《教育法》等相关法律法规授予的，具体而言是由北京科技大学代表国家行使这些权力，因此北京科技大学可以被定义为行政法意义上的“法律法规授权的组织”。其实，这也正是学术界大多数支持“授权组织论”的学者所提出的证明逻辑，无非就是对该证明进行进一步的分析，不存在本质上的差异。然而，笔者认为，这一逻辑证明至少存在两方面的漏洞。

1. 三段论中项不周延的逻辑错误

上述论证的前半部分“分析高校颁发毕业证、学位证的性质，其符合通常行政权所具有的‘单方性和强制性’，因此应当属于行政权”，属于一个典

---

〔1〕 沈岿：“扩张之中的行政法适用空间及其界限问题”，载罗豪才主编：《行政法论丛》（第3卷），法律出版社2000年版，第410页。

〔2〕 袁明圣：“解读高等学校的‘法律法规授权的组织’资格——以田永诉北京科技大学案为范本展开的分析”，载《行政法学研究》2006年第2期。

型的省略大前提的三段论，将大前提恢复之后得到一个完整的三段论推理过程：大前提是通常意义上的行政权力具有“单方性和强制性”之特征；小前提是高等学校颁发毕业证、学位证等权力具有“单方性和强制性”之特征；结论是，高等学校颁发毕业证、学位证的行为属于行政权范畴。我们认为，三段论的一个基本原则是其中项在大前提和小前提中至少要周延一次，但是在上述关于高校颁发毕业证属于行政权的这个三段论中，“单方性和强制性之特征”这个中项在大前提和小前提中均是作为肯定谓项出现的，因而都是不周延的，也就是说这个三段论的推理过程犯了中项不周延的逻辑错误，导致该推理自身无效。

即便不拘泥于三段论的具体规则，我们也能发现这个推理存在问题，虽然行政权具有单方性和强制性等特征在常理上毋庸置疑，但这并不表明现有的具有单方性和强制性特征的权力都属于行政权。[1]这样看来，仅因为颁发毕业证、学位证具有单方性和强制性就将其纳入行政权的范畴，至少在逻辑上是不严谨的，这些权力完全有可能是一种类似行政权的其他权利，诸如我们所称的高校内部管理权、高校办学自主权等。

2. 权力来源和权力性质无法明晰

分析法院论证的上半部分，我们得出颁发毕业证、学位证等权力并非一定属于行政权的结论，在法院论证逻辑的下半部分“而高校所拥有的这些权力又是由《教育法》等相关法律法规授予的，具体而言是由北京科技大学代表国家行使这些权力，因此北京科技大学可以定义为行政法意义上的‘法律法规授权的组织’”中，这一权力的来源和性质则成为关键问题。法院仅仅依据《教育法》等法律法规的规定如何能够直接推导出高校属于行政法意义上的“法律、法规授权的组织”？这一推导过程至少需要两个逻辑前提：(1) 既然高校是代表国家行使该项权力，那国家应当是该项权力的原始拥有者；(2) 法律、法规授予的这些权力只有在被证明是行政权的情况下，高校才能符合行政法意义上的“法律、法规授权的组织”。

《教育法》第 22 条、第 23 条规定了我国实行学业证书和学位制度，并规

〔1〕 袁明圣：“解读高等学校的‘法律法规授权的组织’资格——以田永诉北京科技大学案为范本展开的分析”，载《行政法学研究》2006 年第 2 期。

定学校可以颁发此类证书。[1]《学位条例》第8条也规定了学位的授予单位是高等学校等。[2]虽然以上两部法律法规均对毕业证和学位证书的颁发问题进行了规定，但是根据其规定，我们仅仅能够得出国家实行学位和学业证书制度以及高等学校经国务院授权可以颁发学业证书和学位证书两个独立的结论，而这二者之间并不存在必然的逻辑联系。首先，国家实行某种制度并不意味着国家在该领域享有独占的权力，国家实行学业证书等制度并不是国家享有学位证书颁发权的充分条件。举个例子来说，国家在经济领域实行社会主义市场经济这一制度，但这并不能代表国家对市场领域享有独占的权力，相反，国家在市场领域的权力仅仅起到补充和调控的作用，社会主义市场经济发挥的是市场本身的决定性作用。因此，国务院授权的权力从何而来我们无从得知。其次，即便学位证书颁发权是由法律、法规授予的，如果没有被证明属于行政权，那么高校作为行政法意义上的“法律、法规授权的组织”这一结论自然也就是不成立的。事实上，我国《教育法》以及其他法律对学校的方方面面都作了规定，大到学位的授予、小到学生日常管理。例如，《教育法》第28条从学校招生、学生学籍管理到学校对学生的奖惩权等都作了相关授权，这些权力几乎涉及学生与学校关系的全部内容。我们来假设一下，如果某个学生被记过处分，他是否可以针对学校的这个行为提起行政诉讼？如果可以的话，将学校的自治权置于何地？如果不允许提起诉讼，那又怎样才能解释记过处分等这些权力不是通过法律法规授权呢？[3]进一步讲，高校是不是也可以基于《教育法》的这些涉及各方面内容的授权而成为行政法意义上的“法律、法规授权的组织”呢？

因此，在“授权组织论”的推导过程中，无论是学界还是法院在司法文书的说理过程中都无法周延地解释高校能够作为被告参与行政诉讼是基于它是法律法规、授权的组织，可以说，这只是我国司法实践中的权宜之计。

---

〔1〕《教育法》第22条规定：“国家实行学业证书制度。经国家批准设立或者认可的学校及其他教育机构按照国家有关规定，颁发学历证书或者其他学业证书。”第23条：“国家实行学位制度。学位授予单位依法对达到一定学术水平或者专业技术水平的人员授予相应的学位，颁发学位证书。”

〔2〕《学位条例》第8条第1款规定：“学士学位，由国务院授权的高等学校授予；硕士学位、博士学位，由国务院授权的高等学校和科学研究机构授予。”

〔3〕任学强：“论事业单位在行政诉讼中的被告资格——以田永诉北京科技大学案为参照”，载《行政与法》2008年第7期。

（二）实质逻辑误区：高校自主权

目前学术界和实务界认可的“授权组织论”存在诸多难以解释的问题，其本质不在于选择的证明逻辑是否严谨，关键在于这一立论点从根本上就是错误的。学术界通说认为，法律、法规授权之组织指的是“通过来自于法律、法规的相关授权从而具备行政主体资格的某些特定组织”。[1]这一过程实质上就是行政职权转移的过程，我们将其称为“行政授权”。行政授权通常指的是“有法定职权的行政机关依据有关法律、法规或规章，通过法定的程序，根据实际需要将属于自己的行政职权授予其他行政机关或一些非营利性的社会组织，而得到授权的机关和组织以自己的名义行使该项权力”。[2]因此，我们通过对行政授权的概念分析，可以得出行政授权的两个基本要素：一是职权授予者也就是行政机关要依法享有或者拥有该项权力；二是授予对象依照其自身性质本身并不具备这种被授予的权力。只有满足这两个要素，行政授权的过程才能完成，也就是说，如果能够证明学位证书的授予权属于高校自身固有的权力，国务院并不对其享有行使权，那基于该项权力的行政授权就无法发生，高校也就不能因此而成为行政法意义上的“法律、法规授权的组织”。

1. 颁发毕业证、学位证等权力属于高校固有权

目前学界关于颁发毕业证、学位证等权力的来源大致可划分为三种观点。第一种观点是法赋权力说，认为该权力源于“法”的明确授权。[3]具体而言，该权利源于《学位条例》的授权，由此授权高校可以对学生进行学位申请资格的审查，并决定是否授予其学位证书。[4]第二种观点是国赋权力说，认为高校关于学位授予的权力来源于国家的授权，在性质上应当属于“国家行政权”，[5]是高校通过国务院行政授权的程序所获得之权力。[6]最后一种观点是天赋权力说，该种观点主张，高校作为一类社会组织，其具有社会组

---

〔1〕 朱学磊：“‘法律、法规授权的组织’之身份困境及其破解——以行政诉讼为展开视角”，载《江汉学术》2015年第6期。

〔2〕 林春玲：“关于行政授权若干问题的探析”，载《行政与法》2007年第11期。

〔3〕 湛中乐、李凤英：“刘燕文诉北京大学案——兼论我国高等教育学位制度之完善”，载《中外法学》2000年第4期。

〔4〕 胡锦光：“北大博士学位案评析”，载《人大法律评论》2000年第2期。

〔5〕 周光礼：“论学位授予行为的法律性质”，载《科技进步与对策》2004年第3期。

〔6〕 劳凯声：“我国教育法制建设任重而道远”，载《国家教育行政学院学报》2001年第1期。

织所应当享有的各类权力。而学位授予权应当是其本身所固有的、天然的权力，是以学术评价为基础的“高校与生俱来的权力”。[1]

《中华人民共和国宪法》第47条规定了公民的学术自由权，[2]这条规定可以被认为是学位授予权来源的宪法依据，学术自由权作为一项基本权利，作为公民的高校教师自然应当享有。学位授予是高校对学位申请者进行审查和学术评价后作出的决定，本质上属于学术自由的范畴。学术的自由与独立是高等学校的立校之本，学术自由若无法保障，不仅高校学位授予容易被侵犯，高校的其他权力也容易受到干扰，从而失去高等学校学术评价的自身价值。因而高校必须拥有一定的自主权，以作为学位授予和学术自由的保障。[3]学业证书颁发权、学位授予权等高校享有的权力，都可以列入“高校自主权”的范畴，而所谓的“高校自主权”，便是指“独立支配职责范围内的事务，不受任何其他权力的干扰”的权利。[4]

笔者认为“天赋权利”说更加符合学位授予权的权力来源，该权利并非来源于国务院的授予，而是高校依照学术自由和办学自主权而天然拥有的固有权利，法律法规的规定只不过是进一步从法的层面对该项固有权利进行确认。

2. 国务院拥有对颁发毕业证、学位证等权力的认可权

在实际生活中，学业证书的颁发并不是高等学校才特有的权力。在我国，任何一所合法的教育机构都可以向接受其教育的人发放学业证书，这些证书或称为毕业证书，或称为结业证书，无论名称发生怎么样的变化，都是对证书持有人水平或者水准的一种证明而已。甚至，某些并不是合法的教育机构，他们没有所谓的“办学权”，但他们仍然可以发放证书以证明受教育者的学习水平或者学习经历。如果这些证书的使用对象可以承认这些证书的效力，那前述所谓的“毕业证书”或者“学位证书”等专享称谓以及这些颁发机构是

---

〔1〕 张勇：“我国高校学位授予权研究”，上海交通大学2014年硕士学位论文。

〔2〕《中华人民共和国宪法》第47条规定：“中华人民共和国公民有进行科学研究、文学艺术创作和其他文化活动的自由。国家对于从事教育、科学、技术、文学、艺术和其他文化事业的公民的有益于人民的创造性工作，给以鼓励和帮助。”

〔3〕 黄厚明：“高校学位授予案件司法审查进路研究：基于两种法律关系定位的考量”，载《高教探索》2017年第6期。

〔4〕 参见《现代汉语词典》，商务印书馆1993年版，第1538页。

不是经过国家授权获得权力不再重要。

但是这里有一个突出的问题，在我国现行教育体制之下，高校无法自动获得学位授予权，所有的高等学校必须经过合法的程序并且经过国务院学位委员会等相应的教育主管部门审批之后才能拥有合法的学位授予权。这是不是与上述我们分析的学位授予权属于高校固有权力之间存在冲突呢？笔者认为，学位授予权是高校固有权力与需要经过国务院学位委员会审批之间不存在必然的矛盾，我们所说的申报和审批实际上是一种行政确认，或者更严格意义上也可以作为行政许可。因为不管从法律还是事实上我们都很难找到国务院学位委员会能够进行授权的基础。首先法律没有规定我国学位授予权实质上归属于国务院或者任何其他国家机构；其次，学位授予权的基础是“教育”，是高等学校通过教育对受教育者的接受教育之后的水平进行评价的行为，而国务院学位委员会只是一个上层的管理者，从未对任何教育者实施过相关的教育，那学位授予的基础何在？所以，与其说国务院自身享有学位授予等权力进而授权给高等学校，不如说它只是拥有对学位授予活动在一定程度上的规制权。

因此，从本质上来说，学位证书的授予权是高校固有的权力，国务院只不过拥有对学位授予单位的认可和管制权，也就谈不上将该项权力授予高校，从而说明“授权组织论”的逻辑起点就存在错误。

三、高校与行政诉讼被告关系桥梁搭建

如果不将高校定性为“法律、法规授权之组织”，是否就否定了其行政诉讼中的被告资格？如果仍然可以将高校作为行政诉讼的被告，应当如何搭建高校和被告之间的关系桥梁？如何解决这个问题，首先涉及学位授予等权力的法律性质，从而确定高校是否拥有行政诉讼的被告资格。

（一）公共行政理论下的被告资格

传统行政法学受“特别权力关系”理论的影响颇大，通常认为国家是拥有行政权的唯一主体，所谓的行政仅指国家行政。[1]但是，随着社会的不断

〔1〕 赵正群、刘珍香：“论高校在行政诉讼中的被告资格——以田永案、甘露案等系列案件为视角”，载《湖南警察学院学报》2013年第10期。

发展，新的社会问题不断出现，也需要更多的新型社会管理方式的创新，很显然由于社会组织等主体的加入，传统的国家行政理论已经出现诸多弊端，无法解决现实问题，从而使得公共行政理论逐渐登上行政法的舞台。与传统国家行政不同的是，公共行政强调国家不是行政的唯一主体，国家只是拥有行政权的某一特定主体。所谓公共行政不仅包括国家行政，也包括社会行政，也就是除了国家之外的其他社会主体也可以行使行政权对某些社会公共事务进行管理。[1]

在公共行政的理论框架下，如何判断行政法的调整范围不再取决于行为主体的自身性质，而是聚焦于行为本身，通过分析行为行使的权力性质来确定是否属于行政法的调整范围。也就是说，不管是行政机关还是社会组织，只要是合法行使权力对公共事务进行了管理，我们就可以将该行为定性为受行政法规范的行为，行使该行为的主体就可以作为被告纳入司法审查。也就是说，判断高校是否可以作为行政诉讼被告，不需要将其法律地位和主体性质的认定作为前提条件，而只需要判断其行为所依据的权力是否属于公共行政理论下的“行政权”即可。

因此，界定高校的行政诉讼被告资格，首先需要判断高校的行为性质。高等学校的存在根植于国家和社会对知识发展和人才培养的需要，其办学目标和行使的权力具有极强的公共性和社会性。但是高校的“办学自主权”又意味着其有较高的独立性，并不是所有的高校管理行为都可被纳入行政诉讼的范畴。现阶段，我国对于高校的定位应当是进一步明确和保障高校的独立性，将高等教育置于社会公共领域之内，防止政府权力对高校的过分干预从而破除制度性依赖，使得高校独立、自治的法律地位得到保障，明确高校自治行为的公共行政之属性。以本文提到的学位授予为例，首先，就权力目的而言，该行为所依据的学位授予权是基于高校对学术自由和学术秩序的社会公益性维护[2]，其权力目的是公共利益；其次，就责任承担而言，在学位授予的整个过程中，高校对于学位申请者是否满足学位授予的条件进行独立评

---

〔1〕 赵勇、赵永行：“论我国公立高等学校行政主体法律地位”，载《行政与法》2005 年第 11 期。

〔2〕 周佑勇：“法治视野下学位授予权的性质界定及其制度完善——兼评《学位条例》修订”，载《学位与研究生教育》2018 年第 11 期。

价，并且以高校自己的名义为学生颁发学位证书，由此而产生的责任自然由高校予以承担；再次，就法律关系而言，学位授予是高校的单方行为，不同于民事行为的双方合意，其具有行政权单方性和强制性等特征，从而使得高校于学生之间形成了一种不平等的关系；最后，就行为后果而言，学位授予具有相当的公定力、确定力和执行力，等同于国家行政权力的行使后果。〔1〕

由此看来，高校进行学位授予的过程实质上就是与学位申请者之间形成的管理与被管理的行政管理过程，也就是我们上文提到的社会行政。因此，高校授予学位这一行为可以被纳入行政诉讼的审查范围。同样的，该行为的实施主体自然应当作为行政诉讼的被告参与诉讼。

（二）“公务法人”概念的引入与被告资格的发展

仅通过高校实施行为本身来判断其是否可以作为行政诉讼的被告虽然能够避免主体确认方法导致的一刀切的现象，但是会引发新的问题，诸如不规范、不统一等，从而使得高校享有行政权力和承担行政责任出现过多不便之处。在现代社会，高等学校实际上是多元社会治理主体之一，其拥有教育领域的独立管理权，在与学生、教师及其他组织和机关进行交流时能够独立作出选择和决定，以其教育行政权利参与社会治理，从而发挥参与公共行政的作用。相对应的，其行使权力过程中会涉及权力相对人合法权益的保障，而权利行使所引发的权益纠纷应当纳入司法审查的范围。

为保证行政诉讼更好地发挥作用，规范高校等各类社会公共组织的行为，应当将“公务法人”这个概念引入中国行政法。公务法人是指“通过法律规定的特殊公务不由国家直接管理而交由社会组织，具有独立法律人格，能够自行享受权利和承担义务的公务组织被称为公务法人”。〔2〕正如前述，高校作为公共行政中的社会行政，其有不同于国家行政的特性，这也是由高校的内在本质所决定的。我国高等学校的性质与公务法人具有高度一致性。首先，二者均是为公共利益而诞生和存续的主体。〔3〕其次，就独立性而言，公务法人要独立承担行政管理职能，而且需要具有独立承担责任的义务。我国高等

---

〔1〕 朱平、赵强、程诗婷：“我国学位授予权的三重属性探析”，载《学位与研究生教育》2013年第3期。

〔2〕 王名杨：《法国行政法》，中国政法大学出版社1998年版，第127页。

〔3〕 马怀德：“公务法人问题研究”，载《中国法学》2000年第4期。

学校独立承担教育行政领域的管理职能，并且能够承担相应的法律后果。最后，就法律关系而言，二者均是行政和民事法律关系并存的主体，需要有不同的法律救济渠道。因此，我国高等学校在行政领域的地位与公务法人高度一致。

在大陆法系国家，以公务法人为特征的特有的司法救济制度为我们解决高校行政诉讼被告资格问题开辟了新的空间。将高校置于公务法人的地位，并区分高校与教职工、学生等之间不同种类的法律关系，从而提供全面有效的司法救济是解决高校行政诉讼被告资格的关键举措。

结 语

高校基于“授权组织论”作为行政诉讼的被告只不过是我国司法实践中提出的权宜之计。实质上，学位授予权等权力是高校依其自身性质所固有的权力，国务院仅仅享有对该权力的认可和规制权，“授权”的过程无从发生。为重新搭建高校与行政诉讼被告的桥梁，应当在公共行政理论的框架下，从其行为所依据权利的性质判断学位授予等权力的社会行政权属性，并合理使用“公务法人”这一概念，赋予高校新的行政法上的法律地位，从更加合理的角度赋予高校行政诉讼被告资格。